家藏文库

抱朴子内篇

〔晋〕葛洪 著　　赵玉玲 注译

中州古籍出版社
·郑州·

图书在版编目(CIP)数据

抱朴子内篇 /（晋）葛洪著；赵玉玲注译．—郑州：中州古籍出版社，2016.8（2025.6重印）

（家藏文库）

ISBN 978-7-5348-6453-7

Ⅰ．①抱… Ⅱ．①葛… ②赵… Ⅲ．①古典哲学 – 中国 – 东晋时代 ②《抱朴子》– 注释 ③《抱朴子》– 译文 Ⅳ．① B235.72

中国版本图书馆 CIP 数据核字（2016）第 194296 号

JIACANG WENKU：BAOPUZI NEIPIAN

家藏文库：抱朴子内篇

出 版 人	许绍山
选题策划	卢欣欣
约稿统筹	卢欣欣
责任编辑	何慧婷
责任校对	苏晓园
封面设计	王 歌
版式设计	曾晶晶

出 版 社	中州古籍出版社
地 址	河南自贸试验区郑州片区（郑东）祥盛街27号6层
	邮编：450016　电话：0371-65723280
发行单位	河南省新华书店发行集团有限公司
承印单位	河南新华印刷集团有限公司
开 本	640 mm × 960 mm　1/16
印 张	27.75
字 数	380千字
版 次	2016年8月第1版
印 次	2025年6月第3次印刷
定 价	45.00元

本书如有印装质量问题，请联系出版社调换。

前　言

《抱朴子内篇》是晋代著名道教思想家葛洪的著作。葛洪(283～363)，字稚川，自号抱朴子，丹阳句容(今属江苏)人，生于晋武帝太康四年(283)，卒于晋哀帝兴宁元年(363)，终年81岁；一说卒于晋康帝建元元年(343)，终年61岁。葛洪出身于士族家庭，家世显赫，祖父辈世代为官，其祖、父均好儒学。其从祖葛玄，好神仙修炼之术，学通古今，博览经传子史，好弹琴、诵老庄，懂医术，常行奇技仙术于世，有神验，有弟子300余人，郑隐是其入室弟子之一。吴人称葛玄为"葛仙翁"或"太极左仙翁"。葛洪13岁时丧父，家道中落，但他刻苦学习，16岁开始读《孝经》《论语》《诗经》《易》等儒家经典及"诸史百家之言"近万卷。青年时期，葛洪曾一度学道于其从祖葛玄和郑隐。葛洪精通武略，曾因战功得以封将军，但他无意于功名仕途，滞留于广州等地，著书立说，完成了《抱朴子内篇》《抱朴子外篇》等著作。葛洪晚年在罗浮山炼丹修道，并终老于此。葛洪一生著述丰厚，《抱朴子》内外篇为其代表作。他在《抱朴子外篇·自序》中说："其《内篇》言神仙、方药、鬼怪、变化、养生、延年、禳邪、却祸之事，属道家；其《外篇》言人间得失、世事臧否，属儒家。"葛洪儒道兼修，而以道为主，提倡道本儒末。《抱朴子内篇》的核心内容是神仙思想及修道成仙的方法。

众所周知，神仙信仰是道教的核心信仰，但神仙观念并非道教所独创。

早在春秋战国时期,追求长生不死的神仙思想已经开始流行。《汉书·艺文志》说:"神仙者,所以保性命之真,而游求于其外者也。"神仙的特征是长生不死、神通广大。《庄子》《韩非子·十过》《淮南子·览冥训》《楚辞》《山海经》等书中就有不少神仙传说和对神仙境界向往的描述。如《楚辞·涉江》说:"登昆仑兮食玉英,吾与天地兮比寿,与日月兮齐光。"《庄子·逍遥游》说:"藐姑射之山,有神人居焉,肌肤若冰雪,淖约若处子。不食五谷,吸风饮露,乘云气,御飞龙,而游乎四海之外。"另外,旧题西汉刘向编撰的《列仙传》,列举了上古到秦汉时期的70多位仙人,他们上至帝王将相、下至平民甚至乞丐,分布在不同的社会阶层,活动范围更是遍及华夏各地。这些记载反映了人们对神仙逍遥境界的普遍向往,对长生成仙的追求,也反映了神仙思想的滥觞。

道教在东汉形成后,虽然附会了人们追求长生的普遍心理,以神仙信仰为核心信仰,但只是粗浅地吸收了社会上流行的成仙方术,缺乏对各种方术的理论贯通和义理整合。道教要想在社会上取得生存空间和进一步的发展,必须建立自身的理论体系,为神仙信仰提供合理的论证。概而言之,葛洪在《抱朴子内篇》中主要解决了三个问题:神仙的存在问题;神仙的属性问题;神仙与人的关系问题。通过这三个问题系统地论述了神仙信仰的理论和实践,阐明了道教信仰的宗旨和哲理基础,为后来神仙道教的发展指明了方向。

一、神仙的存在问题

神仙信仰是道教信仰的基石,葛洪站在宗教家的角度,坚定地认为神仙实有。葛洪论证神仙存在的主要方法是引用典籍,用各种具体的事例来证明神仙的存在。"况列仙之人,盈乎竹素矣。""刘向博学则究微极妙,经深涉远,思理则清澄真伪,研核有无,其所撰《列仙传》,仙人七十有余,诚无其事,妄造何为乎?邃古之事,何可亲见,皆赖记籍传闻于往耳。《列仙传》炳然,其必有矣。"(《论仙》)"然前哲所记,近将千人,皆有姓字,及有施为本末,非虚言也。"(《对俗》)葛洪认为这些古籍的作者大多是德行高尚的人,他们是不会撒谎、欺骗世人的。他还认为神仙不仅存在,而且有等级之分:"上士举形升虚,谓之天仙。中士游于名山,谓之地仙。下士先死后蜕,谓之尸解仙。"(《论仙》)

至于世人为何看不到神仙,葛洪认为仙人"穷理独见,识变通于常事之外,运清鉴于玄漠之域"(《至理》),从而"难以愚俗之近情,而推神仙之远旨"(《对俗》)。神仙或超然于世外,或隐藏于世间,凡人难以察觉。他在《对俗》《塞难》《释滞》《辨问》等卷中对世俗的诸多疑问均做了解释。

值得指出的是,葛洪还从认识论的角度,指出了人类认识能力的相对有限性,把神仙放置在人类认识无法企及的领域之内。他说:"虽有至明,而有形者不可毕见焉。虽禀极聪,而有声者不可尽闻焉。"(《论仙》)这样的观点与宗教学创始人马克斯·缪勒对宗教的界定有极大的相似之处,缪勒曾把宗教界定为"领悟无限的一种主观才能",强调人的认知能力是宗教得以产生的一项必要条件。事实上,人类认识的有限性,正是宗教信仰得以产生的认识论根源,神仙信仰亦不例外。

二、神仙的属性问题

神仙的属性问题是道教教义和义理的重大问题,它涉及道教信仰的神圣性与超越性。在道教信仰体系中,神仙是最高信仰的"道"的具象化表达。葛洪通过对"玄道"的阐释界定了神仙的属性,并对成仙的境界进行了说明,从而为神仙信仰提供了哲理论证。

葛洪在《畅玄》《道意》《地真》《明本》《至理》等卷中,阐释了"玄""道""一"等概念,并以之作为修道成仙的内在理据。他说:"玄者,自然之始祖,而万殊之大宗也。"(《畅玄》)"玄"是一个本源性的概念,是万物的主宰者,"玄之所在,其乐不穷。玄之所去,器弊神逝"(《畅玄》)。另外,葛洪也对"道"做了阐释,他说:"道者涵乾括坤。"(《道意》)"凡言道者,上自二仪,下逮万物,莫不由之。"(《明本》)"道者,万殊之源也。"(《塞难》)大道,对内可以治身,对外可以治国,"夫道也者,逍遥虹霓,翱翔丹霄,鸿崖六虚,唯意所造"。(《明本》)由此可知,"玄""道"实际上是同一个范畴,即宇宙的本体和万物存在的依据。"夫玄道者,得之乎内,守之者外,用之者神,忘之者器,此思玄道之要言也。"(《畅玄》)"玄道"的境界就是成仙的境界,同样亦是"道意"的体现。因此,"玄道"为神仙信仰提供了理论依据。

"玄道"也就是"一","玄一之道,亦要法也。无所不辟,与真一同功。吾《内篇》第一名之《畅玄》者,正以此也"(《地真》)。葛洪把"一"分为"玄一"和"真一","玄一"无固定的形象,具有更多形而上的含义,而"真一"有姓名、身高、服饰颜色等,可以说是神格化的"道"的体现。从宗教修炼的角度来说,"守一"是得道成仙的途径,通过"守一"可以得道成仙。

葛洪通过对"玄""道""一"的论述,阐释了"玄道"与神仙的关系,为得道成仙确立了形而上的哲理依据和具体的实践方式。"玄道"的属性也就是神仙的属性,道的至上性、超越性、神秘性、无限性就是神仙的根本属性。

三、神仙与人的关系问题

神仙与人的关系问题，是道教信仰体系的核心问题，它关涉道教神仙信仰的终极意义，同时也为道徒设立了最终的信仰修炼目标。

神仙信仰是道教的核心信仰。神仙大致可以分为"神"和"仙"两类。"神"属于先天存在的神异类；"仙"指仙真，包括仙人和真人，仙真是经过后来修炼而达致长生不死的人，《庄子·天地》说："千岁厌世，去而上仙。"仙的本义是长寿，另外也有轻举飞升之义。"仙"与"神"既有联系又有区别，"仙"主要指通过后天修炼可以长生不死的人，因寿命的无限延长和能力的极大提升，一般都具备神的品格特征；而"神"指的则是先天存在的神灵。道教所谓的神仙，主要指的是具有超越凡人能力的人。在神仙与人的关系上，葛洪继承了古代的神仙思想，明确指出，神仙是修道的终极目的，神仙就是理想的、完美的、卓越的人，世人通过修炼能够成仙。因此，葛洪在论证神仙存在后，用了大量的篇幅来阐明成仙的途径。

在葛洪看来，成仙最重要的途径就是假外物以自固，也就是所谓的服食金丹成仙。"长生之道，不在祭祀事鬼神也，不在道引与屈伸也，升仙之要，在神丹也。知之不易，为之实难也。子能作之，可长存也。"（《金丹》）"神丹"即"金丹"，服食"金丹"之所以能够成仙，是因为"夫金丹之为物，烧之愈久，变化愈妙。黄金入火，百炼不消，埋之，毕天不朽。服此二物，炼人身体，故能令人不老不死。此盖假求于外物以自坚固，有如脂之养火而不可灭，铜青涂脚，入水不腐，此是借铜之劲以捍其肉也。金丹入身中，沾洽荣卫，非但铜青之外傅矣"（《金丹》）。葛洪看到了金丹"毕天不朽"的神奇特质，并以此推理，认为服食金丹可以产生神奇的效果，假外物以坚固自身遂成了整个道教外丹学的理论基石。也正因为如此,葛洪在《抱朴子内篇》中详细介绍了金丹的种类和制作金丹的方法。

虽然说服食金丹是长生成仙最重要的途径,但是学道修仙还需要一些必要的先决条件,那就是心性的修炼。葛洪认为:"学仙之法,欲得恬愉澹泊,涤除嗜欲,内视反听,尸居无心。……仙法欲静寂无为,忘其形骸……"(《论仙》)淡泊无欲是道的本性,修仙者只有摒除外在欲望的干扰,"视爵位如汤镬,见印绶如缞绖,视金玉如土粪,睹华堂如牢狱"(《论仙》),才能成就无上的道业。另外,行善是心性修炼的基础,也是成仙的必要前提,"仙法欲溥爱八荒,视人如己"(《论仙》)。因此,"为道者当先立功德","欲求仙者,要当以忠孝和顺仁信为本。若德行不修,而但务方术,皆不得长生也","人欲地仙,当立三百善;欲天仙,立千二百善。……又云,积善事未满,虽服仙药,亦无益也。若不服仙药,并行好事,虽未便得仙,亦可无卒死之祸矣"(《对俗》)。除此之外,葛洪还把行善纳入到道戒的范畴,提倡"慈心于物,恕己及人,仁逮昆虫,乐人之吉,愍人之苦,赒人之急,救人之穷,手不伤生,口不劝祸,见人之得如己之得,见人之失如己之失"(《微旨》),并从日常生活的各个方面对行善积德做了诸多规定。

除了具体的成仙方法外,葛洪还介绍了许多养生保健的方法,这些方法可以对修道成仙起到一定的辅助作用。

《抱朴子内篇》共二十卷,古今已有许多学者做过整理。本书以王明先生的《抱朴子内篇校释》为底本,参照了张松辉先生译注的《抱朴子内篇》以及顾久先生的《抱朴子内篇全译》,全文注译。本书的注译既注意严谨规范,又尽量做到通俗易懂。由于本人才疏学浅,本书的注译又是相当仓促地完成的,错谬之处,敬请读者批评指正。

重印序言

毋庸置疑，《抱朴子内篇》是一本道教神仙思想的理论著作，核心内容是阐述神仙思想及修道成仙的方法；然而，其内容又不仅仅关乎神仙思想。作为一个博学式的人物，葛洪所涉学科极广，他学兼道儒，内擅丹道，外习医术，于医学、化学等方面亦多有成就。重新审视《抱朴子内篇》，它的价值亦不仅仅体现在道教神学思想方面，其所展现出来的对天地万物根源的思考，对儒道关系的体认，对修身养性的实践探讨，对炼丹、制药的总结深化，对世俗迷信思想的批判等，本身就是魏晋时代社会文化生活的反映。作为这一时期文化的重要载体，《抱朴子内篇》展现了魏晋时期的文化特色。因此，品读本书就是品读历史文化。概而言之，除了神仙道教理论体系外，《抱朴子内篇》至少有以下几个方面值得关注。

一、对儒道关系的诠释

儒道合一是魏晋时期的思想文化潮流之一。玄学家们纷纷援道入儒，《抱朴子内篇》体现出来的则是援儒入道、儒道兼采的思想路径。"夫道者，内以治身，外以为国"（《明本》），葛洪主张儒道会通。他论证了儒道关系，主张"道者，儒之本也；儒者，道之末也"（《明本》）。然而其所谓的"道"，则囊括了天地万物。

夫所谓道,岂唯养生之事而已乎?《易》曰:立天之道,曰阴与阳;立地之道,曰柔与刚;立人之道,曰仁与义。又曰:《易》有圣人之道四焉,苟非其人,道不虚行。又于治世隆平,则谓之有道;危国乱主,则谓之无道。又坐而论道,谓之三公;国之有道,贫贱者耻焉。凡言道者,上自二仪,下逮万物,莫不由之。但黄老执其本,儒墨治其末耳。(《明本》)

可见,葛洪并不排斥儒家思想,只是以道家思想为本位,倡导儒道并重。他说:"且夫养性者,道之余也;礼乐者,儒之末也。所以贵儒者,以其移风易俗,不唯揖让与盘旋也。所以尊道者,以其不言而化行,匪独养生之一事也。若儒道果有先后,则仲尼未可专信,而老氏未可孤用。"(《塞难》)不仅如此,葛洪还将儒家伦理纲常纳入道教思想体系,强调"欲求仙者,要当以忠孝和顺仁信为本。若德行不修,而但务方术,皆不得长生也"(《对俗》)。

二、以不伤为本的养生理念

作为一本宣扬长生成仙的理论性著作,《抱朴子内篇》高扬"我命在我不在天"的旗帜,强调人在生命过程中的主观能动性,号召人们通过自身努力延长生命的长度,抗击不可逆转的死亡。书中介绍的诸多以长生为目的养生之方,大多简便易行,至今仍然具有参考价值。葛洪明确指出:"若夫仙人,以药物养身,以术数延命,使内疾不生,外患不入,虽久视不死,而旧身不改,苟有其道,无以为难也……寿命在我者也,而莫知其修短之能至焉。"(《论仙》)也就是说,寿命的长短在于自身,如果按照一定的方法养护生命,即使长生的愿望无法实现,也能够达到延寿的目的。

葛洪认为"人生之为体，易伤难养"（《极言》），稍有不慎，就会对自身造成伤害。"夫人所以死者，诸欲所损也，老也，百病所害也，毒恶所中也，邪气所伤也，风冷所犯也。"（《至理》）人之所以会死亡，是诸多不健康行为造成的损伤所导致的。《抱朴子内篇·极言》对此做了总结：

> 才所不逮，而困思之，伤也；力所不胜，而强举之，伤也；悲哀憔悴，伤也；喜乐过差，伤也；汲汲所欲，伤也；久谈言笑，伤也；寝息失时，伤也；挽弓引弩，伤也；沉醉呕吐，伤也；饱食即卧，伤也；跳走喘乏，伤也；欢呼哭泣，伤也；阴阳不交，伤也。积伤至尽则早亡，早亡非道也。

"力所不胜""悲哀憔悴""喜乐过差""饱食即卧"……这些行为看似平常，实则有碍身体健康，不经意中几乎没有人能够完全避免。

> 是以养生之方，唾不及远，行不疾步，耳不极听，目不久视，坐不至久，卧不及疲，先寒而衣，先热而解，不欲极饥而食，食不过饱，不欲极渴而饮，饮不过多。凡食过则结积聚，饮过则成痰癖。不欲甚劳甚逸，不欲起晚，不欲汗流，不欲多睡，不欲奔车走马，不欲极目远望，不欲多啖生冷，不欲饮酒当风，不欲数数沐浴，不欲广志远愿，不欲规造异巧。冬不欲极温，夏不欲穷凉，不露卧星下，不眠中见肩，大寒大热，大风大雾，皆不欲冒之。五味入口，不欲偏多，故酸多伤脾，苦多伤肺，辛多伤肝，咸多则伤心，甘多则伤肾，此五行自然之理也。凡言伤者，亦不便觉也，谓久则寿损耳。是以善摄生者，卧起有四时之早晚，兴居有至和之常制；调利筋骨，有偃仰之方；杜疾闲邪，有吞吐之术；流行荣卫，有补泻之法；节宣劳逸，有与夺之要。忍怒以全阴气，抑喜以养阳气。然后先将服草木以救亏缺，后服金丹以定无穷，长生之理，尽于此矣。

这些养生方法涉及饮食起居、心志调理、服食药物等内容，几乎涵盖了日常生活的方方面面，阐明了"不伤不损"的养生原则。"故治身养性，务谨其细,不可以小益为不平而不修,不可以小损为无伤而不防。凡聚小所以就大,积一所以至亿也。若能爱之于微,成之于著,则几乎知道矣。"(《极言》)葛洪还明确指出"是以至人消未起之患,治未病之疾,医之于无事之前,不追之于既逝之后"(《地真》)。

《抱朴子内篇》以不伤害身体为根本,以预防为主的养生理念,既传承了古代医学"治未病"的核心理念,也符合于现代医学的养生保健宗旨。

三、丹药黄白术中所蕴含的科学精神

王明先生指出:"在葛洪身上,体现了宗教家和科学实验家两重不同的人格。"葛洪坚信炼制和服食金丹能够长生的信念,长期从事炼丹实验并积累了丰富的经验,从而认识了物质的某些特征及其化学反应。作为魏晋神仙道教理论的集大成者,同时又是中国科技史上著名的道教科学家,葛洪在中国古代化学、医药学领域也颇有建树。《抱朴子内篇》中的《金丹》《黄白》记载了大量的古代丹经、炼丹方法、服食方法和效果;《仙药》记载了各种金石类药物和各种草木类药物,以及这些药物的采集、制作、服用方法,从中观察到了许多物质的性质和变化。《抱朴子内篇》所记载的金丹黄白术和仙药的炼制虽然最终未能达到预期的宗教目的,但葛洪的实践和探索精神客观上却推动了古代科学的发展。

四、对尊师、择师重要性的认识

作为虔诚的道教徒,葛洪认为学道修仙一定要寻求明师引领,不仅要尊重老师,还要善于鉴别老师。他说:"夫人生先受精神于天地,后禀气血于

父母,然不得明师,告之以度世之道,则无由免死,凿石有余焰,年命已凋颓矣。由此论之,明师之恩,诚为过于天地,重于父母多矣,可不崇之乎?可不求之乎?""然决须好师,师不足奉,亦无由成也。"(《勤求》)葛洪指出:

  诸虚名之道士,既善为诳诈,以欺学者;又多护短匿愚,耻于不知,阳若以博涉已足,终不肯行求请问于胜己者,蠢尔守穷,面墙而立;又不但拱默而已,乃复憎忌于实有道者而谤毁之,恐彼声名之过已也。此等岂有意于长生之法哉?为欲以合致弟子,图其财力,以快其情欲而已耳。(《勤求》)

他认为"承师问道,不得其人,委去则迟迟冀于有获,守之则终已竟无所成,虚费事妨功,后虽痛悔,亦不及已"(《祛惑》)。他一再告诫学道者一定要注意辨别老师的真假和好坏。为此,葛洪列出了假道士古强、蔡诞、项曼、假白等数人图谋钱财、欺世盗名的事例来警示世人。

尊师重道是中华民族的优良传统。然而,尊师并不意味着盲从,葛洪"勤求明师"的理念即使在现代社会也具有极大的借鉴意义。

好书如茶,需要静心体味。对于《抱朴子内篇》这样一本道教经典著作,如若我们换一个视角细细品味,就可能有不同的收获。感谢中州古籍出版社重印《抱朴子内篇》,使更多的读者有机会感受经典的魅力。

赵玉玲
2022 年 9 月

目　录

卷 一	畅玄	1
卷 二	论仙	10
卷 三	对俗	43
卷 四	金丹	64
卷 五	至理	104
卷 六	微旨	120
卷 七	塞难	140
卷 八	释滞	156
卷 九	道意	179
卷 十	明本	198
卷十一	仙药	213
卷十二	辨问	247
卷十三	极言	263
卷十四	勤求	281
卷十五	杂应	302
卷十六	黄白	327
卷十七	登涉	348

卷十八　地真……………………………………………………… 382

卷十九　遐览……………………………………………………… 393

卷二十　祛惑……………………………………………………… 410

卷一 畅玄

[题解]

　　畅玄，即详细谈论玄。"玄"，本为老子用语，含义相当于"道"。《老子》多次提到"玄"："玄之又玄，众妙之门。"其义为渺冥幽远，是对"道"的一种形容。葛洪继承了老子"玄"的思想，并充分作了发挥，把"玄"当作宇宙的本质，天地万物皆从"玄"生。本卷描述了"玄"的功用、特征，以及得"玄"的不同境界。

　　抱朴子曰："玄者，自然之始祖，而万殊之大宗也。①眇昧乎其深也，②故称微焉。绵邈乎其远也，故称妙焉。③其高则冠盖乎九霄，其旷则笼罩乎八隅。光乎日月，迅乎电驰。或倏烁而景逝，④或飘滭而星流，⑤或混漾于渊澄，⑥或雰霏而云浮。⑦因兆类而为有，⑧托潜寂而为无。沦大幽而下沉，⑨凌辰极而上游。⑩金石不能比其刚，湛露不能等其柔。⑪方而不矩，圆而不规。来焉莫见，往焉莫追。乾以之高，坤以之卑，云以之行，雨以之施。胞胎元一，⑫范铸两仪，⑬吐纳大始，⑭鼓冶亿类，⑮佪旋四七，⑯匠成草昧，⑰辔策灵机，⑱吹嘘四气，⑲幽括冲默，⑳舒阐粲尉，㉑抑浊扬清，斟酌河渭，增之不溢，挹之不匮，与之不荣，夺之不瘁。故玄之所在，其乐不穷。玄之所去，器弊神逝。

[注释]

①玄:指玄妙的道。万殊:千差万别的一切事物、景象。②眇昧(miǎomò):深邃而看不清楚的样子。③绵邈:高远的样子。④倏烁:光亮闪烁不定。景:日光。⑤滭(bì):泉水涌出的样子。⑥滉漾:浮动的样子。⑦雰霏(fēnfēi):飘扬飞动貌。⑧兆类:指万物。古代以万万为亿,万亿为兆。⑨大幽:犹大冥,北方极阴之地。⑩辰极:即北辰,一名北极星。⑪湛露:浓重的露水。⑫元一:元气,万物的本源。⑬两仪:指天地。《周易·系辞上》:"易有太极,是生两仪。"⑭大始:原始。⑮鼓冶:冶炼。⑯四七:指二十八宿,东南西北四方各七宿。⑰草昧:天地初始的混沌状态。⑱辔策:喻指驾驭。灵机:神妙的造化之机。⑲四气:春夏秋冬四时之气。⑳冲默:淡泊空无。㉑舒阐:抒发。粲蔚:鲜明浓盛。

[译文]

抱朴子说:"玄妙的道是自然的始祖,是万物的本源。深远难以识别,所以称作'微'。高远渺茫,所以称作'妙'。它高可以覆盖九霄,广可以笼罩八方。比日月明亮,比闪电迅疾。有时像日光一样闪烁逝去,有时像流星一样飘移疾行,有时浮动于清澈的深渊,有时像云朵纷飞。它附着于天地万物而呈现为'有',寄居在幽暗清寂之中而转为'无'。它沦落到北方极阴之地还向下沉,上升越过北极星还向上游移。金石比不过它的刚劲,浓重的露珠没有它的柔和。它方不能用矩尺来衡量,圆不能用圆规来测度。出现时看不到,离开时追不上。天因它而高,地因它而低,云因它而行,雨因它而降。它孕育元气,铸造天地,化育原始,创造万物,转动星宿,形成了天地最初出现时的混沌状态,驾驭着神妙的造化之机,鼓动四季之气,幽隐起来则淡泊空无,抒发开来则鲜明浓盛,下抑浑浊,上扬清明,斟酌取舍黄河渭水,添加它不会满溢,减少它不会干涸,给予它一些不会兴盛,夺走它一些不会衰落。所以,有玄道在时,其乐无穷。玄道消失时,形体破弊,精神消亡。

"夫五声八音,①清商流徵,损聪者也。鲜华艳采,或丽炳烂,②伤明者也。宴安逸豫,③清醴芳醴,乱性者也。冶容媚姿,④铅华素质,伐命者也。其唯玄道,可与为永。不知玄道者,虽顾眄为生杀之神器,⑤唇吻为兴亡之关键,绮榭俯临乎云雨,藻室华绿以参差。组帐雾合,罗帱云离。西毛陈于闲房,⑥金觞华以交驰,清弦嘈囋以齐唱,⑦郑舞纷柔以蝼蚁,哀箫鸣以凌霞,羽盖浮于涟漪,掇芳华于兰林之囿,弄红葩于积珠之池,登峻则望远以忘百忧,临深则俯擥以遗朝饥,⑧入宴千门之焜煌,⑨出驱朱轮之华仪。⑩然乐极则哀集,至盈必有亏。故曲终则叹发,燕罢则心悲也。⑪寔理势之攸召,⑫犹影响之相归也。彼假借而非真,故物往若有遗也。⑬

[注释]

①五声:宫、商、角、徵、羽。八音:金、石、土、革、丝、木、匏、竹八种乐器之音。②彧(yù):文采繁盛的样子。③宴安:安逸。逸豫:安乐。④冶容:艳丽的打扮。⑤顾眄(miǎn):环视。神器:政权,帝位。⑥西毛:西施、毛嫱,古代著名美女,这里泛指美女。⑦清弦:清亮的琴声。嘈囋(cáozá):声音杂乱、喧闹。⑧擥:同"揽",总揽,观赏。⑨焜煌(hùnhuǎng):宽敞明亮。⑪朱轮:古时王侯显贵所乘的车。⑩燕:通"宴",宴会。⑫寔(shí):此,这。⑬遗:怅然若失。

[译文]

"至于五声八音之类的音乐,清新的商曲和流畅的徵调,会损伤人们的听力。鲜艳华丽的色彩、夺目的文采,会破坏人们的视力。安逸快乐的生活、清澈芳香的美酒会扰乱人们的本性。娇艳的容貌、精心装扮的丽质,会伤害人们的性命。只有玄道,才可保持永久。那些不懂得玄道的人,虽然拥有凭环视四周就可以决定别人生死,靠言语就可以决定事物的兴亡成败的权位,居住建在华丽高台的房子里俯瞰云雨,房间内各种华美的装饰错落有致。华美的帷帐像是轻雾弥漫,锦罗的绣幕如同白云笼罩。西施、毛嫱一类的美女守候在闲房,手拿溢彩的金酒杯相互劝酒,清亮的琴声嘈杂喧闹,伴随着合唱,优美的舞姿纷纭而委婉,哀婉的箫声直上云霞,翠羽的帷盖飘荡在碧水上,在兰林苑里摘采芳香的花朵,到积珠池中玩赏红艳的奇葩,登上高山峻岭眺望远方以消解所有忧愁,面对深渊俯览美景来忘记早间的饥饿,进入众多宽敞明亮的室内去享受盛大宴会,出门则乘坐仪仗威严的华贵车辆。然而欢乐到极限,悲哀便汇集而来;盈满至顶点,亏损必然到来。所以,一曲终了时,就会发出哀叹,欢快的宴会结束时就心生悲凉。所有这些是事物发展的自然之理所导致,就好像影子和身体、回响与呼声相互追随一样。那些欢愉荣华本来就是虚幻而非真实的存在,所以这一切消失后人们便会怅然若失。

"夫玄道者,得之乎内,守之者外,用之者神,忘之者器,此思玄道之要言也。得之者贵,不待黄钺之威。① 体之者富,不须难得之货。高不可登,深不可测。乘流光,策飞景,凌六虚,贯涵溶。② 出乎无上,入乎无下。经乎汗漫之门,③ 游乎窈眇之野。逍遥恍惚之中,倘佯彷彿之表。④ 咽九华于云端,⑤ 咀六气于丹霞。⑥ 俳徊茫昧,翱翔希微,⑦ 履略蜿虹,⑧践跚旋玑,⑨此得之者也。

[注释]

①黄钺(yuè):用黄金装饰的大斧子。最早为天子专用,后来用作帝王的仪仗。大臣出师时,朝廷有时借用黄钺以示威重。②六虚:上下四方。涵溶:指包容万类的宇宙。③汗漫:无边无际。④彷彿:迷茫不清。⑤九华:日月之精华。⑥六气:天地四时变化的六种现象。⑦希微:无声无形。《老子》:"听之不闻名曰希,抟之不得名曰微。"⑧蜿虹:弯曲的彩虹。⑨旋玑:北斗星。

[译文]

"玄妙的大道,通过内心可以领悟它,通过外在的行为可以持守它,善于运用它的人可以达至神妙无穷的境界,忘却遗失它的人只剩下外在的躯体,这就是思考玄道的主要秘诀。得到玄道的人高贵,无须依靠黄钺的威风。体悟玄道的人富有,不必拥有贵重的资财。(得道者)高不可攀,深不可测。(他们)乘坐着流动的光线,驾驭着飞扬的日光,凌越上下四方,穿行于浩瀚宇宙。(他们)能够出现在最高之处,深入最深之地。他们的行踪无边无际,游荡在辽阔无边的原野,自由自在地遨游在恍恍惚惚之中,无拘无束地徜徉在迷迷蒙蒙的境界。(他们)在云端上吞咽日月的精华,在丹霞内咀嚼天地四季的精气,徘徊于无形无迹之中,翱翔在不见不闻之中,脚踏弯曲的彩虹,足登北斗七星。这就是得道之人的境界。

"其次则真知足,知足者则能肥遁勿用,①颐光山林。纡鸾龙之翼于细介之伍,②养浩然之气于蓬荜之中。③缊缕带索,不以贸龙章之"

晔晔也。④负步杖策,不以易结驷之骆驿也。⑤藏夜光于嵩岫,⑥不受他山之攻。沉灵甲于玄渊,⑦以违钻灼之灾。⑧动息知止,无往不足。弃赫奕之朝华,⑨避偾车之险路。⑩吟啸苍崖之间,而万物化为尘氛。怡颜丰柯之下,⑪而朱户变为绳枢。握耒甫田,而麈节忽若执鞭。啜荈漱泉,⑫而太牢同乎藜藿。⑬泰尔有余欢于无为之场,⑭忻然齐贵贱于不争之地。⑮含醇守朴,无欲无忧,全真虚器,居平味澹。恢恢荡荡,与浑成等其自然。浩浩茫茫,与造化钧其符契。⑯如暗如明,如浊如清,似迟而疾,似亏而盈。岂肯委尸祝之坐,⑰释大匠之位,⑱越樽俎以代无知之庖,⑲舍绳墨而助伤手之工。不以臭鼠之细琐,而为庸夫之忧乐。藐然不喜流俗之誉,坦尔不惧雷同之毁。不以外物汩其至精,⑳不以利害污其纯粹也。故穷富极贵,不足以诱之焉,其余何足以悦之乎?直刃沸镬,㉑不足以劫之焉,谤讟何足以戚之乎?㉒常无心于众烦,而未始与物杂也。

[注释]

①肥遁:避世隐居。②纡(yū):系,结,佩带。细介:细小。这里指微不足道的鸟兽。③蓬荜:陋室。④带索:以草索为带。晔晔(wěiyè):光彩夺目的样子。⑤结驷:乘坐四匹马拉的车。⑥夜光:夜光璧玉。嵩岫(xiù):高山崖穴。⑦灵甲:龟甲。古人认为乌龟是灵异的动物,并用它的甲骨占卜,所以称"灵甲"。⑧钻灼:钻凿、烧烤。⑨赫奕:光显盛大的样子。朝华:早晨片刻间盛开的鲜花。⑩偾(fèn):倾覆。⑪丰柯:茂盛的枝条。⑫荈(chuǎn):茶的老叶。泛指茶。⑬太牢:亦作"大牢"。古代帝王、诸侯祭祀社稷时,牛、羊、豕三牲全备为"太牢"。亦有专指牛的。牢,祭祀用的牺牲。

藜藿：藜草和豆叶，泛指粗劣的食物。⑭泰尔：泰然。⑮忻然：喜悦、高兴的样子。⑯造化：指天地。符契：符节。古代朝廷用作凭证的信物。⑰尸祝：古人祭祀时，代替鬼神接受祭祀的人叫作"尸"，传告鬼神言辞的人叫作"祝"。⑱大匠：手艺高超的木工。⑲樽俎(zūnzǔ)：祭祀用的酒器和盛肉器。庖：厨师。⑳汩：扰乱。㉑直刃：刺杀。沸镬：烹杀。㉒谤讟(dú)：诽谤，怨言。

[译文]

"其次就是真正的知足者，这些人能够隐居起来而不为世用，在山林之中颐养精神。他们能够收起像鸾凤蛟龙一样的翅膀与卑微的鸟兽为伍，于陋室中修养浩然之气。宁肯穿褴褛的衣衫，用草索作衣带，也不用它来交换光彩华丽的龙袍；宁肯背负重物、拄着竹杖行走，也不愿意乘坐华贵的车辆往来行走。把夜光璧玉藏在高大的山谷里，不接受其他山石的琢磨；把灵龟的甲壳沉匿于幽深的渊潭里，以躲避钻孔火烤的灾祸。活动休息适可而止，没有什么不满足的。抛弃光彩照人却短暂盛开在早晨的鲜花，避开使车辆倾覆的艰险道路。在崖谷之间吟啸，静观万物化作尘土空气；在茂密的树林下开怀欢笑，冷眼观看朱门变成破户。手握农具在大地上耕作，将持符节的将帅视为执鞭的奴仆一样。饮山间泉水泡的粗茶，把牛、羊、猪等佳肴当作粗劣的食物。泰然欢乐在清静无为的境界里，怡然自乐于贵贱等同的不争之境。涵含醇厚，持守朴素，没有欲念忧愁，轻视身外之物以保全真性，在平常生活中体味淡泊的心境。境界高远，与浑然的宇宙一样自然。心胸广大，与化育万物的天地达成默契。似阴暗又似明朗，似混浊又似清澈，似迟缓又似迅疾，似不足又似圆满。哪里肯放弃尸祝的身份，撇下高明木匠的地位，去超越职分代替厨子下到厨房，舍去绳墨而去帮助总是手指受伤的小工。

不因为像腐烂老鼠一样的细微名利,产生凡夫一样的喜怒哀乐。藐视不喜欢世俗的称誉,坦然不畏惧众人的诋毁。不因为身外之物而扰乱自己高尚的精神,不由于利害关系而玷污他们的纯洁的品质。极度的富有和显贵,不足以引诱他们,其他的名利又岂能取悦他们?锋利的刀刃和沸腾的鼎镬,不能够胁迫他们,诽谤与谗言又怎能使他们不安呢?他们从来不将各种烦恼之事放在心上,从来不曾与外物相混杂。

"若夫操隋珠以弹雀,①舐秦痔以属车,登朽缙以探巢,②泳吕梁以求鱼,③旦为称孤之客,④夕为狐鸟之余。栋挠铼覆,⑤倾溺不振,盖世人之所为载驰企及,而达者之所为寒心而凄怆者也。故至人嘿《韶》《夏》而韬藻棁。⑥奋其六羽于五城之墟,⑦而不烦衔芦之卫。⑧翳其鳞角乎勿用之地,而不恃曲穴之备。俯无倨鸹致之呼,⑨仰无亢极之悔,⑩人莫之识,邈矣辽哉!"⑪

[注释]

①隋珠:即"隋侯之珠"。《淮南子·览冥训》注文说:"……隋侯见大蛇伤断,以药傅之。后蛇于江中衔大珠以报之,因曰'隋侯之珠'。"《庄子·让王》:"以隋侯之珠弹千仞之雀,世必笑之。"②朽缙:朽烂的绳子。缙,绳子。③吕梁:地名。《庄子·达生》说,吕梁的瀑布直下二十多丈,飞溅的水沫冲出四十里,即便是鼋、鼍、鱼、鳖也无法在那里游动。④称孤:称帝。⑤栋挠:栋梁摧折。铼(sù):鼎中的美食。⑥嘿(mò):同"默"。《韶》《夏》:古代著名乐章。藻棁(zhuō):画有彩饰的短柱,是天子的庙饰。⑦六羽:即"六翮",鸟翅膀上的健羽,指代翅膀。五城:昆仑山上的五座城池。⑧衔芦之

卫:据说大雁飞翔时口含芦苇以自卫,防备触网或中人们的箭。⑨倨鸱(chī):倨,通"踞",蹲坐在地。鸱,通"鸱",即猫头鹰。⑩亢极之悔:物盛必衰的懊悔。亢,至高。《周易·乾卦》:"亢龙有悔。"意思是飞得过高的龙必有所悔。⑪邈:高远。辽:遥远。

[译文]

　　"如果拿着隋侯的宝珠去弹击鸟雀,舔舐秦王的痔疮以获取车队,用朽烂的绳子攀登去掏鸟窝,在湍急的吕梁水中去捉鱼虾,早上还是帝王的门客,晚上就成为贱如鸟兽的末流。栋梁折断,鼎翻食撒,倾覆沉溺,一蹶不振,那些世俗之人奔走以求的东西,却是通达者所感到寒心和可悲的所在。所以,修养极高的人不弹奏《韶》《夏》去显示自己的才能,把华美的柱子藏起来。他们振动着健翼飞翔于昆仑五城的废墟,而不需要口衔芦苇去自卫。像蛰龙那样把鳞角隐藏在无用之地,而没必要依恃深深的洞穴去防备。俯身不会像蹲在地上的猫头鹰发出的惊呼,仰身没有身处极限时的懊悔。没有人了解这种境界,玄道实在是太旷达了!"

卷二 论仙

[题解]

　　本卷论述了神仙实有,长生不死是可以实现的。葛洪站在宗教家的立场,通过对不信仙道者的反驳,以及引用典籍的记载,证明了神仙的存在。又依次分析了仙人不容易看见的原因,以及秦始皇、汉武帝求仙不成功的原因,认为不能因为他们求仙没有成功,就不相信仙道的存在。

　　或问曰:①"神仙不死,信可得乎?"抱朴子答曰:"虽有至明,而有形者不可毕见焉。虽禀极聪,而有声者不可尽闻焉。虽有大章、竖亥之足,②而所常履者,③未若所不履者之多。虽有禹、益、齐谐之智,④而所识者未若所不识之众也。万物云云,何若不有?况列仙之人,盈乎竹素矣。⑤不死之道,曷为无之?"

[注释]

　　①或:有人。②大章、竖亥:古时善于行走的人。③履:步履,行走。④禹:大禹,夏朝的第一代君主。益:伯益,舜的贤臣,助大禹治水有功。齐谐:一位见多识广的人。《庄子·逍遥游》:"齐谐者,志怪者也。"⑤竹素:竹简和白绢,纸张通用前文字的主要载体,泛指历史典籍。

[译文]

有人问:"神仙长生不死,这真的可能吗?"抱朴子回答说:"尽管拥有最好的视力,也不可能将所有的物体全部看到。尽管具备最好的听力,也不能把所有声音完全听到。尽管拥有大章、竖亥的捷足,但曾经走过的地方,也没有未走过的地方多。尽管具有禹、益、齐谐的智慧,但已经知道的东西,也没有不知道的东西多。万物纷繁众多,什么样的情况不会有呢?何况成仙的人,史书中到处都有记载。长生不死的道术,怎么会没有呢?"

于是问者大笑曰:"夫有始者必有卒,①有存者必有亡。故三、五、丘、旦之圣,②弃、疾、良、平之智,③端、婴、随、郦之辩,④贲、育、五丁之勇,⑤而咸死者,人理之常然,必至之大端也。⑥徒闻有先霜而枯瘁,当夏而凋青,含穗而不秀,⑦未实而萎零,未闻有享于万年之寿,久视不已之期者矣。故古人学不求仙,言不语怪,杜彼异端,守此自然,推龟鹤于别类,以死生为朝暮也。夫苦心约己,以行无益之事,镂冰雕朽,终无必成之功。未若摅匡世之高策,⑧招当年之隆祉,⑨使紫青重纡,⑩玄牡龙骈,⑪华毂易步趍,⑫鼎铼代末耜,⑬不亦美哉?每思诗人《甫田》之刺,⑭深惟仲尼皆死之证,⑮无为握无形之风,捕难执之影,索不可得之物,行必不到之路,弃荣华而涉苦困,释甚易而攻至难,有似丧者之逐游女,⑯必有两失之悔,单、张之信偏见,⑰将速内外之祸也。夫班、狄不能削瓦石为芒针,⑱欧冶不能铸铅锡为干将。⑲故不可为者,虽鬼神不能为也;不可成者,虽天地不能成也。世间亦安得奇方,能使当老者复少,而应死者反生哉?而吾子乃欲延蟪蛄之命,⑳令有历纪之寿,㉑养朝菌之荣,使累晦朔之积,㉒不亦谬乎?愿加九思,不远迷复焉。"

[注释]

①卒:终结。②三、五、丘、旦:指三皇、五帝、孔丘和周公旦。③弃、疾、良、平:古代有智慧的人。弃,又叫后稷,周人祖先。据说他善于耕种庄稼,在尧、舜时期做过农官。疾,又叫樗里子,战国时期秦惠文王的弟弟,滑稽聪慧,人称"智囊"。良、平,指张良和陈平,秦汉时谋士,辅佐刘邦成就帝业。④端、婴、随、郦:古代善于言谈的人。端,指孔子弟子端木赐,即子贡。婴,春秋时齐国大夫晏婴。随,汉初辩士随何,曾为刘邦劝说黥布叛楚归汉。郦,汉初辩士郦食其,常为刘邦游说其他诸侯。⑤贲、育、五丁:古代的勇士。贲,战国时勇士孟贲,据说能拔掉活牛的角。育,夏育,周代有勇力的人。五丁,传说中秦惠文王时蜀地的五位大力士。⑥大端:当依敦煌本作"大归"。大归,最终归宿。⑦秀:开花。⑧摅(shū):施展。⑨隆祉:盛大的福分。⑩紫青:用来系印的紫绶、青绶。汉代官制,丞相、太尉用金印紫绶,御史大夫用银印青绶。纡:佩带。⑪玄牡:祭祀天地用的黑色公畜。踌:盘踞。⑫华毂:华美的车辆。步趋:步行。⑬耒耜:农具。⑭《甫田》:《诗经·齐风》中的诗篇。⑮惟:思考。⑯丧者之逐游女:丧,通"桑"。"桑者逐游女"的典故出于《列子·说符》:晋文公出兵讨伐卫国,公子锄仰天而笑,文公问他笑什么,他说:"我笑邻家的一个年轻人在送妻子回娘家的路上看到一位采桑姑娘,一见钟情,就上前搭话。可回头一看,自己的妻子也正在被另一个男人挑逗。"⑰单、张:单豹、张毅。《庄子·达生篇》中的人物。单豹为了保养精神隐居深山,结果被虎食。张毅为了名利四处奔走,导致重病死去。⑱班、狄:春秋时期能工巧匠鲁班和墨翟。⑲欧冶:春秋时越国人,善于铸剑。⑳蟪蛄:一种寿命很短的蝉,春生夏死或夏生秋死。㉑历纪:经历一纪,

古时纪年月的单位,有多种说法,葛洪以三百日为一纪,见本书卷六《微旨》。㉒晦朔:一个月。阴历每月的最后一天叫晦,第一天叫朔。

[译文]

　　于是问话的人大笑着说:"凡是有开始就必然会有结束,有生存就一定会有死亡。所以即使三皇、五帝、孔子、周公之类的圣人,后稷、樗里子、张良、陈平之类的智者,子贡、晏婴、随何、郦食其之类的辩才,孟贲、夏育、五丁之类的勇士,最终都死了,死亡是人生的必然趋势,是一定会来临的最后归宿。只听说过有寒霜还没到就枯萎的,正值夏季就落叶的,蕴含了谷穗却不开花的,没有结果就凋零的植物,还没有听说有谁享尽万年之寿,具有长生不死的寿命。因此,古人做学问时不追求成仙之道,不讨论稀奇古怪的事,杜绝那些异端邪说,遵守自然法则,将灵龟、仙鹤视为特别的物类,视生死为必然出现的早晨和夜晚一样。与其苦心约束自己,去干些没有益处的事,就好像刻镂冰块,雕琢朽木,最终不会成功。还不如施展匡世济民的高明策略,获得今生就能享受的盛大福分,使自己腰间挂满紫绶青带系结的官印,祭祀天地用的黑色公畜像龙一般被安置,乘华美的车辆代替徒步,吃鼎中的美食而不必耕作,这难道不是很美好吗?每次想起诗人在《甫田》中的讽刺,深入思考孔子'人皆有死'的论断,就认为没必要去把握无形的风,捕捉难以捉摸的影子,追求不可能得到的事物,走上不可能达到目的的道路,抛弃荣华富贵去陷入困苦的境地,放开唾手可得的成就去转攻最难实现的目标,就好比挑逗采桑女的那位男子一样,必然会出现两面失策的悔恨,又如像单豹、张毅的偏执,将会招致身内身外的灾祸。鲁班、墨翟不能够把瓦片石块刻削为细针,欧冶子不能将铅锡锻铸成宝剑。因此不可能办到的事,即使是鬼神也不能办到;不可能做成的事,哪怕是天地也不能做成。人世间又哪里有什么奇特的方剂,能够使应当衰老者重新年轻,本该死亡者反而复生呢?然而先生却想延长蟪蛄的性命,让它有超过一年的寿命;培育朝菌的茂盛,使它能够活过一个月,难道不是很荒谬吗?希望您多多思考,不要再执迷不悟,早些返回来吧。"

抱朴子答曰:"夫聪之所去,则震雷不能使之闻;明之所弃,则三光不能使之见,①岂鞠磕之音细,②而丽天之景微哉?③而聋夫谓之无声焉,瞽者谓之无物焉。又况管弦之和音,山龙之绮粲,④安能赏克谐之雅韵,⑤昒晔之鳞藻哉?⑥故聋瞽在乎形器,则不信丰隆之与玄象矣。⑦而况物有微於此者乎?暗昧滞乎心神,则不信有周孔于在昔矣,况告之以神仙之道乎?夫存亡终始,诚是大体。其异同参差,或然或否,变化万品,奇怪无方,物是事非,本钧末乖,⑧未可一也。夫言始者必有终者多矣,混而齐之,非通理矣。谓夏必长,而荠麦枯焉。谓冬必凋,而竹柏茂焉。谓始必终,而天地无穷焉。谓生必死,而龟鹤长存焉。盛阳宜暑,而夏天未必无凉日也;极阴宜寒,而严冬未必无暂温也。百川东注,而有北流之活活。⑨坤道至静,而或震动而崩弛。水性纯冷,而有温谷之汤泉;火体宜炽,而有萧丘之寒焰;⑩重类应沉,而南海有浮石之山;轻物当浮,而牂柯有沉羽之流。⑪万殊之类,不可以一概断之,正如此也久矣。

[注释]

①三光:日、月、星。②鞠(hōng)磕:指隆隆的雷声。③丽天:附着于天。《周易·离卦》:"日月丽乎天。"景:阳光。④山龙:古人衣服上和旌旗

上山形和龙形的图案。绮粲：绮丽璀璨。⑤克谐：达到和谐，能配合适当。⑥暐晔（wěiyè）：光彩夺目的样子。鳞藻：鱼鳞、水藻，指绘有鱼鳞和水藻的华美服饰。⑦丰隆：雷神。这里指雷声。玄象：日、月、星所形成的玄妙天象。⑧本钧末乖：钧，相同。乖，相背。根本相同而发展的结果相背。⑨活（guō）活：水流声。⑩萧丘：海岛名。传说此处的火焰不热。⑪牂（zāng）柯：古代江名，又为郡名，在今贵州、云南地区。

[译文]

　　抱朴子回答说："如果丧失了听力，那么震天的雷鸣也不能使他听到；如若丧失了视力，那么日月星辰的光芒也不能让他看到，难道是隆隆的雷声细小，日月的光芒微弱吗？然而聋子认为响雷没有声音，瞎子认为日月没有光芒。又何况对管弦乐曲的合奏音响，山图龙纹的绮丽璀璨，他们怎么能欣赏那和谐的雅乐和光彩夺目的图案呢？所以说聋盲之人只注重具体可感的有形事物，却不相信会有震耳的雷声和日月星辰所形成的玄妙天象。更何况有许多比这些更细微的事物呢？愚昧阻碍了心智，就不会相信昔日曾有过周公和孔子，何况去告诉他神仙之道呢？事物有生存就有死亡，有开始必有终结，大体上的确如此。事物之间异同参差不齐，有的这样，有的不是这样，变化万端，奇奇怪怪没有固定的存在方式，相同的物类表现方式却不同，开始本来相同发展结果却相背，不能一概而论。至于说有开始就一定会有结束，大多数事物确实是这样，但是混淆所有事物，将它们同等看待，从道理上就说不通了。如果说夏天万物必然生长，但荞麦却在此时枯萎。如果说冬天万物必然凋谢，但竹柏却很丰茂。如果说有始必有终，然而天地却无穷无尽。如果说有生必有死，但灵龟、仙鹤却长生久存。盛夏应该是炎热的，但夏天未必没有凉爽的日子；严冬应该是寒冷的，但冬天未必没有片刻的温暖。千万条江河向东流到大海,却也有潺潺的河水向北流。大地本来极为安静,有时却也震动而崩塌。水应该是寒凉的,却有温谷的热泉;火应该是炽热的,却有萧丘的冷焰;重的物体应该沉没,然而南海却有飘浮石头的山冈;轻的东西应当漂浮,但戎柯却有沉下羽毛的河流。千差万别的物类,不能用一种标准来衡量,事物的复杂是长久以来就存在的。

"有生最灵,莫过乎人。贵性之物,宜必钧一。①而其贤愚邪正,好丑修短,清浊贞淫,缓急迟速,趋舍所尚,耳目所欲,其为不同,已有天壤之觉,②冰炭之乖矣。③何独怪仙者之异,不与凡人皆死乎?

[注释]

①宜必钧一:应该完全相同。②觉:通"较",差别。③乖:背离,差别。

[译文]

"拥有生命而又具灵性的,莫过于人了。拥有可贵灵性的人类,理应完全相同。但是,人的贤明与愚笨、邪恶与正直、漂亮与丑陋、修长与短矮、清明与污浊、贞节与淫荡、缓慢与急切、迟钝与敏捷、取舍与崇尚、耳目的欲求,表现形式与作为的不同,已经有天壤之别,寒冰和热炭般的差异了。又为什么单单怀疑有奇异的仙人,他们不会与凡人一样死亡这样的事情呢?

"若谓受气皆有一定,①则雉之为蜃,②雀之为蛤,③壤虫假翼,④川蛙翻飞,⑤水蛎为蛉,⑥荇苓为蛆,⑦田鼠为鴽,⑧腐草为萤,鼍之为虎,⑨蛇之为龙,皆不然乎?

[注释]

①受气:接受元气而形成禀性。②雉:野鸡。蜃:一种大蛤蜊。③蛤:蛤蜊。④壤虫:幼虫。⑤川蛙:河流中的蛤蟆。⑥蛎(lì):牡蛎。蛉:蜻蜓。⑦荇(xìng):荇菜,一种草本植物。苓:植物名。⑧鴽(rú):鹌鹑。⑨鼍(tuó):爬行动物,鳄鱼的一种。

[译文]

"如果说万物接受元气所形成的禀性都是固定的,那么野鸡变为大蛤,鸟雀变为蛤蜊,幼虫长出美丽的翅膀,河里青蛙能够跳跃飞翔,水蛎变为蜻蜓,荇苓变为蛆虫,田鼠变为鹌鹑,腐草变为萤火虫,鳄鱼变为老虎,蛇变为蛟龙,难道不都是事实吗?

"若谓人禀正性,①不同凡物,皇天赋命,无有彼此,则牛哀成虎,②楚妪为鼋,③枝离为柳,④秦女为石,⑤死而更生,男女易形,老彭之寿,殇子之夭,⑥其何故哉?苟有不同,则其异有何限乎?

[注释]

①禀:秉承。②牛哀成虎:牛哀,古人名,姓公牛,名哀。《淮南子·俶真训》:"昔公牛哀转病也,七日化为虎。"③楚妪为鼋(yuán):楚地老妇人变为大鳖。《后汉书·五行志》:"灵帝时,江夏黄氏之母,浴而化为鼋,入于深渊,其后时出见。"④枝离:即支离叔。《庄子·至乐》:"支离叔与滑介叔观于冥伯之丘……俄而柳生其左肘。"⑤秦女为石:秦国女子化为石人。《蜀记》:"梓橦县有五妇山,一名五妇台。秦王遗蜀王美女五人,蜀王遣五丁迎女,至梓橦,五丁蹋地大呼,惊五女,并化为石。"⑥殇子:夭折的孩子。

[译文]

"如果说人类禀受了纯正的天性,不同其他万物,上天赋予人类生命,不会有彼此之别,那么公牛哀变成了老虎,楚地老妇变成了大鳖,支离叔肘上长出柳树,秦国女子化为石人,死者能够复活,男女改变性别,老子和彭祖的长寿,夭折孩子的短命,又是什么原因呢?或许人与人之间有所不同,那么这种差异又有什么限度呢?

"若夫仙人,以药物养身,以术数延命,使内疾不生,外患不入,虽久视不死,而旧身不改,苟有其道,无以为难也。而浅识之徒,拘俗守常,①咸曰世间不见仙人,便云天下必无此事。夫目之所曾见,当何足言哉?天地之间,无外之大,其中殊奇,岂遽有限?②诣老戴天,③而无知其上,终身履地,而莫识其下。形骸己所自有也,而莫知其心志之所以然焉。寿命在我者也,而莫知其修短之能至焉。况乎神仙之远理,道德之幽玄,④仗其短浅之耳目,以断微妙之有无,岂不悲哉?

[注释]

①常:常规。②岂遽(jù):难道。③诣老戴天:到老都顶着天。诣,往,到。④道德:指规律、道理。幽玄:深奥玄妙。

[译文]

"像那些仙人,用药物滋养身体,用法术延长生命,使身体内部不生疾病,身外的祸患不会侵入,即使长寿不死,原有的容貌也不会改变,如果具有养生之道,就不会是一件难事。然而,见识短浅之人,拘泥于世俗,墨守着常规,都说人世间见不到仙人,便断言天下必定没有此事。人的眼睛所曾看到的东西,哪里能作论断的凭据呢?天地之间,无边广大,其中特异奇怪的事物,怎么会有限度呢?人们到老一直头顶青天,却不了解天上的事情;一辈子脚踩大地,也不了解地下的情况。身体本是自己所拥有的,却不能够了解自己的精神思想为什么会是如此。寿命是自己的,却没有办法知道自己的生命长短及其所能达到的期限。更何况求神成仙这样深远的学问,深奥玄妙的道理呢?依仗着自己耳目浅薄的见闻,去判断微妙深奥道理的有无,难道不可悲吗?

"设有哲人大才,嘉遁勿用,①翳景掩藻,②废伪去欲,执太璞于至醇之中,③遗末务于流俗之外,世人犹鲜能甄别,或莫造志行于无名之表,④得精神于陋形之里,岂况仙人殊趣异路,以富贵为不幸,以荣华为秽污,以厚玩为尘壤,以声誉为朝露,蹈炎飙而不灼,⑤蹋玄波而轻步,鼓翮清尘,⑥风驷云轩,⑦仰凌紫极,⑧俯栖昆仑,⑨行尸之人,安得见之?假令游戏,⑩或经人间,匿真隐异,外同凡庸,比肩接武,⑪孰有能觉乎?若使皆如郊间两瞳之正方,⑫邛疏之双耳出乎头巅,⑬马皇乘龙而行,⑭子晋躬御白鹤。⑮或鳞身蛇躯,⑯或金车羽服,乃可得知耳。自不若斯,则非洞视者安能觌其形,⑰非彻听者安能闻其声哉?世人既不信,又多疵毁,真人疾之,遂益潜遁。且常人之所爱,乃上士之所憎。庸俗之所贵,乃至人之所贱也。英儒伟器,⑱养其浩然者,犹不乐见浅薄之人、风尘之徒。况彼神仙,何为汲汲使匀狗之伦,⑲知有之何所索乎,而怪于未尝知也。目察百步,不能了了,而欲以所见为有,所不见为无,则天下之所无者,亦必多矣。所谓以指测海,指极而云水尽者也。蜉蝣校巨鳌,⑳日及料大椿,㉑岂所能及哉?

[注释]

①嘉遁:合乎正道的退隐。②翳景掩藻:隐藏光芒,掩盖文采。景,光芒。藻,文采。③太璞:没有经过加工的璞玉,比喻纯朴的本性。④志行:志向。⑤炎飙(biāo):炽热的火焰。⑥鼓翮(hé):鼓动翅膀。清尘:敦煌本为"清虚",指太空、天空。⑦驷(sì):四匹马拉的车。⑧紫极:星座名,又叫"紫宫"。⑨昆仑:传说中的神山。⑩游戏:敦煌本作"游教"。⑪武:足迹。⑫郊间:古代神仙名。两瞳之正方:两个瞳孔呈正方形。《抱朴子·祛惑》:"仙人目瞳皆方。"⑬邛疏:古代仙人名字。⑭马皇:神仙名,即马师皇。《列仙传》:"马师皇者,黄帝时马医也。……后有龙下,向之垂耳张口。皇曰:'此龙有病,知我能治。'乃针其唇下口中,以甘草汤饮之而愈。……一旦,龙负皇而去。"⑮子晋:即王子晋,神仙名,又叫王子乔。⑯鳞身蛇躯:东汉王延寿《鲁灵光殿赋》:"伏羲鳞身,女娲蛇躯。"⑰觌(dí):看见。⑱英儒:杰出的儒生。伟器:大器,能任大事的人才。⑲刍狗:古代结草为狗,以供祭祀。⑳蜉蝣:一种短命的小虫。㉑日及:一种早上出生,傍晚就死亡的菌类植物。大椿:传说中的长寿树木。《庄子·逍遥游》:"上古有大椿者,以八千岁为春,八千岁为秋。"

[译文]

"假设有思想明智、才能出众的人,隐遁起来而不为世用,隐藏自己耀眼的光芒,掩盖自己的才华,废除虚伪而去掉欲望,在最淳朴的生活环境中保持着最淳朴的本性,遗弃世俗事务于流俗之外,世人尚且很少能识别他们，或许还有人在无声无息中培养造就自己的志向，在丑陋的形体中练就超脱的精神，更何况仙人与普通人意趣迥然不同，道路方向大相径庭。他们把富贵看作不幸，把荣华看作污秽，把贵重的物品看作尘土，把声誉看成即逝的朝露，脚踏炎热的烈火不会被烧伤，走在幽深的波涛上步履轻盈，鼓动双翅飞翔于天空，以风云为车马，向上可以凌越紫宫星上，向下可以栖身于昆仑山中。行尸走肉般的俗人，怎么能见到他们呢？即使他们偶尔遨游，或许会经历人间，但藏匿奇才，外表同凡人一样，即便是与凡人肩并肩、步履相接，谁又能察觉他们呢？如果他们都像郊间那样双瞳是正方形的，像邛疏那样耳朵从头顶上长出来，或者像马师皇那样驾着蛟龙飞行，像王子乔那样乘着仙鹤升天。或者身体长着鳞片，躯干如同长蛇；或者乘坐金车，穿着羽服，这才可能让世人知道他们是神仙啊。如果不是这样，那么除了观察力极强的人，谁又能看出他们的形体？若不是具有极为透彻的听力又怎么能听出他们的声音呢？世人既不相信神仙，又对仙人多加诋毁，得道的神仙很厌恶这种情况，于是就更加注意隐藏自己。况且平凡人所喜爱的，正是超越之士所憎恶的。庸俗者所看重的，正是道德境界最高的人所鄙视的。杰出的儒生，能担当大事的伟才，培养浩然正气的人，尚且不喜欢看见浅识薄见和迷恋红尘之人。何况那些神仙，怎么会急切地使那些轻贱之人知道有神仙和成仙的方式呢？而世人往往对于自己不知道的事情感到怪异。世人目及百步之外，尚不能看得十分清楚，却想把所看见的事物确定为有，没看到的事物确定为无，那么天下被确定为无的东西也必定太多了。正像所谓用手指测量大海，到指头尽头就说海水已到底了一样。用蚍蜉去估量大鳌，用日及去计量大椿，又怎么能够做到呢？

"魏文帝穷览洽闻，[①]自呼于物无所不经，谓天下无切玉之刀、火浣之布,及著《典论》,尝据言此事。其间未期,二物毕至。帝乃叹息,遽毁斯论。事无固必,殆为此也。陈思王著《释疑论》云,②初谓道术,直呼愚民诈伪空言定矣。及见武皇帝试闭左慈等,③令断谷近一月,而颜色不减,气力自若,常云可五十年不食,正尔,复何疑哉?又云,令甘始以药含生鱼,④而煮之于沸脂中,其无药者,熟而可食,其衔药者,游戏终日,如在水中也。又以药粉桑以饲蚕,⑤蚕乃到十月不老。又以住年药食鸡雏及新生犬子,⑥皆止不复长。以还白药食白犬,百日毛尽黑。乃知天下之事,不可尽知,而以臆断之,不可任也。但恨不能绝声色,专心以学长生之道耳。彼二曹学则无书不览,才则一代之英,然初皆谓无,而晚年乃有穷理尽性,其叹息如此。不逮若人者,⑦不信神仙,不足怪也。刘向博学则究微极妙,⑧经深涉远,思理则清澄真伪,研核有无,⑨其所撰《列仙传》,仙人七十有余,诚无其事,妄造何为乎?邃古之事,何可亲见,皆赖记籍传闻于往耳。《列仙传》炳然,其必有矣。然书不出周公之门,事不经仲尼之手,世人终于不信。然则古史所记,一切皆无,何但一事哉?

[注释]

①魏文帝:曹操之子曹丕,著有《典论》五卷,原书多已散失,有清代辑本。洽:宏博。②陈思王:曹丕的弟弟曹植,被封为陈王,谥号为"思",故后人称"陈思王"。③武皇帝:指魏武帝曹操。左慈:东汉末年方士。④甘始:东汉末年方士。⑤药粉桑:用药粉涂抹桑叶。⑥住年:使年华长驻。⑦逮:及、达到。⑧刘向:汉代大学问家。⑨研核:研究核实。

[译文]

"魏文帝曹丕博览群书、见识广博,自称没有未经历过的事物,曾断言天下没有切玉的刀、没有用火洗浣的布,在他著《典论》时,还曾引经据典谈论此事。其后不到一年,这两样东西都出现了。魏文帝因之感慨叹息,马上推翻了前面的结论。凡事没有绝对的一定,大概就是指这种情况。陈思王曹植著《释疑论》说,起初一谈到成仙道术,就断定说这是愚蠢民众的空话。等看到汉武帝试着把左慈等人关闭起来,让他们辟谷近一个月,而他们的容貌没有憔悴,气力和往常一样,还常说可以五十年不吃东西,事实就是这样,还有什么可怀疑的呢?又说,让甘始拿药给活鱼含着,然后放在沸油中煎煮,那些没含药的鱼,已熟透可食,那些含药的,却整天在沸油中游来游去,就像在水里一样。还拿了一些药粉涂在桑叶上喂蚕,蚕活到十月不变老。用驻年药喂小鸡和新生的小狗,它们停止发育不再长大。用白发返黑的药喂白狗,百日之内白毛都变黑了。可知天下的事情,人们不可能全部知道,凭主观臆断是不可信的。只是遗憾不能绝声色,专心学习长生之道罢了。曹氏兄弟二人,论学问,可谓是无书不读,可算是一代精英之才,但最初都认为没有神仙,到了晚年才穷尽事物本性,感叹如此。那些比不上他们的人,不相信神仙,也就不足为奇了。刘向学问渊博,能够穷尽事物微妙之理,探索深入、涉及面广博,善于思考问题,能明辨真伪,判定事物有无,他所撰写的《列仙传》,记载仙人七十多位,如果根本没有这些事,他又何必去胡编乱造呢?远古时的事,怎么能亲眼看见,都是依赖以往的传记、书籍罢了。《列仙传》写得清清楚楚,神仙之事必是有的。然而书籍只要不是出自周公的门下,所记之事情不经过孔子的审定,世人始终不肯相信。既然这样,那么古史所记载的东西,可以说一切都不存在,为什么只有神仙这一件事是不存在的呢？

"俗人贪荣好利，汲汲名利，以己之心，远忖昔人，乃复不信古者有逃帝王之禅授，①薄卿相之贵任，巢、许之辈，②老莱、庄周之徒，③以为不然也。况于神仙，又难知于斯，亦何可求今世皆信之哉？多谓刘向非圣人，其所撰录，不可孤据，尤所以使人叹息者也。夫鲁史不能与天地合德，而仲尼因之以著经。子长不能与日月并明，④而扬雄称之为实录。⑤刘向为汉世之名儒贤人，其所记述，庸可弃哉？凡世人所以不信仙之可学，不许命之可延者，正以秦皇汉武求之不获，⑥以少君栾太为之无验故也。⑦然不可以黔娄、原宪之贫，⑧而谓古者无陶朱、猗顿之富。⑨不可以无盐、宿瘤之丑，⑩而谓在昔无南威、西施之美。⑪进趋尤有不达者焉，稼穑犹有不收者焉，商贩或有不利者焉，用兵或有无功者焉。况乎求仙，事之难者，为之者何必皆成哉？彼二君两臣，⑫自可求而不得，或始勤而卒怠，或不遭乎明师，又何足以定天下之无仙乎？

[注释]

①禅授：禅让传授。②巢、许：巢父、许由。传说中尧时著名隐士。皇甫谧《高士传》说尧曾以天下让巢父，不受；又让许由，也不受。③老莱：即老莱子。庄周：即庄子。④子长：即司马迁。司马迁字子长。西汉著名史学家，著有《史记》。⑤扬雄：西汉思想家。著有《法言》《方言》《太玄》等书。《法言·重黎》："或问……太史迁，曰：'实录。'"⑥秦皇汉武：秦始皇和汉武帝。⑦少君：即李少君，西汉方士。栾太：《史记》作"栾大"，西汉方士。⑧

黔娄、原宪:春秋鲁国著名贫士。⑨陶朱、猗顿:古代著名富豪。陶朱,即著名政治家范蠡。⑩无盐、宿瘤:古代齐国著名丑女。⑪南威、西施:春秋著名美女。⑫二君两臣:指秦始皇、汉武帝和李少君、栾太。

[译文]

"俗人贪图虚荣名利,整天忙着追名逐利,以自己的想法来忖度古人,于是就不相信古代会有躲避帝王禅让传授帝位的人,会有看不上卿相高官之位的人。像巢父、许由一类的隐士,像老莱、庄周一类的高人,俗人认为是不真实的。更何况神仙,又比这些人更难理解,又怎么能要求今天的人都相信呢?有很多人说刘向不是圣人,他所撰写的东西,不能单独作为凭证,这就更加让人叹息了。鲁国的史书虽不能与天地的德行相媲美,而孔子却依据这部史书写成了《春秋》。司马迁虽然没有与日月一样的光辉,但扬雄却称赞他的记述为实录。刘向是汉代的名儒贤人,他的记述怎么可以弃之不信呢?大凡世人之所以不相信仙道可学,不认可寿命可以延长,正是因为秦始皇、汉武帝求仙没有成功,李少君、栾太修仙没有应验的缘故。然而,不能因为黔娄、原宪的贫困,就否认古代有陶朱、猗顿之类的富人。不能因为无盐、宿瘤的丑陋,就认为昔日没有南威、西施那样的美人。努力向前尚且有可能达不到目的,种庄稼也有可能得不到收获,商贩有时有可能不获利,用兵打仗有时有可能无法胜利。何况求仙之事是最难的,求仙的人又怎能会都成功呢?像秦始皇、汉武帝两位皇帝和李少君、栾太两位臣子,自会有他们没有成功的原因,或许是开始勤求而后来怠惰,或许是没有逢遇名师,又怎么能足以断定天下没有神仙呢?

"夫求长生,修至道,诀在于志,不在于富贵也。苟非其人,则高位厚货，①乃所以为重累耳。何者？学仙之法，欲得恬愉澹泊，②涤除嗜欲，内视反听，③尸居无心，④而帝王任天下之重责，治鞅掌之政务，⑤思劳于万几，神驰于宇宙，一介失所，⑥则王道为亏，百姓有过，则谓之在予。醇醪汩其和气，⑦艳容伐其根荄，⑧所以翦精损虑削乎平粹者，⑨不可曲尽而备论也。蚊嘬肤则坐不得安，虱群攻则卧不得宁。四海之事，何祇若是？安得掩翳聪明，历藏数息，⑩长斋久洁，躬亲炉火，夙兴夜寐，以飞八石哉？汉武享国，最为寿考，已得养性之小益矣。但以升合之助，⑪不供钟石之费；⑫畎浍之输，⑬不给尾闾之泄耳。⑭

[注释]

①厚货：大量的钱财。②澹泊：清静寡欲。③内视反听：本意指能省察自身听取他人意见。语出《史记·商君列传》："赵良曰：'反听之谓聪，内视之谓明，自胜之谓强。'"这里指一种控制意念，修炼身体以求长生的方法。④尸居：像尸一样安居。比喻安居而无为。尸，古代祭祀时代表死者受祭的人。⑤鞅掌：繁忙劳累。⑥介：通"芥"，小草。比喻小事。⑦醇醪：美酒。汩：扰乱。和气：身体内的中和之气。⑧根荄（gāi）：植物的根部。这里比喻身体健康的根本。⑨翦：通"剪"，损害。粹：精华之气。⑩历藏（zàng）：即内视五脏，道教修炼方术之一。藏，通"脏"。数息：道教修炼方术之一。静坐修炼时，数鼻息的次数，以使心神安静。⑪升合（gě）：古代的计量单位。一斗的十分之一叫作"升"，一升的十分之一叫作"合"。升合，表示数量极少。⑫钟石：古代的计量单位。六斛四斗为一钟，十斗为一石。钟石，表示数量大。⑬畎浍（quǎnkuài）：田间的水沟。⑭尾闾：传说中泄海水之处。

尾指百川之下,间指水聚之处。

[译文]

"追求长生不老,修炼仙道,关键在于立志而不在于富贵。如果不是有志之人,即使极高的地位、丰厚的钱财,也会成为沉重的累赘。为什么呢?学习仙道的方法,应该是安静淡泊,清心寡欲,内视反听,像祭祀的尸一样安居清静。然而帝王担负着天下的重任,治理政务繁忙劳累,思虑过多使精神疲惫,考虑宇宙万事,出现一点小失误,王者的道义就会受到损害,百姓有了过失,帝王也得说'错误的责任在我'。美酒扰乱了身体内的中和之气,美色伤害了身体的根基,至于那些削弱精神、损伤思虑、减少精华之气的伤害,更没有办法详尽论说了。蚊虫叮咬使人坐立不安,虱群攻击使人躺卧不宁。四海之内的事,何止如此?帝王们又怎能够闭目塞听,内视脏腑,默数呼吸,长期斋戒使身心洁净,亲自守在炼丹炉旁,早起晚睡,去炼制八石金丹呢?汉武帝享有帝位,是最为长寿的,已经获得养生的小收益了。但是升合这样小的收益,无法供上钟石那样大的消费;靠田间小水沟排水,无法供及尾闾这样的大泄流。

"仙法欲静寂无为,忘其形骸,而人君撞千石之钟,①伐雷霆之鼓,砰磕嘈𠹗,②惊魂荡心,百技万变,丧精塞耳,飞轻走迅,钩潜弋高,③仙法欲令爱逮蠢蠕,④不害含气,而人君有赫斯之怒,⑤芟夷之诛,⑥黄钺一挥,齐斧暂授,⑦则伏尸千里,流血滂沱,斩断之刑,不绝于市。仙法欲止绝臭腥,休粮清肠,而人君烹肥宰腯,⑧屠割群生,八珍百和,⑨方丈于前,煎熬勺药,⑩旨嘉餍饫。⑪仙法欲溥爱八荒,视人如己,而人君兼弱攻昧,取乱推亡,辟地拓疆,泯人社稷,驱合生人⑫,投之死地,孤魂绝域,暴骸腐野,五岭有血刃之师,⑬北阙悬大宛之首,⑭坑生煞伏,动数十万,京观封尸,⑮仰干云霄,暴骸如莽,弥山填谷。秦皇使十室之中,思乱者九。汉武使天下嗷然,⑯户口减半。祝其有益,诅亦有损。结草知德,⑰则虚祭必怨。⑱众烦攻其膏肓,⑲人鬼齐其毒恨。彼二主徒有好仙之名,而无修道之实,所知浅事,不能悉行。要妙深秘,又不得闻。又不得有道之士,为合成仙药以与之,不得长生,无所怪也。

[注释]

①千石之钟:重量巨大的钟。石,古代的重量单位。一百二十斤为一石。②砰磕:如雷之声。嘈囐(zá):鼓声。③钓潜弋(yì)高:钓起深潜的鱼,射下高飞的鸟。弋,带有绳子的箭,这里泛指射猎。④逮:及、到。蠢蠕:蠕动。这里指代昆虫。⑤赫斯:形容发怒。⑥芟(shān)夷:除草。⑦齐斧:用于行刑的斧头。⑧腯(tú):肥壮。⑨八珍:古代八种烹饪方法。后指八种珍贵食品。百和:泛指各种烹饪调和方法。⑩勺药:古人用以指调料的总称。⑪旨嘉:美味。餍饫(yànyù):吃饱喝足。⑫驱合:驱赶集合。⑬五岭:山名。⑭大宛:古代西域国名。⑮京观封尸:古时战胜的一方为了炫耀武功,收集敌人尸首,封土成高冢,称为"京观"。封,聚土修坟。⑯嗷然:哀怨声。⑰结草:指报答恩德。《左传·宣公十五年》说:晋大夫魏武子临死命令儿子魏颗以妾殉葬。颗不从命而嫁妾。后来魏颗与秦将杜回在辅氏之地交战,见一个老人将草打结绊倒杜回,从而取胜。夜里,魏颗梦见老人说:"我就是你所嫁妇人的亡父。"后人用"结草"表示鬼魂报恩。⑱虚祭:指没有找

到尸体的祭祀。⑲膏肓:中医称心脏下部为膏,隔膜为肓。

[译文]

"修仙的方法要求寂静无为,忘掉自己的形体,而君主却要撞击千石重的大钟,敲响雷霆般的大鼓,轰轰隆隆,惊心动魄,百般伎俩,万种变化,充塞耳目使精力丧失,使轻捷的鸟飞走,使迅疾的兽跑掉,钓起水中深潜的鱼,射下空中高飞的鸟。修仙的方法要求施爱心及昆虫,不伤害有生命的东西,而人君一旦震怒,就会像除草一样进行对敌诛杀,金斧一旦挥舞,利斧瞬间击出,就会横尸千里,血流滂沱,斩首断腰的刑罚,在市场上不断地施行。修仙的方法要求要断绝荤腥,不吃粮食,清空肠胃,而君主去烹食牛羊等牲畜,屠宰众多生灵,山珍海味百般调和,各种美食罗列在面前,用种种调料煎煮调制,满腹美味佳肴。修仙的方法要求博爱四方,视人如己,而君主却吞并弱国,攻取愚昧落后的国家,夺取动乱的国家,开拓疆土,灭掉别人的国家,驱赶那里的百姓,把他们置于死地,使得孤独的鬼魂漂浮在极远的边地,尸骸暴露腐烂在荒野,五岭有鲜血染红刀刃的军队,宫殿北门悬挂着大宛国君的头颅,生埋活人,杀死降者,动辄就是数十万人,还将敌人的尸体堆成高冢,'京观'高耸入云,暴露的尸骸如同野草,填满山谷。秦始皇使十户人家中,有九户想造反。汉武帝使天下怨声载道,户口减少了一半。祈福有益于增加寿命,而诅咒可以减少寿数。结草报答,说明鬼魂也知道感激恩德,连尸体都见不到的虚祭,必然会引起怨恨。各种烦恼攻击君主身体的要害,人鬼同时痛恨他。那两位皇帝徒有爱好修仙的名声,却无修道的具体行动,他们所知道求仙的知识非常浅薄,又不能全部施行。深奥的修行秘诀,又没得到。而且也没有得道高士为他们合成仙药来献上,他们无法长生,也就不足为怪了。

"吾徒匹夫,加之馨困,家有长卿壁立之贫,①腹怀翳桑绝粮之馁,②冬抱戎夷后门之寒,③夏有儒仲环堵之映,④欲经远而乏舟车之用,欲有营而无代劳之役,入无绮纨之娱,⑤出无游观之欢,甘旨不经乎口,玄黄不过乎目,⑥芬芳不历乎鼻,八音不关乎耳,⑦百忧攻其心曲,众难萃其门庭,居世如此,可无恋也。

[注释]

①长卿:指司马相如。司马相如,字长卿,西汉蜀郡成都人。家贫寒。《史记·司马相如列传》:"文君夜亡奔相如,相如乃与驰归成都。家居徒四壁立。"②翳桑:地名。这里指代灵辄这个人。灵辄是春秋时期的人,曾在翳桑饿倒。《左传·宣公二年》载:晋大臣赵盾射猎翳桑,见灵辄饿极,曾给他食物吃。③戎夷:春秋时人。《吕氏春秋·长利篇》载:戎夷离开齐国去鲁国,天气太冷而城门已经关闭,与弟子一人露宿郊外,最后被冻死。④儒仲:东汉人。姓王名霸,字儒仲。《后汉书·逸民列传》说他"隐居守志,茅居蓬户",生活十分贫苦。堵:古代建筑墙的单位。墙壁长高各一丈为一堵。映:晒太阳取暖。⑤绮纨:华美的衣服。⑥玄黄:黑色和黄色。这里指各种色彩。⑦八音:古代的八类乐器。

[译文]

"我只不过是一个普通百姓,还极为贫困,家贫如司马相如般空徒四壁,经常像翳桑人那样腹中饥饿难忍,冬天遭受着像戎夷夜里被关在城门外而冻死的寒冷,夏天忍受着像仲儒在陋室被日光暴晒的酷热,想要到远方去却缺乏舟船车马的费用,想要经营产业却没有可以代劳的役夫,回到家里没有华美衣服的享受,出门去没有游览观赏的快乐,嘴巴尝不到美味,眼睛欣赏不到华丽的色彩,鼻子闻不到芳香的气味儿,耳朵赏听不到优美的音乐,各种忧愁折磨着我的内心,众多困难常常聚集在家中,像这样活在世上,可以说没什么留恋的了。

"或得要道之诀,或值不群之师,① 而犹恨恨于老妻弱子,② 眷眷于狐兔之丘,③ 迟迟以臻殂落,④ 日月不觉衰老,知长生之可得而不能修,患流俗之臭鼠而不能委。⑤ 何者?爱习之情卒难遣,⑥ 而绝俗之志未易果也。况彼二帝,四海之主,其所耽玩者,非一条也,其所亲幸者,至不少矣。正使之为旬月之斋,⑦ 数日闲居,犹将不能,况乎内弃婉娈之宠,⑧ 外捐赫奕之尊,⑨ 口断甘肴,心绝所欲,背荣华而独往,求神仙于幽漠,岂所堪哉?是以历览在昔,得仙道者,多贫贱之士,非势位之人。又栾太所知,实自浅薄,饥渴荣贵,冒干货贿,⑩ 炫虚妄于苟且,忘祸患于无为,区区小子之奸伪,岂足以证天下之无仙哉?昔勾践式怒蛙,⑪ 戎卒争蹈火。楚灵爱细腰,⑫ 国人多饿死。齐桓嗜异味,⑬ 易牙蒸其子。⑭ 宋君赏瘠孝,⑮ 毁殁者比屋。⑯ 人主所欲,莫有不至。汉武招求方士,宠待过厚,致令斯辈,敢为虚诞耳。栾太若审有道者,安可得煞乎?⑰ 夫有道者,视爵位如汤镬,⑱ 见印绶如缞绖,⑲ 视金玉如土粪,睹华堂如牢狱。岂当扼腕空言,以侥幸荣华,居丹楹之室,⑳ 受不訾之赐,㉑ 带五利之印,㉒ 尚公主之贵,耽沦势利,不知止足,实不得道,断可知矣。按董仲舒所撰《李少君家录》云,少君有不死之方,而家贫无以市其药物,故出于汉,㉓ 以假涂求其财,道成而去。又按《汉禁中起居注》云,㉔ 少君之将去也,武帝梦与之共登嵩高山,㉕ 半道,有使者乘龙持节,从云中下。云太乙请少君。帝觉,以语左右曰,如我之梦,少君将舍我去矣。数日,而少君称病死。久之,帝令人发其棺,无尸,唯衣冠在焉。按仙经云,上士举形升虚,㉖谓之天仙。中士游于名山,谓之地仙。下士先死后蜕,㉗谓之尸解仙。今少君必尸解者也。近世壶公将费长房去,㉘及道士李意期将两弟子去,㉙皆托卒死,家殡埋之。积数年,而长房来归,又相识人见李意期将两弟子皆在郫县。㉚其家各发棺视之,三棺遂有竹杖一枚,以丹书符于杖,㉛此皆尸解者也。

[注释]

①值:遇到。不群:不平凡。②恨恨:极度遗憾。表示特别舍不得,离不开亲人。③狐兔之丘:指故乡。据说狐狸将死,头朝向出生的山丘;兔子出行,必将返回自己的窟穴。《淮南子·说林训》:"鸟飞返乡,兔走归窟,狐死首丘,寒将翔水,各哀其所生。"④臻:达到。殂落:死。⑤臭鼠:腐烂的老鼠。比喻世俗的功利。委:抛弃。⑥爱习:爱好和习惯。⑦正:只不过。斋:斋戒。⑧婉娈(luán):美好的样子。⑨赫奕:显赫尊贵的样子。⑩冒干:贪取。⑪勾践式怒蛙:勾践向气势强盛的青蛙凭轼致敬。式,通"轼",古代车厢前用作扶手的横木。《韩非子·内储说上》:"越王勾践见怒蛙而式之。御者曰:'何为式?'王曰:'蛙有气如此,可无为式乎?'"⑫楚灵:即楚灵王。《韩非子·二柄》:"楚灵王好细腰,而国中多饿人。"⑬齐桓:即齐桓公。⑭易牙:齐桓公的宠臣。⑮宋君赏瘠孝:宋国君主赏赐因守丧而悲伤过度的孝子。瘠,瘦弱。⑯毁殁者比屋:守丧时因悲伤过度而死的人到处都是。毁殁,守丧时因悲伤而死。比屋,房子挨着房子,一家连着一家。《韩非子·

内储说上》:"宋崇门之巷人服丧,而毁甚瘠。上以为慈爱于亲,举以为官师。明年,人之所以毁死者岁十余人。"⑰煞:通"杀"。⑱汤镬:装满开水的大锅。这里指古代把人放在开水里煮死的一种酷刑。⑲印绶:古代官员系官印的丝带。缞绖(cuīdié):丧服。⑳丹楹:用红漆涂饰的柱子。㉑不訾(zī):无法计量。訾,计算,估量。㉒五利:汉代将军名号。汉武帝封栾太为五利将军。㉓出于汉:来到汉朝廷。出,来到。㉔《汉禁中起居注》:记载汉武帝言行的书。㉕嵩高山:嵩山,在今河南登封。㉖举形升虚:身体飞起,升入天空。虚,天空。㉗蜕:蜕变,变化。㉘壶公:神仙名。费长房:东汉人,据说是修道成仙之人。《后汉书·方术列传下》载:东汉费长房曾经当过管市场的官员。见有老翁悬挂一只壶在市场边卖药,罢市以后,跳入壶中。费长房因此拜其为壶公。后来壶公带着他离去。㉙李意期:神仙名。《神仙传》说李意期本是蜀人,为汉文帝时人。可以画符助人日行千里。㉚郫县:地名。在今成都附近。㉛以丹书符:用红色的颜料画符。

[译文]

"有的人得到了修道的要领和秘诀,有的人遇上了超群不凡的老师,但却因离不开老妻弱子、眷恋故土,一直到死都迟迟下不了决心修仙,日月匆匆,不知不觉就走向衰老,明明知道长生不死可以做到,却不去修炼,厌恶世俗的名利却又无法抛弃。为什么呢?爱好和习惯始终难以除去,而断绝世俗的志向也最终难以实现。何况那秦始皇和汉武帝,作为天下的主人,他们所深爱、玩赏的事,不止一种,他们所亲幸的人,也绝对不会少。只让他们进行十天半月的斋戒,清闲居住几天,尚且做不到,何况让他们对内抛弃年轻貌美的宠妃,对外放弃显赫尊贵的权位,不吃甘美的佳肴,断绝所有的欲念,舍弃荣华富贵,独自到幽深寂静的地方去修道求仙,岂是他们所能忍受的呢？因此回顾从前，求仙得道的人大多是贫贱之士，而不是有权势地位的人。另外，栾太所知道的东西，实在是很浅薄，他如饥似渴追求荣华富贵，贪图财物，苟且偷生地炫耀一切虚假之事，在毫无作为中忘掉祸患，这么一个低贱小人的奸诈欺骗行为，怎么能够证实天下没有神仙呢？从前勾践向气势强盛的青蛙凭轼致敬，士兵们便争着赴汤蹈火。楚灵王喜欢细腰的女人，国中很多人因此而饿死。齐桓公爱吃奇珍异味，易牙便蒸了自己的儿子给他吃。宋国国君奖赏因守丧悲伤过度而消瘦的人，于是国中因守孝悲伤而死的比比皆是。人君想要做的事，没有办不到的。汉武帝招求方士，对他们宠幸优待过厚，以至于使这些人胆大妄为，做了虚假荒诞的事。栾太如果确实得道，又怎么会被杀死呢？真正有道的人，把高官厚爵看作受汤镬酷刑，把金印紫绶看作丧服，把黄金白玉看作粪土，把华屋殿堂看作牢狱。哪里会握着手腕说空话，凭侥幸求得荣华富贵，住在富丽堂皇的宫室，接受大量的赏赐，佩戴着五利将军的大印，与公主结婚取得高贵的地位，沉溺于权势利益之中，不知道停止和满足，此人确实是没有得道，这是绝对可以肯定的。按照董仲舒所写的《李少君家录》所说，少君有长生不死的药方，但因家中贫困无钱购买药物，于是就来到汉廷，以便通过这种途径求得买药的钱财，修道成功之后就离开了。另外《汉禁中起居注》说，少君快要离去时，汉武帝梦见与他一同登嵩山，半路上，有使者乘着龙、手持符节从云中下来，说太乙神请少君去。武帝醒后把梦告诉身边的人，说如果按我梦里的情况，少君将要离我而去了。几天以后，少君称病而死。很久以后，武帝让人打开少君的棺材，看到里面没有尸体，只有衣服和帽子。按仙经的说法：上等道士能飞身升到天上，称为天仙。中等道士游于名山，称为地仙。下等道士，先假死而后蜕变，被称为尸解仙。现在看起来，少君必定属于尸解仙了。近代的壶公带着费长房离去，以及道士李意期带着两个弟子离去，都是假托猝死，家人将他们埋葬。过了几年,费长房又回来了,又有熟识的人看到李意期带着两个弟子都在郫县。他们的家人都打开棺材查看,发现三个棺材中都只有一根竹杖,杖上用红漆画了符,这些人都是尸解仙。

"昔王莽引《典》《坟》以饰其邪,①不可谓儒者皆为篡盗也。相如因鼓琴以窃文君,②不可谓雅乐主于淫佚也。噎死者不可讥神农之播谷,烧死者不可怒燧人之钻火,③覆溺者不可怨帝轩之造舟,④酗酱者不可非杜、仪之为酒。⑤岂可以栾太之邪伪,谓仙道之果无乎?是犹见赵高董卓,⑥便谓古无伊、周、霍光,⑦见商臣、冒顿,⑧而云古无伯奇、孝己也。⑨又《神仙集》中有召神劾鬼之法,又有使人见鬼之术。俗人闻之,皆谓虚文。或云天下无鬼神,或云有之,亦不可劾召。或云见鬼者,在男为觋,在女为巫,当须自然,非可学而得。按《汉书》及《太史公记》皆云齐人少翁⑩,武帝以为文成将军。武帝所幸李夫人死,少翁能令武帝见之如生人状。又令武帝见灶神,此史籍之明文也。夫方术既令鬼见其形,又令本不见鬼者见鬼,推此而言,其余亦何所不有也。鬼神数为人间作光怪变异,又经典所载,多鬼神之据,俗人尚不信天下之有神鬼,况乎仙人居高处远,清浊异流,登遐遂往,不返于世,非得道者,安能见闻?而儒墨之家知此不可以训,⑪故终不言其有焉。俗人之不信,不亦宜乎?惟有识真者,校练众方,得其征验,审其必有,可独知之耳,不可强也。故不见鬼神,不见仙人,不可谓世间无仙人也。人无贤愚,皆知己身之有魂魄,魂魄分去则人病,尽去则人死。故分去则术家有拘录之法,⑫尽去则礼典有招呼之义,⑬此之为物至近者也。然与人俱生,至乎终身,莫或有自闻见之者也。岂可遂以不闻见之,又云无之乎?若夫辅氏报施之鬼,⑭成汤怒齐之灵,⑮申生交言于狐子,⑯杜伯报恨于周宣,⑰彭生托形于玄豕,⑱如意假貌于苍狗,⑲灌夫守田蚡,⑳子义掊燕简,㉑蓐收之降于莘,㉒栾侯之止民家,㉓素姜之说谶纬,㉔孝孙之著文章,㉕神君言于上林,㉖罗阳仕于吴朝,㉗鬼神之事,著于竹帛,昭昭如此,不可胜数。然而蔽者犹谓无之,况长生之事,世所希闻乎!望使必信,是令蚊虻负山,㉘与井蟆论海也。㉙俗人未尝见龙麟鸾凤,乃谓天下无有此物,以为古人虚设瑞应,㉚欲令人主自勉不息,冀致斯珍也。㉛况于令人之信有仙人乎!

[注释]

①王莽:汉元帝皇后之侄。少孤贫,发愤读书。至平帝时为大司马,后来篡国,改国号为新。曾多次引古典文献以达到自己的政治目的。《典》、《坟》:书名,"三坟五典"的略称。传说是我国最古的书籍,这里泛指古代文献。②相如因鼓琴以窃文君:汉代著名文人司马相如曾借鼓琴传情给卓王孙的女儿卓文君,卓文君后与司马相如私奔。③燧人:即燧人氏,传说中的古帝王,相传他发明钻木取火的方法,教人吃熟食。④帝轩:即黄帝轩辕氏,相传他发明了船只。⑤酳(yòng):酗酒。杜、仪:即杜康、仪狄,传说中最早造酒的两个人。⑥赵高:秦代宦官。秦始皇死后,赵高与丞相李斯伪造遗诏,杀死秦始皇长子扶苏,立胡亥为二世皇帝,后来赵高杀李斯,自为丞相,独揽大权。董卓:东汉权臣,废少帝,立献帝,后挟献帝西迁长安,自为太师,位处诸侯之上,残暴专横,扰乱天下,后被王允所杀。⑦伊:即伊尹,商代贤臣。辅佐商汤灭夏桀,商汤孙太甲当政而无道,伊尹流放了他,代摄政。及太甲悔过自责,伊尹又还政于太甲。周:周武王之弟周公旦。武王死后,子

成王立，周公旦因成王年幼而代摄政事，等到成王成年后，还政于成王。霍光：西汉大将军霍去病之弟。汉武帝死后，霍光以大司马、大将军身份受遗诏辅佐八岁即位的昭帝，政事全取决于霍光。昭帝死，迎立昌邑王刘贺，因其荒淫无道而废之，后立宣帝。⑧商臣：春秋楚成王太子，后弑父自立。冒顿：秦末汉初匈奴单于，杀其父头曼自立。⑨伯奇：周代尹吉甫的儿子，事后母至孝，却被后母谗害，最后被放逐。孝己：殷高宗的儿子，有孝行，被后母谗害，忧苦而死。⑩少翁：汉武帝时的方士。⑪训：规范。这里作动词，指作为规范。⑫拘录：拘禁捕捉。这里指道教捕捉灵魂的法术。⑬礼典：指《仪礼》。招呼：当依敦煌本作"招魂"。《仪礼·士丧礼》："复者一人。"郑玄注："复者，有司招魂复魄也。"⑭辅氏报施之鬼：辅氏这个地方有报答恩德的鬼魂。见本篇"结草"注。⑮成汤怒齐之灵：《晏子春秋·内篇谏上》记载：齐景公举兵伐宋，军队过泰山时，景公梦见两个人对自己发怒。晏子对景公说，这不是泰山之神，而是宋国的先祖商汤和伊尹。⑯申生交言于狐子：申生，晋献公太子，为后母骊姬所害。狐子，晋国大臣狐突。《左传·僖公十年》记载：晋国国君改葬申生，大臣狐突遇到申生的鬼魂，申生与之交谈，说已经请示上帝，将把晋国送给秦国。⑰杜伯报恨于周宣：杜伯，周宣王的大臣。周宣，即西周君主周宣王。《墨子·明鬼》记载：周宣王枉杀了杜伯，后来宣王打猎，看见杜伯乘坐白马素车，追射自己。⑱彭生托形于玄豕：《史记·齐太公世家》记载：齐襄公指使彭生杀害鲁桓公，又杀死彭生灭口。后来齐襄公打猎时，看见一只大猪，随从说这是死去的彭生。⑲如意假貌于苍狗：如意，刘邦之子，被吕后所害。《汉书·五行志》记载：有一次，吕后在路上看到一只怪物，样子像深青色的狗，这个怪物抓咬吕后腋下后突然消失。占卜的结果说是如意作祟，后来吕后因腋痛而死。⑳灌夫守田蚡：《史记·魏其武安侯列传》记载：武安侯田蚡害死了自己的政敌魏其侯窦婴和灌夫,后来,田蚡病痛,请巫师来卜,说是窦婴和灌夫的鬼魂守在身边击打他。㉑子义掊燕简:《墨子·明鬼》记载,燕简公枉杀大臣庄子仪,一年后出行时被庄子仪的鬼魂用木杖打死。㉒蓐收:神名。主刑法之神。莘:地名。在今陕西韩城一带。㉓栾侯:神名。㉔素姜:即李庶姜,东汉末年人。㉕孝孙:生平不详。可能是一位预言吉凶的人。㉖神君:神仙名。上林:汉武帝时的园林名。㉗罗阳仕于吴朝:罗阳县神王表在孙吴为官。《三国志·吴书·吴主传》:"初临海罗阳县有神,自称王表。……是月,遣中书郎李崇赍辅国将军罗阳王印绶迎表。……秋七月,崇与表至,权于苍龙门外为立第舍,数使近臣赍酒食往。"㉘蚊虻:昆虫名。㉙井蟆:井底之蛙。㉚瑞应:吉祥的征兆。㉛冀:希望。

[译文]

"从前,王莽曾引用《三坟》《五典》来掩饰自己的奸邪,但是不能因此便说所有的儒生都是谋权篡位的窃贼。司马列相如借弹琴的方法引诱卓文君,但不能因此就说高雅的音乐就是让人放纵欲望的。噎死的人不能怪神农氏教人种植谷物,烧死的人不可迁怒于燧人氏教人钻木取火,翻船溺死的人不能抱怨黄帝制造出船只,酗酒的人不能非议杜康、仪狄酿造出酒来。怎么能够因为栾太奸邪伪诈,就认为神仙肯定没有呢?这就好比看见有赵高、董卓之类的奸臣,就认为古代没有伊尹、周公、霍光那样的忠臣。看见有商臣、冒顿之类弑父逆子,便认为古代没有伯奇、孝己那样的孝子。另外,《神仙集》中记载有召请神仙、驱逐鬼魅的方法,还有使人看见鬼的法术。凡俗人听说这些,都认为是虚假的文字。有的人说天下没有鬼神,有的人说即使有也不能驱逐或召请他们。有的人说能看见鬼的人,男的叫'觋',女的叫'巫',这应是先天具有的本性,不是学习能够得来的。《汉书》和《太史公记》中都讲到了齐国人少翁,汉武帝封他为文成将军。武帝的宠妃李夫人死后,少翁能使武帝重新看到她,如同生前活人一样。少翁还能使武帝看到灶神,这些都是史书上明确记载的。方术既然能使鬼魂现形,又能使本来看不见鬼魂的人看见鬼魂,照此推论,其他的事又有什么不可能呢?鬼魂多次降临人间,变化光怪陆离,而且经传典籍的记载中,也有很多有鬼魂的证据,然而,俗人尚且还不信天下有鬼神,何况仙人幽居高远的地方,清高不与世俗污浊合流,登高升仙而去,不再返回尘世,不是得道的人,怎么能够看到、听到他们呢?而儒家、墨家知道鬼神之事不能用来训导世人,所以始终不说存在鬼神。世俗之人不信有鬼神,不也在情理之中吗?只有辨识真相的人,考核检验众多方法,得到证据,才能验证鬼神的存在,但也只能自己知道,不能强求别人相信。所以,没见过鬼神,没看过神仙,并不能因此就认为世间就没有仙人。人无论贤明还是愚笨,都知道自己身上有灵魂,灵魂部分离去人就会生病,全部离去人就会死亡。所以,灵魂部分离去,术士们有捕招灵魂的'拘录法';灵魂全部离去,《仪礼》中记载有'招魂法',灵魂是万物中最贴近人的事了。然而灵魂与人一起出生,相伴到死,却没有人看见、听到过自己的灵魂。怎么能够因为没听见、看见,就说自己没有灵魂呢?至于在辅氏这个地方结草报恩的鬼魂,宋国先人成汤、伊尹的鬼魂为齐景公伐宋而愤怒,申生的鬼魂与狐突交谈,杜伯的鬼魂向周宣王报仇,彭生的鬼魂托形于黑猪,如意的鬼魂托形于青狗,灌夫的鬼魂守着田蚡殴打,庄子仪的鬼魂击打简公,蓐收降临于莘地,栾侯来到百姓家中,素姜述说谶纬,孝孙著述文章,神君在上林苑说话,罗阳县神王表在孙吴为官,这些鬼神的事,都记在典籍里,明明白白,数不胜数。可那些受蒙蔽的人还是认为没有这些事,何况长生之事,是世人很少听到的呢!要想使这些人一定相信仙人的存在,好比让蚊子牛虻背起大山,和井底的蛤蟆谈论大海。世人从未见过蛟龙、麒麟、鸾鸟,就说天下没有这些东西,认为是古人虚设的吉祥征兆,借此来使人君自强不息,希望能招致这些吉祥之物。更何况是让人们相信有神仙呢!

"世人以刘向作金不成,①便谓索隐行怪,好传虚无,所撰《列仙》,皆复妄作。悲夫!此所谓以分寸之瑕,弃盈尺之夜光,以蚁鼻之缺,捐无价之淳钧,②非荆和之远识,③风胡之赏真也。④斯朱公所以郁悒,⑤薛烛所以永叹矣。⑥夫作金皆在《神仙集》中,淮南王抄出,⑦以作《鸿宝枕中书》,虽有其文,然皆秘其要文,必须口诀,临文指解,然后可为耳。其所用药,复多改其本名,不可按之便用也。刘向父德治淮南王狱中所得此书,非为师授也。向本不解道术,偶偏见此书,便谓其意尽在纸上,是以作金不成耳。至于撰《列仙传》,自删秦大夫阮仓书中出之,⑧或所亲见,然后记之,非妄言也。狂夫童谣,圣人所择。刍荛之言,⑨或不可遗。采葑采菲,无以下体,⑩岂可以百虑之一失,而谓经典之不可用,以日月曾蚀之故,而谓悬象非大明哉?⑪外国作水精碗,⑫实是合五种灰以作之。今交广多有得其法而铸作之者。⑬今以此语俗人,俗人殊不肯信。乃云水精本自然之物,玉石之类。况于世间,幸有自然之金,俗人当何信其有可作之理哉?愚人乃不信黄丹及胡粉是化铅所作。⑭又不信骡及駏驉,是驴马所生。云物各自有种。况乎难知之事哉?夫所见少,则所怪多,世之常也。信哉此言!其事虽天之明,而人处覆甑之下,⑮焉识至言哉?"

[注释]

①刘向作金不成:刘向没有炼制成黄金。《汉书·刘向传》说,汉宣帝

时,刘向献出《淮南枕中鸿宝苑秘书》,书中谈到神仙及炼金的方术。后来,刘向试炼金失败。②淳钧:宝剑名。③荆和:楚国人卞和,和氏璧的发现者。荆,即楚国。和,卞和。④风胡:春秋时期善于鉴赏宝剑的人。⑤朱公:即范蠡。范蠡协助越王勾践灭吴国后,隐居于陶,改名朱公。⑥薛烛:春秋时期善于鉴赏宝剑的人。⑦淮南王:即淮南王刘安。⑧阮仓:秦朝大夫。《神仙传·序》说,阮仓记载了古代成仙者数百人。⑨刍荛(ráo):割草打柴的人。⑩采葑采菲,无以下体:见于《诗经·邶风·谷风》,意为收获葑菲时,难道不摘取可以食用的根茎吗?这里指看问题不能取其枝末,要取其本质。葑、菲,植物名,主食根茎。无以下体,不用根茎。"⑪悬象:天象。指日月。⑫水精:即水晶。⑬交广:交州和广州。分别在今广西苍梧和广东广州市番禺区一带。⑭黄丹、胡粉:古代的炼丹原料。⑮甑(zèng):古代的一种煮器,类似今天的锅。

[译文]

"世人因为刘向炼制黄金没有成功,就认为他探索隐秘、行为怪诞,喜欢传播虚无的东西,他写的《列仙传》也都是虚妄的故事。这真是可悲啊!这就好像因为一些小瑕疵,就丢弃巨大的夜光璧;因为蚂蚁鼻子一样的缺口,便舍弃无价之宝的淳钧剑。非议卞和的远见卓识,以及风胡鉴赏宝剑的眼光。这就是陶朱公之所以会抑郁、薛烛总是叹息的原因啊。制作黄金的方法都记在《神仙集》中,淮南王把它们抄录出来,写成《鸿宝枕中书》,书中虽有制作黄金的文字,但是都用隐秘的文字表述重要的内容,必须亲口传授秘诀,对文字指点解释,然后才能炼制。那些炼金所用的药物,大多改变了原来的名称,不能按字面上的药名直接使用。刘向的父亲刘德在处理淮南王谋反的案子时得到这本书,不是由老师亲自传授的。刘向本不懂得道术,偶然意外地见到这本书，就认为炼丹的方法都写在书上了，所以炼金才没有成功。至于他写的《列仙传》是从秦大夫阮仓书中删选而成的，有的是阮仓亲眼所见，然后记下来，并不是虚妄的谎话。即使疯癫之人和儿童唱的歌谣，圣人还要加以选择。割草和打柴人说的话，也不可以全都遗弃。采集蓊、菲，不可舍弃它们的根茎，怎么能因为千百次考虑中的一次失误，就说经典不能采用，因为曾经发生过日食和月食，就说日月不是非常明亮呢？外国人制作水晶碗，其实是汇合五种灰状的矿物制作成的。现在交州、广州一带有很多人用这种方法铸造水晶碗。现在如果把些话告诉世俗之人，他们都不肯相信。他们认为水晶是自然形成的物质，属于玉石之类的东西。何况世间侥幸有自然生成的金子，世人怎么会相信黄金可以由人工制作的道理呢？愚人不相信黄丹和胡粉是熔化的铅制作而成的。也不信骡子和驴騾是驴马交配而生的。他们认为每种物都有自己所属的种类。何况是难以理解的事呢？正所谓见识的少，所奇怪的事就多，这是世之常理。这句是可信的啊！这些事理虽然像天空一样明亮，但如果人处在倒覆的甑下，又怎么能够认识理解到这些高妙的言论呢？"

卷三　对俗

[题解]

　　对俗,即回答俗人。本卷采用一问一答的形式,解释了世俗人对修道成仙的各种疑问。主要论述包括神仙可学,人可以仿效长寿的龟鹤研习长生之法,仙药对长生有益,长生不死符合孝道,仙人的特征是长生不死,至于升入天庭还是留居人间,则顺应各自的爱好,以及功德成仙的问题。

　　或人难曰:"人中之有老彭,犹木中之有松柏,禀之自然,何可学得乎?"抱朴子曰:"夫陶冶造化,莫灵于人。故达其浅者,则能役用万物;得其深者,则能长生久视。知上药之延年,故服其药以求仙;知龟鹤之遐寿,故效其道引以增年。①且夫松柏枝叶,与众木则别;龟鹤体貌,与众虫则殊。至于彭老犹是人耳,非异类而寿独长者,由于得道,非自然也。众木不能法松柏,诸虫不能学龟鹤,是以短折耳。②人有明哲,能修彭老之道,则可与之同功矣。若谓世无仙人乎,然前哲所记,近将千人,皆有姓字,及有施为本末,③非虚言也。若谓彼皆特禀异气,然其相传皆有师奉服食,非生知也。若道术不可学得,则变易形貌,吞刀吐火,坐在立亡,④兴云起雾,召致虫蛇,合聚鱼鳖,三十六石立化为水,⑤消玉为饴,溃金为浆,入渊不沾,蹴刃不伤,幻化之事,九百有余,按而行之,无不皆效,何为独不肯信仙之可得乎!仙道迟成,多所禁忌。自无超世之志,强力之才,不能守之。其或颇好心疑,中道而废,便谓仙道长生,果不可得耳。仙经曰,服丹守一⑥,与天相毕⑦,还精胎息,⑧延寿无极。此皆至道要言也。民间君子,犹内不负心,外不愧影,⑨上不欺天,下不食言,岂况古之真人,宁当虚造空文,以必不可得之事,诳误将来,何所索乎?苟无其命,终不肯信,亦安可强令信哉?"

[注释]

①道引:即"导引",古代的一种养生方法。以形体运动配合呼吸吐纳,以使血气流通,促进身体健康的炼养方法。②短折:短命夭折。③施为:实行的行为。本末:始终。④坐在立亡:坐在那里,突然消失。《神仙传·皇初平传》:"能坐在立亡,行于日中无影。"⑤三十六石立化为水:古代关于矿石溶化为液体的试验成果。《云笈七签》卷一百七记载有《服云母诸石药消化三十六水法》。⑥守一:道教内炼方术。又叫存思。道教认为,人体的五官腑脏,都有神灵主之,人要想得道成仙,就要存思这些神灵,专一不离。⑦相毕:一同结束。⑧还精:道教内丹修炼方术。又叫"还精补脑"。目的在于保存、补偿精气。胎息:道教修炼法术。又称"脐呼吸"、"丹田呼吸"。即主观上不以口鼻呼吸,而体会呼吸似在脐部进行,如胎儿般,故名。⑨愧影:愧对自己的身体。影,身影,代指身体。

[译文]

有人质疑说:"人类中有老子和彭祖,就好像树木中有松树和柏树一样,秉承了自然的特性,怎么可能通过学习得到呢?"抱朴子回答说:"自然创造化育的万物中,没有什么比人类更具有灵性的。因此学到较低层次道术的人,可以役使万物;学到较高层次道术的人,就能够长生不死。修道的人知道最好的药物能够延年益寿,所以服用这些药物以求成仙;修道的人知道龟和鹤有长久的寿命,所以依次仿效它们的导引动作去延长年龄。况且松树、柏树的枝叶与其他各种树木都有差别;龟、鹤的体形,与其他各类鸟兽则完全不同。至于彭祖和老子,他们是人,并不是能够独自长寿的非人类之物,只是由于他们修道成功,并不是自然天生的长寿。大多数树木都不能效法松树和柏树,各类鸟兽都不会学习龟、鹤,因此才短命夭折。人具有聪明才智,只要能够学习修炼彭、老的道术,就可以同他们一样获得长寿的功效。假如世间没有神仙,那么先前的哲人所记载的仙人,有将近千人,都有姓氏名字,以及他们学仙的行为经历,并不是虚空的谎言啊。如果说他们都是被赋予了特异性的仙人的话,然而相传他们都有老师,并且奉行服用丹药之事,并不是生来就懂得道术。如果说道术不能学到的话,那么改变形体面貌,吞下刀子吐出火焰,坐在那里转眼消失,使云雾兴起,招来虫蛇,使鱼鳖聚集起来,三十六种矿石药物顷刻间化为液体,将玉石消融为糖浆,把黄金溶解成液体,潜入深渊而身体不被沾湿,碰上刀刃而身体不会受伤,各种变化之类的事,有九百多种,按照这些法术来实行,都有效果,为什么唯独不肯相信神仙是可以学得的呢?学习神仙之道成功很慢,又有很多禁忌。如果没超越世人的志向,强大有力的才能,是不可能坚守下去的。有的人很容易心生怀疑,半途而废,就认为神仙长生之道,确实是学不到的。仙经说,服用仙丹,守一存思,可以与天同寿,还精补脑,丹田呼吸,能够无限延长寿命。这些都是描述至高道法最重要的言论。民间有德行的人,尚且能做到对内不辜负自己的良心,对外不愧对自己的身体,对上不欺骗苍天,对下不改变诺言,更何况古代得道的真人,怎么可能捏造空言,以绝对不能实现的事情,去欺骗误导后人,他们又图什么呢? 如果没有修道成仙的命运,始终不相信世上有神仙,又怎么能够勉强让他们相信呢?"

或难曰:"龟鹤长寿,盖世间之空言耳,谁与二物终始相随而得知之也?"抱朴子曰:"苟得其要,则八极之外,①如在指掌,百代之远,有若同时,不必在乎庭宇之左右,②俟乎瞻视之所及,③然后知之也。《玉策记》曰,④千岁之龟,五色具焉,其额上两骨起似角,解人之言,浮于莲叶之上,或在丛蓍之下,其上时有白云蟠蛇。⑤千岁之鹤,随时而鸣,能登于木,其未千载者,终不集于树上也,色纯白而脑尽成丹。如此则见,便可知也。然物之老者多智,率皆深藏邃处,故人少有见之耳。按《玉策记》及《昌宇经》,⑥不但此二物之寿也。云千岁松树,四边披越,⑦上秒不长,⑧望而视之,有如偃盖,其中有物,或如青牛,或如青羊,或如青犬,或如青人,皆寿万岁。又云,蛇有无穷之寿,猕猴寿八百岁变为猨,⑨猨寿五百岁变为玃,⑩玃寿千岁。蟾蜍寿三千岁,骐驎寿二千岁。腾黄之马,⑪吉光之兽,⑫皆寿三千岁。千岁之鸟,万岁之禽,皆人面而鸟身,寿亦如其名。虎及鹿兔,皆寿千岁,寿满五百岁者,其毛色白。熊寿五百岁者,则能变化。狐狸豺狼,皆寿八百岁。满五百岁,则善变为人形。鼠寿三百岁,满百岁则色白,善凭人而卜,名曰仲,能知一年中吉凶及千里外事。如此比例,不可具载。但博识者触物能名,洽闻者理无所惑耳。何必常与龟鹤周旋,乃可知乎? 苟不识物,则园中草木,田池禽兽,犹多不知,况乎巨异者哉?《史记·龟策传》云:江淮间居人为儿时,以龟枝床,⑬至后老死,家人移床,而龟故生。此亦不减五六十岁也,不饮不食,如此之久而不死,其与凡物不同亦远矣,亦复何疑于千岁哉?仙经象龟之息,岂不有以乎?故太丘长颍川陈仲弓,⑭笃论士也,撰《异闻记》云,其郡人张广定者,遭乱常避地,有一女年四岁,不能步涉,又不可担负,计弃之固当饿死,不欲令其骸骨之露,村口有古大冢,⑮上巅先有穿穴,乃以器盛缒之,⑯下此女于冢中,以数月许干饭及水浆与之而舍去。候世平定,其间三年,广定乃得还乡里,欲收冢中所弃女骨,更殡埋之。广定往视,女故坐冢中,见其父母,犹识之甚喜。而父母犹初恐其鬼也,父下入就之,乃知其不死。问之从何得食,女言粮初尽时甚饥,见冢角有一物,伸颈吞气,试效之,转不复饥,日月为之,以至于今。父母去时所留衣被,自在冢中,不行往来,衣服不败,故不寒冻。广定乃索女所言物,乃是一大龟耳。女出食谷,初小腹痛呕逆,久许乃习。此又足以知龟有不死之法,及为道者效之,可与龟同年之验也。史迁与仲弓,皆非妄说者也。天下之虫鸟多矣,而古人独举斯二物者,明其独有异于众故也,睹一隅则可以悟之矣。"

[注释]

①八极:八方极远的地方。②庭宇:房舍。③俟:等待。④《玉策记》:书名。本书《遐览》有著录。⑤时有白云蟠蛇:宝颜堂本作"时有白云蟠旋",可从。⑥《昌宇经》:书名。昌宇传说为黄帝之臣。⑦披越:分散覆盖的样子。⑧杪(miǎo):树梢。⑨猨:同"猿"。⑩玃:一种大猴。⑪腾黄:神马名。⑫吉光:神兽名。⑬枝:通"支",支撑。⑭太丘:地名。在今河南永城西北一带。长:长官。颍川:地名。在今河南中部地区。陈仲弓:东汉人,

颍川郡许人,曾在太丘任地方长官。⑮冢:坟墓。⑯缒(zhuì):用绳子拴着往下放。

[译文]

　　有人质疑说:"龟、鹤长寿,大概是世间的空话,谁能够自始至终追随这两种动物,从而确认它们长寿呢?"抱朴子回答说:"如果能够掌握事物的要领,即使八方之外极远的事情,也了如指掌,百代之前遥远的事情,也好似发生在同一时代里,没有必要一定是发生在家门的事情,等到亲眼看到,然后才能知道。《玉策记》说:活了一千年的乌龟,身上具有各种颜色,它们额头上有两骨突起,好似兽角,能够听懂人的话,浮卧在莲叶上,或者隐藏于蓍草丛下,它们的上空时常有白云盘旋。活了一千年的鹤,随着时令而鸣叫,能够攀登树木,那些没有活到一千岁的,始终不能聚集在树木上,千岁的鹤身上颜色纯白,而头则完全变为红色。如果看到这样的鹤,就知道它们是长寿的。然而长寿的物类大都是富于智慧的,它们大都深藏在隐秘的地方,因此很少有人能看到。按照《玉策记》和《昌宇经》的记载,不仅仅龟、鹤这两种动物长寿。还说千年的松树,枝叶向四边披散开来,上边的树梢不长,远远望过去,就好像偃伏的车盖,其中有一些动物,有的像青牛,有的像青羊,有的像青狗,有的像青人,都能长寿万年。书中还说,蛇有无穷的寿命,猕猴寿命满八百岁就能变为猿猴,猿猴满五百岁变为玃猴。玃猴可以活到一千岁。蟾蜍可以活到三千岁,麒麟可以活到二千岁。腾黄这种神马,吉光这种神兽,都能活到三千岁。千岁鸟,万岁禽,都长着人的面孔和鸟的身子,寿命也如它们的名字一样。老虎、鹿和兔子都能活到一千岁,活到五百岁的,它们的毛色是白的。熊活到五百岁的,就能变化身形了。狐狸和豺狼,都能活到八百岁,活到五百岁的,就善于变作人形。老鼠能活到三百岁,活到一百岁变成白色,善根据不同的人预卜吉凶,名字叫作'仲',能够知道一年之中的吉凶以及千里之外的事情。诸如此类的实例,无法一一列举。只有见识广博的人遇到事物能够知道它们的名字,博闻多识的人能够明白事理,不会受到迷惑罢了。何必围绕在龟、鹤身边,才能知道它们的长寿?如果不认识事物,那么园林中的草木,田野河池中的鸟兽,也会有很多不认识,何况那些与平常事物有很大差异的事物呢?《史记·龟策传》记载说:长江、淮河一带有一位居民,当他还是小孩时,用一乌龟支床,后来他衰老死亡了,家人移开他的床,那只乌龟还是活的。这期间不少于五六十年,不吃不喝,能够在如此长的时间里不死亡,可见它与一般动物的差异太大了,又怎么能够怀疑它不能活到一千岁呢?仙经说要仿效乌龟呼吸,不是很有道理吗?从前,太丘的长官、颍川人陈仲弓,是个言论诚实的士人,他撰写的《异闻记》说,他的同郡有一个叫张广定的人,遭遇动乱经常四处避难,他有一个四岁的女儿,不能长途跋涉,又不能挑着或背着她一同走,想到遗弃她以后,她肯定会饿死,又不忍心她的尸骨暴露在外。村子边上有一座大墓,墓顶上有一个挖穿的洞穴,张广定就用工具把女儿装着吊了下去,把女儿放在墓中,又拿了几个月的干粮和水给她,才割舍而去。等到社会安定,其间经过了三年,张广定返还家乡,他想去古墓收拾女儿的尸骨,重新埋葬。等他到了那里发现,女儿还坐在墓中,看到父母,还能认出来且非常高兴。父母开始还担心她是鬼魂,父亲下到墓穴,走到她身边,才相信她没有死。问她从哪里得到吃的,女儿说干粮刚吃完的时候,非常饥饿,看到坟墓的角落里有一个动物,伸长脖子在吞咽空气,试着仿效它,变得不再饥饿了。后来整日整月地吞咽空气,一直到现在。父母走时所留下的衣服被褥,还在墓里,因为不用来回走动,衣服没有破烂,因此没有被寒冷冻到。张广定寻找女儿所说的动物,原来是一只大乌龟。女儿出来后食用粮食,刚开始时小腹疼痛、呕吐,很久以后才慢慢习惯。这件事又足以证明乌龟有长生不死的方法,修道的人仿效它,可以取得与龟同样长寿的效果。太史公司马迁和陈仲弓,都不是信口空话的人,天下的虫、鸟很多,而古人独独举出这两种动物,是因为明确知道它们与众不同的缘故,明白这一事情,就可领悟其他许多的道理了。"

或难曰:"龟能土蛰,①鹤能天飞,使人为须臾之蛰,有顷刻之飞,犹尚不能,其寿安可学乎?"抱朴子答曰:"虫之能蛰者多矣,鸟之能飞者饶矣,而独举龟鹤有长生之寿者,其所以不死者,不由蛰与飞也。是以真人但令学其道引以延年,法其食气以绝谷,不学其土蛰与天飞也。夫得道者,上能竦身于云霄,下能潜泳于川海。是以萧史偕翔凤以凌虚,②琴高乘朱鲤于深渊,③斯其验也。何但须臾之蛰,须刻之飞而已乎!龙、蛇、蛟、螭、狙、猬、鼍、蠡,④皆能竟冬不食,不食之时,乃肥于食时也。莫得其法。且夫一致之善者,物多胜于人,不独龟鹤也。故太昊师蜘蛛而结网,⑤金天据九扈以正时,⑥帝轩俟凤鸣以调律,⑦唐尧观蓂荚以知月,⑧归终知往,⑨干鹊知来,⑩鱼伯识水旱之气,⑪蜉蝣晓潜泉之地,⑫白狼知殷家之兴,⑬鸷鹭见周家之盛,⑭龟鹤偏解导养,不足怪也。且仙经长生之道,有数百事,但有迟速烦要耳,不必皆法龟鹤也。上士用思邈邈,自然玄畅,难以愚俗之近情,而推神仙之远旨。"

[注释]

①蛰:动物冬眠,藏匿起来一动不动。②萧史偕翔凤以凌虚:《列仙传》载,萧史为秦穆公时人,善于吹箫。穆公把自己女儿弄玉嫁给了他。萧史每

天教弄玉吹奏凤鸣之声。数年后,凤凰飞来,驭两人飞去。③琴高乘朱鲤于深渊:据《列仙传》载,琴高,赵人。他辞别世间潜入涿水中,后来乘红鲤鱼而出。④螭(chī):传说中的一种无角的龙。狙:猕猴。猬:刺猬。鼍(tuó):一种鳄鱼。蠡:古同"蠡",通"蠃",即螺。⑤太昊:即伏羲氏。师:效法。《周易·系辞下》说,古代伏羲氏结绳而做网罟,以捕兽打鱼。⑥金天:古代帝王少昊的称号。扈(hù):鸟名。⑦帝轩:即黄帝轩辕氏。⑧唐尧:传说中的古帝王。即尧,因为封于唐,故称唐尧。蓂(míng)荚:古代传说中的一种瑞草。班固《白虎通义·封禅》:"蓂荚,树名也,月一日生一荚,十五日毕,至十六日去荚。故夹阶生,似日月也。"⑨归终:传说中的一种神兽。⑩干鹊:喜鹊。⑪鱼伯:又名青蚨,形状似蝉而比蝉稍大。⑫蜉蝣:当依敦煌本作"蚍蜉"。大蚂蚁。⑬白狼知殷家之兴:殷家,即商朝。古代五行家把五行同各个朝代相配,认为商朝配金德,色尚白,因此白狼的出现,预示着商朝的兴起。⑭鸑鷟(yuèzhuó):凤凰之类的瑞鸟。周家:周朝。

[译文]

　　有人质疑说:"乌龟能蛰伏在土中,仙鹤能够在天上飞翔,假如让人仅仅做片刻的蛰伏,做短暂的飞翔,尚且不能做到,又怎么能够学到它们的长寿呢?"抱朴子回答说:"能够蛰伏的昆虫很多,能够飞翔的鸟也有很多,而人们唯独举出龟、鹤有长久的寿命,是因为它们不会死亡,并不是由于它们能够蛰伏与飞翔。所以得道的真人只让人们学习它们的导引之法以延长寿命,效法它们的食气去断绝谷食,并不是要学习它们的蛰伏与飞翔。那些得道人,向上可以立身于云霄之间,向下能够潜游于江海之中。因此,萧史可以伴随翱翔的凤凰凌越空中,琴高能够乘坐红色的鲤鱼遨游于深渊,这就是得道的明证。哪里又仅仅是短暂的蛰伏,短暂的飞翔呢?龙、蛇、蛟、螭、猕猴、刺猬、鳄鱼、螺蛳,都能够整个冬天不进食,而且不进食的时候比进食的时候还要肥壮。没有人能够学到这些方法。而且,有一己之长的动物,有很多(技能)超过了人类,不仅仅是龟与鹤。因此,太昊仿效蜘蛛织网而发明了网罟,金天依据各种鸟的叫声去校正季节,轩辕黄帝根据凤凰的鸣叫调整音律,唐尧观察蓂荚的生长以确定月份,归终知道有人将要离去,喜鹊知道有人将要到来,鱼伯能够预测水旱的现象,蚍蜉能够识别有泉水的地方,白狼知道殷朝的兴起,鸷鸶能够预测周朝的兴盛,所以,龟、鹤偏长于导引养生之术,就不足为奇了。况且仙经记载的长生之道,有数百种,只是有迟缓、快速、烦琐、简要的差别而已,没有必要全都去效法乌龟和鹤。上等道士思虑深远,自然会玄妙通达,很难用愚昧俗人的浅薄思想去推测神仙的深远意旨。"

或曰:"我等不知今人长生之理,古人何独知之?"抱朴子曰:"此盖愚暗之局谈,非达者之用怀也。夫占天文之玄道,步七政之盈缩,①论凌犯于既往,②审崇替于将来,③仰望云物之征祥,俯定卦兆之休咎,④运三棋以定行军之兴亡,⑤推九符而得祸福之分野,⑥乘除一算,以究鬼神之情状,错综六情,而处无端之善否,其根元可考也,形理可求也,而庸才近器,犹不能开学之奥治,至于朴素,徒锐思于糟粕,不能穷测其精微也。夫凿枘之粗伎,⑦而轮扁有不传之妙;⑧掇蜩之薄术,⑨而佝偻有入神之巧,⑩在乎其人,由于至精也。况于神仙之道,旨意深远,求其根茎,良未易也。松、乔之徒,⑪虽得其效,未必测其所以然也,况凡人哉?其事可学,故古人记而垂之,以传识者耳。若心解意得,则可信而修之,其猜疑在胸,皆自其命,不当诘古人何以独晓此，而我何以独不知之意耶。吾今知仙之可得也，吾能休粮不食也，吾保流珠之可飞也，黄白之可求也，若责吾求其本理，则亦实复不知矣。世人若以思所能得谓之有，所不能及则谓之无，则天下之事亦鲜矣。故老子有言，以狸头之治鼠漏，⑫以啄木之护龋齿，此亦可以类求者也。若蟹之化漆，⑬麻之坏酒，此不可以理推者也。万殊纷然，何可以意极哉？设令抱危笃之疾，⑭须良药之救，而不肯即服，须知神农、岐伯所以用此草治此病本意之所由，⑮则未免于愚也。"

[注释]

①步：推算，测算。七政：日、月和金、木、水、火、土五星。盈缩：盈满与不足。②凌犯：侵犯，侵扰。③崇替：兴废，盛衰。④卦兆：卦象。即占卦的结果。休咎：吉凶。⑤运三棋：古代的一种占卜方法。用木头制棋十二枚，每四枚一组，分为上、中、下三组。占卜时选择吉日，祝咒之后，一齐掷地，以所得上、中、下情形成卦，查看卦辞，以定吉凶。因为分为三组，故称"三棋"。⑥九符：各种天象征兆。分野：古人依据十二星辰的位置划分地面上州、国的位置与之相对应。就天文说，称作分星；就地面说，称作分野。古代占星术认为，地上各周郡邦国和天上一定的区域相对应，在该天区发生的天象预兆着各对应地方的吉凶。⑦凿枘（ruì）：凿出孔洞，放入榫头。枘，榫头。伎：通"技"，技艺。⑧轮扁：古代砍制车轮的名匠，名字叫扁。⑨掇蜩：捉蝉。⑩佝偻有入神之巧：《庄子·达生》载："仲尼适楚，出于林中，见痀偻者承蜩，犹掇之也。仲尼曰：'子巧乎！有道邪？'曰：'我有道也。五六月累丸二而不坠，则失者锱铢……'孔子顾谓弟子曰：'用志不分，乃凝于神。其痀偻丈人之谓乎？'"⑪松、乔：即赤松子、王子乔。⑫狸：即野猫、山猫。鼠

漏:疾病名。淋巴腺结核症。⑬蟹之化漆:螃蟹能够使漆坏掉。《淮南子·览冥训》:"蟹之败漆。"⑭危笃之疾:非常危重的疾病。⑮神农:传说中的帝王。据说神农氏曾经尝百草,发明了中药。岐伯:又称"歧伯",相传为黄帝大臣,是一位名医。

[译文]

　　有人说:"我们这些人现在都无法知道长生不死的道理,为什么古人偏偏知道呢?"抱朴子回答说:"这大概就是愚昧的人有局限的言论了,不是通达者所具有的胸怀。占卜天象的玄妙道理,推算日月五星的盈亏,评论以前星象的冲犯情况,预测将来的兴亡,仰望云气的吉祥征兆,俯看卦象的吉凶,运筹三棋以推定行军的成败,推导各种天象来确定各地的祸福,运算加减乘除来研究鬼魅神仙的情况,综合分析各种事理,以处理各种没有头绪的善恶事件,这些事物是有根源可以考察的,形迹和道理也是可以探索的,而那些平庸、浅薄的人,还不能掌握学业的奥秘和治学的方法,达到返璞归真的境界,只是白白地在糟粕中刻苦思考,不能透彻地理解精深微妙的学问。就是凿孔、装榫这类粗笨的技能,轮扁还有不可言传的技艺;捕蝉这类浅薄的事情,驼背的老人还有着出神入化的技巧,一切都取决于人,关键在于他们极度地用心。何况求神仙的道术,意趣深远,要索求弄清其根源,实在不容易啊。赤松子、王子乔之类的仙人,虽然修仙道取得了效用,却未必能弄明白之所以产生效用的原因,更何况凡人呢?成仙之事可以学习,因此古人把这些事情记载并流传下来,以传授给那些有辨识能力的人。如果理解掌握仙道之事的含义,就可以相信并修炼它,如果心中有怀疑,那是自身的命运,不应当质问古人凭什么独自懂得仙道,而自己为什么偏偏不了解修道求仙的道理。我现在明白仙道可以求得,我也能断粮不食用,我确保流珠可以在丹炉中飞动,黄金、白银可以炼制成功,但是如果让我说出这其中的原理,那么我也确实弄不明白。世俗之人如果把自己所能想明白的事理称作有,把自己想不明白的事理称作无,那么天下的事理也就太少了。因此老子说过这样的话,用野猫的头去治疗鼠瘘病,用啄木鸟去保护龋齿,这是可以依据事物分类来推求的。那么螃蟹能够败坏生漆,麻类能够毁坏酒浆,这类情况就无法用事理推究了。万物纷纭不同,怎么可以穷尽它们的意义呢?假如患了很重的疾病,急需良药治病,却不肯马上服药,一定要弄明白神农、岐伯之所以要用这种草药治疗这种病症的本来用意,那就未免太愚蠢了。"

或曰:"生死有命,修短素定,非彼药物,所能损益。夫指既斩而连之,不可续也;血既洒而吞之,无所益也。岂况服彼异类之松柏,以延短促之年命,甚不然也。"抱朴子曰:"若夫此论,必须同类,乃能为益,然则既斩之指,已洒之血,本自一体,非为殊族,何以既斩之而不可续,已洒之而不中服乎?余数见人以蛇衔膏连已斩之指,桑豆易鸡鸭之足,①异物之益,不可诬也。若子言不恃他物,则宜捣肉冶骨,以为金疮之药,煎皮熬发,以治秃鬓之疾耶?夫水土不与百卉同体,而百卉仰之以植焉。五谷非生人之类,而生人须之以为命焉。脂非火种,水非鱼属,然脂竭则火灭,水竭则鱼死,伐木而寄生枯,芟草而兔丝萎,②川蟹不归而蛣败,③桑树见断而蠹殄,触类而长之,斯可悟矣。金玉在九窍,则死人为之不朽;盐卤沾于肌髓,则脯腊为之不烂。况于以宜身益命之物,纳之于己,何怪其令人长生乎?"

[注释]

①桑豆:药物名。宋浙本《抱朴子》作"桑虫",指桑蠹虫。《本草纲目》卷四十一说桑蠹虫主治"心暴痛,金疮肉生不足"等。易:治疗。②芟(shān)草:割草。兔丝:一种寄生植物,现代写作"菟丝子"。③蛣:一种寄生于蟹的小虫。

[译文]

有人说:"人的生死有一定的命运,寿命的长短是早就注定的,并不是药物所能够增减的。就好像手指断了以后即使再接起来,也不可能存活了;鲜血流出来后,即使再吃进肚里,也没有什么补益了。更何况服食那些与人不同类的松柏,借此延长短暂的寿命,太不合情理了。"抱朴子回答说:"如果这样说的话,必须是同类的事物,才能够带来益处,那么已经断掉的手指,已经流出的鲜血,本来属于一体,不是不同的种类,为什么断了以后就不可能再接上继续存活,流出来的血就不适合再服用呢?我数次看到人们用蛇衔膏去接连已断的手指,用桑豆去治疗鸡鸭的脚,可见不同种类的事物带来的益处,是不能不承认的。如果像您说的不依恃其他事物,那么就应该捣碎自己的肌肉、炼制骨头,来制作治疗刀伤的药物,煎熬自己的皮肤和头发,去治疗头秃的疾病吗?水土和花卉并不属于同一物类,但百花却靠着水土生长。五谷与人并不属同类,但人类却必须靠五谷维持生命。油脂和火不属于同类,水和鱼不属于同类,然而油枯竭了,火就会熄灭;水干涸了,鱼就会死去;砍断树木,上面的寄生植物就会死亡;割断青草,菟丝子就会枯萎;川蟹不归来,蛣虫就会死掉;桑树被砍断,蛀虫就会死亡,触类旁通就可领悟其中的道理了。把黄金白玉放在死者的九窍里,尸体就不会腐烂;把盐巴咸卤浸透到骨肉中,那么干肉不会溃烂。何况服食那些适宜养生、增长寿命的药物,吸收接纳为自己所用,又何必奇怪它们能令人长生不老呢?"

或难曰:"神仙方书,似是而非,将必好事者妄所造作,未必出黄老之手,经松乔之目也。"抱朴子曰:"若如雅论,宜不验也,今试其小者,莫不效焉。余数见人以方诸求水于夕月,①阳燧引火于朝日,②隐形以沦于无象,③易貌以成于异物,④结巾投地而兔走,针缀丹带而蛇行,瓜果结实于须臾,龙鱼瀺灂于盘盂,⑤皆如说焉。按《汉书》栾太初见武帝,试令斗棋,棋自相触。而《后汉书》又载魏尚能坐在立亡,张楷能兴云起雾,⑥皆良史所记,信而有征,而此术事,皆在神仙之部,其非妄作可知矣。小既有验,则长生之道,何独不然乎!"

[注释]

①方诸:古代在月下承露取水的器具。《淮南子·览冥训》:"夫阳燧取火于日,方诸取露于月。"②阳燧:凹面铜镜,用它聚集日光可以取火。③沦:隐匿。无象:没有形象。④易貌:改变形貌。⑤瀺灂(chánzhuó):在水中出没的样子。⑥张楷:东汉人。《后汉书·张霸列传》载张楷"性好道术,能作五里雾"。

[译文]

有人责难说:"神仙方术之书,似是而非,一定是好事者胡乱编造出来的,未必出于黄帝、老子之手,也未必经过赤松、王乔的审阅。"抱朴子回答:"如果照你这种高论,那么这些书所记的方法应该是没有效验的,然而现在试一下那些小方术,没有不见效的。我数次看见人们在夜晚用方诸向月亮取水,在白天用阳燧向太阳取火,使自己的身体隐藏于无形,改变容貌成为其他物类,将手巾打结后扔在地上,就变成兔子奔跑,把针线缝成的红带子变成蛇爬行,让瓜果在片刻间结出果实,让龙、鱼在盘子中游动,这一切都和书中记载的一样。按照《汉书》的记载,栾太最初见汉武帝时,武帝曾试着让他使棋子相斗,棋子就互相撞击。而《后汉书》还记载魏尚能在坐着时消失得无踪影,张楷能兴云起雾,这些都是优秀的史官所记载的事,可靠、有证据,有关方术之事,都收录在神仙部类。由此可知这些不是胡乱编造的。小方术既然都得到验证,那么长生不老的道术,又怎么独独不是真实的呢?"

或曰:"审其神仙可以学,政翻然凌霄,①背俗弃世,烝尝之礼,②莫之修奉,先鬼有知,其不饿乎?"抱朴子曰:"盖闻身体不伤,谓之终孝,况得仙道,长生久视,天地相毕,过于受全归完,不亦远乎?果能登虚蹑景,云轝霓盖,③餐朝霞之沆瀣,④吸玄黄之醇精,⑤饮则玉醴金浆,食则翠芝朱英,⑥居则瑶堂瑰室,⑦行则逍遥太清。⑧先鬼有知,将蒙我荣,或可以翼亮五帝,⑨或可以监御百灵,⑩位可以不求而自致,膳可以咀茹华璃,⑪势可以总摄罗酆,⑫威可以叱咤梁成,⑬诚如其道,罔识其妙,亦无饿之者。得道之高,莫过伯阳。伯阳有子名宗,仕魏为将军,有功封于段干。⑭然则今之学仙者,自可皆有子弟,以承祭祀,祭祀之事,何缘便绝!"

[注释]

①政:通"正",只不过。②烝尝:泛指祭礼。冬祭叫作烝,秋祭叫作尝。③轝(yú):通"舆",车。④沆瀣(hàngxiè):夜间的水气。这里指精华之气。

⑤玄黄：《周易·坤卦》："天玄而地黄。""玄黄"代指天地。⑥翠芝朱英：碧色灵芝和红色仙葩。⑦瑶：美玉。瑰：美石。⑧太清：道教所居的最高仙境之一。⑨翼亮：辅佐。⑩百灵：众多神灵。⑪华璚(qióng)：指华贵的盛宴。⑫罗酆：神话中的山名。道教认为是鬼王都城的所在地。⑬梁成：鬼中的英杰。《太平御览》卷八百八十三引王隐《晋书》："鬼之圣者梁成，贤者吴季子。"⑭段干：地名。春秋时魏国的城邑。《史记·老子韩非列传》："老子之子名宗，宗为魏将，封于段干。"

[译文]

有人说："我明白了神仙可以学成，只不过飞升上天成仙，背弃世俗，各种祭祀活动，就没人去修习奉行了，祖先的鬼魂难道不会感到饥饿吗？"抱朴子回答说："我听说身体不受损伤，才是最大的孝道，更何况学了仙道，长生不死，与天地同寿，这难道不是远远超过了那种保持身体完整过完一生的孝道吗？如果真的升上天空，脚踏日光，以云彩为车，以霓虹做车盖，咀嚼朝霞的精气，汲取天地的精华，饮用琼浆玉液，食用翠芝朱英，居住在美玉砌成的宫殿里，逍遥行走在太清仙境中。祖先的魂灵有知，必定以此获得荣耀，得道者有的可以辅佐五方天帝，有的可以监管各种神灵，高贵的地位不求自来，用膳时可品尝到华美的盛筵，权势可以统管鬼都，威风得可以呵斥梁成，如果真的求得仙道，仙道奥妙无穷，自然不会使祖宗挨饿的。得道的最高境界，没有人超过老子。老子儿子名叫宗，在魏国出仕当了将军，立大功被封在段干。既然这样，如今学习仙道的人，自然都可以有自己的子孙来继承祭祀，祭祀的事情怎么会断绝呢？"

或曰："得道之士，呼吸之术既备，服食之要又该，掩耳而闻千里，闭目而见将来,或委华骃而辔蛟龙,或弃神州而宅蓬瀛,①或迟回于流俗,逍遥于人间,不便绝迹以造玄虚,其所尚则同,其逝止或异,何也?"抱朴子答曰:"闻之先师云,仙人或升天,或住地,要于俱长生,去留各从其所好耳。又服还丹金液之法,若且欲留在世间者,但服半剂而录其半;若后求升天,便尽服之。不死之事已定,无复奄忽之虑。②正复且游地上,或入名山,亦何所复忧乎?彭祖言,天上多尊官大神,新仙者位卑,所奉事者非一,但更劳苦,故不足役役于登天,而止人间八百余年也。又云,古之得仙者,或身生羽翼,变化飞行,失人之本,更受异形,有似雀之为蛤,雉之为蜃,③非人道也。人道当食甘旨,服轻暖,通阴阳,处官秩,耳目聪明,骨节坚强,颜色悦怿,老而不衰,延年久视,出处任意,寒温风湿不能伤,鬼神众精不能犯,五兵百毒不能中,忧喜毁誉不为累,乃为贵耳。若委弃妻子,独处山泽,邈然断绝人理,块然与木石为邻,④不足多也。昔安期先生、龙眉宁公、修羊公、阴长生,皆服金液半剂者也。其止世间,或近千年,然后去耳。笃而论之,求长生者,正惜今日之所欲耳,本不汲汲于升虚,以飞腾为胜于地上也。若幸可止家而不死者,亦何必求于速登天乎?若得仙无复住理者,复一事耳。彭祖之言,为附人情者也。"

[注释]

①蓬瀛:即蓬莱和瀛洲,传说中的海中仙山。②奄忽:死亡。③蜃:大蛤蜊。④块然:孤独的样子。

[译文]

　　有人说:"学得仙道的人,已经具有了呼吸吐纳之术,又得到了服食丹药的要诀,捂上耳朵就能听到千里之外的声音,闭上眼睛也能看见将来的事情。有的抛弃华美的车辆而去驾驭蛟龙,有的离开神州大地去居住在蓬莱、瀛洲,有的迟迟徘徊于尘世,逍遥地生活在人间,不马上离开人世而登入仙界,他们所崇尚的成仙目标一致,有的离开人间,有的留在尘世,这是为什么呢?"抱朴子回答说:"我从老师那儿听说过,仙人有的升入天庭,有的住在地上,重要的共同点是能够长生不死,至于离开人间还是留在人间主要在于各自的爱好。另外,按照服食还丹金液的方法,如果想暂且留在人间的,只用服一半的剂量而留下另外一半;如果想日后再升天,就全部服下。长生不死的事已经确定,就不再有死亡的忧虑。只是暂时游历于地上,或者进入名山,又有什么值得忧虑的呢?彭祖说过,天上有很多尊贵的官员和地位高的神仙,新得道的仙人地位卑下,所要奉侍的事不止一两件,只是更加辛苦劳累,所以没必要忙碌着登天,因而在人间又生活了八百多年。又说,古代那些得道成仙的人,有的身上长出羽毛翅膀,能够变化飞行,失去了人的本来面貌,变成了与人完全不同的物类。就好像鸟雀变成了大蚌,野鸡变化为蛤蜊一样,完全不再是人的生活方式了。人的生活方式就应该吃甘甜的食物,穿轻薄暖和的衣服,男女正常婚配,身处官爵之位,耳聪目明,筋骨强健,容光焕发,年老而不体衰,延年益寿,进退自如,寒冷、炎热、暴风、潮湿都不能伤害他,鬼怪、神灵及妖精都不能冒犯他,各种兵器、毒药都不能伤害他,不为忧喜、毁誉所累,这才是可贵的。如果说抛弃妻子儿女,独自隐居山林,高超地不管人世伦理规范,孤独与树木、石头为邻,这样的生活并不是完美的。从前的安期先生、龙眉宁公、修羊公、阴长生,都是服食了还丹金液一半剂量的人。他们留在世上,有的将近一千年,然后升天离去。说实在的,追求长生不死的人,正是珍惜现实生活的欲望而已,本不会急急忙忙升入天庭,以为飞升上天会比世上的生活更好。如果有幸可以留在家中长生不死,那又何必急切飞升上天呢?如果修道成仙了就不能留在世间的,那就是另外一回事儿了。彭祖的话,是符合人之常情的言论。"

或问曰:"为道者当先立功德,审然否?"抱朴子答曰:"有之。按《玉钤经》中篇云,立功为上,除过次之。为道者以救人危使免祸,护人疾病,令不枉死,为上功也。欲求仙者,要当以忠孝和顺仁信为本。若德行不修,而但务方术,皆不得长生也。行恶事大者,司命夺纪,①小过夺算,②随所犯轻重,故所夺有多少也。凡人之受命得寿,自有本数,数本多者,则纪算难尽而迟死,若所禀本少,而所犯者多,则纪算速尽而早死。又云,人欲地仙,当立三百善;欲天仙,立千二百善。若有千一百九十九善,而忽复中行一恶,则尽失前善,乃当复更起善数耳。故善不在大,恶不在小也。虽不作恶事,而口及所行之事,③及责求布施之报,便复失此一事之善,但不尽失耳。又云,积善事未满,虽服仙药,亦无益也。若不服仙药,并行好事,虽未便得仙,亦可无卒死之祸矣。④吾更疑彭祖之辈,善功未足,故不能升天耳。"

[注释]

①纪:时间单位。三百天为一纪。②算:时间单位。三天为一算。③口及:口中谈到。④卒:通"猝",突然。

[译文]

有人问:"修道求仙的人应当先建功立德,确实是这样吗?"抱朴子回答:"有这种说法。按照《玉钤经》中篇所说,建立功德最好,免除过错的就次一等了。修道的人把救人于危难,使他们免除灾祸,医治疾病,使人们不白白地死去,当作最好的功德。想成仙的人,首先应当把忠孝、和顺、仁信当作根本。如果不修养品德行为,只是学习方术,那是不能长生不死的。做了特大恶事的人,司命神会扣去一纪的寿命,做了小恶事的人,就会扣除一算的寿命,依据所犯过错的轻重扣除不同的寿命。普通人寿命长短,本来是有定数的,寿数多的,纪算较难扣完,因而不会很快死亡;寿数本来少的,纪算很快扣完就会很早死掉。还说,人如果想当地仙,就应当做三百件善事;如果想做天仙,应当做一千二百件善事。如果做了一千一百九十九件善事,却突然做了一件恶事,那么前面做的善事就白费了,还应该重新计算所做善事的数量。因此做善事不在于大,行恶事也不在于小。虽然不行恶事,却夸耀谈论自己所做过的善事,以及索求行善的回报,就会丧失这一次好事的善果,只是其他善事不会完全丧失。还说,积累善事不满一定的数目,即使服食仙药,也是没有用处的。如果不服食仙药,却不断行善事,即使不会马上成仙,也可以避免突然死亡的灾难。我甚至怀疑彭祖之类的人,是由于行善的功德做得还不够,所以才不能升入天庭的吧。"

卷四　金丹

[题解]

葛洪认为，服食金丹是成仙的最主要途径。本卷比较详尽地介绍了服食金丹的理论，各种金丹的炼制、服食方法和效果。

抱朴子曰："余考览养性之书，鸠集久视之方，①曾所披涉篇卷，以千计矣，莫不皆以还丹、金液为大要者焉。然则此二事，盖仙道之极也。服此而不仙，则古来无仙矣。往者上国丧乱，②莫不奔播四出。余周旋徐、豫、荆、襄、江、广数州之间，阅见流移俗道士数百人矣。③或有素闻其名，乃在云日之表者，④然率相似如一，其所知见，深浅有无，不足以相倾也。虽各有数十卷书，亦未能悉解之也，为写蓄之耳。时有知行气及断谷服诸草木药法，所有方书，略为同文，无一人不有《道机经》，⑤唯以此为至秘，乃云是尹喜所撰。⑥余告之曰，此是魏世军督王图所撰耳，⑦非古人也。图了不知大药，正欲以行气入室求仙，作此《道机》，谓道毕于此，此复是误人之甚者也。余问诸道士以神丹金液之事，及《三皇内文》召天神地祇之法，⑧了无一人知之者。其夸诞自誉及欺人，云己久寿。及言曾与仙人共游者，将太半矣，足以与尽微者甚鲜矣。或有颇闻金丹，而不谓今世复有得之者，皆言唯上古已度仙人，乃当晓之。或有得方外说，⑨不得其真经。或得杂碎丹方，便谓丹法尽于此也。昔左元放于天柱山中精思，⑩而神人授之金丹仙经，会汉末乱，不遑合作，⑪而避地来渡江东，⑫志欲投名山以修斯道。余从祖仙公，⑬又从元放受之。凡受《太清丹经》三卷及《九鼎丹经》一卷、《金液丹经》一卷。余师郑君者，⑭则余从祖仙公之弟子也，又于从祖受之，而家贫无用买药。余亲事之，洒扫积久，乃于马迹山中立坛盟受之，⑮并诸口诀诀之不书者。江东先无此书，书出于左元放，元放以授余从祖，从祖以授郑君，郑君以授余，故他道士了无知者也。然余受之已二十余年矣，资无担石，⑯无以为之，但有长叹耳。有积金盈柜、聚钱如山者，复不知有此不死之法。就令闻之，亦万无一信，如何？

[注释]

①鸠集：聚集。②上国：前一朝代，这里指西晋。③流移：迁徙流动。④云日之表：在云日之上。形容声名显赫。⑤《道机经》：道教著作之一。作者为三国王图。⑥尹喜：周代函谷关关令。相传老子西游至函谷关，尹喜强留，老子著《道德经》传授给他。⑦王图：道教信徒。曾任曹魏护军将军。⑧《三皇内文》：道教经书。又名《三皇文》或《三皇经》。⑨方外：世外。这里指隐居之人。⑩左元放：三国方士左慈。天柱山：山名。在安徽潜山县西北。⑪遑：闲暇。⑫江东：地名。指安徽芜湖以下的长江南岸地区。⑬仙公：即葛玄，丹阳句容人。曾以左慈为师，后世道士尊其为"葛仙公"、"太极左仙翁"。⑭郑君：即郑隐。葛玄弟子，后来葛洪拜其为师。⑮马迹山：山名。在江东一带。⑯担石：古代量词。两石为一担，十斗为一石。

[译文]

抱朴子说:"我考察阅览养生的书籍,收集长生不死的方术,曾经翻阅涉猎过的篇目卷数,已经数以千计了,它们都把还丹与金液作为最重要的方药。这样来看,这两种方药是修仙求道最好的方法了。如果服用这两种仙药还不能成仙的话,那么自古以来就没有神仙了。从前,西晋动乱时,人们都四处逃难流亡。我也在徐、豫、荆、襄、江、广数州之间周游,结识观察了到处流落的道士数百人。有的久负盛名,声名显赫得如在云日之上。然而他们大都有相似之处,见解虽然有深浅、有无之分,但都不足以相互胜出。虽然都各自拥有几十卷道书,却都不能完全理解,只不过是抄录后收藏而已。当时有人了解行气和辟谷以及服食各种草木药物的方法,他们所拥有的方术书籍,大致都是相同的文字内容。他们中没有一个人没有《道机经》的,只把它当作最机密的经典,还说是尹喜所撰写的。我告诉他们,这本书是曹魏军督王图写的,并非出自古人。王图全然不懂得金丹大药,只想用行气登堂入室来求成仙,就做了这本《道机经》,认为修道求仙的方法全在此,这确实是一本误人极深的书籍。我向这些道士询问神丹、金液之类的方药,以及《三皇内文》召唤天神、地神的方法,全然没有一人懂得。他们自吹自擂,并且欺骗别人,说自己已经很长寿了。谈及曾经与神仙共同游历的道士几乎有一大半,然而真正懂得微妙道术的却很少。有些道士多少听说过金丹,却不认为今天还能够炼出,都说是上古那些已升天的仙人才懂得这些。有些道士从世外的一些隐士那儿得到一些炼丹的说法,却没有得到真正的炼丹经书。有些道士得到杂乱琐碎的炼丹方法,就认为所有的炼丹方法全都写在上面了。先前,左元放在天柱山中精心思考丹法时,有神仙把炼制金丹的仙经传授给他,当时遭遇汉末动乱,没有时间调和制作,而后逃难渡过长江来到江东,立志进入名山修炼仙道。我的从祖父葛仙公,又从左元放那里接受了这种道术。他一共得到了《太清丹经》三卷、《九鼎丹经》一卷、《金液丹经》一卷。我的师父郑隐是我从祖葛仙公的弟子,又从我从祖那里接受了这些丹经,然而却因为家贫无钱购买药物。我亲自侍奉郑君,洒水扫地过了很久,才在马迹山立坛,盟誓后接受了这些丹经,以及诸多没有记录下来的口诀。江东从前没有这些书,这些书出自左元放,左元放传授给我的从祖,我的从祖传授给郑隐,郑隐传授给我,所以其他道士全然不知道这些丹经。然而我接受这些丹经二十多年了,却因资产太少,没有办法制作丹药,徒剩长叹而已。有些人积蓄的黄金装满了柜子,聚积的钱财如同山一样,却不知道有这种长生不死的方法。就是让他们知道有这种方法,一万个人里面也没有一个相信,又有什么办法呢?

"夫饮玉饴则知浆荇之薄味,①睹昆仑则觉丘垤之至卑。②既览金丹之道,则使人不欲复视小小方书。然大药难卒得办,当须且将御小者以自支持耳。然服他药万斛,为能有小益,而终不能使人遂长生也。故老子之诀言云,子不得还丹、金液,虚自苦耳。夫五谷犹能活人,人得之则生,绝之则死,又况于上品之神药,其益人岂不万倍于五谷耶?夫金丹之为物,烧之愈久,变化愈妙。黄金入火,百炼不消,埋之,毕天不朽。服此二物,炼人身体,故能令人不老不死。此盖假求于外物以自坚固,有如脂之养火而不可灭,铜青涂脚,入水不腐,此是借铜之劲以捍其肉也。③金丹入身中,沾洽荣卫,④非但铜青之外傅矣。⑤世间多不信至道者,则悠悠者皆是耳。然万一时偶有好事者,而复不见此法,不值明师,无由闻天下之有斯妙事也。余今略钞金丹之都较，⑥以示后之同志好之者。其勤求之,求之不可守浅近之方,而谓之足以度世也。遂不遇之者,直当息意于无穷之冀耳。想见其说,必自知出潢污而浮沧海,⑦背萤烛而向日月,闻雷霆而觉布鼓之陋,见巨鲸而知寸介之细也。如其喽喽,⑧无所先入,欲以弊药必规升腾者,何异策蹇驴而追迅风,⑨棹蓝舟而济大川乎?⑩又诸小饵丹方甚多,然作之有浅深,故力势不同,虽有优劣,转不相及,犹一酘之酒,⑪不可以方九酝之醇耳。然小丹之下者,犹自远胜草木之上者也。凡草木烧之即烬,而丹砂烧之成水银,积变又还成丹砂,其去凡草木亦远矣。故能令人长生,神仙独见此理矣,其去俗人,亦何缅邈之无限乎?⑫世人少所识,多所怪,或不知水银出于丹砂,告之终不肯信,云:丹砂本赤物,从何得成此白物?又云:丹砂是石耳,今烧诸石皆成灰,而丹砂何独得尔?此近易之事,犹不可喻,其闻仙道,大而笑之,不亦宜乎?上古真人愍念将来之可教者,为作方法,委曲欲使其脱死亡之祸耳,⑬可谓至言矣。然而俗人终不肯信,谓为虚文。若是虚文者,安得九转九变,日数所成,皆如方耶?真人所以知此者,诚不可以庸近思求也。

[注释]

①浆:用米熬成的酸汁。荇(xìng):一种多年生水生草本植物。嫩时可食用。②丘垤(dié):小土堆。③捍(hàn):保护。④沾洽:润泽。荣卫:荣气和卫气,中医学术语。荣气,又叫营气,指人体营养机能和血液循环状况。卫气,指人体保护自我的功能和状况。⑤傅:通"敷",涂抹。⑥都较:大致内容。⑦潢污:低洼的积水处。⑧喽喽:纷乱繁杂。⑨蹇(jiǎn):跛脚。⑩棹(zhào):用桨划船。蓝:通"褴",破烂。⑪酘(dòu):重酿之酒。仅仅

经过一次酿造的酒叫"一酘"。⑫缅邈:遥远的样子。⑬委曲:曲折周详地。

[译文]

"只有饮用过琼浆玉液才知道酸浆荇菜的滋味淡薄,看到昆仑山后才感到小土堆的极其矮小。阅览了金丹道术,就会使人不想再看介绍小小方术的书籍。然而,金丹类的大仙药很难很快炼制成功,也须一些小的方术来暂且自我保护。可是服用其他的药物一万斛,也只能有些小的补益,最终不会有使人长生不死的效果。所以老子的口诀说,你得不到还丹、金液,就只能白白受苦了。五谷尚且能够养活人,人得到五谷就生存,断绝五谷就死亡,又何况上品的神药,它们使人受益之处难道不是五谷的千万倍吗?黄金、丹砂这两种物质,烧得越久,变化就越奇妙。黄金投入火中,千百次烧炼也不会消失;埋在地下,可以像天地一样不会腐朽。服食这两种物质,可以锻炼人的身体,所以能够使人不老不死。这大概是借助于外物来使自身坚固,就好像油脂养育着火而不会使火熄灭,用铜青涂抹脚,脚侵入水中就不会腐烂,这是借助铜的力量来保护肉体。金丹进入身体,滋养气血,不仅仅是铜青外敷在身体表面的功效啊。人世间不相信高妙道术的人,可以说比比皆是。然而,万一偶然有爱好此道的人,却找不到正确的方法,遇不到高明的师父,就无法知道天下有如此高妙的道术。我现在抄录炼制金丹的大致内容,把它留给以后有相同求仙志向、爱好仙道的人。他们那些勤奋修仙求道的人,求道时不应该执守浅薄的方术,就认为足可以脱离人世成仙了。而后来始终没有看到金丹方术的人,也就只能放弃长生成仙的愿望了。料想他们看到炼制金丹的方法后,一定会超越低洼的积水坑而到苍茫的大海上航行,背弃萤火虫的烛光而面向太阳和月亮,就像听闻雷霆之音后才感觉到布鼓的简陋,看到巨大的鲸鱼后才感知尺寸小鱼的细小。至于那些纷纭的俗道,事先没有学到炼丹的方法,就想服用一些有害的药物打算升天,这与鞭打跛脚的驴追赶迅疾的风,划着破烂的小船去横渡大海有什么不同呢?另外,各种小饵的服食丹方很多,然而制作的水平有浅有深,因而它们的效力也有所不同,虽然各有优劣,但无论如何比不上金丹的效果,就好像一次酿制的酒无法与反复酿造的醇酒相比一样。然而即使最下等的丹药,也远远胜于上等的草木药物。凡是草木燃烧后都化为灰烬,而丹砂烧制后却变为水银,不断变化再次变为丹砂,它的功效远在草木之上,所以能使人长生不死,只有神仙才能明白这个道理,俗人和他们的差距,又是怎样的遥不可及啊!世人见识少,感到奇怪的事情就多,有的不知道水银出自丹砂,告诉他们也始终不肯相信,他们说:丹砂本来是红色的,从哪里会变出这白色的物质?又说:丹砂是石头,各种石头烧炼都变成了灰,为什么丹砂能单独变成这个样子呢?这样浅显易懂的事情,还不能明白,当他们听说仙道时,认为是夸大之辞而讥笑,不是很自然的吗?上古得道真人顾念后世那些可以教诲的人,想方设法,曲折周详地使他们脱离死亡的灾祸,他们的话可以算是最高妙的道理了。然而俗人始终不肯相信,认为是虚假的空话。如果是虚假的空话,怎么会有多次变化,每天几次转化成功,都和丹方所记载的相同呢?得道者之所以懂得这些,确实不能靠平庸浅近的思考去探求。

"余少好方术,负步请问,不惮险远。每有异闻,则以为喜。虽见毁笑,不以为戚。焉知来者之不如今,是以着此以示识者。岂苟尚奇怪,而崇饰空言,欲令书行于世,信结流俗哉?盛阳不能荣枯朽,上智不能移下愚,书为晓者传,事为识者贵。农夫得彤弓以驱鸟,①南夷得衮衣以负薪,②夫不知者,何可强哉?世人饱食终日,复未必能勤儒墨之业,治进德之务,但共逍遥遨游,以尽年月。其所营也,非荣则利。或飞苍走黄于中原,③或留连杯觞以羹沸,④或以美女荒沉丝竹,或耽沦绮纨,⑤或控弦以弊筋骨,⑥或博弈以弃功夫。⑦闻至道之言而如醉,睹道论而昼睡。有身不修,动之死地,不肯求问养生之法,自欲割削之,煎熬之,憔悴之,漉汔之。⑧而有道者自宝秘其所知,无求于人,亦安肯强行语之乎?世人之常言,咸以长生若可得者,古人之富贵者,已当得之,而无得之者,是无此道也。而不知古之富贵者,亦如今之富贵者耳。俱不信不求之,而皆以目前之所欲者为急,亦安能得之耶?假令不能决意,信命之可延,仙之可得,亦何惜于试之?试之小效,但使得二三百岁,不犹愈于凡人之少夭乎?天下之事万端,而道术尤难明于他事也。何可以中才之心,而断世间必无长生之道哉?若正以世人皆不信之,便谓为无,则世人之智者,又何太多乎?今若有识道意而犹修求之者,讵必便是至愚,⑨而皆不及世人耶?又或虑于求长生,倘其不得,恐人笑之,以为暗惑。若心所断,万有一失,而天下果自有此不死之道者,不亦当复为得之者所笑乎?日月有所不能周照,人心安足孤信哉?"

[注释]

①彤弓:红色的弓。古代帝王用以赐有功的诸侯。②衮衣:古代帝王或王侯穿的绣龙的礼服。③飞:指快马。黄:黄色带赤的马。④羹沸:沸腾的羹汤。⑤耽沦:沉溺。绮纨:华丽精美的丝织品。⑥控弦:拉弓。⑦功夫:时间、光阴。⑧漉汔(lùqì):干涸。⑨讵:难道。

[译文]

"我年少时爱好道术,经常徒步行走四处求教,不怕道路险阻遥远。每当有奇异的见闻,就非常高兴。虽然被别人诋毁嘲笑,也不会伤心难过。怎么见得后来者就不如现在的人?因此我写这本书留给那些能识别道术的人。我岂会随便崇尚奇谈怪论,去推崇并掩饰一些空话谎言,从而我的书流传于世,以求得世俗之人的相信呢?强盛的太阳不能使枯朽的树木繁荣,上等的智慧也不能改变下等的愚笨者,书籍是为理解者流传的,事业是被相知者所看重的。农夫得到珍贵的彤弓,却用来驱赶小鸟,南夷得到华贵的衮衣,却穿着背负柴草,对于无知者,又怎么能够强求呢?世人饱食终日,又未必能够勤奋学习儒学和墨学,去从事修养品德的事务,只是一起逍遥游玩,混混日子罢了。他们所追求的,不是名声就是利益,有的骑着快马奔驰于原野,有的流连于美酒盛宴里,有的荒废于美女和丝竹音乐之中,有的沉溺于华丽精美的衣物,有的拉弓射箭以致伤害自己的身体,有的博戏棋弈而浪费了光阴。这些人听闻高妙的道术却如同醉酒般漠然,看到修仙论道的论述却在白天打瞌睡。拥有身体却不修炼,不断地走向死亡的境地,从不肯询问学习养生的方法,自己伤害自己的身体,煎熬自己的身体,使身体憔悴、枯朽。而那些掌握大道的人非常珍惜并秘藏自己知道的修道养生知识,也无求于别人,又怎么能够勉强告诉他们呢?世人常说,如果长生不老可以求得的话,那么古代富贵的人,应该已经求得了,而他们却没有求得,因此并没有什么长生之道。说这话的人不明白,古代的那些富者和现在富贵者一样,都不相信也不去追求长生之道,却都把满足眼前的欲望看作是当务之急,又怎么能够求得仙道呢?假如不能下定决心,相信寿命可以延长,神仙可以学得,又何必舍不得试验一下呢?如果尝试仙道能获得小的效果,哪怕能延长二三百岁,不是也比凡人年纪轻轻就夭折了要强吗?天下的事千头万绪,而学仙求道比其他的事更加难以理解。怎么能凭着中等的才智，去断定世间一定没有长生之道呢？如果只是因为世人都不信仙道，就认为无仙道，那么世上的聪明人岂不是太多了？现在如果有明白仙道之理并且有修炼追求的人，难道就一定是最愚笨的，竟然都比不上世人吗？又有人担心追求长生不老，如果不能如愿，恐怕别人讥笑，认为自己愚昧无知。如果断定没有仙道，万一有失误，而天下的确有不死之道，岂不是也会被那些得道的人讥笑吗？就连太阳和月亮也有不能照到的地方，世人的意见哪里能够单独相信呢？"

抱朴子曰："按《黄帝九鼎神丹经》曰，①黄帝服之，遂以升仙。又云，虽呼吸道引，及服草木之药，可得延年，不免于死也；服神丹令人寿无穷已，与天地相毕，乘云驾龙，上下太清。黄帝以传玄子，②戒之曰，此道至重，必以授贤，苟非其人，虽积玉如山，勿以此道告之也。受之者以金人金鱼投于东流水中以为约，喢血为盟，③无神仙之骨，亦不可得见此道也。合丹当于名山之中，无人之地，结伴不过三人，先斋百日，沐浴五香，④致加精洁，勿近秽污，及与俗人往来，又不令不信道者知之，谤毁神药，药不成矣。成则可以举家皆仙，不但一身耳。世人不合神丹，反信草木之药。草木之药，埋之即腐，煮之即烂，烧之即焦，不能自生，何能生人乎？

[注释]

①《黄帝九鼎神丹经》：道教典籍。②玄子：传说中的神仙。传说服食九鼎神丹后成仙，被尊为"元君"。③喢血：饮血。古人会盟时，杀牲饮血或把血涂抹在嘴边，表示诚信。④五香：各种香料。

[译文]

抱朴子说:"按照《黄帝九鼎神丹经》的记载,黄帝服了九鼎神丹,于是得以升天成仙。还说,虽然修炼呼吸导引,以及服食草木之类的药物,也可延长寿命,但不能免除死亡;服用神丹可以使人获得无穷的寿命,与天地相始终,乘坐云气,出入于太清仙境。黄帝把《九鼎神丹经》传授给了玄子,并告诫他说,这种道术极其重要,一定要传授给贤人,如果不是合适的人选,即使有堆积如山的金玉,也不能把道术告诉他。接受道术的人要把金人、金鱼投入东流的江河之中以结誓约,要杀牲饮血或把血涂抹在嘴边以订立盟誓,如果没有神仙的风骨,也不可能看到这种道术。炼制丹药应在名山之中,在没有人的地方,结伴不要超过三个人。炼丹前要先斋戒一百天,用各种香料沐浴,做到十分清洁,不能接近污秽的东西,也不能与世俗人来往,还不能让那些不信道的人知道,如果他们毁谤诋毁仙药,仙药就炼不成了。仙药烧成后,全家都可成仙,不只是一个人成仙。世人不炼制丹药,反而相信草木类的药物。草木之类的药物,埋在地下马上腐败,煮熬立即烂掉,焚烧很快焦枯,自身不能生存,又如何能使人长生呢?

"九丹者,长生之要,非凡人所当见闻也,万兆蠢蠢,①唯知贪富贵而已,岂非行尸者乎?合时又当祭,祭自有图法一卷也。

"第一之丹名曰丹华。当先作玄黄,②用雄黄水、矾石水、戎盐、卤盐、礜石、牡蛎、赤石脂、滑石、胡粉各数十斤,③以为六一泥,④火之三十六日成,服七之日仙。又以玄膏丸此丹,⑤置猛火上,须臾成黄金。又以二百四十铢合水银百斤火之,⑥亦成黄金。金成者药成也。金不成,更封药而火之,日数如前,无不成也。

"第二之丹名曰神丹,亦曰神符。服之百日仙也。行度水火,以此丹涂足下,步行水上。服之三刀圭,⑦三尸九虫皆即消坏,⑧百病皆愈也。

"第三之丹名曰神丹。服一刀圭,百日仙也。以与六畜吞之,亦终不死。又能辟五兵。服百日,仙人玉女,山川鬼神,皆来侍之,见如人形。

"第四之丹名曰还丹。服一刀圭,百日仙也。朱鸟凤凰,翔覆其上,玉女至傍。以一刀圭合水银一斤火之,立成黄金。以此丹涂钱物用之,即日皆还。以此丹书凡人目上,百鬼走避。

"第五之丹名饵丹。服之三十日,仙也。鬼神来侍,玉女至前。

"第六之丹名炼丹。服之十日,仙也。又以汞合火之,亦成黄金。

"第七之丹名柔丹。服一刀圭,百日仙也。以缺盆汁和服之,⑨九十老翁,亦能有子,与金公合火之,⑩即成黄金。

"第八之丹名伏丹。服之即日仙也。以此丹如枣核许持之,百鬼避之。以丹书门户上,万邪众精不敢前,又辟盗贼虎狼也。

"第九之丹名寒丹。服一刀圭,百日仙也。仙童仙女来侍,飞行轻举,不用羽翼。

"凡此九丹,但得一丹便仙,不在悉作之,作之在人所好者耳。凡服九丹,欲升天则去,欲且止人间亦任意,皆能出入无间,不可得之害矣。"

[注释]

①万兆:亿万民众。蠢蠢:众多杂乱的样子。②玄黄:水银与铅的合制

品。③矾石:矿物品。透明结晶体,有五种颜色。可入药。戎盐:即岩盐。因产于西部戎族地区而得名。卤盐:盐的一种。因产于卤城(今山西繁峙)一带而得名。礜(yù)石:矿物名。有毒,苍、白二色者可入药。牡蛎:动物名。又叫蚝。可食用,也可入药。赤石脂:风化石的一种。以色彩细腻为胜,为道家炼丹所用。滑石:矿物名。可入药。胡粉:铅粉。又叫铅华。可作化妆品,又可入药。④六一泥:六合一为七,故称六一泥。这种泥共有戎盐、卤盐、礜石、牡蛎、赤石脂、滑石、胡粉七种原料。⑤玄膏:当依《云笈七签》作"玄黄膏"。丸:用作动词。抟成药丸。⑥铢:古代重量单位。二十四铢为一两。⑦刀圭:古代量取药物的用具,类似现在的小调羹。⑧三尸:道教认为人身内有三种作祟的神,分别居于上、中、下三丹田内,称上尸、中尸、下尸。学仙之士必须除去三尸,才能升仙。九虫:人体的九种寄生虫。⑨缺盆:即覆盆子。⑩金公:即铅。

[译文]

"九种仙丹,是长生不老的重要保证,它不是世俗人能够看到和听到的。纷纭杂乱的亿万民众,只知道贪图荣华富贵,他们难道不就是一群行尸走肉吗?调和炼制金丹时还应当祭祀,祭祀有图像及说明书一卷。

"第一种丹药名叫丹华。应先制作玄黄,用雄黄水、矾石水、戎盐、卤盐、礜石、牡蛎、赤石脂、滑石、胡粉各数十斤,制作成六一泥,用火烧三十六天就炼制成功了,服食丹华七天后就成仙。再用玄黄膏把这种丹药制成丸子,放在猛火上烧,顷刻间变成黄金。还可以用二百四十铢丹药和一百斤水银调和,用火烧炼,也可以制成黄金。黄金炼成,丹药也就炼成了。如果黄金没有炼成,可以再次把丹药封闭后继续炼制,炼制的天数和前面的一样,没有炼制不成功的。

"第二种丹药叫神丹,又叫神符。服食一百天,可以成仙。能够走过水火,把这种丹药涂在脚底,能够步行在水面。服用三刀圭,三尸及各种寄生虫能马上坏死,各种疾病都能痊愈。

"第三种丹药名字也叫神丹。连续服食一刀圭一百天,就可以成仙。用它喂六畜,六畜也不会死去。还能躲避各种兵器的伤害。服食一百天后,仙人神女、山川鬼神都会来侍奉他,化作人的模样来相见。

"第四种丹药名叫还丹。服食一刀圭一百天,可以成仙。朱鸟和凤凰,飞翔在他的上空,神女也来到他的身边。用一刀圭调和一斤水银,用火烧,马上就变成黄金。把这种丹药涂在钱物上,用过之后,当天都会返还主人身边。把这种丹药涂在凡人的眼睛上,各种鬼怪都会逃走避开。

"第五种丹药名叫饵丹。服食三十天,可以成仙。鬼神都来侍奉,神女也会来到面前。

"第六种丹药名叫炼丹。服食十天,可以成仙。把它和水银合在一起用火烧炼,也可以制成黄金。

"第七种丹药名叫柔丹。服食一刀圭一百天,可以成仙。用缺盆的汁液与丹药调和,服用它,九十岁的老翁也能生孩子。如果与铅掺和,用火烧炼,马上就能够变成黄金。

"第八种丹名叫伏丹,服用当天就能成仙。把大小如枣核一样的丹药拿在手里,各种鬼神都会避开。用这种丹药书写在门户上,各种邪鬼、精怪都不敢前来冒犯,还能避开盗贼、虎狼。

"第九种丹名叫寒丹。服食一刀圭一百天,可以成仙。仙童仙女都来侍奉,能够飞升上天,不用羽毛翅膀。

"这九种丹药,只要能得到一种,就能成仙,不用全部制作。炼制哪种丹在于各人的爱好。凡服用九种丹药的人,想升入天庭就可以离开,想暂时留在人间可任凭自己的意愿,还能够在没有缝隙的地方出入,不受到任何伤害。"

抱朴子曰:"复有太清神丹,其法出于元君。元君者,老子之师也。《太清观天经》有九篇,云其上三篇不可教授,其中三篇世无足传,常沉之三泉之下,①下三篇者,正是丹经上中下,凡三卷也。元君者,大神仙之人也,能调和阴阳,役使鬼神风雨,骖驾九龙十二白虎,天下众仙皆隶焉,犹自言亦本学道服丹之所致也,非自然也,况凡人乎!其经曰:上士得道,升为天官;中士得道,栖集昆仑;下士得道,长生世间。愚民不信,谓为虚言,从朝至暮,但作求死之事,了不求生,而天岂能强生之乎?凡人唯知美食好衣,声色富贵而已,恣心尽欲,奄忽终殁之徒,慎无以神丹告之,令其笑道谤真。传丹经不得其人,身必不吉。若有笃信者,可将合药成以分之,莫轻以其方传之也。知此道者,何用王侯?为神丹既成,不但长生,又可以作黄金。金成,取百斤先设大祭。祭自有别法一卷,不与九鼎祭同也。祭当别称金各检署之。②

[注释]

①三泉:最深层的地下泉水。②检:古代封书的标签。署:安排、布置。

[译文]

抱朴子说:"还有太清神丹,它的制作方法出自元君。元君,是老子的老师。《太清观天经》共有九篇,据说前面的三篇是不能传授给世人的;中间三篇,世人中没有人值得传授,经常被沉匿在深深的地下泉水中;后面三篇,正是丹经中的上、中、下三篇,共有三卷。元君是一位伟大的成仙之人,他能够调和阴阳,役使鬼神、风雨,还能够驾驭九条龙、十二只白虎,天下所有的神仙都隶属于他,还说自己是学习道术、服食仙丹才达到这样的境界,并非生来就是神仙,何况凡人呢!这本经书上说:上等的道士学得道术,就飞升成为天上仙官;中等的道士学得道术,栖身于昆仑山中;下等的道士学得道术,长生于人世间。愚昧的民众不相信,认为是虚假的空话,从早到晚,只干些容易招致死亡的事情,全然不去追求长生,然而上天又怎么能够强迫他们长生呢?普通人只知道甘美的食物、漂亮的衣服,追求声色、富贵罢了,恣情纵心于欲望之中,对于这些瞬间可能死亡的人,千万不能把神丹的事告诉他们,使他们讥笑仙道、诽谤真人。如果把丹经传给不合适的人,自身必然会不吉利。如果有虔诚的信徒,可以把制成的药分给他一些,不要轻易将炼丹的方法传授给他。懂得仙道的人,哪里还用当王侯呢?仙丹炼制成功以后,不但可以长生,还可以炼制黄金。黄金炼成之后,先取出一百斤祭祀天地神灵。祭祀的方法还有一卷文字记载,与九鼎神丹的祭祀不同。祭祀应另外称出黄金封制标签,安排妥当。

"礼天二十斤,①日月五斤,北斗八斤,太乙八斤,②井五斤,灶五斤,河伯十二斤,社五斤,门、户、闾鬼神、清君各五斤,③凡八十八斤。余一十二斤,以好韦囊盛之,④良日于都市中市盛之时,嘿声放弃之于多人处,⑤径去无复顾。凡用百斤外,乃得自恣用之耳。不先以金祀神,必被殃咎。又曰,长生之道,不在祭祀事鬼神也,不在道引与屈伸也,升仙之要,在神丹也。知之不易,为之实难也。子能作之,可长存也。近代汉末新野阴君,⑥合此太清丹得仙。其人本儒生,有才思,善著诗,及丹经赞并序,述初学道随师本末,列己所知识之得仙者四十余人,甚分明也。作此太清丹,小为难合于九鼎,然是白日升天之上法也。合之当先作华池、赤盐、艮云、玄白、飞符、三五神水⑦,乃可起火耳。

[注释]

①礼:祭祀。②太乙:道教神名。又称"太一"。③闾:里巷。清君:疑为古代厕神,古代厕所又名为"涸",有浑浊义,为取悦厕神,故名"清君"。④韦囊:皮袋。⑤嘿(mò):同"默",闭口不讲话。⑥阴君:即阴长生。今河南新野人。⑦华池:烧制金丹用的器具。赤盐:红色的盐。炼丹原料。艮云:疑为艮雪。"云"、"雪"繁体字形近而误。炼丹原料,指升汞,或称"汞银霜"。玄白:一种炼丹原料。飞符:一种符箓。三五:约数,表示数目不多。神水:疑是水银的隐名。

[译文]

"祭天要用黄金二十斤,祭日月要用五斤,祭北斗要用八斤,祭太乙神要用八斤,祭井要用五斤,祭灶要用五斤,祭河伯要用十二斤,祭土地神要用五斤,祭门、户、里巷的鬼神和清君各要用五斤,一共八十八斤。剩下的十二斤,要用质量好的皮囊装起来,在吉日良辰都市中市场最热闹的时候默默放在人最多的地方,然后径直离开不要回头去看。使用一百斤黄金之后,自己才可以随意使用。如果不先用黄金祭祀鬼神,一定会遭受灾祸。还说,长生不老的方法不在于祭祀鬼神,也不在于导引和屈伸等活动,成仙的关键在于服食仙丹。懂得这个道理不容易,实践起来就更加困难。如果您能炼制金丹,就可以长生。近代有汉末新野人阴长生,炼制合成太清神丹得以成仙。他本来是个儒生,很有才气,善于写诗,他在丹经赞及其序言里,记述了自己开始学道时追随老师的经过,列出他所知道的四十多位成仙的人,说得非常明白。制作太清丹比九鼎丹稍难,但是却是白日升天成仙最好的方法。调和炼制前应先准备华池、赤盐、艮云、玄白、飞符、一些神水,然后才可以点火炼制。

"一转之丹,①服之三年得仙。二转之丹,服之二年得仙。三转之丹,服之一年得仙。四转之丹,服之半年得仙。五转之丹,服之百日得仙。六转之丹,服之四十日得仙。七转之丹,服之三十日得仙。八转之丹,服之十日得仙。九转之丹,服之三日得仙。若取九转之丹,内神鼎中,②夏至之后,爆之鼎热,内朱儿一斤于盖下。③伏伺之,候日精照之。须臾翕然俱起,煌煌辉辉,神光五色,即化为还丹。取而服之一刀圭,即白日升天。又九转之丹者,封涂之于土釜中,糠火,先文后武,其一转至九转,迟速各有日数多少,以此知之耳。其转数少,其药力不足,故服之用日多,得仙迟也。其转数多,药力盛,故服之用日少,而得仙速也。

[注释]

①转:循环变化。炼丹时,由丹砂炼制成水银,再将水银炼制为丹砂,每循环变化一次,叫作一"转"。传说烧炼时间越久,转化的次数越多,功效越大。②内:同"纳",放入。③朱儿:丹砂。

[译文]

"一次转化的丹药,服食三年可以成仙。两次转化的丹药,服食两年可以成仙。三次转化的丹药,服食一年可以成仙。四次转化的丹药,服食半年可以成仙。五次转化的丹药,服食一百天可以成仙。六次转化的丹药,服食四十天可以成仙。七次转化的丹药,服食三十日可以成仙。八次转化的丹药,服食十天可以成仙。九次转化的丹药,服食三天可以成仙。如果拿取九次转化的丹药,放入丹鼎中,到了夏至之后,暴晒到丹鼎发热,再在盖下放入一斤丹砂。俯下身子观察它,等候强光照射。片刻就熔化为一,并升腾起来,灿烂辉煌,发出神奇的五色光芒,就化为还丹。取出服用一刀圭,当天就可升天成仙。另外,将九转丹药放入土锅中封起来,点上糠皮火,先文火后武火,从一次转化的丹药到九次转化的丹药,炼制的快慢各需要不同的天数,根据这个过程就可以明白了。那些转化次数少的,药力不足,所以服用的天数多,成仙较慢。那些转化次数多的,药力强盛,所以服用的天数就少些,成仙较快。

"又有九光丹,与九转异法,大都相似耳。作之法,当以诸药合火之,以转五石。五石者,丹砂、雄黄、白礜、曾青、慈石也。①一石辄五转而各成五色,五石而二十五色,色各一两,而异器盛之。欲起死人,②未满三日者,取青丹一刀圭和水,以浴死人,又以一刀圭发其口内之,死人立生也。欲致行厨,③取黑丹和水,以涂左手,其所求如口所道皆自至,可致天下万物也。欲隐形及先知未然方来之事,及住年不老,服黄丹一刀圭,即便长生不老矣。及坐见千里之外,吉凶皆知,如在目前也。人生宿命,盛衰寿夭,富贵贫贱,皆知之也,其法俱在《太清经》中卷耳。"

[注释]

①曾青:矿物名。可供绘画及熔化金属用,道教用作炼丹原料。慈石:即磁石。②起:起死回生。③行厨:道教法术之一。施行此法时,只要说出想要的食物,便会有仙女送到跟前。

[译文]

"还有九光丹,炼制的方法与九转丹不同,但大体相似。制作的方法,应该先把各种药物调和,用火烧炼,再用它们来炼制转化五种药石。五种药石是:丹砂、雄黄、白礜、曾青、慈石。每种药石经过五次转化会呈现五种颜色,五种药石共有二十五种颜色,从每种颜色药石中取出一两,用不同的器皿盛放。想要使死人复活的话,死亡不到三天的,取出一刀圭青色丹药与水调和,给死人洗浴,再取出一刀圭丹药,拨开死人的嘴巴放进去,死人马上就可以活过来。想要行厨的,取出黑色的丹药与水调和,涂抹在左手上,此人所想得到的,就会随着口中所说的内容而自行到来,这种方法可以招致天下万物。想要隐匿形体以及预知未来的事情,使年华驻留,不会老去的,只要服食黄色的丹药一刀圭,就能长生不老了,而且还可以端坐不动就能看到千里之外的事情,吉凶都可以知道,就好像发生在眼前一样。人生命运,盛衰寿夭,富贵贫贱,都能预先知道,这些方法记载在《太清经》中卷里。"

抱朴子曰:"其次有《五灵丹经》一卷,有五法也。用丹砂、雄黄、雌黄、石硫黄、曾青、矾石、慈石、戎盐、太乙余粮,①亦用六一泥,及神室祭醮合之,三十六日成。又用五帝符,②以五色书之,亦令人不死,但不及太清及九鼎丹药耳。

"又有岷山丹法,道士张盖蹋精思于岷山石室中,③得此方也。其法鼓冶黄铜,以作方诸,以承取月中水,以水银覆之,致日精火其中,长服之不死。又取此丹置雄黄铜燧中,④覆以汞曝之,二十日发而治之,以井华水服如小豆,百日,盲者皆能视之,百病自愈,发白还黑,齿落更生。

"又务成子丹法,用巴沙汞置八寸铜盘中,⑤以土炉盛炭,倚三隅堑以枝盘,⑥以硫黄水灌之,常令如泥,百日服之不死。

"又羡门子丹法,以酒和丹一斤,用酒三升和,曝之四十日,服之一日,则三虫百病立下;服之三年,仙道乃成,必有玉女二人来侍之,可役使致行厨,此丹可以厌百鬼,及四方死人、殃注、害人宅,⑦及起土功妨人者,⑧悬以向之,则无患矣。

"又有立成丹,亦有九首,⑨似九鼎而不及也。其要一本更云,取雌黄、雄黄,烧下其中铜,铸以为器,覆之三岁淳苦酒上,百日,此器皆生赤乳,长数分,或有五色琅玕,⑩取理而服之,亦令人长生。又可以和菟丝,菟丝是初生之根,其形似菟,⑪掘取克其血,⑫以和此丹,服之立变化,任意所作也。又和以朱草,⑬一服之,能乘虚而行云,朱草状似小枣,栽长三四尺,枝叶皆赤,茎如珊瑚,喜生名山岩石之下,刻之汁流如血,以玉及八石金银投其中,⑭立便可丸如泥,久则成水,以金投之,名为金浆,以玉投之,名为玉醴,服之皆长生。

"又有取伏丹法云,天下诸水,有名丹者,有南阳之丹水之属也,⑮其中皆有丹鱼,当先夏至十日夜伺之,丹鱼必浮于水侧,赤光上照,赫然如火也,网而取之可得之,得之虽多,勿尽取也,割其血,涂足下,则可步行水上,长居渊中矣。

"又赤松子丹法,取千岁蔂汁及矾桃汁淹丹,⑯著不津器中,练蜜盖其口,埋之入地三尺,百日,绞柠木赤实,⑰取汁和而服之,令人面目鬓发皆赤,长生也。昔中黄仙人有赤须子者,⑱岂非服此乎?

"又石先生丹法,取乌鷇之未生毛羽者,⑲以真丹和牛肉以吞之,至长,其毛羽皆赤,乃煞之,阴干百日,并毛羽捣服一刀圭,百日得寿五百岁。

"又康风子丹法,用羊乌、鹤卵、雀血、⑳合少室天雄汁,㉑和丹内鹄卵中,㉒漆之,内云母水中,百日化为赤水,服一合,㉓辄益寿百岁,服一升千岁也。

"又崔文子丹法,纳丹鹜腹中,㉔蒸之,服,令人延年,长服不死。

"又刘元丹法,以丹砂内玄水液中,㉕百日紫色,握之不污手,又和以云母水,内管中漆之,投井中,百日化为赤水,服一合,得百岁,久服长生也。

"又乐子长丹法,以曾青、铅丹合汞及丹砂,著铜筒中,干瓦、白滑石封之,于白砂中蒸之八十日,服如小豆,三年仙矣。

"又李文丹法,以白素裹丹,以竹汁煮之,名红泉,乃浮汤上蒸之,合以玄水,㉖服之一合,一年仙矣。

"又尹子丹法,以云母水和丹密封,致金华池中,㉗一年出,服一刀圭,尽一斤,得五百岁。

"又太乙招魂魄丹法,所用五石,及封之以六一泥,皆似九丹也,长于起卒死三日以还者,折齿内一丸,与硫黄丸,俱以水送之,令入喉即活,皆言见使者持节召之。

"又采女丹法，以兔血和丹与蜜蒸之，百日，服之如梧桐子者大一丸，日三，至百日，有神女二人来侍之，可役使。

"又稷丘子丹法，以清酒、麻油、百华醴、龙膏和，㉓封以六一泥，以糠火煴之，十日成，服如小豆一丸，尽剂，得寿五百岁。

"又墨子丹法，用汞及五石液于铜器中，火熬之，以铁匕挠之，十日，还为丹，服之一刀圭，万病去身，长服不死。

"又张子和丹法，用铅汞、曾青水合封之，蒸之于赤黍米中，八十日成，以枣膏和丸之，服如大豆，百日，寿五百岁。

"又绮里丹法，先飞取五石玉尘，㉙合以丹砂汞，内大铜器中煮之，百日，五色，服之不死。以铅百斤，以药百刀圭，合火之成白银，以雄黄水和而火之，百日成黄金，金或太刚者，以猪膏煮之，或太柔者，以白梅煮之。

"又玉柱丹法，以华池和丹，以曾青、硫黄末覆之荐之，内筒中沙中，蒸之五十日，服之百日，玉女、六甲、六丁、神女来侍之，㉚可役使，知天下之事也。

"又肘后丹法，以金华和丹，干瓦封之，蒸八十日，取如小豆，置盘中，向日和之，其光上与日连，服如小豆，长生矣。以投丹阳铜中，㉛火之成金。

"又李公丹法，用真丹及五石之水各一升，和令如泥，釜中火之，三十六日出，和以石硫黄液，服之十年，与天地相毕。

"又刘生丹法，用白菊花汁、地楮汁、樗汁和丹蒸之，㉜三十日，研合服之，一年，得五百岁，老翁服更少不可识，少年服亦不老。

"又王君丹法，巴沙及汞内鸡子中，漆合之，令鸡伏之三枚，以王相日服之,㉝住年不老,小儿不可服,不复长矣,与新生鸡犬服之,皆不复大,鸟兽亦皆如此验。

"又陈生丹法,用白蜜和丹,内铜器中封之,沉之井中,一期,㉞服之经年,不饥,尽一斤,寿百岁。

"又韩终丹法,漆蜜和丹煎之,服可延年久视,立日中无影。过此以往,尚数十法,不可具论。"

[注释]

①雌黄:矿物名。道教用来做炼丹的原料。石硫黄:即硫黄。太乙余粮:矿物名。②五帝符:符箓的一种。③岷山:山名。在今四川、甘肃交界处。④铜燧:一种铜制的取火工具。⑤巴沙:巴蜀出产的丹砂。⑥枝:同"支",支撑。⑦注:附着、连属。⑧起土功:兴建土木工程。⑨首:量词。篇。⑩琅玕:次于玉的美石。⑪菟:通"兔"。⑫克:通"刻"。血:指与血相似的汁液。⑬朱草:植物名,枝叶呈红色。⑭八石:道教炼丹的八种矿物质,为丹砂、雄黄、雌黄、空青、硫黄、云母、戎盐、硝石。⑮南阳:地名。即今河南南阳。丹水:河名。发源于陕西,东入河南南阳,注入均水。⑯薰:通"蘽"。矶桃:疑即蟠桃。⑰柠木:即柠树。⑱中黄:古国名。赤须子:神仙名。⑲鷇(kòu):幼鸟。⑳羊乌:鸟名。即阳乌,又名阳鸦。㉑少室:山名。在今河南登封北。天雄:一种药草。㉒鹄:天鹅。㉓合:容量单位。一升的十分之一。㉔鹜:野鸭。㉕玄水液:磁石水。《黄帝九鼎神丹经诀》卷二十云,磁石水"一名玄水液"。㉖玄水:指醋。另外,水银和酒古人有时也称玄水。㉗金华池:溶有黄金的醋液。㉘清酒:清洁的陈酒。麻油:胡麻油。即芝麻油。百华醴:蜂蜜。龙膏:植物名。即覆盆子。㉙飞取:一种研制药物的方法。

先研药物为粉末，置于水中，去其粗屑而取其精华。㉚六甲：道教神名。指甲子、甲寅、甲辰、甲午、甲申、甲戌，属阳，为男神。六丁：道教神名。指丁卯、丁巳、丁未、丁酉、丁亥、丁丑，属阴，为女神。㉛丹阳：地名。在今湖北秭归东。㉜地楮(chǔ)：楮树。果实可入药。樗(chū)：即臭椿树。㉝王相日：即"旺相日"。兴旺的日子。㉞一期(jī)：一周年。

[译文]

抱朴子说："其次有《五灵丹经》一卷，记载有五种炼丹方法。用丹砂、雄黄、雌黄、石硫黄、曾青、矾石、磁石、戎盐、太乙余粮，还要用六一泥，到供奉神祇的房间内祭祀祈祷后再进行配制，三十六天炼制成功。还要用五帝符箓，用五种颜色书写符圈，也能让人长生不死，但是却比不上太清九光丹和九鼎丹。

"还有岷山丹法，道士张盖踏在岷山石室中精心修炼时，得到这个丹方。方法是冶炼黄铜，做成方诸，用它在月亮下承露取水，再用水银覆盖在上面，放在强盛的日光下曝晒，长期服用可以长生不死。另外，把这种丹药放在装有雄黄的铜燧中，用水银覆盖后曝晒，二十天后打开研制，用清晨首次取出的井水服用小豆大小的丹药，一百天后，盲人能看到东西，各种疾病自然痊愈，白发变成黑色，牙齿脱落后能够重新长出。

"还有务成子丹法，把巴砂、汞放在八寸大的铜盘中，在土炉中装上炭，依靠炉子三边高起的部分支撑铜盘，用硫黄水浇灌，常让药物如稀泥一样，服食一百天可以长生不死。

"还有羡门子丹法，用三升酒调和丹药一斤，曝晒四十天，服用一天身体内的各种寄生虫和疾病马上会泻下消失；服用三年，求仙修道就能成功，一定会有两名仙女前来侍奉，可以役使她们来行厨。这种丹药可以镇除各种鬼怪，还有让人暴死、发生灾难、伤人的凶宅，以及施工时妨害人的鬼怪，只要悬挂起丹药面向他们，就没有祸患了。

"还有立成丹，丹法共有九篇文章，这种丹法和九鼎丹相似，但功效比不上九鼎丹。其中主要的一篇还说，取雌黄、雄黄冶炼后流出的铜液，铸造成器皿，用三年的味道醇厚的陈醋覆盖在上面，一百天后，器皿上长满了红色的乳状物，有几分长，或者长出五色的美石，取下研制后服食，也可以使人长生不老。还可以与菟丝调和，取菟丝形状像兔子初生的根茎，削刻后流出血一样的汁液，用汁液调和丹药，服下去马上变化，可以做一切想做的事情。还可以和朱草调和，一旦服用，就能够升上天空行走于云间。朱草的形状好像小枣，高三四尺，枝叶都是红色的，树茎如同珊瑚，喜欢生长在名山的岩石下，刻开有像血一样的汁液流出，把玉石和八种药石、金银投入其中，立即就可以制成像泥一样的药丸，时间长了会变成水。把黄金投进去，名叫金浆；把玉石投进去，名叫玉醴，服食后都能长生不老。

"还有取伏丹法，说是天下诸多河水，名字中有丹的，有南阳的丹水之类的河流，其中都有红色的鱼。在夏至前十天，在夜间伺机等候，红色的鱼一定浮在河水的一侧，红光向上照射，如同火焰一样。撒网捕捉，可以捉到它们。捕到的虽然很多，但不可全部取用。用刀割它们取出血液，涂在脚底，就可以在水面上行走，还能够长久地居住在深水之中。

"还有赤松子丹法，取用千年的藤蔓汁液和矾桃汁腌制丹药，放入不会渗漏的器皿中，用练蜜封住器皿的口，埋入地下三尺，一百天后，绞取柠木的红色果实，用汁水调和丹药服用，能够使人面目、鬓发都变成红色，可以长生不死。从前中黄国有仙人叫赤须子的，难道不是服了这种药？

"还有石先生丹法，提取没有长出羽毛的乌鸦幼鸟，用上等丹药和牛肉让它吞食，等到长大后，它的羽毛都变成红色的，杀后，阴干一百天，连着羽毛捣碎,服食一刀圭一百天,能够活到五百岁。

"还有康风子丹法,用阳乌、仙鹤卵、雀鸟血,调和少室山天雄的汁液,与丹药糅合起来,放入天鹅蛋中,涂上漆,放入云母水中,一百天后水会变成红色。服食一合,寿命增加一百岁,服食一升,寿命增加一千岁。

"还有崔文子丹法,把丹药放入野鸭肚子中,然后蒸煮,服食可以使人延年益寿,长期服用可以长生不死。

"还有刘元丹法,把丹砂放进磁石水中,一百天,变为紫色,用手握不会沾染颜色,再调和云母水,放入竹管中用漆涂上,投入水井中,一百天后变成红色的水。服食一合,得到一百年寿命,长久服用可以长生不死。

"还有乐子长丹法,用曾青、铅丹调配汞和丹砂,放入铜制的筒中,用干瓦粉和白滑石封起来,放进白砂中蒸八十天,服食如同小豆大小的丹药三年,能够成仙。

"还有李文丹法,用白色的丝绸包裹丹药,用竹子汁液煎煮,名叫红泉,再放到开水上蒸煮,再用醋调和。服食一合,一年后,就可以成仙了。

"还有尹子丹法,用云母水调和丹药,密封后放在溶有黄金的醋液中,一年后取出,服食一刀圭,服完一斤,可以得到五百年寿命。

"还有太乙招魂魄丹法,一共要使用五种药石,用六一泥把它们密封起来,就像炼制九转神丹一样。它的特长是能够使猝死三天以内的人复活,折断死者牙齿,放入口中一粒丹药,与硫黄丸一起用水送服,使进入喉咙,死人马上复活,复活者都说看见使者拿着符节把他们召唤回来了。

"还有采女丹法,用兔子血调和丹药,和蜂蜜配制后蒸煮一百天。服食如梧桐子大小的一粒丹药,每天三次,服用一百天后,有二个神女来侍奉,可以役使她们。

"还有稷丘子丹法,用清酒、麻油、百花醴、龙膏调和,用六一泥封闭起来,再用没有火苗的糠皮火炼制,十天炼制成功。服食如同小豆大小的一粒,服完剂量后,得到五百年寿命。

"还有墨子丹法,把汞和五种药石的溶液放入铜器中,用火煎熬,用铁勺子搅动,十天后,再次转化为丹药。服食一刀圭,各种疾病消失,长期服食可以长生不死。

"还有张子和丹法,用铅、汞、曾青水调和密封,在红色的黍米中蒸制,八十天可以炼成,用枣泥配制,抟成丸子,服食如同大豆粒一样大小的药丸一百天,可以活五百岁。

"还有绮里丹法,先飞取五种药石的粉末,再调和丹砂与汞,放进大的铜器中煮,一百天后,出现五种颜色,服食后可以长生不死。用一百斤铅,一百刀圭丹药,混合后用火烧,变成白银。再用雄黄水调和后烧炼,一百天后变成黄金。如果黄金太硬了,就用猪油煮制,如果太软了,就用白梅煮制。

"还有玉柱丹法,用华池调整丹药,再用曾青、硫黄的粉末来覆盖、铺垫,放入装有沙粒的筒子中,蒸制五十天,服食一百天,玉女、六甲、六丁、神女都来侍奉,可以役使他们,还能够知道天下的事情。

"还有肘后丹法,用金华调和丹药,用干瓦粉密封,蒸八十天,取出如同小豆粒大小的药丸,放入盘中,对着太阳调制,光芒向上与日光相连接。服食如同小豆粒大小的药丸,就能长生。把丹药投入丹阳铜器中,烧制后炼成黄金。

"还有李公丹法,用真丹和五种药石水各一升,调和如泥状,放入锅中烧炼,三十六天后取出,用硫黄液调和,服食十年,可以与天地同寿。

"还有刘生丹法,用白菊花汁、地楮汁、樗树汁调和丹药,一起蒸三十天,研制调和服用。服用一年,可以得五百年寿命,老翁服用后可以年轻得让人不敢相认,年轻人服用后不会变老。

"还有王君丹法,用巴蜀的丹砂和汞放入鸡蛋中,用漆封闭起来,让母鸡孵三枚,然后在吉日服食,能使人年龄驻止不会变老。小孩不能服食,不然就不会长大。给刚出生的鸡、狗服食,它们都不会再长大,鸟兽吃后也都是同样的效果。

"还有陈生丹法,用白色蜂蜜调和丹药,放在铜器中密封,沉入井中一年。服食满一年,不会饥饿;服食一斤,可以活一百岁。

"还有韩终丹法,用漆、蜂蜜和丹药煎制,服食后可以延年益寿,站在阳光下没有影子。除此之外,还有几十种炼制丹药的方法,无法一一论述了。"

抱朴子曰:"金液,太乙所服而仙者也,不减九丹矣,合之用古秤黄金一斤,并用玄明龙膏、太乙旬首中石、冰石、紫游女、玄水液、金化石、丹砂,①封之成水,其经云,金液入口,则其身皆金色。老子受之于元君,元君曰,此道至重,百世一出,藏之石室,合之,皆斋戒百日,不得与俗人相往来,于名山之侧,东流水上,别立精舍,百日成,服一两便仙。若未欲去世,且作地、水仙之士者,但斋戒百日矣。若求升天,皆先断谷一年,乃服之也。若服半两,则长生不死,万害百毒,不能伤之,可以畜妻子,居官秩,任意所欲,无所禁也。若复欲升天者,乃可斋戒,更服一两,便飞仙矣。

[注释]

①玄明龙膏:即水银。太乙旬首中石:即雄黄。冰石:即凝水石。紫游女:红色戎盐。金化石:即硝石。丹砂:一名朱砂。

[译文]

抱朴子说:"金液是太乙神服用成仙的药物,它的功效不比九转丹差。炼制时,用古秤称黄金一斤,加入玄明龙膏、太乙旬首中石、冰石、紫游女、玄水液、金化石、丹砂,密封后转化为水。经书说,金液入口,服用者全身变成金色。老子从元君那里接受了这种方法,元君说,这种道术极为重要,一百代才出现一次,藏在石室中,炼制时,都需要斋戒一百天,不能与俗人相互往来。在名山旁边,向东流去的河水岸边,另外修建精舍,一百天炼制成功,服一两就能成仙。如果还不想离开人世,暂且想做地仙或水仙的人,只要斋戒一百天就行了。如果追求升天,都要先断绝谷食一年,再服用金液。只服食半两就可长生不死,各种毒害都不能伤害他。还可以养活妻子儿女,身居官职,任意干自己想干的事情,没有什么禁忌。如果又想升天的,则可以斋戒后,再服食一两,就可以飞升成仙了。

"以金液为威喜巨胜之法,①取金液及水银一味合煮之,三十日,出,以黄土瓯盛,②以六一泥封,置猛火炊之,六十时,皆化为丹,服如小豆大便仙,以此丹一刀圭粉,水银一斤,即成银。又取此丹一斤置火上扇之,化为赤金而流,名曰丹金。以涂刀剑,辟兵万里。以此丹金为盘碗,饮食其中,令人长生。以承日月得液,如方诸之得水也,饮之不死。以金液和黄土,内六一泥瓯中,猛火炊之,尽成黄金,中用也,复以火炊之,皆化为丹,服之如小豆,可以入名山大川为地仙。以此丹一刀圭粉水银,立成银,以银一两和铅一斤,皆成银。《金液经》云,投金人八两于东流水中,饮血为誓,乃告口诀,不如本法,盗其方而作之,终不成也。凡人有至信者,可以药与之,不可轻传其书,必两受其殃,天神鉴人甚近,人不知耳。"

[注释]

①威喜:木芝的别名。巨胜:胡麻的别称。古人认为胡麻为八谷之胜,故称"巨胜"。②瓯:小盆。

[译文]

"使用金液为威喜巨胜之法炼丹,是取金液和水银一味混合煮三十天,取出,用黄土盆盛放,用六一泥密封,放在猛火上烧炼六十个时辰,都变化为丹药,服食如小豆大小的药丸,就会成仙。用一刀圭这种丹药粉剂,加水银一斤,马上变成银。再取一斤丹药放在火上,用扇子鼓风,就化为赤色金子流出,名叫丹金。把丹金涂在刀剑上,可以使敌兵退避一万里。用丹金做成盘子和碗,作饮食器具,可以使人长生。用它承接日月而得到水,就好像使用方诸取水一样,饮用了这种水不会死亡。用金液调和黄土,放在六一泥制成的小盆中,用猛火烧炼,全部能够变成黄金,可以使用,再用火烧炼,都变成丹药,服食如小豆粒大小的丹药,可以进入名山大川当地仙。用这种丹药的一刀圭粉剂调和水银,马上变成银,用一两这种银和一斤铅调和,都能变成银。《金液经》说,把八两重的金人投入到东流的河水中,饮血盟誓,才能把炼丹的口诀告诉给学炼丹的人,如果不按这种方法行事,盗取制作方法炼制,最终也不会成功。如果有极虔信的人,可以给他丹药,但不能轻易传授经书,不然会殃及双方。天神在很近的地方监督着人,只是人感觉不到而已。"

抱朴子曰:"九丹诚为仙药之上法,然合作之,所用杂药甚多。若四方清通者,^①市之可具。若九域分隔,^②则物不可得也。又当起火昼夜数十日,伺候火力,不可令失其适,勤苦至难,故不及合金液之易也。合金液唯金为难得耳。古秤金一斤于今为二斤,率不过直三十许万,其所用杂药差易具。又不起火,但以置华池中,日数足便成矣,都合可用四十万而得一剂,可足八人仙也。然其中稍少合者,其气力不足以相化成,^③如酿数升米酒,必无成也。"

[注释]

①清通:太平通达。②九域:九州。③气力:指药效。

[译文]

抱朴子说:"炼制九丹确实是制作仙药最好的方法,然而炼制九丹,所使用的杂药种类很多。如果是在天下天平、交通通畅的时候,能够购买齐全。如果是天下分裂、交通阻隔的时候,各种药物就不可能买齐。另外,还须点起炉火数十天,照看火力,不能失去合适的温度,非常辛苦艰难,所以没有调制金液简单。调制金液,只是黄金难以获取而已。依据古秤,黄金一斤相当于现在的两斤,大致价值不超过三十多万钱,它所用到的杂药稍微容易备齐。还不用起火,只需放在华池中,天数够了就成功了,总数大概四十万钱炼制的一剂药,可足够八个人成仙。如果制作过程中调和的药物稍少,药物的功效就不足以相互转化而炼制成功,就好像只用数升米酿酒,肯定无法成功。"

抱朴子曰:"其次有饵黄金法,虽不及金液,亦远不比他药也。或以豕负革肪及酒炼之,①或以樗皮治之,或以荆酒、磁石消之,②或有可引为巾,或立令成水服之。或有禁忌,不及金液也。或以雄黄、雌黄合饵之,可引之张之如皮,皆地仙法耳。银及蚌中大珠,皆可化为水服之。然须长服不可缺,故皆不及金液也。"

[注释]

①豕:猪。②荆酒:用荆类植物泡制的酒。

[译文]

抱朴子说:"其次有饵黄金法,既比不上金液,也远远不如其他仙药。有的以猪皮下的脂肪调和酒来炼制黄金,有的以樗树皮炼制黄金,有的用荆酒、磁石来销熔黄金,有的可以把黄金拉伸得像丝巾一样,有的立刻让黄金变成水服用。有时炼制时有禁忌,但比不上炼制金液时禁忌多。有的用雄黄、雌黄掺和着食用,可以将黄金牵引、张开如皮革一样,这样都是修炼地仙的方法。白银和蚌中的大珍珠,都可以化成液体服用,然而必须长期服用,不能间断,所以都比不上金液。"

抱朴子曰:"合此金液、九丹,既当用钱,又宜入名山,绝人事,故能为之者少,且亦千万人中,时当有一人得其经者。故凡作道书者,略无说金丹者也。第一禁,勿令俗人之不信道者,谤讪评毁之,必不成也。郑君言所以尔者,合此大药皆当祭,祭则太乙、元君、老君、玄女皆来鉴省。作药者若不绝迹幽僻之地,令俗间愚人得经过闻见之,则诸神便责作药者之不遵承经戒,致令恶人有谤毁之言,则不复佑助人,而邪气得进,药不成也。必入名山之中,斋戒百日,不食五辛生鱼,①不与俗人相见,尔乃可作大药。作药须成乃解斋,不但初作时斋也。郑君云,左君告之,②言诸小小山,皆不可于其中作金液神丹也。凡小山皆无正神为主,多是木石之精,千岁老物,血食之鬼,此辈皆邪炁,不念为人作福,但能作祸,善试道士,道士须当以术辟身及将从弟子,然或能坏人药也。今之医家,每合好药好膏,皆不欲令鸡犬、小儿、妇人见之。若被诸物犯之,用便无验。又染采者恶恶目者见之,皆失美色。况神仙大药乎?是以古之道士,合作神药,必入名山,不止凡山之中,正为此也。又按仙经,可以精思合作仙药者,有华山、泰山、霍山、恒山、嵩山、少室山、长山、太白山、终南山、女几山、地肺山、王屋山、抱犊山、安丘山、潜山、青城山、娥眉山、绥山、云台山、罗浮山、阳驾山、黄金山、鳖祖山、大小天台山、四望山、盖竹山、括苍山,③此皆是正神在其山中,其中或有地仙之人。上皆生芝草,可以避大兵大难,不但于中以合药也。若有道者登之,则此山神必助之为福,药必成。若不得登此诸山者,海中大岛屿,亦可合药。若会稽之东翁洲、亶洲、纻屿,④及徐州之莘莒洲、泰光洲、郁洲,⑤皆其次也。今中国名山不可得至,⑥江东名山之可得住者,有霍山,在晋安;⑦长山太白,在东阳;⑧四望山、大小天台山、盖竹山、括苍山,并在会稽。"

[注释]

①五辛:五种辛味的蔬菜。一般指葱、薤(xiè)、韭、蒜、兴蕖。②左君:即左慈。东汉末年的方士。③霍山:在今福建南安。少室山:嵩山的主峰之一。长山:一名金华山。在今浙江境内。太白山:在今浙江境内。终南山:

秦岭主峰之一,在今陕西境内。女几山:在今河南宜阳。地肺山:在今江苏句容。王屋山:在今河南济源。抱犊山:在今山西上党东南。安丘山:在今山东安丘。潜山:在今安徽潜山。青城山:道教十大洞天之一,在今四川都江堰市。峨眉山:即峨眉山,在今四川峨眉山市。绥山:在峨眉山西南。云台山:在今四川苍溪。罗浮山:道教十大洞天之一,在今广东博罗。阳驾山:未详。黄金山:未详。鳖祖山:疑即鳖子山,在今浙江萧山。大小天台山:在今浙江天台县北。四望山:未详。盖竹山:在今浙江温州天台山脉。括苍山:道教十大洞天之一,在今浙江省东南部。④会稽:在今江苏东南部及浙江西部一带。东翁洲、亶洲、纻屿:岛屿名。当在今浙江近海处。⑤徐州:地名。在今淮北一带。莘莒洲、泰光洲、郁洲:岛屿名。在今淮北一带。⑥中国:即中原。⑦晋安:地名。治所在今福建福州。⑧东阳:地名。治所在今浙江金华。

[译文]

抱朴子说:"炼制金液、九转丹,既需要花钱,又应该进入名山,断绝人间事务,所以能炼制的人少,况且千万人中,有时也只有一人才能得到炼丹真经。所以凡是写作道书的人,很少谈到金丹。炼制金丹的第一个禁忌就是,不要让那些不相信仙道的俗人诽谤、诋毁道术,否则一定不会成功。郑隐说过之所以这样的原因是,炼制此类上等仙药都应当祭祀,祭祀时太乙、元君、太上老君、玄女都会来监察。炼制丹药的人如果不能隐藏到幽静僻远的地方,使那些愚昧的俗人经过并看见听到,那么神仙们就会责备炼制丹药的人不遵守经书的戒律,致使恶人有诽谤诋毁的言论,就不再佑助炼丹的人,从而使邪气进入,丹药不能炼制成功。一定要进入名山中,斋戒一百天,不食辛辣蔬菜和活鱼,不与俗人相见,这才可以炼制上等丹药。丹药炼制成功才可解除斋戒,不只是开始炼制时才斋戒。郑隐还说,左君告诉过他,说是那些小小的山,都不能在其中炼制金液神丹。凡是小山都没有正神做主,大多是些树木和山石的精怪、千年老妖、吸血怪物,这些鬼怪都只有邪气,不考虑为人造福,只是制造祸端,善于考验道士的功力,道士必须以道术保护自身及随从弟子,然而这些妖怪或许能够毁坏炼丹人的丹药。现在的医药家,每当配制上好的药物和膏药时,都不想让鸡狗、小孩、妇女看见。如果被各种东西冲犯了,再使用就没有效验了。还有那些染制彩色丝织品的人忌讳面目凶恶的人看到,否则就会失去美好的色彩。更何况神仙大药呢?所以古代的道士炼制神药,一定进入名山,不停留在普通的山里,正是由于这些原因。另外,根据仙经的说法,可以精心思考炼制丹药的名山,有华山、泰山、霍山、恒山、嵩山、少室山、长山、太白山、终南山、女几山、地肺山、王屋山、抱犊山、安丘山、潜山、青城山、峨眉山、绥山、云台山、罗浮山、阳驾山、黄金山、鳖祖山、大小天台山、四望山、盖竹山、括苍山,这些山都有正神居住其中,山中或许会有修炼成地仙的。山上都生长灵芝,可以躲避大的战乱和灾难,不仅仅是有利于炼制丹药。如果有道之人登上名山,那些山中的神一定会帮助他获得福祉,丹药一定能炼制成功。如果不能登上这些名山,海中的大岛屿也可以炼制丹药。比如会稽的东翁洲、亶洲、纻屿,以及徐州的莘莒洲、泰光洲、郁洲,都是次一等的炼丹之地。现在中原名山无法进入,江东名山可以居住修炼的有霍山,在晋安;长山、太白山,在东阳;四望山、大小天台山、盖竹山、括苍山,都在会稽。"

抱朴子曰:"予忝大臣之子孙,①虽才不足以经国理物,然畴类之好,进趋之业,②而所知不能远余者,多挥翻云汉、耀景辰霄者矣。③余所以绝庆吊于乡党,④弃当世之荣华者,必欲远登名山,成所著子书,次则合神药,规长生故也。俗人莫不怪予之委桑梓,背清涂,⑤而躬耕林薮,⑥手足胼胝,⑦谓予有狂惑之疾也。然道与世事不并兴,若不废人间之务,何得修如此之志乎?见之诚了,执之必定者,亦何惮于毁誉,岂移于劝沮哉?聊书其心,示将来之同志尚者云。后有断金之徒,⑧所捐弃者,亦与余之不异也。"

[注释]

①忝:辱没。谦辞。②趋(qū):同"趋"。③翮(hé):翅膀。云汉:银河。景:日光。辰:星辰。④庆吊:庆贺与吊唁。代指人事应酬。⑤清涂:高远的仕途。⑥薮(sǒu):大泽、湖泊。⑦胼胝(piánzhī):手掌、脚掌上的老茧。⑧断金:指同心协力,坚强无比。

[译文]

抱朴子说:"我愧为大臣的子孙,虽然才能不足以治理国家、处理万物,然而我同类的人所喜好的是追求功业,他们所了解的知识远远不能超过我的原因,是他们大多热衷于世俗的功名与荣华。我之所以在家乡断绝一切庆贺与吊唁的人情往来,放弃现在的荣华富贵,是一心想要远远地登上名山,完成自己所写的书;其次是炼制成仙的丹药,计划追求长生。俗人都责怪我离开故乡,远离仕途,却亲自到山林水泽中耕作,手脚都长满了老茧,说我患上了癫狂迷惑的疾病。然而修炼仙道和世俗之事不能共同发展,如果不废弃人间琐务,如何能够实现修炼成仙的志向呢?把事情看清楚了,才能坚定信心,又怎么会害怕诋毁和赞誉,又哪里会因为鼓励或劝阻而转移志向呢?姑且表达我的心意,以出示给将来志同道合的崇道者。如果后世有同心协力、坚强无比的人,他所抛弃的,和我抛弃的也就没有差异了。"

小神丹方:用真丹三斤,白蜜六斤搅合,日暴煎之,令可丸,旦服如麻子许十丸,未一年,发白者黑,齿落者生,身体润泽,长服之,老翁成少年,长生不死矣。

小丹法:丹一斤,捣筛,下淳苦酒三升,①漆二升,凡三物合,令相得,微火上煎令可丸,服如麻子三丸,日再服,三十日,腹中百病愈,三尸去;服之百日,肌骨强坚;千日,司命削去死籍,②与天地相毕,日月相望,改形易容,变化无常,日中无影,乃别有光也。

小饵黄金法:炼金内清酒中,约二百过,③出入即沸矣,握之出指间令如泥,若不沸,及握之不出指间,即削之,内清酒中无数也。成,服之如弹丸一枚,亦可一丸,分为小丸,服之三十日,无寒温,神人玉女侍。银亦可饵之,与金同法。服此二物,能居名山石室中者,一年即轻举矣。止人间服亦地仙,勿妄传也。

两仪子饵黄金法:猪负革脂三斤,淳苦酒一升,取黄金五两,置器中,煎之土炉,以金置脂中,百入百出,苦酒亦尔。食一斤,寿蔽天地;④食半斤,寿二千岁;五两,寿千二百岁。无多少,便可饵之。当以王相日作,服之神良。勿传非人,传示非人,令药不成不神。欲食去尸药,当服丹砂也。

[注释]

①淳苦酒:味道醇厚的醋。②司命:主管寿命的神。③过:次。④蔽:遮盖、超过。

[译文]

小神丹方：用真丹三斤，加上白蜜六斤搅和，每天用大火煎熬，使它可以抟成药丸。早上服食如麻的种子大小的十粒药丸，不到一年，头发白的能够变黑，牙齿掉落的就能够重新长出，身体受到滋润。长期服用，能使老翁变成少年，可以长生不死了。

小丹法：用丹药一斤，捣碎筛细，放入三升淳苦酒，二升生漆，一共三种物料配合，使它们融合在一起，使用微火煎熬到可以抟成药丸，服食如麻的种子大小的三丸药，每天服食一次，服食三十天，体内各种疾病痊愈，三尸虫离去；服用一百天，身体强壮；服用一千天，司命神就会从死亡名单上删去服用者的名字，可与天地同寿，与日月相伴，可以变化形体容貌，任意变化，在阳光下没有影子，还会有另外的光芒。

小饵黄金法：把烧炼过的黄金放入清酒中，大约反复放入、拿出二百次，清酒就沸腾了，用手握着，让清酒如泥状流出指间。如果没有沸腾，或者手握着不能流出指间，立即重新熔炼，使黄金在清酒中反复出入。炼制成功后，服食一粒如弹丸大小的丹药，也可以把一粒大药丸分成小药丸，服食三十天，就不再惧怕寒冷和炎热，还有神人、仙女来侍奉。白银也可以服食，和服食黄金的方法相同。服食这两种药物后，能够居住在名山石室中的人，一年时间就可轻身飞升成仙了。想留在人间的，服食后成为地仙，但不要随便传授这种方法。

两仪子饵黄金法：用猪皮下脂肪三斤，淳苦酒一升，黄金五两，放在容器中，在土炉上煎熬，把黄金放入脂肪中，再取出，反复出入一百次，在淳苦酒中放入、取出也是如此。服食一斤丹药，寿命超过天地；服食半斤，寿命可达二千岁；服食五两，寿命可达一千二百岁。无论多少，均可服食。应在吉日炼制丹药，服用后效果神奇良好。这种方法不要传给不合适的人，如果传授了，会使丹药炼制不成功，也没有神效。如果想服食祛除三尸虫的药物，应该服食丹砂。

卷五　至理

[题解]

　　至理，最高的道理。葛洪认为服食金丹是修道成仙的最根本途径，但其他方法具有一定的辅助作用。本卷对金丹术之外的养生方法进行了论述，主要包括内丹、行气和房中术。

　　抱朴子曰："微妙难识，疑惑者众。吾聪明岂能过人哉？适偶有所偏解，犹鹤知夜半，燕知戊巳，而未必达于他事也。亦有以校验，知长生之可得，仙人之无种耳。夫道之妙者，不可尽书，而其近者，又不足说。昔庚桑胼胝，①文子厘颜，②勤苦弥久，及受大诀，谅有以也。③夫圆首含气，④孰不乐生而畏死哉？然荣华势利诱其意，素颜玉肤惑其目，清商流徵乱其耳，爱恶利害搅其神，功名声誉束其体，此皆不召而自来，不学而已成，自非受命应仙，穷理独见，识变通于常事之外，运清鉴于玄漠之域，⑤窹身名之亲疏，⑥悼过隙之电速者，岂能弃交修赊，⑦抑遗嗜好，割目下之近欲，修难成之远功哉？夫有因无而生焉，形须神而立焉。有者，无之宫也；形者，神之宅也。故譬之于堤，堤坏则水不留矣；方之于烛，烛糜赊则火不居矣。⑧身劳则神散，气竭则命终。根竭枝繁，则青青去木矣。气疲欲胜，则精灵离身矣。夫逝者无反期,既朽无生理,达道之士,良所悲矣!轻璧重阴,岂不有以哉?故山林养性之家,遗俗得意之徒,比崇高于赘疣,⑨方万物乎蝉翼,岂苟为大言,而强薄世事哉?诚其所见者了,故弃之如忘耳。是以遐栖幽遁,⑩韬鳞掩藻,⑪遏欲视之目,遣损明之色,杜思音之耳,远乱听之声,涤除玄览,⑫守雌抱一,⑬专气致柔,⑭镇以恬素,遣欢戚之邪情,外得失之荣辱,割厚生之腊毒,⑮谧多言于枢机,反听而后所闻彻,⑯内视而后见无朕,⑰养灵根于冥钧,⑱除诱慕于接物,削斥浅务,御以愉慔,⑲为乎无为,以全天理尔。乃吸宝华,⑳浴神太清,㉑外除五曜,㉒内守九精,㉓坚玉钥于命门,㉔结北极于黄庭,㉕引三景于明堂,㉖飞元始以炼形,㉗采灵液于金梁,㉘长驱白而留青,㉙凝澄泉于丹田,㉚引沉珠于五城,㉛瑶鼎俯爨,㉜藻禽仰鸣,㉝瑰华擢颖,㉞天鹿吐琼,㉟怀重规于绛宫,㊱潜九光于洞冥,㊲云苍郁而连天,长谷湛而交经,㊳履蹑乾兑,㊴召呼六丁,坐卧紫房,㊶咀吸金英,㊷晔晔秋芝,朱华翠茎,皛皛珍膏,㊸溶溢霄零,治饥止渴,百疴不萌,㊹逍遥戊巳,㊺燕和饮平,拘魂制魄,㊻骨填体轻,㊼故能策风云以腾虚,并混舆而永生也。㊽然梁尘之盈尺,㊾非可求之漏刻,㊿山雷洞彻,㊶非可致之于造次也。㊷患于闻之者不信,信之者不为,为之者不终耳。夫得之者甚希而隐,不成者至多而显。世人不能知其隐者,而但见其显者,故谓天下果无仙道也。"

[注释]

①庚桑:即庚桑楚。②文子:老子的弟子。厘:同"黸",黑色。③谅:的确。有以:有原因。④圆首:指人类。⑤玄漠:淡漠无为。⑥寤:通"悟",觉悟。⑦赊:远。⑧糜:耗尽。⑨赘疣:多余的疣子。⑩遐:遥远。遁:隐居。

⑪鳞:龙鳞。比喻才华。⑫玄览:深刻观察。⑬守雌:守柔。一:指"道"。⑭柔:老子认为"柔弱胜刚强",柔弱的事物最具生命力。⑮腊毒:极毒。《国语·周语下》:"厚味实腊毒。"⑯反听:道教修行方术之一。即集中注意力凝听自己的呼吸之声。⑰内视:道教修行方术之一,又称"内观"。指集中精力,双目闭合观视体内的某一部位,目的是为了入静。朕:征兆、形迹。⑱灵根:道教内丹术术语。含义较多,如舌根、肚脐等处,这里指元神。冥钧:大道。冥,深邃看不清楚的样子。钧,本为制造陶器的一种工具,因大道可以产生万物,因此古人常用"钧"来比喻大道。⑲慔:通"漠",寂静,恬淡。⑳吸:咀嚼,汲取。㉑太清:本指道教三清境界之一,《淮南子·道应》注:"太清,元气之清者也。"这里指清明的元气。㉒外除五曜:除,当依《太平御览》卷七百二十的引文作"珍"。五曜,金、木、水、火、土五大行星。㉓九精:泛指体内的各种精华之气。㉔玉钥:内丹术术语。指人身精气出入之处,即面部的七窍。命门:内丹术术语。指脐下丹田穴,有时也指脾、鼻、肾等处。㉕北极:内丹术术语。指心神。黄庭:内丹术术语,指上丹田。㉖三景:指日、月、星。明堂:内丹术术语。指心。另外还指肺、脾、两眉间深入一寸处等等。㉗元始:元气,最初的精气。㉘灵液:内丹术术语。指口中津液。金梁:内丹术术语。指牙齿。㉙白:指白发。青:指黑发。㉚澄泉:清澈的泉水。比喻人的精气。㉛沉珠:内丹术术语。指内丹家所追求的内丹。五城:脐下丹田的异名。㉜瑶鼎:指炼丹炉。爨(cuàn):烧火做饭。这里指炼丹。㉝藻禽:美丽的鸟。㉞擢:抽出。颖:指花朵。㉟天鹿:白色的神鹿。古人认为是一种祥瑞,代表长寿。㊱绛宫:内丹术术语。指心。㊲九光:各种颜色的光芒。㊳长谷:长河。交经:交错。㊴乾、兑:八卦中的卦名,分别代表天与泽。㊶紫房:神仙居住的地方,又叫紫府。㊷金英:一种可供炼丹的药金。代指仙丹。㊸皛(xiǎo)皛:洁净明亮的样子。㊹疴(kē):疾病。㊺戊巳:内

丹术术语，或指脾、丹田。㊻燕：宋浙本作“咽”。㊼填：充实。㊽混舆：天地。㊾盈：满。㊿漏刻：顷刻之间。(51)霤：屋檐流水处。(52)造次：仓促之间。

［译文］

抱朴子说：“仙道幽微玄妙难以认识，对此疑惑的人很多。我的聪明岂能超过别人？只不过偶然有一些独特的见解，就像仙鹤知道什么时候是半夜，燕子知道哪天是戊巳日一样，而对其他的事理未必就能弄明白。也是因为通过有些依据验证，知道了长生不死可以学得，仙人也并非天生而已。仙道的高妙之处，无法完全写出，而那些浅近的道理，又不值得谈论。从前，庚桑楚手足长满茧子，文子面目黧黑，勤苦学习了很长时间，才获得了学仙的秘诀，实在是有原因的。人类和其他有生命的事物，谁不喜欢生存而畏惧死亡呢？然而荣华势利诱惑了心志，美丽的容貌、洁白的皮肤迷惑了双目，清扬的商音、婉转的徵音扰乱了耳朵，爱恶、利害搅乱了精神，功名、声誉约束了身体，这些都是不召自来，不必学习而自然形成的本能。如果不是接受天命成为神仙，深究事物的义理而见解独到，在常规事物之外懂得变通的道理，运用清晰的鉴别能力去观察玄妙清静的领域，明白生命与名位，哪个值得亲近，哪个应该疏远，哀悼时间流逝如闪电般疾速的人，又怎么能够放弃近前的利益而去追求高远的目标，抑制和丢弃嗜好，割舍眼前的欲望，去修炼难以成功的仙道呢？“有”依“无”而产生，形体必须有灵魂才能生存。“有”是“无”的宫宇，形体是灵魂的住所。因此用堤坝来比喻，河堤崩坏了水就无法存留；又可比作蜡烛，蜡烛燃尽了火就无法存在。身体劳累，精力就会耗散，元气衰竭而生命就会终结。根部枯竭而枝叶繁盛，那么生命的绿色就会告别树木。精气枯竭而欲望强烈，那么代表生命的灵魂就会离开身体。逝去的东西就不会再有返回的时候，已经枯朽的事物就不可能再有复活的道理。明白大道的人,确实为此感到悲哀!轻视璧玉而重视光阴,难道没有道理吗?所以那些隐居山林而修身养性的人,抛弃俗务而自得其乐的人,把崇高的权位看作累赘,把万物看作微不足道的秋蝉翅膀,难道只是为了说大话而去贬低世间的事务吗?确实是因为他们明白了所看到的事理,所以才能够抛弃它们如同忘记了一样。正因为这样,他们隐居在幽深遥远的地方,隐藏起世俗所谓的才华,遏制想观望的眼睛,放弃那些会损伤视力的美色,堵塞想听声音的耳朵,远离那些会扰乱听力的声音,去除欲望以保持心灵的清明,持守柔弱遵真一之术,凝聚精气使身体柔顺,用恬静来压制世俗欲望,排除欢乐或悲伤的邪僻情怀,将得失荣辱置之度外,割舍极有害的各种美味,在关键时候闭口少说话,反听后才能听得清楚,内视然后才能发现虚无清静的境界。在幽深的大道中颐养身心,在待人接物时排除一切诱惑,削除排斥浅薄的俗务,用恬愉淡泊的情怀来养护身心,做清静无为的事情,以此来保全天性。于是咀嚼吸取宝贵的精华之气,在清明的元气中沐浴精神,珍惜身外五星的光辉,守护身体内的各种精华。关闭穴窍,将意识引于下丹田;持守精神,将心思集结于上丹田。引日、月、星三光于心中,呼吸元始精气以锻炼形体,在牙齿之间吸取口中的津液,驱走白发留住黑发,使精气凝结于丹田,引内丹到脐下,俯身点火炼丹,美丽的鸟儿抬头鸣叫,瑰丽的鲜花盛开,白色的神鹿吐出琼玉,在心中恪守重大的修仙规范,韬光养晦于幽深的隐居之所,苍茫浓郁的云天连接,清澈的长河纵横交错,自由来往于天地之间,召唤役使六丁之神,行住坐卧在神仙洞府之中,咀嚼吸收长生的仙丹,光彩夺目的秋日灵芝,有红色的花朵、翠绿的枝茎,洁白明亮的珍奇神膏,充盈地从天上洒落下来,能够疗饥止渴,使百病不生,在天地间逍遥自在,吞咽着和平之气,守持灵魂,使得筋骨结实而体态轻盈,因此能够鞭策风云而飞升天庭,与天地一样长生。然而梁柱上积满了一尺厚的灰尘,并不是顷刻间形成的,装饰有山形花纹的接水槽被水滴穿,并不是在短期内做到的。令人忧患的是那些听说仙道的人不相信仙道,那些相信仙道的人又不行动,行动的人也不能坚持到底。那些求仙成功的人很少且隐居,求仙不成功的人多并且被很多人知道。世人不能够知道那些隐居成仙的人,却只看到那些求仙不成的人,因此就说天下确实没有仙道了。"

抱朴子曰:"防坚则水无漉弃之费,①脂多则火无寝曜之患,②龙泉以不割常利,③斤斧以日用速弊,隐雪以违暖经夏,藏冰以居深过暑,单帛以幔镜不灼,④凡卉以偏覆越冬。泥壤易消者也,而陶之为瓦,则与二仪齐其久焉。柞、檽速朽者也,⑤而燔之为炭,⑥则可亿载而不败焉。豲豚以优畜晚卒,⑦良马以陟峻早毙,⑧寒虫以适己倍寿,南林以处温长茂,接煞气则雕瘁于凝霜,⑨值阳和则郁蔼而条秀。⑩物类一也,而荣枯异功,岂有秋收之常限,冬藏之定例哉?而人之受命,死生之期,未若草木之于寒天也,而延养之理,补救之方,非徒温暖之为浅益也,久视之效,何为不然?而世人守近习隘,以仙道为虚诞,谓黄老为妄言,不亦惜哉?夫愚夫乃不肯信汤药针艾,况深于此者乎?皆曰:俞跗、扁鹊、和、缓、仓公之流,⑪必能治病,何不勿死?又曰:富贵之家,岂乏医术?而更不寿,是命有自然也。乃责如此之人,令信神仙,是使牛缘木,马逐鸟也。"

[注释]

①防:堤坝。漉弃:渗漏。②寝:止、熄。曜:明亮。③龙泉:宝剑名。④幔镜:缠绕在镜上。⑤柞、檽:两种树名。⑥燔(fán):焚烧。⑦豲豚:栏

中的小猪。⑧陟峻:登上高峰。⑨雕:通"凋"。⑩郁蔼:茂盛的样子。⑪俞跗:传说黄帝时的良医。和:医和,春秋时名医。缓:医缓,春秋时名医。仓公:汉代名医。

[译文]

抱朴子说:"堤坝坚固了水就没渗漏的浪费,油脂多了火就没有熄灭的隐患,龙泉宝剑因为不常用来割东西而保持锋利,斧头因为每天使用而很快就坏了,隐藏起来的雪因远离温暖而能够经历夏天,储藏的冰块因为放在深处而能度过酷暑,单薄的丝绵因为缠绕着铜镜而不会被烧坏,普通的花卉因为被特别覆盖起来而能够越过冬天。泥土本来容易消散,然而如果烧制为瓦,就能与天地一样长久。柞、楢两种树木本来很快会枯朽,但是炼制成木炭,就可以亿万年而不朽烂。栏中的小猪因为喂养得好而活得很久,优良的马由于攀登高山而过早死亡,耐寒的虫子因为气候适宜而加倍长寿,南方的树木因为处于温暖的环境而长期茂盛,草木遇到萧杀的寒气就会凋零于冰霜,逢阳春的温暖就会枝繁叶茂。一种事物,繁荣和枯萎的结果却不相同,难道会有秋季就一定萧条的限制、冬天就死亡的定例吗?而人类年寿,死与生的期限,并不像草木遇到寒冷的天气一样,而且延年益寿的道理、滋补救治的方法,也不仅仅只是像温暖气候为草木带来的益处一样,追求长生不死的功效,怎么会不是这样的呢?然而世人固守浅近狭隘的道理,把仙道看得虚幻荒诞,认为黄帝、老子的学说是谎言,不是太可惜了吗?愚昧的人连汤药针艾都不相信,况且比这高深的道理呢?他们都说:俞跗、扁鹊、医和、医缓、仓公这些名医,如果能治病的话,为何不能不死呢?还说:富贵人家,难道会缺乏医术?然而却比常人更短寿,这说明生命的长短是自然注定的。如果还责令这样的人去相信神仙,就好比让牛去爬树,让马去追鸟一样。"

抱朴子曰:"召魂小丹、三使之丸,及五英八石,小小之药,或立消坚冰,或入水自浮,能断绝鬼神,禳却虎豹,破积聚于腑脏,追二竖于膏肓,①起猝死于委尸,②返惊魂于既逝。夫此皆凡药也,犹能令已死者复生,则彼上药也,何为不能令生者不死乎?越人救虢太子于既殒,③胡医活绝气之苏武,④淳于能颅以理脑,⑤元化能刳腹以浣胃,⑥文挚愍期以瘳危困,⑦仲景穿胸以纳赤饼。⑧此医家之薄技,犹能若是,岂况神仙之道,何所不为?夫人所以死者,诸欲所损也,老也,百病所害也,毒恶所中也,邪气所伤也,风冷所犯也。今道引行气,还精补脑,食饮有度,兴居有节,将服药物,思神守一,柱天禁戒,⑨带佩符印,伤生之徒,一切远之,如此则通,可以免此六害。今医家通明肾气之丸,内补五络之散,骨填苟杞之煎,⑩黄耆建中之汤,⑪将服之者,皆致肥丁。漆叶青蓁,⑫凡弊之草,樊阿服之,⑬得寿二百岁,而耳目聪明,犹能持针以治病,此近代之实事,良史所记注者也。

[注释]

①二竖:指病魔。膏肓:古代医学把心尖脂肪称为"膏",心脏和膈膜之间称为"肓"。《左传·成公十年》说,晋侯到秦国求医,秦君派医缓治疗。医缓还没到,晋侯梦见疾病化为两个小人。一个说:医缓是个良医,我害怕被伤害。逃到哪儿呢?另一个说:我们居住在肓之上、膏之下,他能拿咱们怎么样!医缓来后,果然认为无药可救。②起:起死回生。委:放弃。③越人:即扁鹊。虢太子:虢国的太子。④胡:对北方少数民族的称呼。苏武:西汉的一位民族英雄。⑤淳于:即仓公。关于仓公能打开头颅治疗脑病的事

情,未见记载于其他古书。⑥元化:即华佗,字元化。⑦文挚:战国时宋国名医。瘳:治愈。《吕氏春秋·至忠》说:齐王有病,派人到宋国迎接文挚。文挚为齐王看病后对太子说,如果要治愈此病,必须激怒齐王。太子坚持治病。文挚与太子约好治病日期,却一再拖延,齐王很生气,而文挚到后又不脱鞋上床,还口出狂言激怒齐王。齐王大怒而起,病就好了。⑧仲景:张仲景,东汉名医。⑨柱:支撑、坚守。⑩苟杞:即"枸杞"。⑪黄蓍:即"黄芪"。⑫漆叶:漆树的叶子,可入药。青蓁:《三国志》作"青黏"。青黏,又名地节、黄芝,主理五脏,益精气。⑬樊阿:华佗的学生。

[译文]

抱朴子说:"召魂小丹、三使之丸,以及各种草药和石药,这些小小的药物,有的能使坚冰立即融化,有的能够使人在水中自动漂浮,能够排除鬼神的干扰,去除虎豹的侵害,能够消解积聚在脏腑内的病因,祛除进入膏肓的病魔,使猝然死亡者起死回生,让受惊逝去的灵魂重新返回。这些都是普通的药物,尚且能使死去的人复活,况且那些上好的药物,怎么会不能使活着的人长生不死呢?扁鹊救活了已经死去的虢国太子,匈奴医生挽救了已经断气的苏武,淳于意能够剖开头颅治疗大脑,华佗能够剖开腹部去洗涤肠胃,文挚故意失约激怒齐王去治好他的重病,张仲景能够剖开胸膛放入红色的药饼。这些医家浅薄的技艺,尚且能够如此,又何况神仙之道,又有什么做不到的呢?人之所以会死亡,是因为各种欲望造成的损害,衰老,各种疾病的侵扰,毒恶中伤,风邪的伤害,冷气的侵犯所导致的。现在如果导引肢体、呼吸吐纳,收还精气以补养大脑,饮食有节度,起居有规律,服用药物,内视守神,依天理遵守禁忌、戒律,佩带符印,伤害生命的东西,一律避而远之,如此就可以通畅顺利地免除这六种危害了。现在的医家使用通明肾气丸、内补五络散、骨填枸杞煎、黄蓍建中汤，服食这些药物的人，都能够健康强壮。漆叶和青蓁，都是一些普通并且容易腐烂的草木，然而樊阿服用它们之后，活了二百岁，而且耳聪目明，还能够拿起针为人治病，这是近代的实事儿，是优秀的史官记载下来的。

"又云，有吴普者，①从华陀受五禽之戏，②以代导引，犹得百余岁。此皆药术之至浅，尚能如此，况于用其妙者耶？今语俗人云，理中、四顺，③可以救霍乱，款冬、紫苑、④可以治咳逆，⑤萑芦、贯众之煞九虫，⑥当归、芍药之止绞痛，⑦秦胶、独活之除八风，⑧菖蒲、干姜之止痹湿，⑨菟丝、苁蓉之补虚乏，⑩甘遂、葶苈之逐痰癖，⑪栝楼、黄连之愈消渴，⑫荠苨、甘草之解百毒，⑬芦如、益热之护众创，⑭麻黄、大青之主伤寒，⑮俗人犹谓不然也，宁煞生请福，分蓍问祟，⑯不肯信良医之攻病，反用巫史之纷若，况乎告之以金丹可以度世，芝英可以延年哉？昔留侯张良，⑰吐出奇策，一代无有，智虑所及，非浅近人也，而犹谓不死可得者也，其聪明智用，非皆不逮世人，而曰'吾将弃人间之事，以从赤松游'耳，遂修道引，绝谷一年，规轻举之道，坐吕后逼蹴，⑱从求安太子之计，良不得已，为画致四皓之策，⑲果如其言，吕后德之，而逼令强食之，故令其道不成耳。按孔安国《秘记》云，⑳良得黄石公不死之法，㉑不但兵法而已。又云，良本师四皓，角里先生、绮里季之徒，皆仙人也，良悉从受其神方，虽为吕后所强饮食，寻复修行仙道，密自度世，但世人不知，故云其死耳。如孔安国之言，则良为得仙也。又汉丞相张苍，偶得小术，吮妇人乳汁，得一百八十岁，此盖道之薄者，而苍为之，犹得中寿之三倍，况于备术，行诸秘妙，何为不得长生乎？此事见于《汉书》,非空言也。"

[注释]

①吴普:华佗的弟子。②五禽之戏:古代模仿虎、鹿、熊、猿、鸟五种动物而制订的健身操。③理中、四顺:药物名,由草药制成。④款冬、紫苑:草药名。⑤咳逆:咳嗽而气息上涌。⑥萑(huán)芦:即芦苇。贯众:草药名。九虫:指体内各种致病的虫。⑦当归、芍药:草药名。⑧秦胶、独活:草药名。八风:由各种风引起的疾病。⑨菖蒲、干姜:草药名。⑩菟丝、苁蓉:草药名。⑪甘遂、葶苈:草药名。⑫括楼、黄连:草药名。消渴:糖尿病。⑬荠苨、甘草:草药名。⑭芦如、益热:草药名。⑮麻黄、大青:草药名。⑯分蓍:用蓍草占卜。⑰张良:秦汉之交时人。辅佐刘邦建立西汉,被封为留侯。⑱吕后:汉高祖刘邦之妻。逼蹴(cù):施加压力相催促。⑲四皓:汉初隐居商山中的四位须眉皆白的老人。皓,白。这里指白发。⑳孔安国:西汉人,孔子后裔。㉑黄石公:张良的老师。

[译文]

"史书上还说,有个叫吴普的人,跟随华佗学习五禽戏,以此代替导引,还活了一百多岁。这些都是最浅薄的医药之术,尚且有这样的效果,何况采用高妙的仙术呢?现在告诉俗人说,理中、四顺可以救治霍乱,款冬、紫苑可以治疗咳嗽,萑芦、贯众能杀死九虫,当归、芍药能够止住绞痛,秦胶、独活能消除八风,菖蒲、干姜能够中止风湿麻痹,菟丝、苁蓉能滋补体虚乏力,甘遂、葶苈能驱逐痰症,括楼、黄连能治愈糖尿病,荠苨、甘草能消解各种毒物,芦如、益热能护养各种创伤,麻黄、大青能主治伤寒,俗人还不相信。他们宁愿杀生祭祀求福分,用蓍草占卜祸福,也不肯相信良医能治愈疾病,反而使用众多的巫师。更何况告诉他们金丹可以超度世人，灵芝可以使人延年益寿呢？从前留侯张良献出很多奇策，一代人没有谁比得上他，他的智谋思虑，不是见识浅近的人拥有的，而他尚且认为长生不死是可以达到的，他的聪明才智，并非比不上世人，而他却说'我将要放弃人间事务，跟随神仙赤松子云游'。于是他修炼导引，断绝谷食一年，打算学习轻身飞升的方术。只是因为被吕后催逼，向他求救巩固太子地位的计策，张良迫不得已，为她策划招致商山四皓，结果如他策划的一样成功了。吕后感激他，就逼迫他勉强进食，因此使他求道没有成功。依孔安国《秘记》所说，张良得到了黄石公长生不死的法术，不仅仅是得到了兵法而已。还说，张良本来师从四皓，甪里先生、绮里季这些人都是神仙，张良全部接受了他们的仙方，虽然被吕后强迫饮食，不久又重新修炼仙道，秘密离世成仙了，只是世人不知道，所以说他死了。如果按照孔安国的话，张良已经修炼成仙了。另外汉朝丞相张苍，偶尔学得小方术，饮用妇女乳汁，活到一百八十岁。这不过是道术中的浅薄者，张苍实施，尚且活到了中等寿命的三倍，何况完备的方术，施行诸多奥秘的手段，怎么会不能长生呢？这些见于《汉书》，并非空话。"

抱朴子曰："服药虽为长生之本，若能兼行气者，其益甚速，若不能得药，但行气而尽其理者，亦得数百岁。然又宜知房中之术，所以尔者，不知阴阳之术，屡为劳损，则行气难得力也。夫人在气中，气在人中，自天地至于万物，无不须气以生者也。善行气者，内以养身，外以却恶，然百姓日用而不知焉。吴越有禁咒之法，[①]甚有明验，多炁耳。知之者可以入大疫之中，与病人同床而己不染。又以群从行数十人，皆使无所畏，此是炁可以禳天灾也。或有邪魅山精，侵犯人家，以瓦石掷人,以火烧人屋舍。或形见往来,或但闻其声音言语,而善禁者以炁禁之,皆即绝,此是炁可以禁鬼神也。入山林多溪毒蝮蛇之地,[②]凡人暂经过,无不中伤,而善禁者以炁禁之,能辟方数十里上,伴侣皆使无为害者。又能禁虎豹及蛇蜂,皆悉令伏不能起。以炁禁金疮,血即登止,[③]又能续骨连筋。以炁禁白刃,则可蹈之不伤,刺之不入。若人为蛇虺所中,[④]以炁禁之则立愈。近世左慈、赵明等,[⑤]以炁禁水,水为之逆流一二丈。又于茅屋上然火,[⑥]煮食食之,而茅屋不焦。又以大钉钉柱,入七八寸,以炁吹之,钉即涌射而出。又以炁禁沸汤,以百许钱投中,令一人手探攡取钱,[⑦]而手不灼烂。又禁水著中庭露之,大寒不冰。又能禁一里中炊者尽不得蒸熟。又禁犬令不得吠。昔吴遣贺将军讨山贼,[⑧]贼中有善禁者,每当交战,官军刀剑皆不得拔,弓弩射矢皆还向,辄致不利。贺将军长智有才思,乃曰:'吾闻金有刃者可禁,虫有毒者可禁,其无刃之物,无毒之虫,则不可禁,彼能禁吾兵者,必不能禁无刃物矣。'乃多作劲木白棒,选异力精卒五千人为先登,尽捉棓彼山贼,[⑨]贼恃其善禁者,了不能备,于是官军以白棒击之,大破彼贼,禁者果不复行,所打煞者,乃有万计。夫炁出于形,用之其效至此,何疑不可绝谷治病,延年养性乎?仲长公理者,[⑩]才达之士也,著《昌言》,亦论'行炁可以不饥不病',云:'吾始者未之信也,至于为之者,尽乃然矣。养性之方,若此至约,而吾未之能也,岂不以心驰于世务,思锐于人事哉?他人之不能者,又必与吾同此疾也。昔有明师,知不死之道者,燕君使人学之,不捷而师死。燕君怒其使者,将加诛焉。谏者曰:夫所忧者莫过乎死,所重者莫急乎生,彼自丧其生,亦安能令吾君不死也?君乃不诛。其谏辞则此为良说矣。

使彼有不死之方,若吾所闻行炁之法,则彼说师之死者,未必不知道也,直不能弃世事而为之,故虽知之而无益耳,非无不死之法者也。'又云:'河南密县,有卜成者,⑪学道经久,乃与家人辞去,其始步稍高,遂入云中不复见。此所谓举形轻飞,白日升天,仙之上者也。'陈元方、韩元长,皆颍川之高士也,与密相近,二君所以信天下之有仙者,盖各以其父祖及见卜成者成仙升天故耳,此则又有仙之一证也。"

[注释]

①吴越:地名。禁咒:气禁和咒语。气禁是一种气功巫术。咒语是一种用来祈福和诅咒的口诀。②蝮蛇:毒蛇名。③登:顿时。④虺:毒蛇名。⑤赵明:东汉术士,能以气禁水禁火。《后汉书·方术列传下》作"赵炳"。⑥然:"燃"的古字。⑦搣(miè):捞取。⑧贺将军:即三国时吴国将军贺齐。⑨棓(bàng):通"棒",棍棒。在此作动词。⑩仲长公理:即东汉人仲长统。仲长统,字公理。⑪卜成:东汉方士上成公。

[译文]

抱朴子说:"服食丹药虽然是长生成仙的根本,但如果能同时运行真气,效益就会加快了。如果得不到丹药,只要能够合理地运行真气,也可以活到几百岁。然而还得懂得房中术,之所以要这样,是因为不懂得阴阳交媾的方术,屡次使身体劳累受损,即使行气也难以有效益。人活在气中,气在人的身体中,从天地到万物,没有不凭借气生存的。善于行气的人,内可以保养身体,外可以祛除邪恶,然而人们每天都要用到气,却不明白这样的道理。吴、越一带有禁咒的法术,很有效验,大多是行气的缘故。懂得行气的人可以进入疫情严重的地方,与病人同床而不被传染。还可以使同行的数十人,全都无所畏惧,这是因为气可以祛除天灾。有时有邪恶的鬼魅山精,侵害人家,用瓦石掷人,用火烧人的房舍。有时它们可以显现身形来来往往,有时只能听到它们的声音言语,而善于禁气的人以气禁之,它们都会马上消失,这是因为气可以禁鬼神。进入山林,常有山溪瘴气、毒蛇出没之地,普通人短暂经过,没有不受到伤害的,然而善于行禁的人用气禁止,能够使它们逃避到方圆几十里之外,结伴的人都能够不受伤害。气禁还能禁虎豹和毒蛇、毒蜂,使它们伏地不能起身。用气禁刀枪创伤,可以马上止血,还能够把断了的筋骨连接起来。用气禁锋利的刀刃,可以踩上去不受伤害,刺不进去。如果人被毒蛇咬伤,用气禁可以马上痊愈。近代的左慈、赵明等,用气禁水,水因之逆向流动了一二丈。还在茅屋上点火,煮食物来吃,而茅屋不被烧焦。又用大钉钉柱子,钉入七八寸,用气吹,钉子马上喷射而出。又用气禁沸水,把一百多枚铜钱投入水中,让一个人用手探入水中捞取,手不会被烫伤。又禁咒放在庭院中暴露在外的水,极寒冷而水却不结冰。还能禁方圆一里做饭的人都做不熟饭。还能禁狗,使狗不能叫。从前吴王派遣贺将军去讨伐山贼,山贼中有善于禁咒的人,每当交战时,官军的刀剑都无法拔出,弓弩射出的箭又反射回来,致使作战常失利。贺将军长于智谋且有才思,就说:'我听说有刃的金属器物可以禁,有毒的虫子可以禁,而无刃的器物,无毒的虫子就不能禁了。那些能用气禁我兵器的人,肯定不能用气禁没有刀刃的器物。'于是就制作了很多坚固的木棒,选择力量奇大的五千精兵先行攀登,棒击并捉尽了山贼。山贼依仗善于禁咒的人,没有一点防备,于是官兵用木棒击打他们,大胜山贼。那些善于气禁的人果然不能再实施法术,被打杀的山贼有数万人。气出自形体,使用的效果可以达到这样的程度,为何还要怀疑不能用它断绝粮食治病,修养性情、延年益寿呢?仲长统是位有才能的通达之士,著有《昌言》一书,也说过'行气可以不饥饿不生病',还说:'我开始也不相信这个事情,直到看到很多人做了,才完全相信。修养身心的方术,就这样极为简约,然而我却做不到,难道不是因为把心思用在世俗事务之中,思虑人情世故了吗？其他不能学习仙道的人,也肯定和我一样犯同样的毛病。从前有贤明的法师懂得不死的道术,燕王派遣使者向他学习,还没有学成法师就死了。燕王对使者发怒,准备诛杀他。有人进谏说:您所担心的事情没有超过死亡之事的了,所重视的事情没有比生存更重要的了,他自己都丧失了生命,又怎么能使我们的国君您不死亡呢？燕王于是不再诛杀使者。这段进谏的言辞可以说是很好的言论了。如果那位法师有长生不死的方术,就像我听说的行气之法,那么所说法师之死的原因,未必是不懂得长生之道,只是他不能抛弃世俗事务专心修炼而已,因此虽然懂得长生之道却没有受益,并不是没有不死的方术啊。'还说:'河南密县,有个叫卜成的人,学道很久之后就告别家人而去,刚开始步履逐渐升高,随后就进入云中看不到了。这就是所谓的举形轻飞,白日升天,是成仙的最高境界了。'陈元方、韩元长,都是颍川的高士,他们距离密县很近,二人之所以相信天下有神仙,大概是因为他们的父、祖辈亲眼看到卜成成仙升天的缘故,这又是神仙存在的一个证据啊。"

卷六　微旨

[题解]

　　微旨，微妙的意旨。本卷首先举例批驳了世人对仙道的质疑，接着介绍了金丹之外的各种修仙法术，阐释了修道的禁忌、功德成仙说、护身防盗的法术，以及房中术的功用。

　　抱朴子曰："余闻归同契合者，则不言而信著；途殊别务者，虽忠告而见疑。夫寻常咫尺之近理，①人间取舍之细事，沉浮过于金羽，皂白分于粉墨，②而抱惑之士，犹多不辨焉，岂况说之以世道之外，示之以至微之旨，大而笑之，其来久矣，岂独今哉？夫明之所及，虽玄阴幽夜之地，豪厘芒发之物，不以为难见。苟所不逮者，虽日月丽天之焜灼，③嵩岱干云之峻峭，④犹不能察焉。黄老玄圣，深识独见，开秘文于名山，受仙经于神人，蹶埃尘以遣累，⑤凌大遐以高跻，⑥金石不能与之齐坚，龟鹤不足与之等寿，念有志于将来，愍信者之无文，垂以方法，炳然著明，⑦小修则小得，大为则大验。然而浅见之徒，区区所守，甘于荼蓼而不识饴蜜，⑧酣于醨酪而不赏醇醪。⑨知好生而不知有养生之道，知畏死而不信有不死之法，知饮食过度之畜疾病，而不能节肥甘于其口也。知极情恣欲之致枯损，而不知割怀于所欲也。余虽言神仙之可得,安能令其信乎?"

[注释]

①寻常:古代长度单位。八尺为一寻,十六尺为一常。咫:古代八寸为一咫。②皂白:黑白。③炤(zhāo)灼:明亮的样子。④嵩岱:嵩山和泰山。干:冲。⑤蹶(guì):急急忙忙的样子。⑥大遐:高远的太空。⑦炳然:明明白白的样子。⑧荼(tú)蓼(liǎo):两种野菜名。⑨醨(lí):薄酒。酪(lào):醋。

[译文]

抱朴子说:"我听说目标一致、志趣相合的人,即使不交谈也相互很信任;道路不同、追求不一的人,即使忠心相告也会生疑心。那些非常浅近的道理,世间取舍的小事,沉浮分明超过金属和羽毛,黑白区分比白粉和黑墨还要清楚,然而抱着疑惑之心的人,尚且大多不能辨别,更何况对他们谈论世俗之外的事情,展示极其微妙的道理呢?他们认为这是夸大之辞而加以讥笑,这种情况由来已久,哪里仅仅是现在才这样呢?视力极佳的人所能看到的,即使在黑暗如夜的地方,如同麦芒、头发之类的毫厘之物,也不难看到。如果视力达不到,即使天上日月的光芒,嵩山、泰山直冲云霄的高耸陡峭,也无法看到。黄帝、老子是思想玄远的圣人,见识深远独到,在名山中打开秘文,从神仙那里接受仙经,急忙离开尘世以排遣各种拖累,凌越高远的太空以上升成仙。金石不能与他们比坚强,龟鹤不足与他们同长寿。考虑到将来有志于修仙的人,怜悯他们没有文字可循,为他们流传修仙之方,这些著述明明白白,小修炼有小的收获,大修炼有大的效验。然而那些见识短浅的人,持守自己的浅陋见解,以为荼、蓼甘甜而不知食用饴蜜,以醨、酪为酣而不知品尝醇厚的美酒。虽然热爱生命,但不知有养生之道;知道畏惧死亡,却不相信有不死的方法;知道饮食过度会招致疾病,却不能节制食用肥肉美食。明白放纵情欲会导致身体枯损,却不知道割舍心中的欲望。我虽然说神仙可以修成,又怎么能使他们相信呢?"

或人难曰:"子体无参午达理,①奇毛通骨,年非安期、彭祖多历之寿,目不接见神仙,耳不独闻异说,何以知长生之可获,养性之有征哉?若觉玄妙于心得,运逸鉴于独见,②所未敢许也。夫衣无蔽肤之具,资无谋夕之储,而高谈陶朱之术,③自同猗顿之策,④取讥论者,其理必也。抱痾疾而言精和、鹊之技,⑤屡奔北而称究孙、吴之算,⑥人不信者,以无效也。"余答曰:"夫寸鲐泛迹滥水之中,⑦则谓天下无四海之广也;芒蝎宛转果核之内,⑧则谓八极之界尽于兹也。虽告之以无涯之浩汗,⑨语之以宇宙之恢阔,以为空言,必不肯信也。若令吾眼有方瞳,耳长出顶,亦将控飞龙而驾庆云,凌流电而造倒景,⑩子又将安得而诘我?设令见我,又将呼为天神、地祇、异类之人,岂谓我为学之所致哉?姑聊以先觉挽引同志,岂强令吾子之徒,皆信之哉?若令家户有仙人,属目比肩,吾子虽蔽,亦将不疑。但彼人之道成,则蹈青霄而游紫极,自非通灵,莫之见闻,吾子必为无耳。世人信其臆断,仗其短见,自谓所度,事无差错,习乎所致,怪乎所希,提耳指掌,⑪终于不悟,其来尚矣,岂独今哉!"

[注释]

①参(sān)午:又写作"参五",即"三五",义为错杂纵横。理:纹理。

②逸鉴：超逸的见解。③陶朱：即陶朱公范蠡。④猗顿：春秋人。以经营畜牧及盐业致富。⑤和、鹊：古代名医医和、扁鹊。⑥北：败北。孙、吴：古代著名军事家孙子和吴起。⑦鲄（shāo）：据王明《抱朴子内篇校释》当作"蜎"，蚊子的幼虫。⑧蝎（hé）：木中蠹虫。⑨浩汗：即"浩瀚"。⑩倒景（yǐng）：指天上最高之处。⑪提耳：耳提面命，恳切教导。

[译文]

　　有人诘难说："您身体上并没交错的体纹、通达的肌理，也没有奇异的毛发和流畅的骨相，年龄也不像安期生、彭祖一样有经历多年的寿命，又没有见过神仙，也没有亲耳听过异闻，凭什么知道长生不死可以获得，养生修仙是可以验证的？如果说您内心领悟了玄妙的道理，独自发现了超逸的见解，那是我们不敢认同的。论衣着，您没有遮蔽身体的服装；论资财，您没有什么积蓄，却高谈陶朱公的致富方法，自认为和猗顿一样有发家的策略，您招致别人的讥讽批评，是理所当然的。自身患有痼疾却自夸精通医和、扁鹊的医术，屡吃败仗还自称深究孙子、吴起的军事谋略。人们不相信您，是因为无效啊。"我回答说："小小的虫子游在脚印的积水中，就认为脚下没有辽阔的四海；麦芒般的蠹虫蠕动在果核之内，就认为四面八方的界限就在于此了。即使把无边的浩瀚和恢宏的宇宙告诉它们，它们都认为是空话，一定不肯相信。如果让我的眼睛有方形的瞳孔，耳朵长出头顶，也将驾驭飞龙乘上五色的祥云，凌越飞驰的闪电而升上天庭的最高处，您又怎么能来诘问我呢？即便是见到我，也会认为我是天神、地祇、异类的人，又怎么会认为我是通过学习而达到如此境界的呢？我姑且凭借自己的先觉来提携引导志同道合的人，岂能勉强您这样的人都去相信仙道呢？如果家家户户都有仙人，睁眼即见，比肩皆是，先生您虽然寡闻，也必将不会怀疑。但是那些人一旦修成仙道,就会脚踏青云漫游于星空,如果不是能够与神灵沟通,就无法看到、听到他们,先生您也一定认为没有此事了。世人相信自己的主观臆断,依仗自己的浅短见识,认为自己经历的事情就没有差错,习惯于所达到的境界,惊奇于罕见的事物,即便是耳提面命,用手指画着他们的手掌指点,最终也不会觉悟,这种情况由来已久,哪里只是现在才如此呢!"

或曰:"屡承嘉谈,足以不疑于有仙矣,但更自嫌于不能为耳。敢问更有要道,可得单行者否?"抱朴子曰:"凡学道当阶浅以涉深,由易以及难,志诚坚果,无所不济,疑则无功,非一事也。夫根荄不洞地,①而求柯条干云,②渊源不泓窈,③而求汤流万里者,④未之有也。是故非积善阴德,不足以感神明;非诚心款契,⑤不足以结师友;非功劳不足以论大试;又未遇明师而求要道,未可得也。九丹金液,最是仙主。然事大费重,不可卒办也。宝精爱炁,最其急也,并将服小药以延年命,学近术以辟邪恶,乃可渐阶精微矣。"

[注释]

①根荄(gāi):根部。②柯:草木的枝茎。③泓窈:宏大深邃。④汤(shāng):水大的样子。⑤款契:情意相合。

[译文]

有人说:"多次聆听您的美谈,足以使我不怀疑神仙的存在了,只是进而怀疑自己不能修炼。敢问是否有更简要的途径,可以得到单独修行的方法?"抱朴子说:"凡学习仙道之人,都应当循序由浅入深,由易到难,意志坚定果敢,就无所不能,疑惑就没有功效,不仅在修道这一件事情上如此。根部不能深入大地,却要求枝条冲入云霄;源泉不够宏大深邃,却要求水流超过万里,都是不可能的。所以如果不是积累善事、暗中积德,不足以感动神明;不是诚心相待,情投意合,不足以结交师友;没有功劳就不足以考虑委以重任;再加上没有遇到贤明的老师,却要求学习重要的道术,也是不可能的。九丹金液,是成仙最重要的方法。然而此事重大、费用昂贵,不能在短期内成功。珍惜精气,最是当务之急,再加上服食一些小药物来延年益寿,学习浅近的法术去驱邪逐恶,然后才可以渐渐学习精微深妙的仙术。"

或曰:"方术繁多,诚难精备,除置金丹,其余可修,何者为善?"抱朴子曰:"若未得其至要之大者,则其小者不可不广知也。盖借众术之共成长生也。大而谕之,犹世主之治国焉,文、武、礼、律,无一不可也;小而谕之,犹工匠之为车焉,辕、辋、轴、辖,①莫或应亏也。所为术者,内修形神,使延年愈疾,外攘邪恶,使祸害不干。比之琴瑟,不可以子弦求五音也;②方之甲胄,③不可以一札待锋刃也。④何者?五音合用不可阙,而锋刃所集不可少也。凡养生者,欲令多闻而体要,博见而善择,偏修一事,不足必赖也。又患好事之徒,各仗其所长,知玄素之术者,则曰唯房中之术,可以度世矣;明吐纳之道者,则曰唯行气可以延年矣;知屈伸之法者,则曰唯导引可以难老矣;知草木之方者,则曰唯药饵可以无穷矣。学道之不成就,由乎偏枯之若此也。浅见之家,偶知一事,便言已足,而不识真者,虽得善方,犹更求无已,以消工弃日,而所施用,意无一定,此皆两有所失者也。或本性戆钝,⑤所知殊尚浅近,便强入名山,履冒毒螫,屡被中伤,耻复求还。或为虎狼所食,或为魍魉所杀,⑥或饿而无绝谷之方,寒而无自温之法,死于崖谷,不亦愚哉?夫务学不如择师,师所闻素狭,又不尽情以教之,因告云,为道不在多也。夫为道不在多,自为已有金丹至要,可不用余耳。然此事知之者甚希,宁可虚待不必之大事,而不修交益之小术乎?譬犹作家,⑦云不事用他物者,盖谓有金银珠玉,在乎掌握怀抱之中,足以供累世之费者耳。苟其无此,何可不广播百谷,多储果疏乎?是以断谷辟兵,厌劾鬼魅,禁御百毒,治救众疾,入山则使猛兽不犯,涉水则令蛟龙不害,经瘟疫则不畏,遇急难则隐形,此皆小事,而不可不知,况过此者,何可不闻乎?"

[注释]

①辕:车前驾牲畜的直木。辋:车轮的外圈。辖:插在车轴两端孔内、用来固定轴位置的销钉。②子弦:单独的一根琴弦。③甲胄(zhòu):甲衣和头盔。④札:铠甲上用皮革或金属制成的叶片。⑤戆(zhuàng):刚直,愚直。⑥魍魉:传说中的山精鬼怪。⑦作家:治理家务。

[译文]

有人说:"修仙的方术很多,确实难以全部精通,除了炼制金丹之外,其余可供修行的方术,哪种最好呢?"抱朴子说:"如果没得到最重要的关键道术,那么小道术就不能不广泛地学习了。因为要凭借各种小方术去共同促成长生不死。就大的方面来比喻,就好比国君治理国家,文治、武备、礼仪、法律,缺一不可;就小的方面来比喻,就好像工匠造车,车辕、车辋、车轴、车辖,没有一样可以缺少。所修炼的方术,内要养护身体和精神,使自己延年益寿,治愈疾病;外要攘除邪恶,使祸害无法侵犯。用琴瑟来比喻,不能用一根弦弹出五音来;用甲胄来比喻,不能用一个甲衣片去抵御锋利的刀刃。为什么呢?弹出五音要众弦合用而不可或缺,要抵挡刀锋每一片甲衣都不能缺少。凡是养生的人,都要使自己增多见闻、体会要旨,增加见识、善于选择,单独修炼某一种方法,不值得完全依赖。还要担心那些多事的人,各自依仗自己的优势,如懂得玄女、素女道术的,就说只有房中术可以度世成仙;明白呼吸吐纳的人,就说只有运行真气才能延年益寿;知晓屈伸方法的人,就说只有行导引才可以阻止人的衰老;精通草木之方的人,就说只有服食药饵才可以长生。学习道术不成功,就是由于这种偏执的方法。见识浅的人,偶然得知一种方法,就认为已足够了,而不识真正仙道的,虽然得到好方法,却还追求不已,从而耗费工夫,抛弃时日;而在实施修仙之方时,又犹豫不决,这两种情况都会导致修仙失误。有的人本性愚钝,所懂得的道术还非常浅薄,就勉强进入名山,践踏冒犯毒虫,屡次受害,又耻于返回。有的被虎狼吃掉,有的被魍魉杀死,有的挨饿却没有辟谷的方术,受寒却没有自我温暖的方法,于是就死于山崖深谷,不是太愚笨了吗?致力学道的人最好选择老师,但有些老师知识面狭窄,又不尽心教导弟子,因而告诉学生说,学习道术不在于求多。而学习道术不在于求多,指的是自己已拥有最重要的金丹术,可以不用学习其他方法了。然而知道金丹术的人很少,难道宁可白白等待不一定能实现的金丹大术,而不修炼能带来益处的小道术吗?就好比治家理事,如果说不必去从事其他事务,是因为自己拥有金银珠宝,而且是掌握在手中、拥在怀里,足以提供几代人的生活费用。如果没有这些,怎么可以不去广泛播种各种谷物,多多储备水果蔬菜呢?因此断绝谷物,躲避兵刃,压制鬼魅,抵御百毒,治疗各种疾病,进入深山能使猛兽不犯,涉水过河能使蛟龙无法伤害,经历瘟疫能无所畏惧,遇到急难能隐形蔽体,这些都是小事,却不能不知晓,何况比这些更重要的道术,又怎能不理会呢?"

或曰:"敢问欲修长生之道,何所禁忌?"抱朴子曰:"禁忌之至急,在不伤不损而已。按《易内戒》及《赤松子经》及《河图记命符》皆云,天地有司过之神,随人所犯轻重,以夺其算。①算减则人贫耗疾病,屡逢忧患,算尽则人死,诸应夺算者有数百事,不可具论。又言身中有三尸,②三尸之为物,虽无形而实魂灵鬼神之属也。欲使人早死,此尸当得作鬼,自放纵游行,享人祭酹。③是以每到庚申之日,辄上天白司命,④道人所为过失。又月晦之夜,⑤灶神亦上天白人罪状。大者夺纪。纪者,三百日也。小者夺算。算者,三日也。吾亦未能审此事之有无也。然天道邈远,鬼神难明。赵简子、秦穆公皆亲受金策于上帝,⑥有土地之明征。山川草木,井灶洿池,⑦犹皆有精气;人身之中,亦有魂魄。况天地为物之至大者,于理当有精神,有精神则宜赏善而罚恶,但其体大而网疏,不必机发而响应耳。然览诸道戒,无不云欲求长生者,必欲积善立功,慈心于物,恕己及人,仁逮昆虫,乐人之吉,愍人之苦,赒人之急,⑧救人之穷,手不伤生,口不劝祸,见人之得如己之得,见人之失如己之失,不自贵,不自誉,不嫉妒胜己,不佞谄阴贼,如此乃为有德,受福于天,所作必成,求仙可冀也。若乃憎善好杀,口是心非,背向异辞,反戾直正,虐害其下,欺罔其上,叛其所事,受恩不感,弄法受赂,纵曲枉直,废公为私,刑加无辜,破人之家,收人之宝,害人之身,取人之位,侵克贤者,诛戮降伏,谤讪仙圣,伤残道士,弹射飞鸟,刳胎破卵,春夏燎猎,⑨骂詈神灵,教人为恶,蔽人之善,危人自安,佻人自功,⑩坏人佳事,夺人所爱,离人骨肉,辱人求胜,取人长钱,还人短陌,⑪决放水火,以术害人,迫胁尪弱,⑫以恶易好,强取强求,掳掠致富,不公不平,淫佚倾邪,凌孤暴寡,拾遗取施,欺绐诳诈,好说人私,持人短长,牵天援地,咒诅求直,假借不还,换贷不偿,求欲无已,憎拒忠信,不顺上命,不敬所师,笑人作善,败人苗稼,损人器物,以穷人用,以不清洁饮饲他人,轻秤小斗,狭幅短度,以伪杂真,采取奸利,诱人取物,越井跨灶,晦歌朔哭。⑬凡有一事,辄是一罪,随事轻重,司命夺其算纪,算尽则死。但有恶心而无恶迹者夺算,若恶事而损于人者夺纪,若算纪未尽而自死者,皆殃及子孙也。诸横夺人财物者,或计其妻子家口以当填之,以致死丧,但不即至耳。其恶行若不足以煞其家人者,久久终遭水火劫盗,及遗失器物,或遇县官疾病,⑭自营医药,烹牲祭祀所用之费,要当令足以尽其所取之直也。故道家言枉煞人者,是以兵刃而更相杀。其取非义之财,不避怨恨,譬若以漏脯救饥,⑮鸩酒解渴,非不暂饱而死亦及之矣。其有曾行诸恶事,后自改悔者,若曾枉煞人,则当思救济应死之人以解之。若妄取人财物,则当思施与贫困以解之。若以罪加人,则当思荐达贤人以解之。皆一倍于所为,则可便受吉利,转祸为福之道也。能尽不犯之,则必延年益寿,学道速成也。夫天高而听卑,物无不鉴,行善不怠,必得吉报。羊公积德布施,⑯诣乎皓首,乃受天坠之金。蔡顺至孝,⑰感神应之。郭巨煞子为亲,⑱而获铁券之重赐。⑲然善事难为,恶事易作,而愚人复以项托、伯牛辈,⑳谓天地之不能辨臧否,而不知彼有外名者,未必有内行,有阳誉者不能解阴罪。若以荠、麦之生死,而疑阴阳之大气,亦不足以致远也。盖上士所以密勿而仅免,凡庸所以不得其欲矣。"

[注释]

①算:时间单位,三天。②三尸:道教认为人身内有三种作祟的神,分别居于上、中、下三丹田内,称上、中、下三尸。③祭酹(lèi):祭祀。④司命:道教中掌管人生死的神。⑤晦:阴历每月的最后一天。⑥赵简子:春秋末期晋国贵族。秦穆公:春秋时期秦国君主。⑦洿(wū):浊水池,不流动的浊水。⑧赒(zhōu):周济。⑨燎猎:用放火烧山的方式打猎。⑩佻(tiāo):窃取。⑪陌(bǎi):通"佰",古代计量钱的单位。⑫尪(wāng):孱弱。⑬朔:阴历每月初一。⑭县官:代指官府。这里指吃官司。⑮漏脯:隔宿之肉。古人认为这种肉为漏水所沾,有毒,食了会致死。⑯羊公:即晋代人羊祜。⑰蔡顺:东汉人。《后汉书·周磐列传》载,蔡顺有至孝之心,邻舍着火,蔡顺正在守母灵,伏棺枢而哭,火因此越过灵堂。⑱郭巨:西汉人。《太平御览》卷四百一十一刘向《孝子图》说,郭巨很孝顺,妻子生一男孩,他因为怕妨碍供养父母,想活埋孩子。掘地时,挖出黄金一釜,上有铁券,书有"赐孝子郭巨"。⑲铁券:铁制券契。帝王颁赐功臣,授以世代享受特权的凭证。⑳项托、伯牛:项托七岁当了孔子的老师,十岁夭折;伯牛为孔子弟子,生病早死。

[译文]

有人说:"请问想修炼长生之道,有什么禁忌吗?"抱朴子说:"禁忌中最紧要的,就在于不伤害、损伤别人而已。《易内戒》《赤松子经》《河图记命符》都说,天地有掌管过错的神仙,根据人们所犯错误的轻重,来扣除人们的'算','算'减少就会贫病交加,屡次遭遇灾难;'算'被扣除完了,人就死了。各种应该扣除'算'的原因有好几百种,无法一一介绍。又说人身中有三尸神,三尸这种事物,虽然没有形体,实际上就是魂灵鬼神之类的东西。

它们希望人们早点死亡，这三尸才能成为鬼怪，从而放纵游荡，享受人们的祭品。因此，每当到了庚申这天，它们就上天去报告司命神，诉说人们所犯的过失。另外在每月最后一天的晚上，灶神也要上天禀告人的罪状。所犯过错大的就被扣除一'纪'。一纪，就是三百天。过错小的夺'算'。一算，就是三天。我也弄不清楚这件事是有是无。然而天道高远，鬼神难测。赵简子、秦穆公都从上帝那儿亲自接受了黄金制作的简策，作为拥有土地的明确证据。山川草木，井灶洿池，尚且都有精灵之气；人的身体中，也有魂魄。何况天地作为万物中最大的事物，按道理应该有精神意识，有精神意识就应该能够赏善罚恶，只是天地的形体庞大而法网稀疏，不一定能够像触动机关那样马上就发出回应。然而浏览各类道戒，都告诫想追求长生不死的人，一定积善行德，爱护万物，推己及人，仁爱施及昆虫，以别人吉事为乐，以别人的痛苦为忧，周济人于急难，救助人于穷困，手不伤害生灵，口不劝勉惹祸，看见别人得到就如自己得到，看到别人失去就如自己失去，不自以为尊贵，不自我赞誉，不嫉妒胜过自己的人，不讨好阴险的贼子，如此才算是有德行，能得到上天的赐福，所做的事情一定能成功，求仙也就有希望。如果憎恶善良，喜好杀生，口是心非，背后当面说法不一，反对正直之人，迫害下属，欺蒙上级，背叛职守，知恩不报，玩弄法律接受贿赂，纵容邪恶冤枉好人，假公济私，惩罚无辜，破坏别人家庭，收取别人的财宝，伤害别人的身体，夺取别人的职位，侵犯贤能之士，诛杀已降之人，诽谤仙人圣士，伤害有道之士，弹射飞鸟，挖出牲畜的胎，击破禽鸟的蛋，春夏天用焚烧山林的方法打猎，咒骂神灵，教人作恶，隐蔽别人的优点，危害别人以保全自己，窃取别人的功劳占为己有，破坏别人的好事，夺人所爱，离散别人的骨肉，侮辱别人以求取胜利，借别人的钱多，还别人的钱少，决水放火，用巫术害人，胁迫弱小者，用坏东西换取好东西，强行夺取强行索要，靠掠夺致富，不讲公平，淫逸邪恶，欺负孤儿,施暴于寡妇,拾取别人遗失的物品,欺骗诳诈,喜欢说人隐私,抓住别人的缺点过失以为把柄,指天画地,用赌咒的方式去掩盖理亏,借东西不还,换东西和借债也不偿还,无休止地追求欲望,憎恨并拒绝忠信之人,不服从上级命令,不尊敬师长,讥笑别人做善事,损坏别人的庄稼,毁坏别人的器物,使别人财用穷尽,拿不清洁的东西给别人吃喝,卖东西时用轻秤小斗,窄幅面、短尺子,以假乱真,牟取奸利,骗取财物,跨越水井和灶台,月末高歌月初痛哭。这些事只要干了一件,就是一件重罪,司命之神根据事情的轻重扣除犯错者的'算''纪','算'扣除完了就会死去。只起恶念而无恶行的人扣除'算',如有恶行损害别人则扣除'纪',假如'算''纪'没有扣完而自己死了的人,那就会祸害到子孙。那些蛮横夺取别人财物的人,上天就会考虑让他的妻子儿女或其他家人来补偿别人的损失,以至于付出生命的代价,但是不会马上执行。他的恶行若不足以祸及家人的生命,时间长了最终会遭到水火之灾,遇抢劫盗窃,还会丢失东西,或者遇上官司、生病,自己准备医药费用,烹杀牲畜祭祀神灵所耗的费用,总会让他们把抢取的财物消耗尽为止。所以懂道的方家说,冤杀他人,就是拿着兵器反过来杀害自己。夺取不义之财,不怕别人怨恨的人,就好像用漏脯充饥,用毒酒止渴一样,虽然暂时饱了,死亡也随之而来。那些曾经干过各种恶事,后来自己悔改的人,如果曾经冤杀别人,就应当设法拯救要死去的人以解脱自己。如果曾无理夺取别人的财物,就应当设法施赠财物给贫困的人以解脱自己。如果曾以罪过强加于人,就应当设法推荐贤达之人以解脱自己。都要加倍补偿自己的所作所为,才可以获得吉祥,这是转祸为福的方法。如果能尽量不犯罪过,就一定会延年益寿,很快学道成功。老天虽然高高在上,却能监察人间的事,行善事不懈怠,一定会得到好报。羊祜积德行善,一直到白发的老年,于是获得了上天赐下的黄金。蔡顺最守孝道,感动神灵相佑。郭巨准备为父母牺牲儿子，从而获得了铁券这样的贵重赏赐。然而好事难做，坏事易行，愚蠢的人就以项托、伯牛为例，说天地不能明辨善恶，却不知道那些有外在声名的人，未必有内在的美德，表面上有盛誉的人未必消除他们私下犯的过错。如果以荠菜、小麦的生死，去怀疑阴阳之大气的规律，是不足以完成远大目标的。这大概是上等人士之所以勤勉努力才能免去灾祸，凡夫俗子不能实现愿望的原因吧。"

或曰："道德未成，又未得绝迹名山，而世不同古，盗贼甚多，将何以却朝夕之患，防无妄之灾乎？"抱朴子曰："常以执日，①取六癸上土，②以和百叶薰草，③以泥门户方一尺，则盗贼不来；亦可取市南门土，及岁破土，④月建土，⑤合和为人，以著朱鸟地，⑥亦压盗也。有急则入生地而止，⑦无患也。天下有生地，一州有生地，一郡有生地，一县有生地，一乡有生地，一里有生地，一宅有生地，一房有生地。"或曰："一房有生地，不亦逼乎？"⑧抱朴子曰："经云，大急之极，隐于车轵。如此，一车之中，亦有生地，况一房乎？"

[注释]

①执日：即未日。古人用天干地支纪日，"执日"即地支中的"未日"。《淮南子·天文训》："寅为建，卯为除，辰为满，巳为平，主生；午为定，未为执，主陷。"②六癸：指甲寅这一天。古人认为天干中"甲"是最尊贵的，一般隐而不露，所以甲子称为"六戊"，甲寅称"六癸"。③百叶：即"柏叶"。柏树叶。薰草：香草名。又叫蕙草。④岁破：古代术士所说的凶日名。岁，指太岁。⑤月建：农历每月所置之辰。如正月建寅，二月建卯。⑥朱鸟：即朱雀。

这里指代南方。⑦生地:可以安全保护生命的地方。⑧逼:狭窄、狭小。

[译文]

　　有人说:"仙道还未修成,又未能隐居到名山中,然而现在的世道不同于古代,盗贼很多,那么能用什么方法来躲避旦夕之祸,预防意外之灾呢?"抱朴子说:"应当在执日这一天,用甲寅这天取来的土,与柏叶、薰草掺和在一起,然后用它来涂抹门户一尺见方大小,这样盗贼就不会来了;也可以取来集市南门口的土,以及岁破那天的土,月建那天的土,混合制成人形,把它放在南边朱雀之地,也能镇住盗贼。一旦有急难就可进入保护生命的安全之地,这样就没有安全祸患了。天下有安全保命之地,一州有安全保命之地,一郡有安全保命之地,一县有安全保命之地,一乡有安全保命之地,一里有安全保命之地,一个住宅有安全保命之地,一个房间有安全保命之地。"有人说:"一个房间有安全保命之地,不是太狭窄了吗?"抱朴子说:"经书上说,在极为危难的时刻,可以隐藏在车轼的下面。如此说来,一车之中,也有安全之地,何况是一个房间呢?"

　　或曰:"窃闻求生之道,当知二山,不审此山,为何所在,愿垂告悟,①以祛其惑。"抱朴子曰:"有之,非华、霍也,非嵩、岱也。夫太元之山,②难知易求,不天不地,不沉不浮,绝险绵邈,崔巍崎岖,和气纲缊,③神意并游,玉井泓邃,④灌溉匪休,百二十官,⑤曹府相由,⑥离、坎列位,玄芝万株,绛树特生,⑦其宝皆殊,金玉嵯峨,醴泉出隅。⑧还年之士,挹其清流,⑨子能修之,乔、松可俦。⑩此一山也。长谷之山,⑪杳杳巍巍,玄气飘飘,玉液霏霏,金池紫房,⑫在乎其限。愚人妄往,至皆死归,有道之士,登之不衰,采服黄精,以致天飞,此二山也。皆古贤之所秘,子精思之。"或曰:"愿闻真人守身炼形之术。"抱朴子曰:"深哉问也!夫始青之下月与日,⑬两半同升合成一。⑭出彼玉池入金室,⑮大如弹丸黄如橘,中有嘉味甘如蜜,子能得之谨勿失。既往不追身将灭,纯白之气至微密,升于幽关三曲折,⑯中丹煌煌独无匹,⑰立之命门形不卒,⑱渊乎妙矣难致诘。此先师之口诀,知之者不畏万鬼五兵也。"⑲

[注释]

①悟:明白、理解。②太元之山:指人的头颅。道教称头发神为太元。③细缊:云气很盛的样子。④玉井:内丹家称口中津液为"玉液"、"玉浆"等,所以"玉井"当指口。⑤百二十官:泛指体内各种器官的神灵。⑥曹府:官府。曹,分职治事的官署。相由:相互帮助。⑦绛树:红色的树木。⑧醴泉:内丹术语。指口中津液。⑨挹(yì):舀。这里指饮用。⑩乔、松:两位神仙名。指王子乔和赤松子。俦(chóu):伴侣、同辈。⑪长谷:在古代有多重含义。这里当指女性阴部。⑫金池紫房:性器官的隐语。⑬始青之下月与日:《云笈七签》卷十二务成子注《黄庭内景经》:"扬风三玄出始青"下有:"阴阳二气与和气为三,三生万物,生物微妙,故曰三玄出始青。言万物生而青色也。"月与日,指两只眼睛。左目为日,右目为月。⑭两半同升合成一:《云笈七签》卷五十六:"口中舌上所出之液,液与神气一合,谓两半合一也。"⑮玉池:指口中出津液处。金室:指心室。⑯幽关:《云笈七签》卷十一务成子注《黄庭内景经》:"玄泉幽关高崔巍"下有:"两肾间为幽关。"三:泛指多次。⑰煌煌:光彩夺目的样子。⑱命门:指脐下丹田穴。⑲五兵:泛指

兵器。

[译文]

　　有人说:"我听说想要追求长生的道术,应当先了解两座山,不知道它们究竟在哪里,希望您指教开悟,以解除我的疑惑。"抱朴子说:"有这样的山,它们不是华山、霍山,也不是嵩山、泰山。那太元山,难以了解却容易找到,不在天上也不在地下,不会下沉也不会上浮,险要遥远,高峻崎岖,中和元气弥漫充溢,精神意愿游历其中,玉井泉水深邃而清澈,无休止灌溉万物,一百二十位仙官,各司其职又相互帮助。火与水各居其位,黑色的灵芝成千上万,红色的树木耸立而生,这些宝物殊异,黄金白玉巍峨高耸,甘美的泉水从一边涌出,长生不老的人,饮用着那清澈的流水。如果您能修炼,就能够成为与王子乔、赤松子同类的仙人。这是其中的一座山。另外一座是长谷山,深远幽静、峰峦巍峨,黑色云气飘荡,玉流霏霏,金色的池塘和紫色的住房,就在它的旁边。愚蠢的人盲目前往,进去后都会死亡,懂得仙道的人,登上此山不会衰老,采食那里的精华之气,因此能够飞天成仙,这就是第二座山。这些都是古代圣贤秘而不宣的修炼方法,您应当专心深入思考。"有人说:"我想知道得道真人守护自身、修炼形体的方法。"抱朴子说:"这个问题很深刻啊。刚开始修炼内丹时要让两眼内视丹田,让口中的津液与体内的神气共同出现并合二为一。内丹就这样从口中进入心室,如弹丸大小而颜色黄如橘子,它的味道美得像蜜糖一样甘甜,您如果得到它,就一定不要再失去。失去后若不追回自身将会死亡,让它化为纯白的细微之气,出现在两肾之间多次辗转,炼成的中丹光彩夺目无可比拟,处于丹田之内而人就不会死亡。这种深远微妙的境界很难说清楚。这是先师的口诀,知道的人就不会害怕众多鬼怪、各种兵器的伤害了。"

或曰:"闻房中之事,能尽其道者,可单行致神仙,并可以移灾解罪,转祸为福,居官高迁,商贾倍利,信乎?"抱朴子曰:"此皆巫书妖妄过差之言,由于好事增加润色,至令失实。或亦奸伪造作虚妄,以欺诳世人,隐藏端绪,以求奉事,招集弟子,以规世利耳。①夫阴阳之术,高可以治小疾,次可以免虚耗而已。其理自有极,安能致神仙而却祸致福乎?人不可以阴阳不交,坐致疾患。若欲纵情恣欲,不能节宣,则伐年命。善其术者,则能却走马以补脑,②还阴丹以朱肠,③采玉液于金池④,引三五于华梁,⑤令人老有美色,终其所禀之天年。而俗人闻黄帝以千二百女升天,便谓黄帝单以此事致长生,而不知黄帝于荆山之下,⑥鼎湖之上,⑦飞九丹成,⑧乃乘龙登天也。黄帝自可有千二百女耳,而非单行之所由也。凡服药千种,三牲之养,⑨而不知房中之术,亦无所益也。是以古人恐人轻恣情性,故美为之说,亦不可尽信也。玄素谕之水火,水火煞人,而又生人,在于能用与不能耳。大都知其要法,御女多多益善,如不知其道而用之,一两人足以速死耳。彭祖之法,最其要者。其他经多烦劳难行,而其为益不必如其书。人少有能为之者。口诀亦有数千言耳。不知之者,虽服百药,犹不能得长生也。"

[注释]

①规:图谋。②走马:指漏泄精液。③阴丹:还精之术。④金池:喻指女阴。⑤三五:内丹术语。指精、气、神的结合体。华梁:喻指男阴。⑥荆山:山名。指河南灵宝南的覆釜山。⑦鼎湖:古代传说黄帝曾铸鼎于荆山下,鼎

成,有龙垂胡须迎黄帝上天。后人因名其处为鼎湖。⑧飞:炼制。⑨三牲:古人一般以牛、羊、猪为三牲。道教则以獐、鹿、麂为三牲。

[译文]

有人说:"我听说过房中术,能够完全实施其道的人,单独施行就可以修成神仙,而且可以排除灾祸,消除罪孽,转祸为福,当官的高升,经商的加倍赢利,这可信吗?"抱朴子说:"这些都是巫书中过分妖妄的言辞,再加上好事者添油加醋,以至于失去了真实性。或者是奸诈者造作谎言来欺骗世人,隐藏真实动机,以求得追随者,招揽弟子以谋取世俗利益罢了。阴阳交接之术,高层次的可以治疗小的疾病,次一等的只能避免体能损耗而已。它的效用本来有限,怎么能够修行成仙而且避祸得福呢?人不能阴阳不交合,不然会因此带来疾病祸患。但如果放纵情欲,不能节制疏导,就会减损寿命。擅长这种方术的人,能够还精补脑,把精液收回使肠胃更加滋润。在金池中采集玉液,把精、气、神引向华梁,能够使老人具有美好的面容,享尽自己应有的寿命。而世人听说黄帝与一千二百个女人行房中术而升天,便认为黄帝是单独靠这件事长生成仙的,却不知道黄帝在荆山之下、鼎湖之上,炼制九丹成功才乘龙升天成仙。黄帝自然可以拥有一千二百个女子,然而成仙并不是只施行房中术的结果。凡是服食千百种药物,以美食供养,却不懂房中术的,也不会有益处。是因为古人担心人们轻易地恣情纵欲,故意把这种效果讲得很美,他们的话也不能完全相信。玄女、素女的方术可以比作水火,水火可以杀人,也可以救人,在于能否正确使用。大体懂得了关键的方法,男女交合就越多越好,如果不懂这种方术而胡乱使用,那么仅仅与一两个人交合就足以致死。彭祖的房中术是最重要的。其他经书的介绍大多烦琐难以实行,它们可以带来的好处也未必像书中写的那样。人们很少能施行这些房中术的,仅口诀就有几千字了。但是不懂房中术的,即使服用上百种药物,仍然不能修得长生不死啊。"

卷七　塞难

[题解]

塞难,即回答质疑。塞,阻隔、堵住。引申为回答。难,责难,质疑。本卷主要解决的是儒家圣人何以不能成仙的问题,并讨论了儒、道之间的差异,对世人质疑仙道的原因进行了分析。

或曰:"皇穹至神,①赋命宜均,何为使乔、松凡人受不死之寿,而周、孔大圣无久视之祚哉?"②抱朴子曰:"命之修短,实由所值,③受气结胎,各有星宿。天道无为,任物自然,无亲无疏,无彼无此也。命属生星,④则其人必好仙道。好仙道者,求之亦必得也。命属死星,则其人亦不信仙道。不信仙道,则亦不自修其事也。所乐善否,判于所禀,移易予夺,非天所能。譬犹金石之消于炉冶,瓦器之甄于陶灶,⑤虽由之以成形,而铜、铁之利钝,瓮、罂之邪正,⑥适遇所遭,非复炉灶之事也。"

[注释]

①皇穹:皇天、苍天。②周、孔:周公姬旦和孔子。祚:福。③值:遇到。④属(zhǔ):适逢。⑤甄:制作陶器所用的转轮。⑥瓮、罂:两种盛水或酒的

陶器。

[译文]

　　有人说:"皇天神明,赋予生命应当公平均等,为何让王子乔、赤松子这样的凡人获得了不死的寿命,而周公、孔子这样的大圣人却没长生的福分呢?"抱朴子说:"寿命的长短,实在是由所遇到的机会决定的,人们在禀受元气,结为胚胎之时,各有值守的星宿。天道自然无为,任万物自然发展,没有亲疏、彼此之分。命运遇上主生的星宿,那么此人一定爱好仙道。爱好仙道的人,追求仙道一定成功。命运遇上主死的星宿,那么此人也会不信仙道。不信仙道,自己也就不会去修炼仙道了。人们所喜爱的好与不好,区别在于所禀赋的天性,命运的改变和有无并非上天所能决定的。譬如金石在炉中冶炼,各种陶器在窑中制成,虽然都是在炉和窑中制成,但铜器、铁器是锋利还是厚钝,瓮、罂是周正还是歪斜,是偶然遇到的各种情况造成的,不是因为炉、窑的原因。"

　　或人难曰:"良工所作,皆由其手,天之神明,何所不为?而云人生各有所值,非彼昊苍所能匠成,愚甚惑焉,未之敢许也。"抱朴子答曰:"浑茫剖判,①清浊以陈,或升而动,或降而静,彼天地犹不知所以然也。万物感气,并亦自然,与彼天地,各为一物,但成有先后,体有巨细耳。有天地之大,故觉万物之小。有万物之小,故觉天地之大。且夫腹背虽包围五脏,而五脏非腹背之所作也。肌肤虽缠裹血气,而血气非肌肤之所造也。天地虽含囊万物,而万物非天地之所为也。譬犹草木之因山林以萌秀,而山林非有事焉。鱼鳖之托水泽以产育,而水泽非有为焉。俗人见天地之大也,以万物之小也,因曰天地为万物之父母,万物为天地之子孙。夫虱生于我,岂我之所作?故虱非我不生,而我非虱之父母,虱非我之子孙。蠛蠓之育于醯醋,②芝、檽之产于木石,③蛣崛之滋于污淤,④翠萝之秀于松枝,非彼四物所创匠也,万物盈乎天地之间,岂有异乎斯哉?天有日月寒暑,人有瞻视呼吸,况远况近,⑤以此推彼,人不能自知其体老少痛痒之何故,则彼天亦不能自知其体盈缩灾祥之所以;人不能使耳目常聪明,荣卫不辍阂,⑥则天亦不能使日月不薄蚀,四时不失序。由兹论之,夭寿之事,果不在天地,仙与不仙,决在所值也。夫生我者父也,娠我者母也,犹不能令我形器必中适,姿容必妖丽,性理必平和,智慧必高远,多致我气力,延我年命;而或矬陋尪弱,或且黑且丑,或聋盲顽嚚,⑦或枝离朐蹇,⑧所得非所欲也,所欲非所得也,况乎天地辽阔者哉?父母犹复其远者也。我自有身,不能使之永壮而不老,常健而不疾,喜怒不失宜,谋虑无悔吝。故授气流形者父母也,受而有之者我身也,其余则莫有亲密乎此者也,莫有制御乎此者也,二者已不能有损益于我矣,天地亦安得与知之乎?必若人物皆天地所作,则宜皆好而无恶,悉成而无败,众生无不遂之类,而项、杨无春凋之悲矣!⑨子以天不能使孔、孟有度世之祚,益知所禀之有自然,非天地所剖分也。圣之为德,德之至也。天若能以至德与之,而使之所知不全,功业不建,位不霸王,寿不盈百,此非天有为之验也。圣人之死,非天所杀,则圣人之生,非天所挺也。贤不必寿,愚不必夭,善无近福,恶无近祸,生无定年,死无常分,盛德哲人,秀而不实,窦公庸夫,⑩年几二百,伯牛废疾,子夏丧明,⑪盗跖穷凶而白首,⑫庄蹻极恶而黄发,⑬天之无为,于此明矣。"

[注释]

①浑茫：天地还没有形成时的混沌状态。②蠛蠓：一种小飞虫。醯(xī)：醋。③檽(nòu)：树名。④蛣蜎：指蚊子的幼虫。⑤况远况近：当依宋浙本作"以近况远"。况，比拟，说明。⑥荣卫：泛指气血。辍：中止。阂：阻隔。⑦嚚(yín)：愚蠢。⑧枝离：又作"支离"，形体不全，支离破碎的样子。劬(qú)：劳累。蹇(jiǎn)：跛行。⑨项、杨：项托和扬乌。相传项托为孔子老师，十岁早夭。扬乌为西汉著名思想家扬雄之子，据说他七岁就能与父亲讨论文章，九岁夭折。⑩窦公：战国时魏文侯的乐师，活了一百八十岁，双目失明。⑪子夏：孔子弟子。儿子死后，子夏因哭泣而失明。⑫盗跖：先秦时期的一个强盗头子。《史记·伯夷列传》说盗跖长寿而殁，所以说"白首"。⑬庄蹻：楚庄王的苗裔，亦为战国时起义人物。黄发：老年。老人发白，白久则黄，因此黄发是高寿的象征。

[译文]

有人责难说："能工巧匠所制作的东西，都经过了双手，上天如此神明，有什么做不到的？而你却说人的生命是由各自的遭遇造成的，不是苍天所能决定的，我愚昧不解，不敢赞许你的看法。"抱朴子回答说："天地之初，混沌判而为二，清、浊各居其位，有的上升运动，有的下降安静，就连天地也不知道为什么如此啊。万物接受阴阳二气，也是自然而然，与那天地，各自成为一种独立之物，只是形成有先有后，形体有大有小而已。有天地的大，才感觉到万物的小。有万物的小，才感觉到天地的大。虽说腹背包围五脏，而五脏却不是腹背所制作的。肌肤虽然包裹着血气，但血气并不是肌肤所创造的。天地虽然囊括万物，万物却不是天地制作的。就好像山林是因为草木而萌生繁荣景象,但山林对草木无所作为。鱼鳖依靠水泽来生产繁育,但水泽却并没有作为。俗人看到天地之大,以万物为小,因此说天地是万物的父母,万物是天地的子孙。那么虱子生在我身上,难道这些虱子是我制造的?虽然虱子没有我不能生长,然而我并不是虱子的父母,虱子也不是我的子孙。蠛蠓出生在酸醋里,灵芝、檽树生长于木、石之间,孑孓在污水中繁殖,翠萝繁秀于松枝之上,然而它们都不是这四种事物所创造的,万物充溢在天地之间,难道与这个道理会有什么不同吗?天有日月寒暑,人有观望呼吸,用近的事情推知遥远的事情,用此处的道理推及彼处的道理,人无法知道自己身体衰老、幼小、痛痒的原因,那么上天也自然不知道自己盈满、亏损、灾祸、吉祥的原因;人不能保证自己经常耳聪、目明,血气不会被阻碍不通,那么上天自然也无法保证日月不相互掩食,四季不偶尔失去秩序。由此而言,夭折和长寿的事情,确实不是上天决定的,成仙与否的决定要素在于所遇到的星宿。父亲生我,母亲孕育我,父母尚且不能使我的形体一定适中,姿貌一定英俊美丽,性格一定平和,智慧一定高超,使我有更多力气,延长我的寿命;有的人矮小瘦弱,有的人又黑又丑,有的人又聋又瞎、愚笨顽固,有的人肢体不全而体弱跛行,人们所获得的资质并不一定是他所希望的,所希望的并一定能得到,何况辽阔高远的天地呢?父母也还算是距离我们较远的。我们自己拥有身体,却不能使自己永远健壮不衰老,经常健康不生病,喜怒不失去准则,谋略不会后悔。因此授予我们生气、形体的人是父母,接受这些而拥有它们的是我们的身体,其余的就没有比这些更加亲密的了,没有谁能驾驭控制自己的身体,父母和自身已不能对自己的身体容貌有所损益了,天地又怎么能够参与并决定我们的命运呢?如果人类都是由天地创造的,那么都应该美好无邪恶,全部是成功者没有失败者,众生就没有不顺心顺意的,那么项托、扬乌也就没有幼年夭折的悲哀了!您认为上天不能使孔、孟获得离世成仙的福分,就更应知道人所禀受的一切都是自然的,并不是天地所能决定的。圣明的品德是道德中的最高境界,上天如果能把最好的品德给予他们,却使他们的知识不全面,事业不成功,地位不能称霸,寿命不超过百岁,这些并非上天有意作为的证据啊。圣人的死亡,并非上天的杀害,那么圣人的生存,也不是上天的照顾。贤者不一定长寿,愚者不一定早夭,善人没有眼前的神佑,恶人也没有近期的灾祸,生存没有一定的年寿,死亡没有一定的规律,有盛大德行的哲人,像是开花不结果,窦公那样的凡夫,年龄却接近二百,伯牛患上了痼疾,子夏失去视力,盗跖极为凶劣却活到白头,庄蹻极其邪恶却长寿而终,上天自然无为,从这些事情就可以看清楚了。"

或曰:"仲尼称自古皆有死,老子曰神仙之可学。夫圣人之言,信而有征,道家所说,诞而难用。"抱朴子曰:"仲尼,儒者之圣也;老子,得道之圣也。儒教近而易见,故宗之者众焉。道意远而难识,故达之者寡焉。道者,万殊之源也;儒者,大淳之流也。① 三皇以往,② 道治也;帝王以来,儒教也。谈者咸知高世之敦朴,而薄季俗之浇散,③ 何独重仲尼而轻老氏乎?是玩华藻于木末,④ 而不识所生之有本也。何异乎贵明珠而贱渊潭,爱和璧而恶荆山,⑤ 不知渊潭者,明珠之所自出,荆山者,和璧之所由生也。且夫养性者,道之余也;礼乐者,儒之末也。所以贵儒者,以其移风易俗,不唯揖让与盘旋也。⑥ 所以尊道者,以其不言而化行,匪独养生之一事也。若儒道果有先后,则仲尼未可专信,而老氏未可孤用。仲尼既敬问伯阳,⑦ 愿比老、彭。又自以知鱼鸟而不识龙,喻老氏于龙,盖其心服之辞,非空言也。与颜回所言,瞻之在前,忽然在后,钻之弥坚,仰之弥高,无以异也。"

[注释]

①大淳:最淳厚的品德。②三皇:传说中的帝王。指伏羲、神农、黄帝。③季俗:末世颓败的风俗。浇散:浮华浇薄。④木末:木梢。⑤荆山:在湖北境内。又名楚山。《韩非子·和氏》:"楚人和氏得玉璞楚山中,奉而献之厉王。"⑥盘旋:回旋辗转。形容行礼的样子。⑦伯阳:即老子。伯阳是老子的字。

[译文]

有人说:"孔子说自古以来人人都有一死,老子说成仙不死可以学到。圣人的言论,是真实有证据的;道家的言论,是荒诞而难以实践的。"抱朴子说:"孔子是儒家的圣人,老子是道家的圣人。儒家的学说浅近容易明白,所以学习的人多。道家的思想高远难以认识,所以理解的人少。大道,是万事万物的根源;儒学,是最淳朴品德的末流。三皇以前,是用道家思想治理的;有了帝王以后,是用儒家思想来教化的。言谈者都知道上古时代的敦厚淳朴,而菲薄末世风俗的浮华浇薄,可为何偏偏看重孔子而轻视老子呢?这就像观赏树枝末梢的鲜花,而不知道产生鲜花的根本所在。这与珍重明珠却轻贱水渊深潭,热爱和氏璧而厌恶荆山有什么区别呢?人们不知道水渊深潭是明珠生长的地方,荆山是和氏璧出产的地方。再说修身养性只是道家的末流;礼乐制度只是儒家的末节。人们之所以看重儒家,是因为它能移风易俗,不只是其躬身作揖、周旋行礼啊;之所以尊重道家,是因为其能行不言之教,不仅仅是因为他们能够修身养生啊。如果说儒家和道家真有先后区别的话,那么孔子的学说也不能够单独相信,老子的思想也不能单独使用。孔子尊敬地向老子请教,自愿比作老子、彭祖。他还认为自己了解鱼、鸟而无法认识龙,把老子比作龙,大概是他心服口服之辞,并非虚言。与颜回所说的,看似在前,忽然在后,越钻研越觉得其思想深厚,越仰望越觉得其崇高,并没有任何区别啊。"

或曰:"仲尼亲见老氏而不从学道,何也?"抱朴子曰:"以此观之,益明所禀有自然之命,所尚有不易之性也。仲尼知老氏玄妙贵异,而不能挹酌清虚,本源大宗,出乎无形之外,入乎至道之内,其所咨受,止于民间之事而已,安能请求仙法耶?忖其用心汲汲,①专于教化,不存乎方术也。仲尼虽圣于世事,而非能沉静玄默,自守无为者也。故老子戒之曰:良贾深藏若虚,②君子盛德若愚,去子之骄气与多欲,态色与淫志,是无益于子之身。此足以知仲尼不免于俗情,非学仙之人也。夫栖栖遑遑,③务在匡时,仰悲凤鸣,④俯叹匏瓜,⑤沽之恐不售,慷慨思执鞭,⑥亦何肯舍经世之功业,而修长生之迂阔哉?"

[注释]

①忖:思考、推测。汲汲:急急忙忙的样子。②良贾(gǔ):优秀的商人。③栖栖遑遑:到处奔波、忙碌不安的样子。④仰悲凤鸣:古人认为凤凰出现是天下太平的征兆。《论语·子罕》:"子曰:'凤鸟不至,河不出图,吾已矣夫!'"⑤匏(páo)瓜:植物名。《论语·阳货》:"吾岂匏瓜也哉!焉能系而不食?"这里比喻无用之物,意指不被重用。⑥慷慨思执鞭:《论语·述而》:"子曰:'富而可求也,虽执鞭之士,吾亦为之。'"

[译文]

有人说:"孔子亲自见到老子而不向他学习道术,这是为什么呢?"抱朴子说:"从这一点来看,就更加明白人们所禀受的是自然之命,所崇尚的事情反映出不可改变的天性。孔子知道老子思想玄妙、高贵、奇异,却不能汲取他清虚无为的主张,以大道为本源,超越于无形的境界之外,深入到高妙的大道之内,他所咨询和请教的,只不过是人世间的一些事情而已,又怎么能请求学习神仙长生的法术呢?推测孔子最为急切了解的事情在于教化民众,而不在于求仙方术。孔子虽然在人间是个圣人,却不能安静沉默,自持清静无为。因此老子告诫他说:优秀的商人深深地隐藏自己的财物,表面看起来好像一无所有;君子品德高尚,表面看起来似乎很愚笨。你应该去掉您的傲慢之气和众多欲念,骄矜的姿态与过分的志向,这些对您的身体没有任何好处。由此也足以知道孔子不能免除世俗的情感,不是一位能够修习仙道的人。孔子整天忙碌奔走,一心要拯救社会,仰天长叹凤鸟不再飞来,低头悲叹自己像个匏瓜一样无人食用,想兜售自己又怕兜售不出去,感慨着想去做一个执鞭之人,他又怎么能舍弃入世的功业,而去修炼看似迂阔的长生之术呢?"

或曰:"儒、道之业,孰为难易?"抱朴子答曰:"儒者,易中之难也。道者,难中之易也。夫弃交游,委妻子,谢荣名,损利禄,割粲烂于其目,^①抑铿锵于其耳,^②恬愉静退,独善守己,谤来不戚,誉至不喜,睹贵不欲,居贱不耻,此道家之难也。出无庆吊之望,^③入无瞻视之责,^④不劳神于七经,^⑤不运思于律历,意不为推步之苦,^⑥心不为艺文之役,众烦既损,和气自益,无为无虑,不怵不惕,此道家之易也,所谓难中之易矣。夫儒者所修,皆宪章成事,出处有则,语默随时,师则循比屋而可求,书则因解注以释疑,此儒者之易也。钩深致远,错综典坟,该河洛之籍籍,⑦博百氏之云云,⑧德行积于衡巷,忠贞尽于事君,仰驰神于垂象,⑨俯运思于风云,一事不知,则所为不通,片言不正,则褒贬不分,举趾为世人之所则,动唇为天下之所传,此儒家之难也,所谓易中之难矣。笃论二者,儒业多难,道家约易,吾以患其难矣,将舍而从其易焉。世之讥吾者,则比肩皆是也。可与得意者,则未见其人也。若同志之人,必存乎将来,则吾亦未谓之为希矣。"

[注释]

①粲烂:灿烂。②铿锵:象声词。形容动听的音乐。③庆吊:庆祝和吊唁。泛指各种人事交往。④瞻视:看望。⑤七经:儒家的七部经典。东汉时指《诗经》《尚书》《易经》《仪礼》《春秋》《公羊传》《论语》。⑥推步:推求天文历法。⑦该:全面懂得,兼通。⑧百氏:指诸子百家。⑨垂象:天文、天象。

[译文]

有人说:"儒家和道家的事业,哪个困难,哪个容易?"抱朴子回答说:"儒家的事业是容易中的困难者,道家的事业是困难中的容易者。抛弃朋友交往,离开妻儿,谢绝荣誉名利,眼睛割舍灿烂美丽的色彩,耳朵抑除动听的音乐,恬静退让,独自持守善德,有诽谤不悲伤,有荣誉不喜乐,看到显贵不欲求,居低贱不为耻,这是修道的困难之处。出门没有庆祝和吊唁的人情往来,进门没有照顾看望家人的责任,不必劳神于儒家七经,不必思考乐律历法,思虑不必为推算天文历法而吃苦,内心不必为读书作文而受劳,各种烦恼既已减少,中和元气自然增加,无所作为也没有忧虑,不害怕不恐惧,这是修道的容易之处,就是所说的'困难中的容易者'。儒家所修养的,都是遵循已有成规的事情,去就、行止有一定的原则,言谈和沉默可以随时应变,寻找老师可以说到处都有,读书时依照注解就可以削除疑惑,这是儒家容易的地方。领悟深奥的道理,综合运用各种典籍,完全精通'河图''洛书'中纷繁的思想,博览诸子百家学说,积德行于民众,尽忠心于君主,仰头观察天象的吉凶,低头思考人间风云,一件事情不知道,做的事情就不顺利,一句话不恰当,褒贬的言论就无法分辨,举手投足都成为世人的法则,只言片语都将流传天下,这就是儒家困难之处,也就是所说的'容易中的困难者'。深入评价儒、道两家,儒家的事业困难更多,道家简约容易,我正是因为担忧儒业的困难,就舍弃儒家而追随容易学习的道家。世上讥讽我的人比比皆是,可以理解我的,却还没有见到。如果有志同道合的人,也肯定只能出现在将来,即使如此我也不会认为是稀少的了。"

或曰:"余阅见知名之高人,洽闻之硕儒,果以穷理尽性,研核有无者多矣,未有言年之可延,仙之可得者也。先生明不能并日月,思不能出万夫,而据长生之道,未之敢信也。"抱朴子曰:"吾庸夫近才,见浅闻寡,岂敢自许以拔群独识,皆胜世人乎?顾曾以显而求诸乎隐,以易而得之乎难,校其小验,则知其大效,睹其已然,则明其未试耳。且夫世之不信天地之有仙者,又未肯规也。率有经俗之才,当涂之伎,①涉览篇籍助教之书,以料人理之近易,辨凡猥之所惑,②则谓众之所疑,我能独断之,机兆之未朕,我能先觉之,是我与万物之情,无不尽矣,幽翳冥昧,无不得也。我谓无仙,仙必无矣,自来如此其坚固也。吾每见俗儒碌碌,守株之不信至事者,皆病于颇有聪明,而偏枯拘系,③以小黠自累,不肯为纯在乎极暗,而了不别菽、麦者也。夫以管窥之狭见,而孤塞其聪明之所不及,是何异以一寻之绠,④汲百仞之深,⑤不觉所用之短,而云井之无水也。俗有闻猛风烈火之声,而谓天之冬雷,见游云西行,而谓月之东驰。人或告之,而终不悟信,此信己之多者也。夫听声者,莫不信我之耳焉。视形者,莫不信我之目焉。而或者所闻见,言是而非,然则我之耳目,果不足信也。况乎心之所度,无形无声,其难察尤甚于视听,而以己心之所得,必固世间至远之事,谓神仙为虚言,不亦蔽哉?"

[注释]

①涂:通"途",道路、仕途。伎:技艺,本领。②猥:卑下,鄙陋。③偏枯:偏颇。拘系:拘束。④寻:古代长度单位。八尺为一寻。绠(gěng):井绳。⑤仞:古代长度单位。七尺或八尺为一仞。

[译文]

有人说:"我见的知名高人、博学大儒能够穷理尽性,知道万物有无的人很多,没有谁谈到寿命可以延长,求仙可以成功的。先生您的才华不能与日月相比,智慧不能超出众人,却坚持长生之道,我还是不太敢相信您啊。"抱朴子说:"我不过是凡夫俗子,见识浅薄、孤陋寡闻,哪里敢自认为有出类拔萃的独到见解,各方面都超越世人呢?只不过我曾从明显的事物中追寻隐秘的问题,从容易的东西中去获取难以明白的道理,通过小的试验,去了解大的效用,看到已经发生的事情,去推知没有经过验证的事情而已。而世上不相信天地间有神仙的人,又不肯去探求。一般地说,他们有了经营俗务的才能,独当一面的技能,涉猎阅读了有助于教化的书籍,以此来了解浅近的事理,辨析凡夫的疑惑,就认为众人所疑惑的,他自己能独自论断,征兆还没显现,他自己就能够预先发觉。他们认为自己对万物的情况,没有不穷尽的;对幽冥昏暗的道理,没有不了解的。自认为没有神仙,就一定没有神仙,他们从来就是这样自信顽固。我常常看到世俗的儒生忙忙碌碌,坚决不相信神仙学说,他们的共同毛病就是有小聪明,却偏颇固执、拘泥,因为小聪明自我拖累,本身就处于极为黑暗中不肯去追求纯真美好,以至于完全不能区分豆子和小麦。凭借着以管窥天的狭隘见解,而独自堵塞了自己的聪明才智还没有达到的境地,这与用七尺长的绳子去百仞深的井中汲水,不知道绳子太短,反而说井中无水有什么区别呢?俗人听到狂风烈火的声音就认为是上天冬季打雷,看见游动的云彩向西浮行,就认为是月亮向东飞驰。有人告诉了他们真相,但却始终不觉悟不相信,这就是太过分地相信自己了。凡是听到声音的,没有不相信自己耳朵的;看到形体的,没有不相信自己眼睛的。然而有时的所见所闻也会似是而非,那么这就说明连自己的眼睛耳朵,也确实还不能完全相信。更何况是心中所思考的一些问题,无形无声,比看到、听到的事物更难于明察,那么凭着自己的心得,去判定世间极深远的事理,认为有关神仙的事情都是空话,不是太愚昧了吗?"

抱朴子曰:"妍媸有定矣,①而憎爱异情,故两目不相为视焉。雅、郑有素矣,②而好恶不同,故两耳不相为听焉。真伪有质矣,而趋舍舛忤,③故两心不相为谋焉。以丑为美者有矣,以浊为清者有矣,以失为得者有矣,此三者乖殊,炳然可知,如此其易也,而彼此终不可得而一焉。又况乎神仙之事,事之妙者,而欲令人皆信之,未有可得之理也。凡人悉使之知,又何贵乎达者哉?若待俗人之息妄言,则俟河之清,④未为久也。吾所以不能默者,冀夫可上可下者,可引致耳。其不移者,古人已末如之何矣。"

抱朴子曰:"至理之未易明,神仙之不见信,其来久矣,岂独今哉?太上自然知之,其次告而后悟,若夫闻而大笑者,则悠悠皆是矣。吾之论此也,将有多败之悔,失言之咎乎!夫物莫之与,则伤之者至焉。盖盛阳不能荣枯朽之木,神明不能变沉溺之性,子贡不能悦录马之野人,⑤古公不能释欲地之戎狄,⑥实理有所不通,善言有所不行。章甫不售于蛮越,⑦赤舄不用于跣夷,⑧何可强哉?夫见玉而指之曰石,非玉之不真也,待和氏而后识焉。见龙而命之曰蛇,非龙之不神也,须蔡墨而后辨焉。⑨所以贵道者,以其加之不可益,而损之不可减也。所以贵德者,以其闻毁而不惨,见誉而不悦也。彼诚以天下之必无仙,而我独以实有而与之净,⑩净之弥久,而彼执之弥固,是虚长此纷纭,而无救于不解,果当从连环之义乎!"⑪

[注释]

①妍媸(chī):美与丑。②雅、郑:雅乐与郑声。雅,《诗经》中的一类,包括"小雅"和"大雅"。古人认为是高雅的音乐。郑,指《诗经》中的"郑风",即郑国音乐。古人认为郑国的音乐淫荡。素:本质。③舛忤(chuǎn wǔ):背离,抵触。④俟:等待。河:黄河。⑤子贡:孔子弟子。悦:取悦,说服。录:扣押。野人:农夫。《吕氏春秋·必己》:"孔子行道而息,马逸,食人之稼,野人取其马。子贡请往说之,毕辞,野人不听。"⑥古公:周族的祖先大王亶父。戎狄:西方的少数民族。《庄子·让王》:"大王亶父居邠,狄

人攻之。事之以皮帛而不受，事之以犬马而不受，事之以珠玉而不受，狄人之所求者，土地也。大王亶父……因杖策而去之。"⑦章甫：商代的一种礼帽。《庄子·逍遥游》："宋人资章甫而适诸越，越人断发文身，无所用之。"⑧赤舄(xì)：古代君王和贵族穿的一种礼鞋。跣：赤脚。⑨蔡墨：春秋时人，善于辨识龙。⑩诤：通"争"，争辩。⑪连环之义：连环无缝隙，难以解开。这里喻指无法解答的问题。

[译文]

　　抱朴子说："美与丑有一定的区别，然而由于爱憎情感的差异，所以两个人的眼睛无法获得同样的感受。雅乐和郑声具有不同的性质，然而由于好恶标准的不同，所以两个人的耳朵无法获得同样的听觉感受。真实和虚伪有不同的品质，然而由于人们的取舍不同，所以两个人的思想很难得出同样的结论。把丑当作美的人是有的，把混浊当成清澈的人是有的，把失误当成成功的人是有的，美丑、清浊、得失这三者的区别截然不同，如此简单的事物，人们彼此之间尚且始终没有统一的看法。又何况神仙之事是事物中最奇妙的，要让人们都相信，按道理自然是不可能的。如果人们全都明白神仙之事，那又何必看重通达之士呢？如果要等待俗人都停止妄言，那恐怕要等到黄河水变清了，还不算长久。我之所以不能沉默，是希望那些犹豫不定的人，可以被引导到正道上来。至于那些不可改变的人，古人也已经拿他们没有办法了。"

　　抱朴子说："最高的道理不容易被明白，神仙学说不被相信，由来已久了，哪里只是今天如此呢？水平最高的人，自然而然就懂得神仙之道；稍次的人，告诉他们之后就会觉悟；至于听到神仙之道就大声嘲笑的人，可以说比比皆是了。我谈到这些，大概会造成多次失败的后悔，会招致失言的灾祸了！对于别人的话不去赞同，中伤自己的人就会到来了。强盛的阳气也不能使枯朽的树木繁荣，神明的智慧也不能改变堕落的天性，子贡说服不了扣马的农夫，古公不能解劝想要土地的戎狄民族，真实的道理也有说不通的地方，善良的言论也有不能施行的时候。章甫不能在蛮族居住的越地出售，赤舄不能被赤脚的东夷民族使用，这怎么能勉强呢？见到美玉却指着说是石头，并非美玉不是真的，只是要等到和氏来才能够认识。看到龙却说是蛇，并非龙不神奇，只是要等到蔡墨来才可能辨别。道之所以可贵，是因为增加它也不会有所增益，减少它也不会有所损失。德行之所以重要，是因为有德行的人听到诋毁不会悲哀，看见荣誉不会欢喜。别人肯定认为天下确实没有神仙，而唯独我认为确实有神仙而同他争辩，争辩得越久，而别人坚持己见越固执，这就是白白地助长了纷争，而对于别人不理解仙道没有任何益处，难道我就应当顺从连环难以解答的问题而再去费心解答吗？"

卷八　释滞

[题解]

释滞，即解释疑难。滞，本义为不流通，引申为疑难、困惑。本卷主要解决修道求仙遇到的各种困惑，包括求仙与治世之间的矛盾，服食金丹、行气与房中术的不同功用，道书的选择，并对儒家经典没有记载仙道和圣人不成仙的原因进行了阐释。

或问曰："人道多端，求仙至难，非有废也，则事不兼济。艺文之业，忧乐之务，君臣之道，胡可替乎？"抱朴子答曰："要道不烦，所为鲜耳。但患志之不立，信之不笃，何忧于人理之废乎？长才者兼而修之，何难之有？内宝养生之道，外则和光于世，①治身而身长修，治国而国太平。以六经训俗士，②以方术授知音，欲少留则且止而佐时，欲升腾则凌霄而轻举者，上士也。自持才力，不能并成，则弃置人间，专修道德者，亦其次也。昔黄帝荷四海之任，不妨鼎湖之举；彭祖为大夫八百年，然后西适流沙。③伯阳为柱史，宁封为陶正，④方回为闾士，⑤吕望为太师，⑥仇生仕于殷，⑦马丹官于晋，⑧范公霸越而泛海，⑨琴高执笏于宋康，⑩常生降志于执鞭，⑪庄公藏器于小吏，⑫古人多得道而匡世，修之于朝隐，盖有余力故也。何必修于山林，尽废生民之事,然后乃成乎?亦有心安静默,性恶喧哗,以纵逸为欢,以荣任为戚者,带索蓝缕⑬,茹草操耜⑭,玩其三乐,守常待终,不营苟生,不惮速死,辞千金之聘,忽卿相之贵者。无所修为,犹常如此,况又加之以知神仙之道,其亦必不肯役身于世矣,各从其志,不可一概而言也。"

抱朴子曰:"世之谓一言之善,贵于千金然,盖亦军国之得失,行己之臧否耳。至于告人以长生之诀,授之以不死之方,非特若彼常人之善言也,则奚徒千金而已乎?设使有困病垂死,而有能救之得愈者,莫不谓之为宏恩重施矣。今若按仙经,飞九丹,水金玉⑮,则天下皆可令不死,其惠非但活一人之功也。黄老之德,固无量矣,而莫之克识,谓为妄诞之言,可叹者也。"

[注释]

①和光于世:在社会上不过分显露才华。②六经:指儒家经典《诗经》《尚书》《易经》《礼记》《乐经》《春秋》。③西适流沙:《神仙传》云,彭祖八百岁以后,有人在流沙国之西见过他。④宁封:黄帝时人,后成仙。陶正:官名,掌管制造陶器之事。《列仙传》说宁封曾经当过黄帝的陶正。⑤方回:尧时人。闾士:古代掌管乡里的小官。⑥吕望:即姜子牙。⑦仇(qiú)生:商朝人。后成仙。⑧马丹:春秋时期人。后成仙。⑨范公:指范蠡。⑩琴高:战国时期赵国人。执笏:拿着手板。宋康:即宋康王。战国时宋国君主。⑪常生:即阴长生。⑫庄公:即庄子。早年曾在漆园当过一般官吏。⑬带索蓝缕:以绳索为衣带,衣衫破烂。⑭茹草:吃野菜。耜(sì):农具名。⑮水:把……化为水。

[译文]

有人问道:"人世间的事务繁多,求仙最为困难,如果不是有所放弃,则所有事务不可能都做好。文章经典的学习,忧愁欢乐的事务,君臣之间的道义,怎么可以替代呢?"抱朴子回答说:"主要的修道仙术并不烦琐,所要做的事情也不多。只是担心志向不确立,信心不确定,哪里需要担心废除人事的责任呢?才能高的人兼修并炼,又有什么困难呢?对内重视养生之道,对外则不过分显露才华,养生能使身体得以长久保养,治理国家能够使国家太平安定。用儒家六经来教育世人,用修仙道术来传授知音,想滞留人世就停下来辅佐时政,想要升天就飞越云霄轻身离开,这是上等的得道之士。自己考虑到才华能力,不能在两方面都取得成功,就抛弃人间事务,专心修炼仙道,这是次一等的修道之士。过去黄帝担负着天下的重任,并不妨碍他在鼎湖飞升成仙;彭祖当了八百年大夫,然后西行流沙国。老子做过柱下史,宁封当过陶正,方回当过闾士,吕望当过太师,仇生出仕于商朝,马丹为官于晋国,范蠡助越国称霸后泛舟沧海而去,琴高在宋康王的朝堂上做过官,阴长生降低身份去做执鞭之人,庄子深藏才华去做了小吏。很多古人学得仙道还能治理国家,隐修于朝堂,大概是由于他们有剩余才力的缘故。何必一定要进入山林修道,完全废弃人事的责任,然后才能成功呢?也有一些人内心恬静安详,生性厌恶喧哗,把逍遥超逸的生活当作快乐,把荣华显贵当作悲哀,他们把绳索当衣带,衣衫褴褛,吃野菜,握农具,玩赏人生的乐趣,持守平常心等待人生的终结,不苟且偷生,不害怕很快死亡,辞谢千金聘用,蔑视卿相的高位。这些无所修为的人尚且能够如此,况且明白神仙之道的人,一定不肯受役于人间,人各有其志,不能一概而论。"

抱朴子说:"世人常说一句良言,比千金还要可贵,大概说的是有关国家军队的成败,行为的善恶。至于把长生的秘诀告诉别人,把不死的方术传授给大家，这不只是像世俗人所说的良言，又何止价值千金而已呢！假若有患重病将要死去的人，有人能把他救活并治愈，人们没有不称此为大恩大德的。如果按照仙经，炼制九转神丹，熔化黄金玉石，就能使整个天下的人都免于死亡，这种恩德就不仅仅是救活一个人的功德了。黄帝、老子的功德确实无法估量，然而却没有人能辨识，还认为是荒诞的言论，实在是可叹啊！"

抱朴子曰："欲求神仙，唯当得其至要，至要者在于宝精行炁，服一大药便足，亦不用多也。然此三事，复有浅深，不值明师，不经勤苦，亦不可仓卒而尽知也。虽云行炁，而行炁有数法焉。虽曰房中，而房中之术，近有百余事焉。虽言服药，而服药之方，略有千条焉。初以授人，皆从浅始，有志不怠，勤劳可知，方乃告其要耳。故行炁或可以治百病，或可以入瘟疫，或可以禁蛇虎，或可以止疮血，或可以居水中，或可以行水上，或可以辟饥渴，或可以延年命。其大要者，胎息而已。得胎息者，能不以鼻口嘘吸，如在胞胎之中，则道成矣。初学行炁，鼻中引炁而闭之，阴以心数至一百二十，①乃以口微吐之，及引之，皆不欲令己耳闻其炁出入之声，常令入多出少，以鸿毛著鼻口之上，吐炁而鸿毛不动为候也。渐习转增其心数，久久可以至千，至千则老者更少，日还一日矣。②夫行炁当以生炁之时，勿以死炁之时也。故曰仙人服六炁，③此之谓也。一日一夜有十二时，其从半夜以至日中六时为生炁，从日中至夜半六时为死炁，死炁之时，行炁无益也。善用炁者，嘘水，水为之逆流数步；嘘火，火为之灭；嘘虎狼，虎狼伏而不得动起；嘘蛇虺，蛇虺蟠而不能去。若他人为兵刃所伤，嘘之血即止；闻有为毒虫所中，虽不见其人，遥为嘘祝我之手，男嘘我左，女嘘我右,而彼人虽在百里之外,即时皆愈矣。又中恶急疾,但吞三九之炁,④亦登时差也。但人性多躁,少能安静以修其道耳。又行炁大要,不欲多食,及食生菜肥鲜之物,令人炁强难闭。又禁恚怒,多恚怒则炁乱,既不得溢,或令人发咳,故鲜有能为者也。予从祖仙公,⑤每大醉及夏天盛热,辄入深渊之底,一日许乃出者,正以能闭炁胎息故耳。房中之法十余家,或以补救伤损,或以攻治众病,或以采阴益阳,或以增年延寿,其大要在于还精补脑之一事耳。此法乃真人口口相传,本不书也,虽服名药,而复不知此要,亦不得长生也。人复不可都绝阴阳,阴阳不交,则坐致壅阏之病,⑥故幽闭怨旷,⑦多病而不寿也。任情肆意,又损年命。唯有得其节宣之和,可以不损。若不得口诀之术,万无一人为之而不以此自伤煞者也。玄、素、子都、容成公、彭祖之属,⑧盖载其粗事,终不以至要者著于纸上者也。志求不死者,宜勤行求之。余承师郑君之言,故记以示将来之信道者,非臆断之谈也。余实复未尽其诀矣。一涂之道士,⑨或欲专守交接之术,以规神仙,而不作金丹之大药,此愚之甚矣。"

[注释]

①阴:暗中。②还:返还。③六炁:天地四时之气。④三九:二百七十次。《云笈七签》卷五十九:"若行气未定,意中疲倦,便练气,以九十息为一节,三九二百七十息为一竟。"⑤仙公:即葛玄。⑥坐:因此。壅阏(è):闭塞不通。⑦幽闭:禁锢。指男女不接触。怨旷:怨妇和旷夫。⑧玄、素、子都、容成公、彭祖:指玄女、素女、巫炎(字子都)、容成公、彭祖。传说都是精通房中术的术士,分别著有《玄女经》《素女经》《子都经》《容成经》《彭祖经》

各一卷。⑨涂：同"途"，道路，方法。

[译文]

抱朴子说："想要追求仙道，一定要学到最关键的方法。所谓关键的方法在于爱护精气、行气，服食一种上等仙药就足够了，就不必再多用其他的方法。然而这三件事，又有深有浅，没有遇到明师，不经过勤苦修炼，也不可能在短期内全面了解。即便只说行气，但行气的方法就有好几种。虽然只谈房中，但房中术也有将近一百多种。即便只讲服药，服食药物的方法，大概有一千多种。开始传授别人时，都要从浅显的开始，有志向又能坚持不懈，吃苦耐劳又能学会的，才可以告知关键问题。行气这种方术，有的可以用来治疗各种疾病，有的可以用来深入疫区，有的可以用来禁阻毒蛇猛虎，有的可以用来阻止疮口流血，有的可以停留在水中，有的可以行走在水上，有的可以避免饥渴，有的可以延长寿命。其中最主要的，就是学习胎息而已。学到胎息的人，能够不用鼻子和嘴巴呼吸，好像在胞胎中一样，如此胎息之道就学成功了。刚开始学习行气的时候，以鼻腔吸气后闭气，暗暗数到一百二十下，才用口微微吐气，吸气和吐气都不要让自己的耳朵听到呼吸的声音，要常使进气多而出气少，用鸿雁的羽毛放在口鼻上，以呼吸时羽毛不动为标准。逐渐练习，使闭气时用心数的数字慢慢增加，时间长了可以增加到一千个数，数到一千个数就能使人返老还童，一天比一天年轻。行气时应当在'生气'之时，不要在'死气'之时。说仙人服食六气，就是这个意思。一天一夜有十二个时辰，从半夜到正午的六个时辰是'生气'之时，从正午到半夜的六个时辰是'死气'之时。在'死气'之时行气是没有好处的。善于行气的人，用气嘘水，水可以倒流数步；用气嘘火，火可以熄灭；用气嘘虎狼，虎狼伏在地上不能动；用气嘘毒蛇，毒蛇盘踞着无法逃离。如果有人被兵器刺伤,用气嘘伤口可以马上止血;听说有人被毒蛇咬伤,虽然没见到此人,远远地为他嘘气并祝祷自己的手,受伤者是男性就嘘自己的左手,是女性就嘘自己的右手,而受伤者虽然在百里之外,也会立即痊愈。另外,如果犯了重病,只要吞气二百七十下,也能马上痊愈。只是人们大多性情急躁,很少有人能安静下来修炼这个道术。行气的另外一个关键在于不要吃得太多,不要吃生蔬菜和肥美新鲜的食物,这些食物使人的气息强盛而难以闭守。还忌讳发怒,怒气一多气息就会紊乱,气息不能充溢,有时还会让人咳嗽,所以很少有修炼成功的。我的从祖葛仙公,每当大醉和夏天极热时,就会潜入深渊底部,一天左右才出来,就是因为他会闭气及胎息的缘故。房中术的方法也有十多种,有的可以补救损伤,有的可以攻克治疗疾病,有的可以采阴补阳,有的可以延年益寿,其中的关键在于还精补脑一事而已。这种方法是真人口口相传,本来没有写在书中。即使服食了名贵药物,而不懂得这种方法的要点,也是不能长生的。人们不能完全断绝阴阳交合,如果阴阳不交,则会引起闭塞不通的毛病,因此被禁闭的怨妇和旷夫,会患上多种疾病而不能长寿。然而如果放纵情欲,又会减损寿命。只有遵循既节制又疏导的中和原则,才可以不损健康。如果没有获得口传的秘诀,一万人中也没有一个人施行这种方术而不伤害自身的。玄女、素女、子都、容成公、彭祖这些人,大概都记载了房中术的粗略内容,他们最终也不肯把最关键的内容写进书中。立志长生的人,应该勤奋努力地追求。我秉承郑先生的教诲,所以把这些内容记下来以传授给将来信道的人,这些内容并不是我的主观臆断。我确实还没有把这些秘诀全部写出来。只学习一种方术的道士,如果只持守男女交媾的方术,就想修道成仙,而不去炼制金丹之类的上等药物,这实在是太愚笨了!"

抱朴子曰："道书之出于黄老者，盖少许耳，率多后世之好事者，各以所知见而滋长，遂令篇卷至于山积。古人质朴，又多无才，其所论物理，既不周悉，其所证按，①又不著明，皆阙所要而难解，解之又不深远，不足以演畅微言，开示愤悱，②劝进有志，教戒始学，令知玄妙之涂径，祸福之源流也。徒诵之万遍，殊无可得也。虽欲博涉，然宜详择其善者，而后留意，至于不要之道书，不足寻绎也。③末学者或不别作者之浅深，其于名为道家之言，便写取累箱盈筐，尽心思索其中。是探燕巢而求凤卵，搜井底而捕鳝鱼，虽加至勤，非其所有也，不得必可施用，无故消弃日月，空有疲困之劳，了无锱铢之益也。④进失当世之务，退无长生之效，则莫不指点之曰，彼修道如此之勤，而不得度世，是天下果无不死之法也；而不知彼之求仙，犹临河羡鱼，而无网罟，⑤非河中之无鱼也。又五千文虽出老子，然皆泛论较略耳。其中了不肯首尾全举其事，有可承按者也。但暗诵此经，而不得要道，直为徒劳耳，又况不及者乎？至于文子、庄子、关令尹喜之徒，其属文笔，虽祖述黄老，宪章玄虚，但演其大旨，永无至言。或复齐死生，谓无异以存活为徭役，以殂殁为休息，⑥其去神仙，已千亿里矣，岂足耽玩哉？其寓言譬喻，犹有可采，以供给碎用，充御卒乏，至使末世利口之奸佞，无行之弊子，⑦得以老庄为窟薮，⑧不亦惜乎？"

[注释]

①证按：证据。②愤悱：苦思冥想而又难以表达清楚。《论语·述而》："不愤不启，不悱不发，举一隅不以三隅反，则不复也。"③寻绎：学习研究。④锱铢（zīzhū）：比喻数量很少。锱、铢都是古代很小的重量单位，六铢等于

一锱,四锱等于一两。⑤网罟(gǔ):捕鱼的网。⑥殂殁(cúmò):死亡。⑦弊子:坏人,小人。⑧窟薮(sǒu):人或物聚集的地方。这里比喻立论的根据。

[译文]

  抱朴子说:"道书真正出自黄帝、老子之手的,大概只是少数而已,大多是后世的好事之徒,各自依据自己的见解添加进来的,以至于使道书多得堆积如山。古人质朴,大多数又没什么才华,他们所论述的事物道理,既不周到完备,所提供的证据,也不够清楚明白,都缺少要点而难以理解,解释又不够深入,不足以阐述精微的道理,启发那些苦思冥想又无法表达清楚的人,以鼓舞有志之人,教育劝诫初学者,使他们找到玄妙道术的途径、祸福的根源。白白诵经万遍,也没有一点收获。如果想要广泛涉猎道书,也应该仔细选择其中好的,再专心学习,至于那些无关紧要的道书,就不值得深入学习了。还没有深入学习的人可能无法区别作者水平的高低,只要是名为道家的言论,就抄录收藏得满箱满筐,尽心尽力思考书的思想。这就好比在燕子的巢穴中寻找凤凰蛋,到水井底部去捕捉鳝鱼一样,虽然加倍勤奋,并不能得到想要的东西。在无关紧要的道书中无法找到有用的知识,反而白白消磨浪费了时光,可以说徒劳无功,没有任何益处。在世俗中失去了经营世务的能力,退居山林也没有获得长生不死的效益。那么没有谁不指指点点地说,此人修习仙道如此勤奋,还不能离世成仙,这说明天下确实没有成仙不死的方法啊。人们并不知道此人的求仙方法,就好比临近河水想捕鱼,却没有渔网,并不是河中没有鱼啊。再者,五千言虽出自老子之手,然而只泛述了简略的内容,书中完全没有自始至终讲清事理、提供可以依循的线索。如果只是默默诵读此经,而学不到更重要的道术,那也只是徒劳无益罢了,又何况那些比不上《老子》的书呢？至于文子、庄子、关令尹喜这些人，他们著书立说，虽然继承了黄帝、老子的思想，以玄妙虚无为宗旨，但也只是阐述了其中的主要宗旨，而完全没有修道成仙的重要道理。他们有的认为死亡和生存一样，认为人生在世与服役没有两样，把死亡看成休息，这些思想与神仙之术相距已有千万里了，哪里值得去深入研究呢？其中的一些寓言譬喻，还可以借鉴采用，以备在琐碎事务上使用，以备一时之需，然而却使世道衰落时的一些伶牙俐齿的奸佞，品行不好的小人，得以拿老子、庄子作为口实，岂不是很可惜吗？"

或曰："圣明御世，唯贤是宝，而学仙之士，不肯进宦，人皆修道，谁复佐政事哉？"抱朴子曰："背圣主而山栖者，巢、许所以称高也；①遭有道而遁世者，庄伯所以为贵也；②轩辕之临天下，可谓至理也，而广成不与焉；③唐尧之有四海，可谓太平也，而偓佺不佐焉，④而德化不以之损也，才子不以之乏也；天乙革命，⑤而务光负石以投河；⑥姬武翦商，⑦而夷、齐不食于西山；⑧齐桓之兴，⑨而少稷高枕于陋巷；⑩魏文之隆，⑪而干木散发于西河；⑫四老凤戢于商洛，⑬而不妨大汉之多士也；周党麟跱于林薮，⑭而无损光武之刑厝也。⑮夫宠贵不能动其心，极富不能移其好，濯缨沧浪，⑯不降不辱，以芳林为台榭，峻岫为大厦，⑰翠兰为绸床，⑱绿叶为帷幕，被褐代衮衣，⑲薇、藿当嘉膳，⑳非躬耕不以充饥，非妻织不以蔽身，千载之中，时或有之，况又加之以委六亲于邦族，捐室家而不顾，背荣华如弃迹，绝可欲于胸心，凌嵩峻以独往，侣影响于名山，内视于无形之域，反听乎至寂之中，八极之内，将遽几人？而吾子乃恐君之无臣，不亦多忧乎？"

[注释]

①巢、许:巢父和许由,都是唐尧时的隐士。②庄伯:庄光,东汉人。少与刘秀同学,刘秀即帝位后,庄光改变姓名,隐居不见。③广成:广成子。④偓佺(wòquán):人名。《列仙传》说他在尧时避世修道,好食松实,后成仙。⑤天乙:即商汤王。革命:指商汤王推翻夏朝,建立商王朝。⑥务光:夏代人。传说商汤王让天下与他,他表示拒绝,并负石投水自杀。⑦姬武:指周武王。⑧夷、齐:伯夷和叔齐。商朝孤竹国君的两个儿子。《史记·伯夷列传》说,周武王灭商以后,两人不食周粟,饿死在首阳山。西山:即首阳山。⑨齐桓:即春秋五霸之一齐桓公。⑩少稷:指小臣稷。春秋时齐国隐士。⑪魏文:即魏文侯。战国时期魏国君主。⑫干木:段干木。西河:地名。古人称黄河上游南北流向的一段叫西河。《高士传》说魏文侯想让段干木做相,他予以拒绝。⑬四老:即商山四皓。汉初隐居于商山的四位老人。⑭周党:东汉太原人。《后汉书·逸民列传》说他见光武帝时,"伏而不谒,自陈愿守所志,帝乃许焉"。麟跱:像麒麟一样独立生活。⑮厝(cuò):通"措",搁置。⑯濯:洗涤。缨:系冠的带子。沧浪:水名。在今湖北北部。⑰峻岫(xiù):高峻的山峰。⑱细(yīn):通"茵",褥垫。⑲被褐:穿着粗布衣服。衮衣:绣有龙形花纹的高贵服饰。⑳薇、藿:两种野菜名。藿,豆叶。

[译文]

有人说:"圣明的君主治理国家,非常重视贤才,而那些学道的士人,不肯出来做官,如果人人都去修习仙道,谁来辅佐政事呢?"抱朴子说:"离开圣明的君主而到山林隐居,是巢父和许由被称为高士的原因;遇到清明盛世却避世,这是庄伯之所以被人看重的原因;轩辕氏君临天下的时候,可以说是天下大治了,而广成子却不去参政;唐尧拥有四海的时候,可算是天下太平了,但偓佺却不去辅佐,然而德泽教化并未因此受损,贤才也并未因此缺乏;商汤王推翻夏朝,而务光却背着石头投入黄河;周武王消灭商朝,但伯夷、叔齐却在西山绝食;齐桓公使齐国强盛,而少稷却在陋巷里高枕而卧;魏文侯使魏国强大了,但段干木却在西河散发而游;商山四皓像凤凰一样隐匿在商洛地区,也没有妨碍大汉王朝的人才济济;周党像麒麟一般独立于山林水泽,而无损于汉光武帝刑法搁置的太平局面。尊宠高贵不能打动他们的心思,极其富有不能改变他们的爱好,用沧浪之水洗涤帽缨,不降低人格也不受羞辱,把芳草茂林当作歌台舞榭,把崇山峻岭视为高楼大厦,把青翠的兰花当作褥垫床铺,把碧绿的树叶当作帷幕,披着粗布衣来代替华贵的衮衣,把野菜当作美味佳肴,不是亲自耕种的粮食就不用它去充饥,不是妻子织布做的衣服不穿,千年之中,或许有一些这样的人,况且再加上在家族中抛弃六亲,放弃家室毫不顾及,抛却荣华就好像丢弃自己的脚印,断绝心中的欲望,凌越高山峻岭而独来独往,在名山中与自己的名字和声音相伴,内观无形的清静领域,回头聆听无声息的寂静境界,整个天地间,这样的人又能有几个呢?而您却担心君主没有臣子,岂不是太多虑了吗?"

或曰:"学仙之士,独洁其身而忘大伦之乱,背世主而有不臣之慢,余恐长生无成功,而罪罟将见及也。"抱朴子答曰:"夫北人、石户、善卷、子州,皆大才也,①而沉遁放逸,养其浩然,升降不为之亏,②大化不为之缺也。况学仙之士,未必有经国之才,立朝之用,得之不加尘露之益,弃之不觉毫厘之损者乎?方今九有同宅,③而幽荒来仕,④元凯委积,⑤无所用之。士有待次之滞,官无暂旷之职;勤久者有迟叙之叹,勋高者有循资之屈;济济之盛,莫此之美,一介之徒,非所乏也。昔子晋舍视膳之役,⑥弃储贰之重,⑦而灵王不责之以不孝;⑧尹生委衿带之职,⑨违式遏之任,⑩而有周不罪之以不忠。何者?彼诚亮其非轻世薄主,直以所好者异,匹夫之志,有不可移故也。夫有道之主,含垢善恕,知人心之不可同,出处之各有性,不逼不禁,以崇光大,上无嫌恨之偏心,下有得意之至欢,故能晖声并扬于罔极,⑪贪夫闻风而忸怩也。⑫吾闻景风起则裘炉息,⑬世道夷则奇士退,今丧乱既平,休牛放马,烽燧灭影,干戈载戢,繁弱既韬,⑭卢鹊将烹,⑮子房出玄帷而反闾巷,⑯信越释甲胄而修鱼钓,⑰况乎学仙之士,万未有一,国家吝此以何为哉?然其事在于少思寡欲,其业在于全身久寿,非争竞之丑,无伤俗之负,亦何罪乎?且华、霍之极大,⑱沧海之滉瀁,⑲其高不俟翔埃之来,⑳其深不仰行潦之注,㉑撮壤土不足以减其峻,挹勺水不足以削其广,一世不过有数仙人,何能有损人物之鞅掌乎?"㉒

[注释]

①北人、石户、善卷、子州:古代高士。《庄子·让王》:"舜以天下让北人无择、石户之农、善卷、子州支伯,皆不受。"②升降:日月的升起与落下。③九有:九州。古代将天下分为冀、兖、青、徐、扬、荆、豫、梁、雍九州。④幽荒:指偏僻荒远之地的人。⑤元:八元。凯:八凯。《左传·文公十八年》说高阳氏有才子八人,天下之民谓之"八恺(凯)";高辛氏有才子八人,天下之民谓之"八元"。这里"元凯"代指有才华的人。委积:聚积、堆积。⑥子晋:王子晋。周灵王太子。《列仙传》说,周灵王太子晋好吹笙作凤凰鸣,游于伊、洛间,道士浮丘公接上嵩山,成仙而去。视膳:古代儿女侍奉父母及长辈

进餐时的礼节。这里泛指侍奉父母。⑦储贰:即储君,君主的继承人。⑧灵王:即周灵王,王子晋之父。⑨尹生:即关令尹喜。衿带:比喻形势回环的险要之地。这里指尹喜负责守护的关口。⑩式遏:遏制坏人作恶。式,发语词。尹喜守关的职责就是抗击敌寇,督察坏人。⑪晖声:道德和名声。罔极:无限。⑫怩忸:羞愧的样子。⑬景风:夏至后暖和的风。裘炉:皮衣和火炉。⑭繁弱:良弓的名字。韬:纳弓于弓袋。⑮卢鹊:良犬的名字。《博物志》卷六:"韩国有黑犬,名卢;宋有骏犬,曰鹊。"⑯子房:张良,字子房,西汉刘邦谋士。玄帷:帷幄,军中的帷幕。闾巷:指平民居住的地方。闾,古代二十五家为一闾。⑰信、越:韩信和彭越。都是汉高祖的名将。⑱华、霍:山名。华山在今陕西,霍山在今安徽。⑲滉瀁(huàngyǎng):水深广的样子。⑳翔埃:被风吹来的灰尘。㉑行潦(hánglǎo):路上的积水。㉒鞅掌:众多。

[译文]

　　有人说:"学习仙道的人,自洁其身而忘记了基本伦常的混乱,背叛了国君而有不守臣职的怠慢,我担心修长生没有成功,而法网就会到来了。"抱朴子回答说:"北人、石户、善卷、子州,都是才能很高的人,却沉匿隐遁而随心所欲,去修养自己的浩然之气,而日月并无因之亏损,自然变化也不会因之而缺失。何况学仙的人,未必有治理国家的才能和居朝为官的本事,得到他们不会有灰尘露珠般的益处,放弃他们难道会有丝毫的损失吗?当今天下九州如同一家,偏远之地的人都来做官,英才聚集,无处任用。士人进职有依次等待的阻滞,官职却没有暂时的空缺;劳苦已久的人有进职太慢的感叹,功劳高的人有论资排辈的委屈;人才济济的盛况,没有哪个时代能与之媲美,一两个人不出仕,不会造成人才缺乏。从前王子晋舍弃奉养父母的义务,抛弃继承君位的重任,而周灵王并没有责怪他不孝;关令尹喜擅离镇守险要关口的重职,放弃了遏制坏人的任务,而周王朝也没有怪罪他的不忠。为什么呢？因为周灵王和周王朝确实谅解他们并非轻薄世务、蔑视君主,只是因为他们的爱好有所不同,个人的志向无法改变的缘故。圣明的君主,能够忍受羞辱而善于宽恕,他们懂得人心不可强求一致,出仕和退隐各有天性,所以不逼迫不禁止,以便使各自的优点发扬光大。君主没有猜忌报复的狭隘之心,臣民就有各得意愿的幸福,因此就能够使自己的美名传扬无边,使贪婪的人听到君主的高尚风范就羞愧无比。我听说暖和的风吹来了,皮袍和火炉就不再有用了,世道太平则奇谋之士退隐,如今动乱已经平息,牛马休息,烽火不起,刀枪入库,良弓已收藏,良犬将烹杀,张良走出军帐而返回平民里巷,韩信、彭越脱下铠甲去修理钓鱼用具,更何况学习仙道的人,万人之中没有一个,国家又为什么会舍不得放弃这些人呢？而且修习仙道之事在于少思寡欲,目的在于保全身体增加寿命,没有争名逐利的丑行,没有伤风败俗的过错,又有什么罪过呢？而且像华山、霍山般极其高大,像沧海一样极为辽阔,山之高不必等待飞灰的到来,海之深不必依赖路上积水的倾注,抓一撮土不足以减损它的高度,舀出一勺水不足以削减它的辽阔,一代不过有几个仙人,哪里会有损于繁多的人才队伍呢？"

或曰:"果其仙道可求得者,五经何以不载？周孔何以不言？圣人何以不度世？上智何以不长存？若周孔不知,则不可为圣。若知而不学,则是无仙道也。"抱朴子答曰:"人生星宿,各有所值,既详之于别篇矣。子可谓戴盆以仰望,不睹七曜之炳粲;①暂引领于大川,不知重渊之奇怪也。夫五经所不载者无限矣,周孔所不言者不少矣。特为吾子略说其万一焉。虽大笑不可止,局情难卒开,且令子闻其较略焉。夫天地为物之大者也。九圣共成《易经》,②足以弥纶阴阳,③不可复加也。今问善《易》者,周天之度数,四海之广狭,宇宙之相去,凡为几里,上何所极,下何所据,及其转动,谁所推引,日月迟疾,九道所乘,④昏明修短,⑤七星迭正,⑥五纬盈缩,⑦冠珥薄蚀,⑧四七凌犯,⑨彗孛所出,⑩气矢之异,⑪景、老之祥,⑫辰极不动,⑬镇星独东,⑭羲和外景而热,⑮望舒内鉴而寒,⑯天汉仰见为润下之性,⑰涛潮往来有大小之变,⑱五音六属,⑲占喜怒之情,云动气起,含吉凶之候,欃、枪、尤、矢,⑳旬始、绛绎,㉑四镇、五残,㉒天狗、归邪,㉓或以示成,或以正败,明易之生,不能论此也。以次问《春秋》四部、《诗》、《书》、三《礼》之家,㉔皆复无以对矣。皆曰悉正经所不载,唯有巫咸、甘公、石申、《海中》、《郤萌》《七曜》记之悉矣。㉕余将问之曰,此六家之书,是为经典之教乎?彼将曰非也。余又将问曰:甘石之徒,是为圣人乎?彼亦曰非也。然则人生而戴天,诣老履地,而求之于五经之上则无之,索之于周、孔之书则不得,今宁可尽以为虚妄乎?天地至大,举目所见,犹不能了,况于玄之又玄,妙之极妙者乎?"

[注释]

①七曜:日、月和金、木、水、火、土五星的合称。②九圣:传统认为,《易经》经历三圣之手,伏羲制卦,文王系辞,孔子作十翼。本文所说的九圣,指的应是伏羲氏、神农氏、黄帝、尧、舜、禹、汤、周文王、孔子。③弥纶:包罗。④九道:月亮运行的轨迹。《汉书·天文志》:"月有九行者,黑道二,出黄道北;赤道二,出黄道南;白道二,出黄道西;青道二,出黄道东。"⑤昏明:夜晚和白天。⑥七星:星宿名。南方朱雀七宿中的第四宿。另外,北斗也叫"七

星"。⑦五纬:金、木、水、火、土五颗行星。⑧冠珥:太阳四周的发光气团,即日珥。⑨四七:二十八宿。古人把黄道的恒星分成二十八个星座,称为二十八宿。⑩彗孛:彗星和孛星。孛,古人指光芒四射的一种彗星。⑪气矢:形状似箭的云气。⑫景:景星,又叫瑞星、德星。老:老人星,即南极星。⑬辰极:北极星。⑭镇星:土星。⑮羲和:指太阳。外景:向外发光。⑯望舒:指月亮。⑰天汉:银河。⑱涛潮:海潮波涛。⑲六属:六律。指各种音律。⑳欃(chán)、枪、尤、矢:均为星名。㉑旬始、绛绎:星名。㉒四镇、五残:星名。㉓天狗、归邪:星名。㉔《春秋》四部:指周《春秋》、燕《春秋》、宋《春秋》、齐《春秋》。三《礼》之家:指儒家经典《周礼》《仪礼》《礼记》。㉕巫咸:传说中的神巫名。甘公、石申:先秦时的天文学家。《海中》、《郄萌》、《七曜》:均为占星书名。

[译文]

　　有人说:"如果真有神仙之道可以学习的话,儒家五经为什么没有记载?周公、孔子为什么没有谈论?圣人为什么没有离世成仙?最聪明的人为什么不能长生不老?如果周公、孔子不知道此事,就算不上是圣人。如果他们知道此事而不去学习,就说明没有仙道。"抱朴子回答说:"每个人出生都会遭遇不同的星宿,这在其他篇里已经详述。您可以说是头戴着盆子仰望天空,看不到日月五星的光辉;暂且伸长脖子望大河,根本无法了解深渊的奇特。五经中没有记载的东西无限多,周公、孔子没有谈论过的道理也不少。我仅仅为您大略说说其中万分之一的内容吧。虽然您听了会大笑不止,您认识狭隘的局面很难一下子打开,但还是姑且让您听听大致的情况吧。天地是事物中最大的了。九位圣人共同撰写了《易经》,足以涵盖阴阳之道,无以复加了。现在问问那些擅长《易经》的人,绕天一周的长度是多少,四海的宽窄如何,宇宙间相距一共有多少里,天空的极限在哪儿,大地的依托在哪儿,天地的运转是谁在推拉,太阳月亮运行的缓疾,月亮运行的九种轨道如何计量,黑夜和白天的长短,七星的更迭变化与正常状态,五颗行星出现的早晚,太阳四周的云气和日月的薄蚀,二十八宿的相互冲犯,彗星、孛星为什么会出现,形状如箭的云气的变化,景星、老人星的吉祥征兆,北极星的不运动,镇星独自出现在东方,太阳向外发光而热,月亮向内照射而冷,向上仰望看见的银河具有向下润泽的特性,潮水来往有大小的变化,五音六律可以占卜喜怒的情感,云气涌动包含着吉凶的征兆,欃星、枪星、尤星、矢星、旬始星、绛绎星、四镇星、五残星、天狗星、归邪星,有的预示成功,有的暗示失败,那些懂得《易经》的书生,却不能论说这些现象。依次再请教那些研究四部《春秋》、《诗经》、《尚书》,以及三《礼》的学者,他们也都将无法回答。他们都会说,这些是正规经书所不记载的,只有巫咸、甘公、石申等人,《海中》、《郊萌》、《七曜》等书才有详尽记载。我要问他们:这六家之书,能算是经典教化吗?他们必将回答不是的。我还要问他们:甘公、石申之流可以算是圣人吗?他们也将回答不是的。那么人出生就顶着天,一直到老还踏着地,而有关天地的这些知识,在五经中找不到,在周公、孔子的书中也找不到,难道就可以说这些知识都是虚无的吗?天地最大,举目可见,尚且无法明了,何况那些深之又深,极为玄妙的道理呢?"

复问俗人曰:"夫乘云、茧产之国,①肝心不朽之民,②巢居穴处,独目、三首,③马闲、狗蹄,④修臂交股,黄池无男,⑤穿胸旁口,⑥廪君起石而泛土船,⑦沙壹触木而生群龙,⑧女娲地出,杜宇天堕,⑨髀飞犬言,⑩山徙社移,⑪三军之众,一朝尽化,⑫君子为鹤,小人成沙,女丑倚枯,⑬贰负抱桎,⑭寄居之虫,委甲步肉,⑮二首之蛇,弦之为弓,⑯不灰之木,不热之火,昌蜀之禽,⑰无目之兽,无身之头,无首之体,精卫填海,交让递生,⑱火浣之布,切玉之刀,炎昧吐烈,⑲磨泥漉水,⑳枯灌化形,㉑山䕫前跟,㉒石修九首,㉓毕方人面,㉔少千之劲伯率,㉕圣卿之役肃霜,㉖西羌以虎景兴,㉗鲜卑以乘鳖强,林邑以神彔王,㉘庸、蜀以流尸帝,㉙盐神婴来而虫飞,㉚纵目世变于荆岫,㉛五丁引蛇以倾峻,㉜肉甚振翅于三海。㉝金简玉字,发于禹井之侧;㉞《正机》《平衡》,㉟割乎文石之中。凡此奇事,盖以千计,五经所不载,周孔所不说,可皆复云无是物乎?至于南人能入柱以出耳,御寇停肘水而控弦,㊱伯昏蹑亿仞而企踵,㊲吕梁能行歌以凭渊,㊳宋公克象叶以乱真,㊴公输飞木鸢之翩翾,㊵离朱觌毫芒于百步,㊶贲、获效膂力于万钧,㊷越人揣针以苏死,㊸竖亥超迹于累千,㊹郢人奋斧于鼻垩,㊺仲都袒身于寒天,㊻此皆周孔所不能为也,复可以为无有乎?若圣人诚有所不能,则无怪于不得仙,不得仙亦无妨于为圣人,为圣人偶所不闲,何足以为攻难之主哉?圣人或可同去留,任自然,有身而不私,有生而不营,存亡任天,长短委命,故不学仙,亦何怪也。"

[注释]

①乘云:《博物志》卷二:"大人国……其儿则长大,能乘云而不能走。"茧产:《山海经·海外北经》:"欧丝之野在大踵东,一女子跪据树欧丝。""欧丝"即"呕丝",吐丝作茧。②肝心不朽:《博物志》卷二:"无启民……死埋之,其心不朽,百年还化为人。"③独目:《山海经·海外北经》:"一目国在其东,一目中其面而居。"三首:《山海经·海外南经》:"三首国在其东,其为人一身三首。"④马闲:应作"鸟爪"。⑤黄池无男:《山海经·海外西经》:"女

子国,在巫咸北。"郭璞注:"有黄池,妇人入浴,出即怀妊矣。"⑥穿胸旁口:《山海经·海外南经》有"贯胸国",国人胸前都有孔。旁口,嘴长在旁边,未详。⑦廪君:古代巴郡、南郡氏族首领名。⑧沙壹触木而生群龙:《后汉书·南蛮传》说,哀牢夷的先祖中有个妇女叫沙壹,在水中捕鱼时,触摸沉木怀孕,生下十个孩子。后来沉木化为龙,九个孩子见龙都逃跑了,只有小儿子不跑,坐在龙背上,后做王。⑨杜宇天堕:扬雄《蜀王本纪》:"后有一男子,名曰杜宇,从天堕。……乃自立为蜀王,号曰望帝。"⑩甓(pì)飞:砖头飞起。⑪社:社坛。祭祀土神的地方。⑫三军之众,一朝尽化:《太平御览》卷八十五:"周穆王南征,一军尽化。君子为猿、为鹤;小人为虫、为沙。"⑬女丑倚枯:女丑靠在树上被晒死。《山海经·海外西经》:"女丑之尸,生而十日炙杀之。"⑭贰负:传说中的神话人物。桎:木制的脚镣。在脚叫"桎",在手叫"梏"。《山海经·海内西经》:"贰负之臣曰危,危与贰负杀窫窳,帝乃梏之疏属之山,桎其右足。"⑮委:放弃。⑯弦之为弓:《尔雅·释地》郭璞注云:枳首蛇"亦名弩弦";《石药尔雅》:"蛇脱皮,一名蛇符弓皮。"王明先生疑此即为"弦之为弓"义。⑰昌蜀之禽:据《蜀州十国志》载,使蜀国昌盛的杜宇变作杜鹃鸟。杜宇曾使蜀地昌盛,后让位与鳖灵,自己化为杜鹃鸟。⑱交让递生:两树对生,一树枯则一树生,如是岁更,终不俱生俱枯也。交让,树木名。⑲炎昧吐烈:吞火吐火。《山海经·海外南经》:"厌火国……兽身黑色,生火出其口中。"⑳漉:捞取。㉑枯灌化形:《太平御览》卷一百五十七引王嘉《拾遗记》:"张掖郡郅奇,字君珍。居丧尽礼,以泪洒石,石即成痕;著枯木枯草,在冬必茂。"㉒山夔:传说中的一种山兽。㉓石修九首:《山海经·东山经》:"又南五百里,曰兔丽之山,其上多金玉,其下多箴石。有兽焉,其状如狐,而九尾、九首、虎爪,名曰蠪侄,其音如婴儿,是食人。"㉔毕方:传说中的鸟名。㉕少千:人名。伯率:即伯敬。鬼名。㉖圣卿:人名。肃霜:骏马名。《幽明录》:"河南阳起,字圣卿。……母至厕上,见鬼,头长数尺,以告对卿。圣卿曰:'此肃霜之神。'劾之出来,变形为奴。"㉗西羌:西南地区的一个少数民族。《后汉书·西羌列传》:"羌无弋爰剑者,秦厉公时为秦所拘执,以为奴隶。……后得亡归,而秦人追之急,藏于岩穴中得免。羌人云,爰剑初藏穴中,秦人焚之,有景象如虎,为其蔽火,得以不死。"后爰剑被推举为西羌民族的首领。㉘林邑:国名。㉙庸、蜀以流尸帝:扬雄《蜀王本纪》记载,荆人鳖灵死,其尸漂流至蜀后复活,蜀王杜宇立以为相。杜宇自以德不如鳖灵,以其国禅之,鳖灵即位,号曰开明帝。㉚盐神婴来而虫飞:《后汉书·南蛮西南夷列传》:"(廪君)乃乘土船,从夷水至盐阳。盐水有神女,谓廪君曰:'此地广大,鱼盐所出,愿留共居。'廪君不许。盐神暮辄来取宿,旦即化为虫,与诸虫群飞,掩蔽日光,天地晦冥。积十余日,廪君伺其便,因射杀之,天乃开明。"㉛纵目:竖生之目,指长着竖眼睛的神怪。荆:楚国。岫:山峰。屈原《大招》:"豕首纵目,被发鬤只。长爪踞牙,诶笑狂只。"㉜五丁:先秦时蜀国的五位大力士。㉝肉甚:神怪名。《博物志》卷二:"羽民国,民有翼,飞不远。""肉甚"可能是"羽民国"之人。㉞禹井:在今浙江会稽山。《汉书·地理志上》:"会稽山在南,上有禹冢、禹井。"㉟《正机》《平衡》:道教典籍名。㊱御寇:即列御寇。后人称列子。㊲伯昏:即伯昏无人,列子的老师。仞:古代长度单位。七尺或八尺为一仞。企踵:踮起脚跟。㊳吕梁:地名。㊴宋公:宋国君主。克:通"刻"。象:象牙。㊵公输:即公输班。因是鲁国人,后人称鲁班。鸿:即燕子。翩翻:飞翔的样子。㊶离朱:传说中视力极好的人。觌(dí):看见。㊷贲、获:即孟贲和乌获。战国时期的大力士。㊸越人:秦越人,即扁鹊。㊹竖亥:人名。传说中善于行走的人。㊺郢:地名。楚国的都城,在今湖北江陵。垩(è):白色泥土。㊻仲都:汉朝人王仲都。

[译文]

　　抱朴子又反问世俗人说："有乘云而行、吐丝作茧的国家,有心肝死而不朽的百姓,有人住在树上或洞中,有人只有一只眼睛,有人长着三个头,有人长着鸟爪,有人生有狗蹄子,有人臂膀很长、腿骨交叉,黄池一带没有男人,有人胸中有孔窍、嘴巴长在旁边,廪君即位是因为击中石穴和乘土船不沉,沙壹因为触摸木头而生群龙,女娲从地下出生,杜宇从天上落下,砖能够飞起,狗能够说话,山峰和社坛能够移动,三军瞬息变化,君子变成仙鹤,小人变成细沙,女丑靠在树上被晒死,貳负被桎梏在疏属山中,有的虫子寄居在其他物体上生活,有的虫子可以不要甲壳而靠肉身行走,两头之蛇蜕变为弓,烧不成灰的树木,不会发热的火焰,使蜀地昌盛的杜宇变成了鸟,没有眼睛的野兽,没有身体的头颅,没有头颅的身体,精卫鸟誓填沧海,交让树交递生长,在火中洗涤的布料,能切割玉石的刀剑,吞下和吐出烈火,从水中捞取泥浆磨制,灌溉枯木使之重生,山夔的脚跟向前,石修九个头,毕方鸟长着人的面孔,少千能威镇伯率之鬼,圣卿能役使肃霜之神,西羌因为老虎影子的庇护而兴盛,鲜卑由于乘坐鱼鳖而强大,林邑国范文因为神灵的选择而称王,庸国、蜀国用漂来的尸体作为帝王,盐神化虫用青丝带缠绕,长着竖眼睛的怪物在楚国的山区里世代变化,五个力士因拉巨蟒而使山崩倒,肉甚振动翅膀飞越三海。金简策、玉文字在禹井边被发现;《正机》《平衡》这些书籍,在文石中被剖出。凡此奇事,大约数以千计,五经中没有记载,周公、孔子也没有说到,难道就可以说都没有吗?至于南人能走入柱子并把耳朵露在外面,列子能够放一杯水在肘上而拉弓射箭,伯昏能踮起脚跟站在亿仞高的悬崖边,有人能在吕梁的渊流中游泳高歌,有人为宋公雕刻的象牙树叶足以乱真,公输班能制作木鸟而翱翔天空,离朱能看清百步外如毛发、麦芒大小的东西，孟贲、乌获能用强大的手臂举起万钧之重的事物，扁鹊怀揣针石就能够起死回生，竖亥健步日行千里，匠石挥起斧头砍削郢人鼻尖上的白色泥点，仲都在寒冬赤身裸体。这些都是周公、孔子不能做到的，又怎么能认为这些事没有呢？如果圣人确实有做不到的，就不要奇怪他们为何修不成仙，不能成仙也无妨于他们成为圣人。身为圣人偶有不能，哪里能够作为批评他们的主要理由呢？圣人能够齐同生死，顺任自然，自身存在却没有私心，有生命却不用心养护，生死存亡全凭天意，寿命长短任由命运，因此他们不学习仙道，又有什么奇怪的呢？"

卷九　道意

[题解]

　　道意,即道的含义。"道"是道家和道教的最高范畴。道教以"道"为最高信仰和最根本教理,将得道成仙作为修炼的最终目标。本卷对道的至上性进行了说明,论述了道的特征,提倡修道者必须循道以养生,并用大量的史实说明了祭神祈祷的无用和危害。

　　抱朴子曰:"道者涵乾括坤,其本无名。论其无,则影响犹为有焉;论其有,则万物尚为无焉。隶首不能计其多少,①离朱不能察其仿佛,②吴札、晋野竭聪,③不能寻其音声乎窈冥之内,猖獬、狴猪疾走,④不能迹其兆朕乎宇宙之外。以言乎迩,则周流秋毫而有余焉;以言乎远,则弥纶太虚而不足焉。为声之声,为响之响,为形之形,为影之影,方者得之而静,⑤员者得之而动,⑥降者得之而俯,升者得之以仰。强名为道,已失其真,况复乃千割百判,亿分万析,使其姓号至于无垠,去道辽辽,不亦远哉?

[注释]

　　①隶首:传说黄帝时人,始作算数。②离朱:传说中视力极好的人。

③吴札、晋野：吴国季札和晋国师旷，都是春秋时善于鉴别音乐的人。④猢狶、狖猪：野兽名。⑤方者：指大地。⑥员者：指上天。员，通"圆"。

[译文]

　　抱朴子说："道包含了天地，它本来没有名字。说它无，即使影子、回声也算是有的；说它有，即使万事万物也算是无的。隶首不能计算它的多少；离朱不能看清它的轮廓；吴札、晋野用尽听力，不能在幽深绵邈中找到它的声音；善于奔跑的野兽快速奔走，也不能在宇宙之外追寻它的足迹。从近处来说，即使在秋天细小的兽毛间也有它周旋的余地；从远处来说，即使囊括整个太空也不能把它装满。其能够形成声音，形成回响，形成形体，形成影子。大地有了道而安静，天空有了道而运动，向下的有了道而得以俯瞰，向上的有了道而得以上仰。勉强为其命名'道'，已经丧失它的本来面目，何况还要千百次撕裂它，亿万次分割离析它，使它的名号内容无限地分裂，这样离道的本旨越来越远，岂不是远离大道了吗？

　　"俗人不能识其太初之本，而修其流淫之末，人能淡默恬愉，不染不移，养其心以无欲，颐其神以粹素，①扫涤诱慕，收之以正，除难求之思，遣害真之累，薄喜怒之邪，灭爱恶之端，则不请福而福来，不禳祸而祸去矣。何者？命在其中，不系于外，道存乎此，无俟于彼也。患乎凡夫不能守真，无杜遏之检括，②爱嗜好之摇夺，驰骋流遁，有迷无反，情感物而外起，智接事而旁溢，③诱于可欲，而天理灭矣，惑乎见闻，而纯一迁矣。心受制于奢玩，情浊乱于波荡，于是有倾越之灾，有不振之祸，而徒烹宰肥腯，④沃酹醪醴，⑤撞金伐革，⑥讴歌踊跃，拜伏稽颡,⑦守请虚坐,求乞福愿,冀其必得,至死不悟,不亦哀哉?

[注释]

①粹素:纯粹朴素。②检括:遵守法度。③溢:溢出,流向。④腯(tú):肥壮。⑤沃酹(lèi):以酒浇地祭祀鬼神。⑥金:指钟一类的乐器。革:指鼓一类的乐器。⑦稽颡(qǐsǎng):古代一种跪拜礼,屈膝下拜,以头触地。

[译文]

"俗人不能辨识其最原初的本性,而去修学流俗邪恶的末节之事。人如果能够淡泊恬愉,不受污染,不移性情,用没有私欲来修养心灵,用纯粹朴素来涵养精神,扫除虚荣诱惑,用正确的原则来约束自己,放弃难以追求的志愿,排除危害真性的累赘,祛除喜怒的邪念,灭掉嗜好憎恶的情感,不去乞求福气而福自来,不去祛除灾祸而祸自去。为什么呢?命运取决于自身,而不取决于外在事物;道存于心中,不需要身外之物。只忧虑凡夫不能持守本真,不能杜绝遏制欲望约束自己,听凭嗜好伤害掠夺,任由欲望泛滥,走上迷途而不知返,情感被外物打动起来,智慧接触外物而走向邪路,被欲望诱惑,而泯灭天理,迷惑于所见所闻,而淳朴专一的天性就改变了。心灵被奢侈的玩乐控制,情感被追名逐利的行为搅乱,于是就会出现倾覆的灾祸,不能挽救的祸患,而徒然宰烹肥壮的牛羊,用美酒浇地祭神,敲钟打鼓,唱歌跳舞,跪拜磕头,守着虚无的神座祈求神灵赐福,希望得到福佑,至死也不醒悟,岂不是很可悲吗?

"若乃精灵困于烦扰,荣卫消于役用,煎熬形气,刻削天和。劳逸过度,而碎首以请命;变起膏肓,而祭祷以求痊。当风卧湿,而谢罪于灵祇；饮食失节，而委祸于鬼魅。蕞尔之体，①自贻兹患，天地神明，曷能济焉？其烹牲馨群，何所补焉？夫福非足恭所请也，祸非禋祀所禳也。若命可以重祷延，疾可以丰祀除，则富姓可以必长生，而贵人可以无疾病也。夫神不歆非族，②鬼不享淫祀，皂隶之巷，③不能纡金根之轩，布衣之门，不能动六辔之驾，同为人类，而尊卑两绝，况于天神，缅邈清高，其伦异矣，贵亦极矣。盖非臭鼠之酒肴，庸民之曲躬，所能感降，亦已明矣。夫不忠不孝，罪之大恶，积千金之赂，太牢之馔，④求令名于明主，释愆责于邦家，以人释人，犹不可得，况年寿难获于令名，笃疾难除于愆责，鬼神异伦，正直是与，冀其曲祐，未有之也。夫惭德之主，忍诟之臣，犹能赏善不须贷财，罚恶不任私情，必将修绳履墨，⑤不偏不党，岂况鬼神，过此之远，不可以巧言动，不可以饰赂求，断可识矣。

[注释]

　　①蕞(zuì)尔：渺小的样子。②歆(xīn)：古人认为鬼神享受祭物的气味。③皂隶：奴隶。④馔(zhuàn)：美食。⑤绳、墨：本指木匠画直线用的工具，引申为法度。

[译文]

　　"如果精神被烦扰所困，气血消耗于奔波，煎熬自己的身体，削弱自己的天然和气。劳累或安逸过度，然后磕破脑袋去请求好运；身体内部发生了变化，却去祭祀祈求痊愈。在对着风口的湿地里躺卧，却向神灵请罪；饮食没有节制，却归罪于鬼怪。渺小的身体，给自己带来如此多祸患，天地神明又怎么能救护呢？就是把成群的牲畜烹杀，又有什么补益呢？福分不是足够的恭敬所能请求到的，灾祸也不是祭祀鬼神所能解除的。假若生命可以用隆重的祭祀来延长，疾病可以由丰厚的祭品来消除，那么富裕之家就肯定能够长生不死了，显贵人物也可以无疾病了。神灵不接受不同族类的祭品，鬼魂不享用不合礼制的祭祀；奴隶的街巷，没有黄金装饰的车子在徘徊；普通百姓的门前，不能动用六辔大驾。同属人类，尊卑却截然不同，何况天神遥远清高，身份与人类迥异，极其尊贵，并不是臭老鼠之类的酒食菜肴，平凡百姓的打躬作揖所能感动的，这是很明白的道理啊。不忠不孝，这是最大的罪恶，积累千金的财富，置办丰盛的美食，到圣明君主那里去求取好名声，向国家要求解脱罪责，要求人宽恕人，尚且不可以做到，更何况年寿比美名更难获得，痼疾比罪责更难以消除，鬼神与人非同类，他们只去帮助正直之人，要想得到鬼神不合情理的护佑，是从来没有的事。那些道德有缺憾感到羞愧的君主，怀有内疚而忍辱的大臣，尚且能够不用贿赂去赏赐善人，不徇私情而去处罚恶行，他们肯定能够遵循法度，不偏私不结党，更何况鬼神远远超过这些君臣，不可以花言巧语打动他们，不可拿丰盛财物去请求他们，这是可以明白断定的事情。

"楚之灵王，躬自为巫，靡爱斯牲，①而不能却吴师之讨也。汉之广陵，②敬奉李须，③倾竭府库，而不能救叛逆之诛也。孝武尤信鬼神，咸秩无文，④而不能免五柞之殂。⑤孙主贵待华向，⑥封以王爵，而不能延命尽之期。非牺牲之不博硕，非玉帛之不丰酓，信之非不款，敬之非不重，有丘山之损，无毫厘之益，岂非失之于近，而营之于远乎？第五公诛除妖道，⑦而既寿且贵；宋庐江罢绝山祭，⑧而福禄永终;文翁破水灵之庙,⑨而身吉民安;魏武禁淫祀之俗,而洪庆来假。⑩前事不忘,将来之鉴也。明德惟馨,无忧者寿,啬宝不夭,多惨用老,自然之理,外物何为！若养之失和,伐之不解,百疴缘隙而结,荣卫竭而不悟,太牢三牲,曷能济焉？

[注释]

①牲:用来祭祀的牲畜。②广陵:汉武帝的儿子广陵王刘胥。③李须:汉代的一个女巫。④咸秩无文:全部遵循秩序去祭祀那些不在礼书中记载的众神。⑤五柞:宫殿名。在今陕西周至。殂:死亡。《汉书·武帝纪》:"帝崩于五柞宫。"⑥孙主:三国时吴国君主孙权。华向:王表或王表一类的巫师。⑦第五公:东汉人。姓第五,名伦,字伯鱼。"公"是对他的尊称。《后汉书·第五伦传》说,第五伦为会稽太守,会稽民众信鬼神,大废财产,第五伦严禁祭祀,百姓平安。⑧宋庐江:东汉人宋均。庐江是他做官的地方。《后汉书·宋均传》说,庐江郡有唐、后两山,百姓共祭山神,巫师从中害民,宋均罢绝此风。⑨文翁:西汉人,曾任蜀郡太守。《汉书·文翁传》说,汉景帝时,文翁为蜀郡太守,听说江水神尝溺杀人,拔剑挥砍,江神再不为害。⑩洪庆:洪福。假(gé):通"格"。来到。

[译文]

"楚国的灵王,亲自当巫师,不吝惜祭祀的牲畜,却不能使吴国讨伐的军队退却。汉代广陵王,敬奉李须,用尽仓库的钱财,却不能解救叛逆的诛杀。汉武帝尤其信奉鬼神,全部遵循秩序去祭祀那些不在礼书中记载的众神,也不能免除在五柞宫的死亡。孙权厚待华向,封其为王爵,却不能完成延续生命完结的日期。这并非祭祀的牺牲不多不大,也并非祭祀的玉石布帛不丰厚，更不是信仰不虔诚，也不是恭敬得不庄重，有山丘般的损失，而没有丝毫的收益，岂不是近身出现了失误，却向遥远的神灵求救吗？第五公诛杀妖道，却长寿显贵；宋均罢除了对山神的祭祀，却福禄长存；文翁毁坏水神的庙宇，自身吉利而百姓安宁；魏武帝禁绝淫祀风俗，却洪福来临。从前的事不忘记，就成为未来的借鉴。高尚的品德才是真正的芳香，没有忧患的人才能长寿，珍惜身体的人才不会夭折，忧患过多就会衰老，这是自然的法则，身外之物又有什么帮助呢？如果修养失去平和，不停地伤害自己的生命，百病就会乘虚而入，血气枯竭而不能醒悟，即使用牛、羊、猪三牲祭祀神灵，又有什么作用呢？

"俗所谓道，率皆妖伪，转相诳惑，久而弥甚，既不能修疗病之术，又不能返其大迷，不务药石之救，惟专祝祭之谬，祈祷无已，问卜不倦，巫祝小人，妄说祸祟，疾病危急，唯所不闻，闻辄修为，损费不訾。①富室竭其财储，贫人假举倍息，田宅割裂以讫尽，箧柜倒装而无余。或偶有自差，②便谓受神之赐，如其死亡，便谓鬼不见赦，幸而误活，财产穷罄，遂复饥寒冻饿而死，或起为劫剽，或穿窬斯滥，③丧身于锋镝之端，自陷于丑恶之刑，皆此之由也。或什物尽于祭祀之费耗，谷帛沦于贪浊之师巫，既没之日，无复凶器之直、衣衾之周，④使尸朽虫流，良可悼也。愚民之蔽，乃至于此哉！淫祀妖邪，礼律所禁。然而凡夫终不可悟。唯宜王者更峻其法制，犯无轻重，致之大辟，⑤购募巫祝不肯止者，刑之无赦，肆之市路，不过少时，必当绝息，所以令百姓杜冻饥之源，塞盗贼之萌，非小惠也。

[注释]

①訾(zī):计量。②差:同"瘥",疾病痊愈。③穿窬:穿壁越墙。④凶器:指棺材。直:同"值"。⑤大辟:死刑。

[译文]

"世俗所说的道士,大都是弄虚作假的妖道,相互欺骗迷惑,时间越久越严重。他们既不学习治疗疾病的方术,又不能从迷乱中恢复清醒,不从事药物针石一类救人的办法,只是专注于祭祀的谬误,不断祈祷,占卜不倦。这些巫师小人,胡乱说一些神鬼作祟的祸患。凡人疾病危急时,只恐没有听闻疗法,如果听到就会请他们作法,耗费难以计数。富有人家用尽积蓄,贫穷人家借贷利息加倍的钱物,田园房宅被一点一点卖完,箱子柜子被倒空了没有余物。如果偶尔自己痊愈,就认为接受了神的恩赐;如果死了,就说是鬼神不赦免。幸而阴差阳错活了下来,财产却已用光,于是在饥寒交迫中死去,有的铤而走险干起抢劫勾当,有的穿壁逾墙无恶不作。他们要么在刀锋箭镝下丧命,要么自陷于丑恶的刑罚,都是由此而起。人们的财物都在祭祀花费中用尽,丝帛都落入了贪婪的巫师手中,死了之后,连买棺材的钱都没有,也没有完整裹尸的衣服被子,使得尸体腐烂而蛆虫横流,的确让人悲哀啊!愚笨民众的蒙昧竟然达到了这样的程度!不合礼的祭祀及装神弄鬼的恶行,是礼法刑律所禁止的。然而凡夫始终不能醒悟。只能让君王实行严刑峻法,犯此法无论轻重,统统判为死刑,悬赏揭发巫师不肯停止作法的,不予赦免,在闹市、路边陈尸示众。要不了多长时间,这些恶习一定会绝迹。这是堵塞百姓挨饿受冻的源头、杜绝盗贼产生的办法,并不是小恩小惠。

"曩者有张角、柳根、王歆、李申之徒,①或称千岁,假托小术,坐在立亡,变形易貌,诳眩黎庶,纠合群愚,进不以延年益寿为务,退不以消灾治病为业,遂以招集奸党,称合逆乱,不纯自伏其辜,或至残灭良人,或欺诱百姓,以规财利,钱帛山积,富逾王公,纵肆奢淫,侈服玉食,妓妾盈室,管弦成列,刺客死士,为其致用,威倾邦君,势凌有司,②亡命逋逃,因为窟薮。③皆由官不纠治,以臻斯患,原其所由,可为叹息。吾徒匹夫,虽见此理,不在其位,末如之何! 临民官长,疑其有神,虑恐禁之,或致祸祟,假令颇有其怀,而见之不了,又非在职之要务,殿最之急事,④而复是其愚妻顽子之所笃信,左右小人,并云不可,阻之者众,本无至心而谏,怖者异口同声,于是疑惑,竟于莫敢,令人扼腕发愤者也。余亲见所识者数人,了不奉神明,一生不祈祭,身享遐年,名位巍巍,子孙蕃昌,且富且贵也。唯余亦无事于斯,唯四时祀先人而已。曾所游历水陆万里,道侧房庙,固以百许,而往返径游,一无所过,而车马无颇覆之变,涉水无风波之异,屡值疫疠,当得药物之力,频冒矢石,幸无伤刺之患,益知鬼神之无能为也。又诸妖道百余种,皆煞生血食,⑤独有李家道无为为小差。⑥然虽不屠宰,每供福食,⑦无有限剂,市买所具,务于丰泰,精鲜之物,不得不买,或数十人厨,费亦多矣,复未纯为清省也,亦皆宜在禁绝之列。"

[注释]

①曩者:过去,从前。张角、柳根、王歆、李申:都是东汉农民起义领袖。②有司:官吏。③窟薮:洞穴水泽。指某一类人的聚集处。④殿最:古代考核军功或政绩时,以上等为最,下等为殿,或首名为最,末名为殿。⑤血食:古代杀牲取血,用以祭祀。⑥李家道:道教派别。⑦福食:祭祀用的食品。

[译文]

"从前有张角、柳根、王歆、李申之流,他们有的自称活了一千岁,假借小道术,如坐着突然消失,改变形貌等,用来欺骗百姓,聚合群氓。进不以延年益寿为目标,退不以消除疾病为事业,并因此召集奸党,举兵叛乱,不仅自己犯罪被杀,而且坑害了良民。有的欺骗百姓,谋取钱财,财产堆积如山,财富超过王公贵族,恣意骄奢淫逸,穿着奢侈的衣服,吃着最好的食物,妻妾挤满房屋,乐队排成了行列,刺客杀手为他们网罗使用,威风压倒国君,权势凌驾于官府,亡命在逃之徒,全都聚集在他们那儿。这都是由于官府不纠察治理,才出现这样的祸患,追溯其原因,真让人为之叹息。我只是个老百姓,虽看清这些道理,不处在那个位置上,也无可奈何!治理百姓的长官们,怀疑这些巫师有神相助,担心如果禁止他们,可能会招致祸患。即便确实有惩治巫师的想法,但证据不太明了,又不是自己的主要职责,也不是考核政绩的关键问题,再加上他们愚蠢的妻子和顽劣的孩子坚信巫师,身边的小人也都说不能禁止。阻止的人多,他们本来就没有坚定的信念去劝谏国家禁止巫术,怕事者又异口同声反对,于是犹豫不决,竟没有人敢出来制止,这真是令人扼腕痛惜的事情啊!我亲自看见和认识的几个人,完全不信奉神灵,一生都不祈祷祭祀,然而却享有长寿,名位尊贵,子孙昌盛,既富有又高贵。就是我本人也没有去从事这一类的事情,只是四季祭祀祖先而已。我曾游历水路、陆路上万里,路上遇到庙宇有一百多所,往来经过时,从未去祭祀过,而车马并没有发生倾覆的事故,涉水过河也没有遇到异常风浪,多次遇到瘟疫,应当是得到了药物效力的保护,多次冒着箭头石块,幸而没遇到受伤的祸患,就更加明白鬼神是无能为力的。那些妖邪的道派有一百多种,都杀生取血祭祀鬼神,只有李家道相对清静无为,算是稍好一些。然而李家道虽不屠宰,但每次置办祭祀物品,没有限量,在集市上购买祭品尽力要求丰厚,精美新鲜的食物不能不买,有时几十个人下厨房做祭品,浪费也太多了,也不能算是纯粹的清静节省啊,因此也应该放在禁止的道派之中。"

或问李氏之道起于何时。余答曰:吴大帝时,①蜀中有李阿者,穴居不食,传世见之,号为"八百岁公"。人往往问事,阿无所言,但占阿颜色。若颜色欣然,则事皆吉;若颜容惨戚,则事皆凶;若阿含笑者,则有大庆;若微叹者,即有深忧。如此之候,未曾一失也。后一旦忽去,不知所在。后有一人姓李名宽,到吴而蜀语,能祝水治病,颇愈,于是远近翕然,谓宽为李阿,因共呼之为李八百,而实非也。自公卿以下,莫不云集其门,后转骄贵,不复得常见,宾客但拜其外门而退,其怪异如此。于是避役之吏民,依宽为弟子者恒近千人,而升堂入室、高业先进者,不过得祝水及三部符、导引、日月行气而已,了无治身之要、服食神药、延年驻命、不死之法也。吞气断谷,可得百日以还,亦不堪久,此是其术至浅可知也。余亲识多有及见宽者,皆云宽衰老羸悴,起止咳噫,②目瞑耳聋,齿堕发白,渐又昏耗,或忘其子孙,与凡人无异也。然民复谓宽故作无异以欺人,岂其然乎?吴曾有大疫,死者过半。宽所奉道室,名之为庐,宽亦得温病,托言入庐斋戒,遂死于庐中。而事宽者犹复谓之化形尸解之仙,③非为真死也。夫神仙之法,所以与俗人不同者,正以不老不死为贵耳。今宽老则老矣,死则死矣,此其不得道,居然可知矣,④又何疑乎?若谓于仙法应尸解者,何不且止人间一二百岁,住年不老,然后去乎?天下非无仙道也,宽但非其人耳。余所以委曲论之者,宽弟子转相教授,布满江表,⑤动有千许,不觉宽法之薄,不足遵承而守之,冀得度世,故欲令人觉此而悟其滞迷耳。

[注释]

①吴大帝:指孙权。②咳噫:咳嗽。③尸解:成仙方法之一。道教认为修道者死后,留下形骸,魂魄离去成仙,叫"尸解"。④居然:确实。⑤江表:长江以南地区。在中原人看来,其地处长江之外,故称"江表"。

[译文]

有人问李家道兴起于何时。我回答说:吴大帝孙权时,蜀郡有个叫李阿的,住在山洞里不吃粮食,传说世上有人看见过他,号称"八百岁公"。人们常常向他探求事情的吉凶,李阿并不回答,但人们可以通过他的表情占卜吉凶。如果脸色欣喜,那么事情就吉利;如果容颜悲伤,事情就凶险;如果李阿含笑,就有大喜事;如果微微叹息,就有深重的忧虑。像这样的征兆,从来没一次失误。后来他突然离开,不知去哪儿了。后来有一个姓李名宽的人,到吴郡却说着蜀地的方言,能够祝祷符水治疗疾病,很有疗效,于是远近的人都归服他,称李宽为李阿,因而称他为"李八百",但实际上并不是。自公卿以下,人们都云集在他的门下。后来李宽变得骄贵,不再能经常看到他,宾客们只能在外门参拜后就退下来,他如此怪异。于是逃避劳役的小吏百姓,投在李宽门下当弟子的经常有近千人,但即使是升堂入室、学业高深的优秀弟子,也不过是学得祝祷符水以及三本符、导引术、日月行气而已,完全没有学到修身养性的要旨、服食神仙大药、延年益寿、长生不老的方法。呼吸吐纳、断绝谷物,也只坚持在一百天以内,无法长期坚持下去,这些法术的肤浅由此可知了。我亲身结识的人中,有很多见过李宽,都说他衰老瘦弱,动辄咳嗽,眼花耳聋,齿落发白,还渐渐昏聩糊涂,有时忘记自己的子孙,与凡人没有差异。然而百姓又说李宽是故意装出与世人没差异来骗人,难道真是这样吗?吴郡曾经有大瘟疫,死亡的人有一大半。李宽所修炼的道室,称为"庐",李宽也得了发热病,假托入"庐"斋戒,于是就死在庐中。但信奉李宽的人却说他是变化形体,尸解而去的仙人,并非真正的死亡。神仙法术之所以与俗人不同,其可贵之处就在于不会衰老、不会死亡。如今李宽老也老了,死也死了,他并没有得道是明白可知的,又有什么疑问呢?如果说按照仙法他应尸解而去,为什么不暂时留在人间一两百年,驻颜不再衰老,然后再离去呢?天下并不是没有神仙之道,只是李宽不是这种人罢了。我之所以反复深入地评论,是因为李宽的弟子相互传授,遍及长江以南,动辄有一千多人,他们没有察觉到李宽法术的浅薄,根本不值得继承和持守,还想凭此术离世成仙。所以我想让人们了解真相并能从迷惑中醒悟过来。

天下有似是而非者,实为无限,将复略说故事,以示后人之不解者。昔汝南有人于田中设绳罥以捕獐而得者,①其主未觉。有行人见之,因窃取獐而去,犹念取之不事。其上有鲍鱼者,乃以一头置罥中而去。本主来,于罥中得鲍鱼,怪之以为神,不敢持归。于是村里闻之,因共为起屋立庙,号为鲍君。后转多奉之者,丹楹藻棁,②钟鼓不绝。病或有偶愈者,则谓有神,行道经过,莫不致祀焉。积七八年,鲍鱼主后行过庙下,问其故,人具为之说。其鲍鱼主乃曰:"此是我鲍鱼耳,何神之有?"于是乃息。

又南顿人张助者,③耕白田,④有一李栽,⑤应在耕次,助惜之,欲持归,乃掘取之,未得即去,以湿土封其根,以置空桑中,遂忘取之。

助后作远职不在。后其里中人,⑥见桑中忽生李,谓之神。有病目痛者,荫息此桑下,因祝之言,李君能令我目愈者,谢以一豚。⑦其目偶愈,便杀豚祭之。传者过差,便言此树能令盲者得见。远近翕然,同来请福,常车马填溢,酒肉滂沱,如此数年。张助罢职来还,见之,乃曰:"此是我昔所置李栽耳,何有神乎?"乃斫去便止也。

又汝南彭氏墓近大道,墓口有一石人,田家老母到市买数片饼以归,天热,过荫彭氏墓口树下,以所买之饼暂著石人头上,忽然便去,而忘取之。行路人见石人头上有饼,怪而问之。或人云:"此石人有神,能治病,愈者以饼来谢之。"如此转以相语,云头痛者摩石人头,腹痛者摩石人腹,亦还以自摩,无不愈者。遂千里来就石人治病,初但鸡豚,后用牛羊,为立帷帐,管弦不绝,如此数年。忽日前忘饼母闻之,乃为人说,始无复往者。

又洛西有古大墓,⑧穿坏多水,墓中多石灰,石灰汁主治疮,夏月,行人有病疮者烦热,见此墓中水清好,因自洗浴,疮偶便愈。于是诸病者闻之,悉往自洗,转有饮之以治腹内疾者。近墓居人,便于墓所立庙舍而卖此水。而往买者又常祭庙中,酒肉不绝。而来买者转多,此水尽,于是卖水者常夜窃他水以益之。其远道人不能往者,皆因行便或持器遗信买之。于是卖水者大富。人或言无神,官申禁止,遂填塞之,乃绝。

又兴古太守马氏在官,⑨有亲故人投之求恤焉,马乃令此人出外住,诈云是神人道士,治病无不手下立愈。又令辨士游行,⑩为之虚声,云能令盲者登视,躄者即行。⑪于是四方云集,趋之如市,而钱帛固已山积矣。又敕诸求治病者,虽不便愈,当告人言愈也,如此则必愈;

若告人未愈者,则后终不愈也,道法正尔,不可不信。于是后人问前来者,前来辄告之云已愈,无敢言未愈者也。旬日之间,乃致巨富焉。凡人多以小黠而大愚,闻延年长生之法,皆为虚诞,而喜信妖邪鬼怪,令人鼓舞祈祀。所谓神者,皆马氏诳人之类也,聊记其数事,以为未觉者之戒焉。

[注释]

①汝南:地名。在今河南境内。罥(juàn):捕兽的网。②楹:柱子。藻:花纹。梲(zhuō):梁上的短柱。③南顿:地名。在今河南项城。④白田:旱田。⑤栽:幼苗。⑥里:乡里,家乡。⑦豚:猪。⑧洛西:洛阳西边。⑨兴古:地名。在今贵州普安。⑩辨士:能言善辩的人。⑪躄(bì):足不能行。

[译文]

天下似是而非的事情,实在多得无限,我将再大略说说从前的事情,以明示后来不了解真相的人。从前汝南有人在田野中设置兽网捕捉獐子,而且也捕捉到了,只是主人还没发现。有人看到了,就把獐子偷走了,临走时又觉得这样做不是件好事儿。他身上刚好带有鲍鱼,就拿出一条放在网中离开了。原来的主人来了,在网中得到鲍鱼,认为太离奇了,以为是神鱼,不敢带回家。于是村里的人听说了这事,就共同建成房屋,立起庙宇,号称为"鲍君"。后来信奉的人越来越多,庙中红柱画梁,钟鼓声不绝。病人偶尔痊愈的,就认为鲍君有灵,走路经过这里的人,没有不祭拜鲍君的。过了七八年,鲍鱼的主人经过这座庙,问庙的来由,人们便为他解说。那位鲍鱼的主人于是说:"这不过是我的干鱼而已,哪有什么神灵?"此事才平息。

另外,南顿有一个名叫张助的人,在耕种旱田时,看到一棵李子幼苗,长在应该耕种的地方。张助感到可惜，想拿回去，就挖了下来，因为还不能马上回家，就用湿土包住它的根部，放在一棵老桑树的空洞里，后来就忘记取走了。张助随后到远方任职不在本地。后来其同乡人看见桑树洞中长出一棵李树，就认为是神树。有个眼睛疼痛的人，在这棵树下休息乘凉，顺口祝祷说，李树先生如果能让我的眼睛痊愈的话，我就用一头猪答谢。结果他的眼疾偶然好了，就杀猪祭祀李树。传话的人太夸张了，说这棵树能使盲人重见光明。远近的人都信服，共同祈求神佑，经常是车水马龙，祭祀的酒肉丰盛，如此数年。张助离职回来，看见这种情景，就说："这不过是我以前栽的李树，哪里有什么神灵呢？"于是把李树砍掉，祭祀的事情也就停止了。

又有汝南彭家的坟墓靠近大路，墓地的入口有一个石人。村里有个老妇人到集市上买了几张饼回家，因为天热，经过彭家墓地路口时就在树下乘凉，把买的饼暂时放在石人头上后突然离去，忘记取下饼了。行路人看见石人头上有饼，感到奇怪就问原因。有人说："这石人有神灵，能治病，痊愈的人拿饼子来答谢它。"这话辗转相传，说头痛的人摸石人的头，肚痛的人摸石人的肚子，再反过来摸自己相应的部位，没有不痊愈的。于是千里之外的人都来让石人治病，开始用鸡、猪祭祀，后来就用牛、羊祭祀，设立帷帐，管弦之乐不绝于耳，这样有好几年。突然有一天，从前忘记饼子的老妇人听说了这事儿，就为人们作了解释，人们才不再祭拜。

还有，洛阳西边有一座古代的大墓，破败的大墓里有很多积水，墓中有很多石灰，石灰水主治疮伤。一年夏天，有个生疮的过路人因天热烦躁，看见这墓中的水清澈，就用此水洗浴，疮口便偶然痊愈了。于是生病的人们听说了这件事后，都去洗浴，转而有人饮用此水治腹中疾病。住在墓地旁边的人，就在墓边修建庙宇来卖这种水，而买水的人又经常在庙中祭祀，酒肉不断。来买水的人越来越多，这种水卖光了，于是卖水的人就经常在夜间把其他水添加到墓里。那些住在远方不能前往的人,都托人顺便捎带或派人携带器皿来买水。于是卖水的人变得非常富有。有人说这水并不神奇,官方明令禁止,于是填塞了坟墓,卖水之事才停息。

再有,一个姓马的兴古太守在任时,有亲朋好友投到他的门下请求救济。姓马的让这个人出外居住,编造说这人是神人道士,治病没有不手到病除的。又让能言善辩的人四处宣传,为他虚张声势,说他能让瞎子复明,瘸子马上行走。于是四方人聚集,像赶集一样来到这里,而钱财丝帛当然已堆积如山了。又命令那些求医的人,即使没有马上痊愈,也应该告诉别人说好了,只有这样才一定会痊愈;如果告诉别人还没有痊愈,那么以后也不会再好,还说道法就是如此,不可不信。于时后来的人问先来的人,先来的人就说已痊愈,没有人敢说没有痊愈的。十几天时间,竟然敛到了巨大的财富。凡人大都是小聪明而大愚笨,听说长生延年的法术,都认为是虚假荒诞的,却喜欢相信邪恶鬼怪,让人击鼓跳舞来祭祀。所谓的神仙,都是马氏骗人之类的事儿。我姑且记载这几件事,用来提醒那些还没有醒悟的人。

或问曰:"世有了无知道术方伎,而平安寿考者,何也?"抱朴子曰:"诸如此者,或有阴德善行,以致福佑;或受命本长,故令难老迟死;或亦幸而偶尔不逢灾伤。譬犹田猎所经,而有遗禽脱兽;大火既过,时余不烬草木也。要于防身却害,当修守形之防禁,佩天文之符剑耳。祭祷之事无益也,当恃我之不可侵也,无恃鬼神之不侵我也。然思玄执一,①含景环身,②可以辟邪恶,度不祥,而不能延寿命、消体疾也。任自然无方术者,未必不有终其天年者也,然不可以值暴鬼之横枉,大疫之流行,则无以却之矣。夫储甲胄,蓄蓑笠者,盖以为兵、为雨也。若幸无攻战,时不沉阴,则有与无正同耳。若矢石雾合,飞锋烟交,则知裸体者之困矣。洪雨河倾,素雪弥天,则觉露立者之剧矣。③不可以荠麦之细碎,疑阴阳之大气,以误晚学之散人,谓方术之无益也。"

[注释]

①玄、一:指玄妙的道。②含景环身:存想日光,让它环绕自身。为道教护身法术之一。③剧:艰难,困苦。

[译文]

有人问:"世间有完全不懂道术方技,却能一生平安长寿的人,这是为什么呢?"抱朴子说:"像这样的人,有的是积阴德行善事,获得神灵福佑;有的是从上天接受的命运本来就长寿,所以使他们难以衰老而推迟了死亡;有的人只不过是偶然没碰到灾难伤害。譬如猎人经过之处,偶然也会有逃脱的鸟兽;大火过后,有时也会有烧不掉的草木。防护身体、避免伤害的关键,在于修炼那些保护形体的防护措施,佩戴绘有天文的神符神剑,而祭祀祈祷是没有益处的。应当依恃自己不被侵犯的法术,不要依恃鬼神而不被侵犯。然而存思玄道,持道合一,存想日光环绕自身,可以用来避开邪恶,克服不吉利的事情,却不能延续生命,消灾除疾。顺任自然没有方术的人,未必不能终其天年,然而不可遇到残暴鬼怪横行、大瘟疫流行,如果遇到就无法除灾了。凡是储备铠甲、积蓄蓑衣斗笠的人,大都是用来预防兵器和暴雨的。如果有幸没有战争,没有阴雨,那么拥有这些东西就和没有是一样的。如果箭头、石块像云雾聚合,飞舞的刀锋像风烟交错,就知道裸露身体者的困窘。大雨倾盆,河水暴涨,白雪满天,就会感到露天站立的艰难。不能因为荠麦之类的小事物，去怀疑阴阳的大气，从而贻误后来学道的世俗之人，使他们认为道术是没有用处的。"

卷十　明本

[题解]

本,指根本、本源。本卷讨论了儒、道两家的差异以及先后问题,认为道本儒末。

或问儒、道之先后。抱朴子答曰:"道者,儒之本也;儒者,道之末也。先以为阴阳之术,①众于忌讳,使人拘畏;而儒者博而寡要,劳而少功;墨者俭而难遵,不可遍循;法者严而少恩,伤破仁义。唯道家之教,使人精神专一,动合无形,②包儒墨之善,总名、法之要,③与时迁移,应物变化,指约而易明,事少而功多,务在全大宗之朴,守真正之源者也。而班固以史迁先黄老而后六经,④谓迁为谬。夫迁之洽闻,旁综幽隐,沙汰事物之臧否,⑤核实古人之邪正。其评论也,实原本于自然;其褒贬也,皆准的乎至理。不虚美,不隐恶,不雷同以偶俗。刘向命世通人,⑥谓为实录;而班固之所论,未可据也。固诚纯儒,不究道意,玩其所习,难以折中。

[注释]

①先:前人。阴阳:阴阳家。先秦的学派之一。②动合无形:行动符合

于无形的大道。③名、法：名家和法家。④史迁：即太史公司马迁。⑤沙汰：淘汰。⑥刘向：汉代的大学问家。著有《新序》、《说苑》、《列女传》等书。命世：闻名于当世。

[译文]

　　有人问儒家、道家孰先孰后。抱朴子回答说："道家是儒家的根本，儒家是道家的枝末。前人认为阴阳家的学术，忌讳繁多，使人拘束畏惧；而儒家博学但要点很少，办事辛劳功效甚少；墨家节俭但难以遵循，不能完全遵守；法家严厉却缺少恩德，伤害了仁义之德。只有道家的教化，使人精神专一，行动符合无形的大道，包含了儒家、墨家的优点，囊括了名家、法家的要旨，随着时势演变，顺应事物变化，要点简约，容易明白，事务少而功效大，尽力保全事物的本来面貌，坚守事物本原。然而班固因为司马迁把黄老学说放在儒家六经之前，就认为司马迁是错误的。司马迁博闻强识，旁及隐微的学问，评论事件的善恶得失，核实古人的邪正好坏。他的评论，确实以自然法则为根本；他的褒贬，都符合最高的真理。他不虚夸优点，不隐藏邪恶，不去苟同迎合世俗。刘向是一代博学之人，他认为司马迁的著作是历史的真实记录；而班固的评论，是不足为据的。班固是一个纯粹的儒生，不能深究道家的旨意，只在他熟悉的学问里玩味，很难公正地看问题。

　　"夫所谓道，岂唯养生之事而已乎？《易》曰：立天之道，曰阴与阳；立地之道，曰柔与刚；立人之道，曰仁与义。又曰：《易》有圣人之道四焉。①苟非其人，道不虚行。又于治世隆平，则谓之有道；危国乱主，则谓之无道。又坐而论道，谓之三公；②国之有道，贫贱者耻焉。凡言道者，上自二仪，下逮万物，莫不由之。但黄老执其本，儒墨治其末耳。今世之举有道者,盖博通乎古今,能仰观俯察,历变涉微,达兴亡之运,明治乱之体,心无所惑,问无不对者,何必修长生之法,慕松、乔之式者哉?③而管窥诸生,臆断瞽说,闻有居山林之间,宗伯阳之业者,则毁而笑之曰,彼小道耳,不足算也。嗟乎!所谓抱萤烛于环堵之内者,④不见天光之焜烂;⑤侣鲉虾于迹水之中者,⑥不识四海之浩汗;重江河之深,而不知吐之者昆仑也;珍黍、稷之收,而不觉秀之者丰壤也。今苟知推崇儒术,而不知成之者由道。道也者,所以陶冶百氏,范铸二仪,胞胎万类,酝酿彝伦者也。⑦世间浅近者众,而深远者少,少不胜众,由来久矣。是以史迁虽长而不见誉,班固虽短而不见弹。然物以少者为贵,多者为贱,至于人事,岂独不然?故藜、藿弥原,⑧而芝英不世;枳、棘被野,⑨而寻木间秀;沙砾无量,而珠璧甚鲜;鸿隼屯飞,⑩而鸾凤罕出;虺蜴盈薮,⑪而虬龙希觌。班生多党,⑫固其宜也。夫道者,内以治身,外以为国,能令七政遵度,⑬二气告和,四时不失寒燠之节,⑭风雨不为暴物之灾,玉烛表升平之征,⑮澄醴彰德洽之符,焚轮虹霓寝其袄,⑯颓云商羊戢其翼,⑰景耀高照,嘉禾毕遂,疫疠不流,祸乱不作,堑垒不设,干戈不用,不议而当,不约而信,不结而固,不谋而成,不赏而劝,不罚而肃,不求而得,不禁而止,处上而人不以为重,居前而人不以为患,号未发而风移,令未施而俗易,此盖道之治世。故道之兴也,则三五垂拱而有余焉;道之衰也,则叔代驰骛而不足焉。⑱夫唯有余,故无为而化美;夫唯不足,故刑严而奸繁。黎庶怨于下,皇灵怒于上。或洪波横流,或亢阳赤地,⑲或山谷易体,或冬雷夏雪,或流血漂橹,积尸筑京,⑳或坑降万计,析骸易子。城愈高而冲愈巧,㉑池愈深而梯愈妙,法令明而盗贼多,盟约数而叛乱甚。犹风波骇而鱼鳖扰于渊,纤罗密而羽禽躁于泽,豺狼众而走兽剧于林,爨火猛而小鲜糜于鼎也。㉒君臣易位者有矣,父子推刃者有矣,然后忠义制名于危国,孝子收誉于败家。疾疫起而巫医贵矣,道德丧而儒墨重矣。由此观之,儒道之先后,可得定矣。"

[注释]

①《易》有圣人之道四焉:《周易·系辞》:"《易》有圣人之道四焉:以言者尚其辞,以动者尚其变,以制器者尚其象,以卜筮者尚其占。"②三公:辅佐君主的最高官员。各个朝代名号不一,西周为太师、太傅、太保,西汉为大司马、大司徒、大司空。③武:足迹。这里指行为事迹。④环堵:指室内。⑤焜烂:辉煌灿烂。⑥鲉(yóu):鱼名。⑦彝伦:常道。⑧藜、藿:野菜名。⑨枳、棘:两种身上长刺的小灌木。⑩隼(sǔn):一种凶猛的鸟。⑪虺(huǐ):毒蛇名。蜴:蜥蜴。⑫班生:指班固。⑬七政:日、月及金、木、水、火、土五星。⑭燠(yù):热、暖。⑮玉烛:指四时之气和畅。形容太平盛世。⑯焚轮:颓风。《尔雅·释天》:"焚轮谓之颓。"袄:同"妖"。⑰颓云:乱云。商羊:传说中的一种鸟。⑱叔代:衰乱的时代。⑲亢阳:大旱。⑳京:京观。古代战胜方为炫耀武功,聚集敌尸,封土而成的高冢。㉑冲:古代用来冲撞城墙的战车。㉒爨(cuàn):烧火做饭。

[译文]

"我所说的道,哪里仅是养生的内容而已呢?《易经》说:形成上天的道,是阴与阳;形成大地的道,是柔与刚;人们的立身之道,是仁与义。还说:《易经》包含着四种圣人之道,如果没有适当的人,大道自己不会推行。对于太平盛世,人们称之为有道;暴君统治,危机四伏,则称之为无道。端坐讨论大道的人，被称为三公；国家有道，依然贫贱的人应该感到羞耻。大凡谈论道的，上自天地，下至万物，没有不遵循道的。只是黄帝、老子掌握了大道的根本，儒家、墨家学到了大道的枝末而已。如今世上所称赞的有道者，大都是博古通今，能够仰观天象而俯察地理的人，他们经历变故，善于处治细微之事，通晓兴亡的变化，明白治乱的根本，内心没有疑惑，有问必有对答，何必修长生不老的法术，仰慕赤松子、王子乔的生活方式呢？但是那些见识浅薄的儒生却主观臆断，盲目瞎说，听说有人居住在山林之间，效法老子的事业，就诋毁、讥笑他们说那不过是小小的道术罢了，不值得一提。唉！这正所谓住在小小的室内，守着萤火虫一般的烛光，看不到天上日月的灿烂辉煌；与小鱼小虾在脚印窝积的水中为伴，不知道四海的浩瀚辽阔；虽然看重江河的深邃，却不知流出这些水的是高峻的昆仑山；虽然珍视收获的粮食，却不明白使它们开花结果的是丰厚的土壤。如今的人们只知推崇儒术，却不知道成就儒家的是大道。道，成就百家，创造天地，生育万物，蕴含了万物的规律。世上见识浅薄的人多，见识深远的人少，寡不敌众，由来已久了。所以司马迁虽见识渊博却不受称誉，班固虽见识短浅却不受批评。然而物以稀为贵，以多为贱，至于人事，难道不也是如此吗？因此，藜藿满地，而芝英非常稀少；荆棘遍野，高大的树木则偶尔出现；沙粒无数，珍珠玉璧则极为少见；鹰雁群飞，鸾鸟凤凰就很少出现；毒蛇蜥蜴遍布沼泽，虬龙就难得见到。班固的支持者多，的确是应有的现象啊！道，对内可以修身，对外可以治国，能使日月五星遵照自己的轨道运行，使阴阳二气和谐共生，使四时和顺不违背冷暖时节，使风雨不带来残害万物的灾难，让四时和顺以带来太平的征兆，甘霖普降以作为表彰德行的象征，象征妖孽的暴风、虹霓不再出现，预示灾难的乱云、商羊也收敛羽翼，日光高照，庄稼丰收，瘟疫不流行，祸乱不兴起，战壕堡垒无须设置，盾牌戈戟不再使用，不用商议而办事妥当，不必约定而诚实守信,不必结盟而关系牢固,不用谋划而办事成功,没有奖赏而做事努力,不必处罚而纪律严明,不必追求就有收获,不用禁令却能中止,处于上位,人们却不认为他权势过重;处于人前,人们却不认为他是忧患,号令还没发出而风气已经发生了变化,法令还没施行而习俗已经出现了改变,这大概就是以道治世的功效。因此当大道兴起之时,三皇五帝即使垂衣拱手还显得多余;当大道衰落之时,衰乱时代的人们即使整日劳碌也没有成效。正是因为有余力,所以清静无为而教化完美;正是因为忙碌无效,所以即使严刑峻法而仍然邪恶繁多。老百姓在下边抱怨,皇天在上边发怒。要么洪水横流;要么久旱不雨;要么地震使山谷易位;要么冬天打雷,夏天下雪;要么战争能使鲜血浮起盾牌,尸体堆成高大的'京观';要么坑杀数以万计的降卒,剖开骨骼当柴,交换孩子为食。城墙越高而攻墙的战车做得越机巧,护城河越深而攀登的云梯做得越精妙,法令越严明而盗贼越多,盟约缔结频繁而叛乱越严重。就好像风浪越高而鱼鳖在深潭中就越混乱,网罗越细密而禽鸟在大泽中越狂躁,豺狼越多而走兽在森林中就越困苦,炊火越猛而小鱼在锅中就烂得越快。国君和大臣交换位置的情况发生,父子相互残杀的事情出现,然后忠义在危急的国度受到称誉,孝子在破败的家庭中得到表扬。疾病瘟疫出现时,巫师医生才显得可贵;道德沦丧时,儒家、墨家才受到重视。由此看来,儒家、道家孰先孰后,就可以确定了。"

或问曰:"昔赤松子、王乔、琴高、老氏、彭祖、务成、郁华皆真人,①悉仕于世,不便遐遁,而中世以来,为道之士,莫不飘然绝迹幽隐,何也?"抱朴子答曰:"曩古纯朴,巧伪未萌,其信道者,则勤而学之,其不信者,则嘿然而已。②谤毁之言,不吐乎口;中伤之心,不存乎胸也。是以真人徐徐于民间,不促促于登遐耳。末俗偷薄,③雕伪弥深,玄淡之化废,而邪俗之党繁,既不信道,好为讪毁,谓真正为妖讹,以神仙为诞妄,或曰惑众,或曰乱群,是以上士耻居其中也。昔之达人,杜渐防微,色斯而逝,④夜不待旦,睹几而作,⑤不俟终日。故赵害鸣犊,⑥而仲尼旋轸;⑦醴酒不设,而穆生星行;⑧彼众我寡,华元去之。⑨况乎明哲,业尚本异,有何恋之当住其间哉?夫渊竭池漉,则蛟龙不游;巢倾卵拾,则凤凰不集;居言于室,而翔鸥不下;⑩凡卉春翦,而芝蕙不秀。⑪世俗丑正,慢辱将臻,彼有道者,安得不超然振翅乎风云之表,而翻尔藏轨于玄漠之际乎?山林之中非有道也,而为道者必入山林,诚欲远彼腥膻,⑫而即此清净也。夫入九室以精思,⑬存真一以招神者,既不喜喧哗而合污秽,而合金丹之大药,炼八石之飞精者,尤忌利口之愚人,凡俗之闻见,明灵为之不降,仙药为之不成,非小禁也。止于人中,或有浅见毁之有司,⑭加之罪福,或有亲旧之往来,牵之以庆吊,莫若幽隐一切,免于如此之臭鼠矣。彼之邈尔独往,得意嵩岫,岂不有以乎?或云:上士得道于三军,中士得道于都市,下士得道于山林,此皆为仙药已成,未欲升天,虽在三军,而锋刃不能伤,虽在都市,而人祸不能加,而下士未及于此,故止山林耳。不谓人之在上品者,初学道,当止于三军、都市之中而得也,然则黄老可以至今不去也。"

[注释]

①务成:仙人名。郁华:仙人名。②嘿:同"默"。③偷薄:轻薄,不厚道。④色斯而逝:见人神色不善就马上离去。《论语·乡党》:"色斯举矣,翔而后集。"⑤几:征兆,苗头。⑥赵:指晋国大夫赵简子。鸣犊:晋国的贤

人。⑦旋轸:回转车头。《史记·孔子世家》:"(孔子)将西见赵简子,至于河,而闻窦鸣犊、舜华之死也。临河而叹曰:'美哉水,洋洋乎!丘之不济此,命也夫!'"⑧穆生:西汉儒生。《汉书·楚元王传》:"初,元王敬礼申公等。穆生不嗜酒,元王每置酒,常为穆生设醴。及王戊即位,常设。后忘设焉。穆生退曰:'可以逝矣!醴酒不设,王之意怠。'……遂谢病去。"⑨华元:春秋宋国贵族。《左传·宣公二年》载,华元与郑国作战失败,回国后受到百姓的当面嘲讽,华元对手下说:"去之,夫其口众我寡。"⑩翔鸥:飞翔的海鸥。《列子·黄帝》:"海上之人有好沤(鸥)鸟者,每旦之海上,从沤鸟游,沤鸟之至者百住而不止。其父曰:'吾闻沤鸟皆从汝游,汝取来,吾玩之。'明日之海上,沤鸟舞而不下也。"⑪蓂(míng):古代传说中的一种瑞草。秀:开花。⑫腥膻:比喻污浊的气氛。⑬九室:修炼的静室。⑭有司:官府。

[译文]

　　有人问:"从前,赤松子、王乔、琴高、老子、彭祖、务成、郁华,都是得道的真人,都在人间做过官,没有立即远远遁世。而中古以后,修道的人,莫不飘然绝迹于人世深深隐居起来,这是为什么呢?"抱朴子回答说:"上古的人纯朴,机巧虚伪的心理还没有产生,相信道术的人就勤奋地学习,不信道术的人就默不作声。诽谤诋毁的言语,不吐出口;相互中伤的心理,不会存在胸中。所以真人就从从容容生活于人间,不必匆匆忙忙升天远去。末世风俗轻薄,虚伪作假越来越严重,清静淡泊的教化被废弃,而邪恶庸俗的朋党繁多。他们既不相信仙道,又喜欢讥讽诋毁,把真道说成是妖邪谎言,认为神仙荒诞虚妄。有的说修仙之事迷惑百姓,有的说扰乱群众,因此上等修仙之士就耻于和这些俗人居住在一起。过去那些通达的人防微杜渐,晚上见到别人脸色不好就马上离去,绝不会等到第二天早晨;看到征兆就立即行动,绝对不会推迟一天。所以赵简子害死鸣犊,孔子就掉转车头回去;没有安排甜酒,穆生就连夜出走;对方的人多而自己的人少,华元就赶快离去。何况明智的哲人,所崇尚的事本来就与凡人有差异,有什么值得他们留恋逗留于世间呢?深渊枯竭,池水干涸,蛟龙就不会游动;打翻鸟巢以拾取鸟卵,凤凰就不会聚集;在家中说了不利于海鸥的话,飞翔的海鸥就不会再落下;平凡的花卉如果在春天被剪掉,灵芝和蕈莢就不再开花。世俗之人以正确为丑恶,怠慢和羞辱就会到来,那些有道的人,又怎么能不超然翱翔于长风彩云之上,翻然隐迹于遥远寂静的地方呢?山林之中并没有什么道术,但修道的人一定要进入山林,的确是想远离污浊的气氛,而到达清静之地。那些进入静室精心思考,存思真一以召唤神仙的人,既不喜欢喧哗的人世又不喜欢与世人同流合污;而配制金丹大药,炼制八石飞精,更应该避开伶牙俐齿的愚蠢之人,凡被俗人看到听到,神仙就不再降临,仙药也因此炼不成功,这不是小的禁忌。如果留在世间,可能会有见识短浅的人到官府诽谤,把罪行强加到他们身上,可能会有亲朋旧友来往,用庆贺和吊唁之类的事情牵制他们,还不如隐身离开这一切,免于这些臭老鼠般的俗事。他们独身到遥远的地方,自得其乐于高山峻岭,难道不是有他们的道理吗?有人说:上等道士在三军中获得道术,中等道士在都市中获得道术,下等道士在山林中获得道术。这些都是因为仙药已经炼成,却还不想升天,虽然身在军中,但刀枪不能伤害他们,虽然生活在都市,人们无法加害他们,而下等道士还达不到这种境界,所以只好生活在山林中。并不是说品性高尚的人刚开始学道,就可以停留在军队中、生活在都市中得道啊。如果这样,黄帝和老子至今也不用离开人世了。"

或问曰:"道之为源本,儒之为末流,既闻命矣,今之小异,悉何事乎?"抱朴子曰:"夫升、降、俯、仰之教,盘旋三千之仪,①攻守进趣之术,轻身重义之节,欢忧礼乐之事,经世济俗之略,儒者之所务也。外物弃智,涤荡机变,忘富逸贵,杜遏劝沮,不恤乎穷,不荣乎达,不戚乎毁,不悦乎誉,道家之业也。儒者祭祀以祈福,而道者履正以禳邪。儒者所爱者,势利也;道家所宝者,无欲也。儒者汲汲于名利,而道家抱一以独善。儒者所讲者,相研之簿领也。②道家所习者,遣情之教戒也。夫道者,其为也,善自修以成务;其居也,善取人所不争;其治也,善绝祸于未起;其施也,善济物而不德;其动也,善观民以用心;其静也,善居慎而无闷。此所以为百家之君长,仁义之祖宗也,小异之理,其较如此,首尾污隆,③未之变也。"

[注释]

①盘旋:形容行礼的样子。《礼记·礼器》:"故经礼三百,曲礼三千。"
②簿领:文簿。这里泛指书籍。③污隆:高下。污,地形低。隆,高。

[译文]

有人问道:"道家是本源,儒家是末流,这一点我已经知道了,那么两家的小差异,都有哪些呢?"抱朴子说:"上去下来,俯身抬头的教化,三千种进退周旋的礼仪规范,攻守进取的计谋,轻身重义的气节,或喜或忧的礼乐制度,经世济俗的方略,这些是儒生们所从事的。看轻身外之物,抛弃世俗智慧,排除机巧之心,忘却荣华富贵,杜绝外人劝勉或批评的影响,不以穷困为忧,不以显达为荣,不因诋毁而伤感,不因美誉而喜悦,这些是道家的事业。儒生以祭祀来祈求神佑,而道家以遵循正道来禳除邪恶。儒家所喜爱的,是权势利益；道家所珍视的，是无私无欲。儒家急切地追求名利，道家持守大道而独善其身。儒家学习的内容是相互学习的文献典籍，道家学习的内容是排遣情欲的教义戒律。大道，如果遵循它行事，善于自我修养可以成就事业；以道处世，就要善于获取别人所不争夺的东西；以道治国，就要善于消解还没有萌芽的灾祸；以道施行恩德，就要善于救济万物而不认为自己有恩德；循道而动，就要善于体察民情而运用心智；以道守静，就要善于谨慎生活而没有烦恼。这就是道家能成为百家君长、仁义根源的原因。儒道两家的小差别，大致如此，两家的先后高低，没有什么变化。"

或曰："儒者，周、孔也，其籍则六经也，盖治世存正之所由也，立身举动之准绳也，其用远而业贵，其事大而辞美，有国有家，不易之制也。为道之士，不营礼教，不顾大伦，侣狐貉于草泽之中，偶猿猱于林麓之间，魁然流摈，①与木石为邻，此亦东走之迷，忘葵之甘也。"②抱朴子答曰："摘华骋艳，③质直所不尚，攻蒙救惑，畴昔之所餍，④诚不欲复与子较物理之善否，校得失于机吻矣。⑤然观孺子之坠井，非仁者之意；视瞽人之触柱，非兼爱之谓耶？又陈梗概，粗抗一隅。夫体道以匠物，宝德以长生者，黄老是也。黄帝能治世致太平，而又升仙，则未可谓之后于尧舜也。老子既兼综礼教，而又久视，则未可谓之为减周、孔也。故仲尼有'窃比'之叹，⑥未闻有疵毁之辞，而末世庸民，不得其门，修儒墨而毁道家，何异子孙而骂詈祖考哉？是不识其所自来，亦已甚矣。夫侏儒之手，不足以倾嵩、华；焦侥之胫，⑦不足以测沧海。每见凡俗守株之儒，营营所习，不博达理，告顽令嚚，⑧崇饰恶言，诬诘道家，说糟粕之淬，则若睹骏马之过隙也，涉精神之渊，则沦溺而自失也。犹斥鷃之挥短翅,⁹以凌阳侯之波;¹⁰犹苍蝇之力驽质,以涉昫猿之峻。¹¹非其所堪,只足速困。然而喽喽守于局隘,¹²聪不经旷,¹³明不彻离,¹⁴而欲企踵以包三光,鼓腹以奋雷灵,¹⁵不亦蔽乎？盖登旋玑之眇邈,则知井谷之至卑,睹大明之丽天,乃知鸒金之可陋。¹⁶吾非生而知之,又非少而信之,始者蒙蒙,亦如子耳,既观奥秘之宏修,而恨离困之不早也。五经之事,注说炳露,初学之徒,犹可不解。岂况金简玉札,神仙之经,至要之言,又多不书。登坛歃血,乃传口诀,苟非其人,虽裂地连城,金璧满堂,不妄以示之。夫指深归远,虽得其书而不师受,犹仰不见首,俯不知跟,岂吾子所详悉哉？夫得仙者,或升太清,或翔紫霄,或造玄洲,¹⁷或栖板桐,¹⁸听钧天之乐,¹⁹享九芝之馔,出携松、羡于倒景之表,²⁰入宴常、阳于瑶房之中,²¹曷为当侣狐貉而偶猿狖乎？²²所谓不知而作也。夫道也者,逍遥虹霓,翱翔丹霄,鸿崖六虚,²³唯意所造。魁然流摈,未为戚也。牺腯聚处,虽被藻绣,²⁴论其为乐,孰与逸麟之离群以独往,²⁵吉光坏偶而多福哉？²⁶"

[注释]

①魁然:孤独的样子。流摈:弃绝世间。②葵:菜名。③摛:铺张。④畴昔:昔日。⑤机吻:嘴巴上的机巧。⑥窃比:《论语·述而》:"述而不作,信而好古,窃比于我老彭。"⑦焦侥:小矮人。《山海经·大荒南经》:"有小人名曰焦侥之国。"⑧嚚(yín):愚蠢。⑨斥鷃:小鸟名。⑩阳侯:古代传说中的波涛之神。⑪昫:眩晕。⑫喽喽:啰唆的样子。⑬旷:师旷。古代听力极好的乐师。⑭离:离朱。古代视力极好的人。⑮雷灵:雷神。代指雷声。⑯鸒金:王明《抱朴子内篇校释》:"疑谓鸒明鸟羽上之金光。"⑰玄洲:传说中神

仙居住的地方。⑱板桐：仙山名。传说中昆仑山的三峰之一。⑲钧天：天的中央。⑳松、羡：赤松子和羡门子高，两位都是传说中的仙人。倒景：道教指天上的最高之处。景，通"影"。㉑常、阳：平常生和陵阳子明。两位都是修道成仙的人。㉒狖（yòu）：长尾猿。㉓鸿崖：又作"洪崖"。仙人名。㉔藻绣：华丽的衣服。㉕麟：麒麟。㉖吉光：神马名。坼（chè）：分开。

[译文]

　　有人说："儒家，就是周公、孔子这些人，儒家的经典是六经，是治理国家、持守正道的必由之路，是人们立身行事的准则，他们的作用深远而功业可贵，他们的事业伟大而文辞优美，治理国家、管理家庭，儒家思想是不可更改的规范。那些修道的人，不学习礼教，不顾及伦理，在荒草沼泽中与狐貉为伴，在山林中与猿猴为友，孤单地流浪，与树木山石为邻居，这是一种东西乱跑的糊涂行为，忘记了葵菜的甘甜啊。"抱朴子回答说："铺设华丽、相互竞艳，这是本性质朴的人所不崇尚的，救治蒙昧困惑的人，这才是古代圣人所追求的。我实在不想再与您计较事物道理的好坏，在口舌中评价成败得失。然而看到小孩子落入井中却不营救，并不是仁慈者的用心；看着盲人碰到柱子上，并不是博爱者的心愿吧？只好再陈述事物的梗概，粗略谈谈我的看法。能够体察大道以成就万物，珍惜美德以求长生的，就是黄帝、老子了。黄帝能够治理国家并使天下太平，然后才成仙而去，就不能说他比不上尧、舜。老子既掌握礼仪教化的知识，又能够长生不死，就不能说他比不上周公、孔子。因此，孔子才有'私下与老子、彭祖相比'的感叹，并没有听到孔子有一句诋毁老子的言辞。然而衰世中的平庸百姓，找不对门路，修习儒家、墨家的学说却讥毁道家，这与子孙咒骂祖宗有什么区别？这是他们不了解自己的由来，也够过分了。侏儒的手臂，不足以测量嵩山、华山；焦侥的腿脚，不足以探测沧海的深度。每次见到世俗中守株待兔的儒生，修习经营于他们熟悉的儒经中，不能博识通达之理，告诉他们而他们顽固不化，不告诉他们而他们又愚蠢无比。他们崇尚经过美饰的坏话，诬蔑斥责道家。在谈论糟粕的言论时，就像看到骏马从门缝中越过一样忘记了时间的流逝；涉及深远的精神领域时，就会沉沦下去而丧失自我。他们好比斥鷃那样挥动短小的翅膀，想越过滚滚的波涛；又好像苍蝇一样凭着笨拙的力量，就想越过使猿猴头晕目眩的峻岭。这不是他们所能胜任的，只会快速招致困窘。然而啰嗦又狭隘的人，听力赶不上师旷，视力比不上离朱，却还想踮起脚跟去囊括日、月、星，拍打肚皮去超过雷声，这岂不是太愚昧了吗？只有登上浩渺的北极星才会感到水井、山谷是最低下的，看到天上日月的光辉，才得知鷫鸘羽毛的金光是那样微弱。我并非天生就理解道家，也不是从小就信仰它，开始也是迷迷蒙蒙，就像您现在这样。在我看到奥妙伟大的成仙事业后，才遗憾自己没有早些摆脱迷惑。五经记述的事情，注释阐说清楚明白，初学者尚且不能理解。又何况金简玉札，记载的都是神仙之术，重要的言论又没有写出来。要登上神坛，歃血为盟，才能传授口诀，如果不是合适的人，即便拥有大片的土地城池，满屋的黄金玉璧，也不能随便传授给他。道家意旨深远，即使拿到经书而没有老师传授，还好像抬头看不见头顶，低头看不到脚跟，哪里是您能完全理解的呢？那些修道学仙的人，有的升入了太清仙境，有的翱翔于紫霄天庭，有的来到玄洲，有的栖身于板桐，欣赏着天庭的音乐，享用仙芝做的佳肴。外出时与赤松子、羡门子升到天庭的最高处，回来后设宴招待平常生、陵阳子明于琼瑶宫中，怎么能够说是与狐貉、猿猴为伴呢？正所谓不懂而装懂乱说。得道的境界，可以逍遥于虹霓之中，翱翔于红霞之上，像仙人鸿崖漫游于四方上下，随心所欲，无所不至，即使独自远离人世，也不会悲伤。就像那些作为祭品的牛羊猪聚集在一起，即使披着华丽的彩绣，论起乐趣，哪里比得上离群独居的麒麟自在，离开伙伴却福佑众多的吉光呢？"

卷十一　仙药

[题解]

　　仙药，即能够服食成仙的药物。葛洪认为，仙药有等级差别，各种金石类药物是上等药物，各种草木类药物是下等药物。本卷对这些药物以及服食药物的方法进行了介绍。

　　抱朴子曰："神农四经曰，上药令人身安命延，升为天神，遨游上下，使役万灵，体生毛羽，行厨立至。又曰，五芝及饵丹砂、玉札、曾青、雄黄、雌黄、云母、太乙禹余粮，①各可单服之，皆令人飞行长生。又曰，中药养性，下药除病，能令毒虫不加，猛兽不犯，恶气不行，众妖并辟。又《孝经援神契》曰，椒、姜御湿，菖蒲益聪，②巨胜延年，威喜辟兵。③皆上圣之至言，方术之实录也，明文炳然，而世人终于不信，可叹息者也。仙药之上者丹砂，次则黄金，次则白银，次则诸芝，次则五玉，④次则云母，次则明珠，次则雄黄，次则太乙禹余粮，次则石中黄子，⑤次则石桂，⑥次则石英，⑦次则石脑，⑧次则石硫黄，⑨次则石饴，⑩次则曾青，次则松柏脂、茯苓、地黄、麦门冬、木巨胜、重楼、黄连、石韦、楮实，⑪象柴，⑫一名托卢是也。或云仙人杖，或云西王母杖，或名天精，或名却老，或名地骨，或名苟杞也。天门冬，⑬或名地门冬，或名莥门冬,或名颠棘,或名淫羊食,或名管松。其生高地,根短而味甜,气香者善。其生水侧下地者,叶细似蕴而微黄,⑭根长而味多苦,气臭者下,亦可服食。然喜令人下气,为益尤迟也。服之百日,皆丁壮倍驶于术及黄精也,⑮入山便可蒸,若煮啖之,取足可以断谷。若有力可饵之,亦可作散,并及绞其汁作酒,以服散尤佳。楚人呼天门冬为百部,然自有百部草,⑯其根俱有百许,相似如一也,而其苗小异也。真百部苗似拔揳,⑰唯中以治咳及杀虱耳,不中服食,不可误也。如黄精一名白及,⑱而实非中以作糊之白及也。按《本草》药之与他草同名者甚多,⑲唯精博者能分别之,不可不详也。黄精一名兔竹,一名救穷,一名垂珠。服其花胜其实,服其实胜其根,但花难多得。得其生花十斛,干之才可得五六斗耳,而服之日可三合,⑳非大有役力者不能辨也。㉑服黄精仅十年,乃可大得其益耳。俱以断谷不及术,术饵令人肥健,可以负重涉险,但不及黄精甘美易食,凶年可以与老小休粮,人不能别之,谓为米脯也。㉒

[注释]

①五芝:各种灵芝。指下文提到的石芝、木芝、草芝、肉芝、菌芝。玉札:植物名。即地榆。曾青:矿物名。色青,可供绘画及熔化金属用,道教用作炼丹原料。云母:矿物名。可入药。太乙禹余粮:矿物名。道教用作炼丹原料。②菖蒲:植物名。可入药。③咸喜:植物名。又叫木咸喜芝。④五玉:泛指各种玉石。⑤石中黄子:矿物名。可入药。⑥石桂:矿物名。可入药。⑦石英:矿物名。可入药。⑧石脑:矿物名。可入药。⑨石硫黄:矿物名。可入药。⑩石饴:用玉石炼制成的一种长寿药物。⑪木巨胜:巨胜的一类,

即胡麻的一类。重楼：植物名。可入药。石韦：植物名。可入药。楮实：植物名。可入药。⑫象柴：中药名。即枸杞。⑬天门冬：植物名。可入药。⑭蕰：通"薀"，一种水草名。⑮驶：马疾行。指迅速。术（zhú）：中药名。⑯百部草：植物名。可入药。⑰拔揳：亦作菝葜（qiā），中药名。⑱白及：中药名。⑲《本草》：指《神农本草经》，已佚，有清人辑本。⑳合（gě）：容量单位。一升的十分之一。㉑辨：当依崇文本《抱朴子》作"办"，备办。㉒米脯：晒干的熟米。

[译文]

抱朴子说："神农氏的四部经典说，最好的药物使人身体健康，性命延长，升入天庭成为神仙，遨游天地之间，可以役使各种神灵，身上长出羽毛，想要什么食物都可以马上得到。又说，五种灵芝以及服食的丹砂、玉札、曾青、雄黄、雌黄、云母、太乙禹余粮，这几种药物可以单独服用，而且都能使人飞行而长生。又说，中等药物养生，下等药物治病，能够使毒虫不加害，猛兽不侵犯，邪恶之气不流行，各种妖孽全部逃避。另外，《孝经援神契》说，椒、姜能抵御潮湿，菖蒲有益于听力，巨胜能益寿延年，威喜能避开兵灾。这些都是大圣人的至理名言，道术的真实记录。文字明白清楚，但世人始终不相信，确实令人叹息。仙药中上等的是丹砂，其次是黄金，其次是白银，其次是各种灵芝，其次是各种玉石，其次是云母，其次是珍珠，其次是雄黄，其次是太乙禹余粮，其次是石中黄子，其次是石桂，其次是石英，其次是石脑，其次是石硫黄，其次是石饴，其次是曾青，其次是松柏脂、茯苓、地黄、麦门冬、木巨胜、重楼、黄连、石韦、楮实。象柴，另一个名字叫托卢。有人又叫它仙人杖，或者叫它西王母杖、天精、却老、地骨、枸杞。天门冬，又名地门冬、莚门冬、颠棘、淫羊食、管松。它生长在高地，根部短而味甘甜，气味香的为最好。

生长在水边低地的天门冬,叶形纤细好似薀草而微微发黄,根部长而味道苦,气味臭的属下等,也可以服用,但容易使气血向下运行,功效特别迟缓。服用这些药物一百天,就能使人强壮,比术和黄精的药效快一倍,入山可以蒸食,如果煮熟了吃,吃足够数量就可以不再吃粮食。如果有财力服食,也可以制成散粉,或者绞出汁液来做酒,服食散粉为最好。楚地的人称天门冬为百部,但药物中本来就有百部草。二者的根部都有一百多条根须,长得几乎一样,而枝叶稍有差异。真正的百部草像柭葜,只能用来治咳嗽和杀死虱子而已,不能用来服食,不能弄错了。另外黄精的另一个名称是白及,但实际上并不是适合做糊粥的那种白及。《本草》中的药物和其他草药名字相同的很多,只有精通博识的人才能区别开,不能不详细了解。黄精的另一个名字是兔竹,还叫救穷,或者叫垂珠。服食它的花比服食它的果实强,服食它的果实又比服食根部强,但花难以多得。收取它的鲜花十斛,晒干才可以得到五六斗,每天可以服用三合,如果不是很有财力的人就无法服用。服食黄精只要十年,就可以有很大收益。大家都认为断绝谷物不如服食术,服食术可以令人健壮,可以背负重物通过险境,但术不如黄精甜美好吃。灾荒年一家老小都可以食术而不用吃粮。人们分辨不清,把它叫作米脯。

"五芝者,有石芝,有木芝,有草芝,有肉芝,有菌芝,各有百许种也。

"石芝者,石象芝生于海隅名山,及岛屿之涯有积石者,其状如肉象有头尾四足者,良似生物也,附于大石,喜在高岫险峻之地,或却著仰缀也。①赤者如珊瑚,白者如截肪,黑者如泽漆,青者如翠羽,黄者如紫金,而皆光明洞彻如坚冰也。晦夜去之三百步,便望见其光矣。大者十余斤,小者三四斤,非久斋至精,及佩《老子入山灵宝》五符,亦不能得见此辈也。凡见诸芝,且先以《开山却害符》置其上,则不得复隐蔽化去矣。徐徐择王相之日,②设醮祭以酒脯,祈而取之,皆从日下禹步闭气而往也。③又若得石象芝,捣之三万六千杵,服方寸匕,日三,尽一斤,则得千岁;十斤,则万岁。亦可分人服也。又玉脂芝,生于有玉之山,常居悬危之处,玉膏流出,万年已上,则凝而成芝,有似鸟兽之形,色无常彩,率多似山玄、水苍玉也。④亦鲜明如水精,得而末之,以无心草汁和之,⑤须臾成水,服一升,得一千岁也。七明九光芝,皆石也,生临水之高山石崖之间,状如盘碗,不过径尺以还,有茎蒂连缀之,起三四寸,有七孔者,名七明,九孔者名九光,光皆如星,百余步内,夜皆望见其光,其光自别,可散不可合也。常以秋分伺之得之,捣服方寸匕,入口则翕然身热,五味甘美,尽一斤则得千岁,令人身有光,所居暗地如月,可以夜视也。石蜜芝,生少室石户中,⑥户中便有深谷,不可得过,以石投谷中,半日犹闻其声也。去户外十余丈有石柱,柱上有偃盖石,⑦高度径可一丈许,望见蜜芝从石户上堕入偃盖中,良久,辄有一滴,有似雨后屋之余漏,时时一落耳。然蜜芝堕不息,而偃盖亦终不溢也。户上刻石为科斗字,⑧曰得服石蜜芝一斗者寿万岁。诸道士共思惟其处,不可得往,唯当以碗器著劲竹木端以承取之,然竟未有能为之者。按此石户上刻题如此,前世必已有得之者也。石桂芝,生名山石穴中,似桂树而实石也。高尺许,大如径尺,光明而味辛,有枝条,捣服之一斤得千岁也。石中黄子,所在有之,沁水山为尤多。⑨其在大石中,则其石常润湿不燥,打其石有数十重,乃得之。在大石中,赤黄溶溶,如鸡子之在其壳中也。即当饮之,不饮则坚凝成石，不复中服也。法正当及未坚时饮之，既凝则应末服也。破一石中，多者有一升，少者有数合，可顿服也。虽不得多，相继服之，共计前后所服，合成三升，寿则千岁。但欲多服，唯患难得耳。石脑芝，生滑石中，亦如石中黄子状，但不皆有耳。打破大滑石千许，乃可得一枚。初破之，其在石中，五色光明而自动，服一升得千岁矣。石硫黄芝，五岳皆有，而箕山为多。⑩其方言许由就此服之而长生，⑪故不复以富贵累意，不受尧禅也。石硫丹者，石之赤精，盖石硫黄之类也。皆浸溢于崖岸之间，其濡湿者可丸服，其已坚者可散服。如此有百二十，皆石芝也。事在《太乙玉策》及《昌宇内记》，不可具称也。

[注释]

①却著仰缀：倒着附着，仰面连缀。②王相之日：即"旺相日"，吉日。③禹步：本指跛行。相传禹治水辛苦，身病偏枯，行走艰难。后代的巫师、道士仿效这种步态，被称为"禹步"。④山玄：犹如山的青色而有斑纹的玉石。水苍玉：颜色犹如水绿色而有斑纹的玉石。⑤无心草：又名"黄蒿"，中药名。⑥少室：山名。在今河南登封北，嵩山西部，因山有石室而得名。⑦偃盖：车盖。⑧科斗字：蝌蚪文，古文字的一种，因头粗尾细而得名。⑨沁水山：向外渗水的山。⑩箕山：山名。在今河南登封东南。⑪许由：尧时的隐士，相传隐居于箕山。

[译文]

"五种灵芝，有石芝，有木芝，有草芝，有肉芝，有菌芝，各有一百多种。

"石芝中，石象芝生长在海边名山上，以及岛屿边有积石的地方，它的形状像肥胖的大象,有头有尾有四只脚,很像活的一样,依附在大石头上,喜欢生长在高山险峻的地方,有的倒着仰面附在峭壁上。红色的像珊瑚,白色的像切开的脂肪,黑色的如同光润的生漆,青色的如同翡翠的羽毛,黄色的如同紫色的金子,而且都晶莹剔透如同坚硬的冰块。黑暗的夜晚,离它三百步就能看见它的光亮。大的重十来斤,小的有三四斤,如果不是极虔诚地长久斋戒,以及佩带《老子入山灵宝》五种符箓,不可能见到这种石芝。凡是发现这些石芝,应该先用《开山却害符》贴在它上面,它就不会再隐蔽变化而去了。从容选择吉日,摆设道场,用酒肉祭祀,祈祷后摘取,这些活动都得在阳光下行禹步屏气去做。另外,如果得到石象芝,用杵捣它三万六千下,服食方寸大的一勺,每天三次,吃一斤,可以活一千年;吃十斤,可以活一万年。也可以分给别人服食。还有玉脂芝,生长在有玉石的山中,一般长在悬空危险的地方,玉石溶液流出后,经过一万年以上,就凝结成玉脂芝,有的像鸟兽的形状,无固定色彩,大多像山玄玉或水苍玉,晶莹如水晶,得到后碾成粉末,用无心草的汁液调和,片刻化为水,饮用一升,能够活一千岁。七明九光芝,都是石质的,生长在靠水的高山石崖之间,形状如同盘子和碗,直径在一尺以内,长有茎蒂并联结在一起,隆起三四寸高,有七个孔穴的,叫作七明;有九个孔洞的,叫作九光。光芒如同星宿,一百多步以内,在夜间都能看到它们的光芒。它们的光芒各有区别,可以分散而不能合拢。一般在秋分那天寻找,可以得到,捣碎服食方寸大一勺,进入口中身体马上发热,五味俱全而甘甜可口。服完一斤就可以活一千岁,使人的身体发光,处在暗地光芒如同月光,可以在夜间看清。石蜜芝,生长在少室山石室的石门内,石门内有很深的山谷,不能越过,用石头投进山谷,半天还能听到滚落声。离石门十多丈远有石柱,柱上有一块像车盖的石头,高度和直径约一丈,能看见蜜芝从石门上滴落到车盖石中,很久才有一滴,就像雨后屋中残余的漏水,时时才落下一点而已。尽管蜜芝不停地堕落，而车盖石却始终不会满溢出来。石门上铭刻有蝌蚪文字：'能够服食石蜜芝一斗的人能活一万岁。'所有的道士都想到那里去，却到不了，只能将碗之类的器皿绑在坚固的竹子、木棍上去接取，却最终没有人得到。按照这扇石门上刻着这样的文字，从前一定已经有人获得过石蜜芝。石桂芝，生长在名山石洞中，像桂花树但实际上是石头。高一尺左右，大的直径约一尺，晶莹鲜亮而味道辛辣，长有枝条，捣碎服食一斤可得一千岁。石中黄子，到处都有，渗水的山尤其多。它生在大石头中，这样的石头就经常润湿不干燥，敲开这种石头几十层，才能得到它。它生在大石头中间，赤黄色鲜明光耀，如同鸡蛋黄在蛋壳中一样。得到要马上饮用，不饮用就坚硬地凝成石头，不能再服食了。按照修炼方法，应该在还没坚硬时饮用，等到凝固后就应该碾成末来服用了。打破一块石头，中间多的有一升，少的有几合，可以马上服用。虽然一次得不到很多，但相续服食，先后共服用达三升，就能活一千岁。本应该多多服用，只是担心找不到罢了。石脑芝，生长在滑石中，形状也像石中黄子，但不是到处都有而已。打破大滑石一千多块，才可以得到一枚石脑芝。刚开始打破滑石，石脑芝正在石头中，五彩晶莹而且自己会动，服食一升可活一千岁。石硫黄芝，五岳都有，而箕山最多。那里的人说当年许由就是在此地服食石硫黄芝才长生不老的，所以不再以荣华富贵为累，不接受尧的禅让。石硫丹，是石头中红色精华，大概属于石硫黄之类。石硫丹都在山崖水边浸润着，软湿的可以抟成丸子服用，已经坚硬的可以制成粉末服食。像这样的有一百二十种，都属于石芝。这些事记在《太乙玉策》和《昌宇内记》里，这里不详细介绍了。

"及夫木芝者，松柏脂沦入地千岁，化为茯苓，茯苓万岁，其上生小木，状似莲花，名曰木威喜芝。夜视有光，持之甚滑，烧之不然，带之辟兵,以带鸡而杂以他鸡十二头共笼之,去之十二步,射十二箭,他鸡皆伤,带威喜芝者终不伤也。从生门上采之,①于六甲阴干之,②百日,末服方寸匕,日三,尽一枚,则三千岁也。千岁之栝木,③其下根如坐人,长七寸,刻之有血,以其血涂足下,可以步行水上不没;以涂人鼻以入水,水为之开,可以止住渊底也;以涂身则隐形,欲见则拭之。又可以治病,病在腹内,刮服一刀圭,其肿痛在外者,随其所在刮一刀圭,即其肿痛所在以摩之,皆手下即愈,假令左足有疾,则刮涂人之左足也。又刮以杂巨胜为烛,夜遍照地下,有金玉宝藏,则光变青而下垂,以锸掘之可得也。④末之,服尽十斤则千岁也。又松树枝三千岁者,其皮中有聚脂,状如龙形,名曰飞节芝,大者重十斤,末服之,尽十斤,得五百岁也。又有樊桃芝,其木如升龙,其花叶如丹罗,其实如翠鸟,高不过五尺,生于名山之阴,东流泉水之土,⑤以立夏之候伺之,得而末服之,尽一株得五千岁也。参成芝,赤色有光,扣之枝叶,如金石之音,折而续之,即复如故。木渠芝,寄生大木上,如莲花,九茎一丛,其味甘而辛。建木芝实生于都广,⑥其皮如缨蛇,其实如鸾鸟。此三芝得服之,白日升天也。黄庐子、寻木华、玄液华,此三芝生于泰山要乡及奉高,⑦有得而服之,皆令人寿千岁。黄蘖檀桓芝者,⑧千岁黄蘖木下根,有如三斛器,去本株一二丈,以细根相连状如缕,得末而服之,尽一枚则成地仙不死也。此辈复百二十种,自有图也。

[注释]

①生门:指东方。古人把东方与生气相联系。②六甲:古人用天干、地支相配计算时日,其中甲子、甲戌、甲申、甲午、甲辰、甲寅带有"甲"字的日

子,叫作"六甲"。③栝(guā):即桧树。④锸(chā):农具,相当于锹。⑤泉水之土:《抱朴子》其他版本均作"泉水之上"。⑥都广:传说中的地名。《山海经·海内经》:"西南黑水之间,有都广之野。后稷葬焉。"⑦奉乡、奉高:地名。在泰山附近。⑧黄蘗:中药名。又叫黄檗、黄柏。

[译文]

"至于木芝,松柏脂沉入地下一千年,变成茯苓,茯苓长到一万年,上面生出小树木,形状像莲花,名叫"木威喜芝"。夜间看上去有光,摸着很滑,烧它不燃,佩带着能避免兵器伤害。拿它给鸡带上,再把这只鸡同其他十二只鸡一齐放在笼子里,离开十二步,射十二箭,其他的鸡都受伤了,但佩带木威喜芝的鸡始终不会受伤。从东方生门采摘它,在六甲日子里阴干,一百天后,碾成粉末,服食方寸大一勺,每天三次,吃完一枚,就能活到三千岁。千年的桧树,它的下根部像一个坐着的人,长七寸,刻削后有血,用它的血涂在脚下,可以步行在水面上而不会沉没;涂抹人的鼻子再进入水中,水会为人开道,可以停留在深渊底部;用它的血涂抹身子就能隐去形体,想要显现就把它擦拭干净。还可以治疗疾病,如果病在肚子里,只要刮削服食一刀圭;肿痛在体外,根据肿痛的部位在灵芝的相应部位刮一刀圭,马上在肿痛处揉摩,都能够手到病除。假使左脚有病,就刮下来涂抹人的左脚。把刮下的粉末与巨胜掺和做成蜡烛,夜间到处照耀地面,如果地下有金玉宝藏,蜡烛的光芒就变成青色的并往下垂落,就可用锹挖出来。碾成粉末,服食完十斤,就能活到一千岁。还有松树枝到了三千年,树皮中有凝聚的油脂,形状像龙一样,名叫飞节芝,大的重十斤,碾成粉末服食,吃完十斤,可以活到五百岁。还有樊桃芝,主干如腾飞的蛟龙,花叶如同红色的丝绸,果实如同翠鸟的形状,高度不过五尺,生在名山的北面,向东流淌的泉水旁边。在立夏的时候寻找它们，得到后碾成粉末服食，吃完一株，可以活到五千岁。参成芝，红色而有光芒，敲击它的枝叶，如同敲击金石的声音，折断后再接续，马上恢复原来的形状。木渠芝寄生在大的树上，形状似莲花，每丛九枝茎，滋味甜中有辣。建木芝，实际上生长在都广一带，它的皮像缠绕的蛇，果实形状像鸾鸟。如果能服食这三种木芝，一百天就可以白日升天。黄庐子、寻木华、玄液华，这三种灵芝生长在泰山的要乡和奉高，如果得到并服食，都能让人活到一千岁。黄蘖檀桓芝，生在千年的黄蘖树的根部，像三个斛器，离根部一两丈，有细细的根连接，好像丝线一样，找到后碾成末服食，吃完一枚，就能成为地仙，不会死亡了。这一类木芝也有一百二十种，各自都有图谱。

"草芝有独摇芝，无风自动，其茎大如手指，赤如丹，素叶似苋，①其根有大魁如斗，②有细者如鸡子十二枚，周绕大根之四方，如十二辰也，相去丈许，皆有细根，如白发以相连，生高山深谷之上，其所生左右无草。得其大魁末服之，尽则得千岁，服其细者一枚百岁，可以分他人也。怀其大根即隐形，欲见则左转而出之。牛角芝，生虎寿山及吴阪上，③状似葱，特生如牛角，长三四尺，青色，末服方寸匕，日三，至百日，则得千岁矣。龙仙芝，状如升龙之相负也，以叶为鳞，其根则如蟠龙，服一枚则得千岁矣。麻母芝，似麻而茎赤色，花紫色。紫珠芝，其花黄，其叶赤，其实如李而紫色，二十四枝辄相连，而垂如贯珠也。白符芝，高四五尺，似梅，常以大雪而花，季冬而实。④朱草芝，九曲，曲有三叶，叶有三实也。五德芝，状似楼殿，茎方，其叶五色各具而不杂，上如偃盖，中常有甘露，紫气起数尺矣。龙衔芝，常以仲春对生，三节十二枝，下根如坐人。凡此草芝，又有百二十种，皆阴干服之，则令人与天地相毕,或得千岁二千岁。

[注释]

①苋:即苋菜。可入药。②大魁:大块。魁,通"块"。③虎寿山:山名。吴阪:吴地的山坡。吴,在今长江下游一带。阪,山坡。④季冬:冬天的最后一个月。古人将每个季节都分为孟、仲、季三个月。

[译文]

"草芝中有独摇芝,没有风时自己也会动,它的枝干大小如同手指头,红得像丹砂,白色的叶子像苋菜,它的根有像斗一样大的块状物,还有小的像鸡蛋一样的十二个块状物,围绕在大根的四方,如同十二个星星一样,相距各一丈多,都有纤细的根须像白发一样相互连接。独摇芝生长在高山深谷之上,它所生长的地方没有草。找到大块根,碾成末,服食完,就可活到一千岁,服食细根一枚可以活一百岁,可以分给其他人吃。怀揣它的大根就能隐去身形,想要显现,向左转弯就可现身。牛角芝,生长在虎寿山和吴地的山坡上,形状像葱,单独生长如同牛角,长三四尺,青色,碾成粉末服食方寸大一勺,一天三次,服食一百天,就能活到一千岁。龙仙芝,形状如同飞升的龙相互背负,叶子像龙鳞,根部像蟠龙,服食一枚就能活到一千岁。麻母芝,像麻但茎干为大红色,花为紫色。紫珠芝,它的花是黄色的,叶子是红色的,果实像李子而带有紫色,二十四枝相互连缀,果实下垂如同穿在一起的珠子。白符芝,高四五尺,像梅树一样,常在下大雪时开花,冬末结果。朱草芝,茎干有九个弯曲,每一弯曲有三片叶子,每片叶子有三颗果实。五德芝,形状如同楼阁殿堂,茎干是方形的,它的叶片有五种颜色而彼此不混杂,上部如同车盖,中间常常有甘露,紫色的云气升起好几尺。龙衔芝,常常在春季二月成对生长,一共有三个节十二根枝,下部根部像坐着的人。所有这些草芝,一共也有一百二十种,都要阴干后服食,就能使人与天地同寿,或者可以活到一千岁、两千岁。

"肉芝者,谓万岁蟾蜍,头上有角,颔下有丹书八字再重,以五月五日日中时取之,阴干百日,以其左足画地,即为流水,带其左手于身,辟五兵,若敌人射己者,弓弩矢皆反还自向也。千岁蝙蝠,色白如雪,集则倒县,①脑重故也。此二物得而阴干末服之,令人寿四万岁。千岁灵龟,五色具焉,其雄额上两骨起似角,以羊血浴之,乃剔取其甲,火炙捣服方寸匕,日三,尽一具,寿千岁。行山中,见小人乘车马,长七八寸者,肉芝也,捉取服之即仙矣。风生兽似貂,青色,大如狸,生于南海大林中,张网取之,积薪数车以烧之,薪尽而此兽在灰中不然,其毛不焦,斫刺不入,打之如皮囊,以铁锤锻其头数十下乃死,死而张其口以向风,须臾便活而起走,以石上菖蒲塞其鼻即死。取其脑以和菊花服之,尽十斤,得五百岁也。又千岁燕,其窠户北向,②其色多白而尾掘,取阴干,末服一头五百岁。凡此又百二十种,此皆肉芝也。

[注释]

①县(xuán):悬挂。②窠:巢。

[译文]

"所谓肉芝,是指活了一万年的蟾蜍,它头上长有角,下巴有红色的字,像是两个'八'字重叠,在五月五日的中午时分捉取,阴干一百天。用它的左脚画地,就成为流水。佩带它的左爪于身,能避开各种兵器,如果敌人用箭射自己,弓弩的箭会反过去射向敌人自身。活了一千年的蝙蝠,颜色洁白如雪,停落时身子倒悬,是因为它的脑袋太重。这两种动物捉到后阴干,做成粉末服食,可让人的寿命长达四万岁。千年的灵龟,五色俱备,雄龟的额头上有两块骨头隆起,好似角。用羊血洗浴,再剔取它的甲壳,用火烧烤,捣碎后服食方寸大的一勺,每天三次。服完一个龟甲,可以活到一千岁。在山中行走,如果看见小人乘坐着车马,长七八寸,那也是肉芝,捉来服食立即就能成仙。风生兽样子像貂,青色,大小如狸,生长在南海的大森林中,张网捕取它。即使堆几车柴火来烧它,柴烧完了但这种野兽在灰中仍不燃烧,它的毛不会被烧焦,斧砍刀刺不进,敲打它如同打皮囊一样,要用铁锤打它的头几十下才会死去。死后张嘴对着风,片刻间就复活而跑走,但用石头上长的菖蒲堵塞它的鼻子它马上就死去。取出它的大脑与菊花掺和服用,服完十斤,可以活到五百岁。还有一千年的燕子,它的巢口向北,它们多为白色而且尾巴向上翘起。捉取后阴干,制成粉末服食一只,可以活五百岁。这类一共又有一百二十种,都是肉芝。

"菌芝,或生深山之中,或生大木之下,或生泉之侧,其状或如宫室,或如车马,或如龙虎,或如人形,或如飞鸟,五色无常,亦百二十种,自有图也。皆当禹步往采取之,刻以骨刀,阴干,末服方寸匕,令人升仙,中者数千岁,下者千岁也。欲求芝草,入名山,必以三月九月,此山开出神药之月也,勿以山很日,[①]必以天辅时,[②]三奇会尤佳。[③]出三奇吉门到山,须六阴之日,[④]明堂之时,[⑤]带《灵宝符》,牵白犬,抱白鸡,以白盐一斗,及开山符檄,著大石上,执吴唐草一把以入山,⑥山神喜,必得芝也。又采芝及服芝,欲得王相专和之日,支干上下相生为佳。⑦此诸芝名山多有之,但凡庸道士,心不专精,行秽德薄,又不晓入山之术,虽得其图,不知其状,亦终不能得也。山无大小,皆有鬼神,其鬼神不以芝与人,人则虽践之,不可见也。

[注释]

①佷(hěn):乖戾,不顺。②天辅时:古代术数家用语。指上天福佑的吉利之时。古术数家将天上天蓬、天内、天冲、天辅等九星与时辰相配,而天辅星是主大吉的一颗星。③三奇:古代术数家用语。古代术数家以乙、丙、丁为三奇。古人以天干、地支相互配合计算时日,具有乙、丙、丁的时日即为"三奇会"。后来术数家又以乙、丙、丁为天上三奇;甲、戊、庚为地上三奇;辛、壬、癸为人间三奇。"三奇"出现在年月日里,顺次排列时为吉利。④六阴之日:当指"六辛"之日。古人用天干、地支计算时日,六个带"辛"字的日子为"六辛"。⑤明堂之时:古代术数家按"一、二、三、四、五、六、七、八、九、绛宫、明堂、玉堂"分为十二宫,再与天干、地支相配合,用来纪时。如甲子日的明堂在酉时,乙丑日的明堂在亥时,丙寅日的明堂在丑时等。⑥吴唐草:植物名。可入药。⑦支干上下相生:古代术数家把天干、地支与五行、阴阳等相配合,从而形成或相生或相克的关系。

[译文]

"菌芝,有的生长在深山中,有的生长在大树下,有的生长在山泉旁。它们的形状有的像宫室房屋,有的像车马,有的像龙虎,有的像人形,有的像飞鸟,五颜六色没有一定,也有一百二十种,有各自的图谱。应该用行禹步的方式前去采摘，用骨刀刻削，阴干后，制成粉末，服食方寸大小一勺，就能使人飞升成仙，中等效果的可以活几千岁，下等效果的可以活一千岁。要想找到芝草，进入名山一定要在三月或九月，这时是名山奉出神药的月份。不要在不吉利的日子进山，一定要选在上天福佑之日，三奇聚会时最好。从三奇吉祥的门户进山，在六阴那天，于明堂之时，带着《灵宝符》，牵着白狗，抱着白鸡，用白盐一斗，以及开山符檄，放在大石头上，手持一把吴唐草入山，山神高兴了，就一定能得到灵芝。另外，采摘和服食灵芝，应该在吉利祥和的日子，天干、地支上下相生之时最好。这些灵芝，名山大多都有，只是平庸的道士，用心不专一精诚，品行污秽，道德浅薄，又不懂得进山的方术，虽然得到图谱，却不了解它们的性状，也就始终找不到这些灵芝。山无论大小，都有鬼神，如果那些鬼神不拿灵芝给人，人即使把灵芝踩在脚下，也无法看见。

"又，云母有五种，而人多不能分别也，法当举以向日，看其色，详占视之，乃可知耳。正尔于阴地视之，不见其杂色也。五色并具而多青者名云英，宜以春服之。①五色并具而多赤者名云珠，宜以夏服之。五色并具而多白者名云液，宜以秋服之。五色并具而多黑者名云母，宜以冬服之。但有青黄二色者名云沙，宜以季夏服之。晶晶纯白名磷石，②可以四时长服之也。服五云之法，或以桂、葱、水玉化之以为水，或以露于铁器中，以玄水熬之为水，③或以硝石合于筒中埋之为水，或以蜜搜为酪，④或以秋露渍之百日，韦囊挺以为粉，⑤或以无巅草、樗血合饵之。⑥服之一年，则百病除；三年久服，老公反成童子；五年不阙，可役使鬼神，入火不烧，入水不濡，践棘而不伤肤，与仙人相见。又他物埋之即朽,著火即焦,而五云以纳猛火中,经时终不然,埋之永不腐败,故能令人长生也。又云,服之十年,云气常覆其上,服其母以致其子,⑦理自然也。又向日看之,晻晻纯黑色起者,⑧不中服,令人病淋发疮。虽水饵之,皆当先以茅屋霤水,⑨若东流水露水,渍之百日,淘汰去其土石,乃可用耳。中山卫叔卿服之,⑩积久能乘云而行,以其方封之玉匣之中,仙去之后,其子名度世,及汉使者梁伯,得而按方合服,皆得仙去。

[注释]

①宜以春服之:古人把春天与青色相配、夏天与红色相配、秋天与白色相配、冬天与黑色相配,所以青色的云母宜在春季服用。②皛(xiǎo)皛:洁净明亮的样子。③玄水:醋。另外,古人也称水银、酒为玄水。④溲:通"溲",浸泡。⑤韦囊:皮袋。挻(shān):揉和。⑥无巅草:中药名。樗(chū)血:樗树汁。樗,即臭椿树。⑦服其母以致其子:古人认为云母为云雾之母。⑧晻(yǎn)晻:昏暗的样子。⑨霤(liù):屋顶流下来的雨水。⑩中山:地名。在今河北境内。卫叔卿:传说中汉武帝时的仙人。

[译文]

"另外,云母有五种,但人们大都不能区别。区别的方法应该是举起来对着太阳,观察它们的颜色,详细观察才可以。如果只是在阴暗的地方观察,就分辨不出它们的杂色。五色都具备而青色居多的叫云英,适合在春季服用。五色都具备而红色居多的叫云珠,适宜在夏日服用。五色都具备而白色居多的叫云液,适宜在秋天服用。五色都具备而黑色居多的叫云母,适宜在冬季服用。只有青、黄两种颜色的叫云沙,适宜在夏末服用。洁净纯白色的叫磷石,可以四季长期服用。服食五种云母的方法,或者用桂花、葱、水玉把云母化为水,或者在铁器中收集露水,用玄水把云母熬成水,或者用硝石掺和放在筒子里埋在地下形成水,或者用蜜浸成糊状,或者用秋天的露水浸泡一百天,再用皮袋装着揉成粉末,或者用无巅草、樗树汁混合食用。服用一年,百病除去;长久服用三年,老翁返老还童;五年不断地服用,可以使唤鬼神,入火不会灼伤,入水不会弄湿,脚踏荆棘不会弄伤皮肤,还能和仙人相见。另外,其他东西埋在地下很快腐朽,火烧就会焦煳,但五种云母放在猛火中,历经时辰却不会被烧坏,埋在地底下永远也不会腐败,所以能够使人长生不死。还听说,服食云母十年,常有云气笼罩在头上,服用云气的母亲从而招致它的孩子,这是理所当然的事情。另外对着太阳观察云母,如果出现的全是纯黑色,就不能服食,吃了令人小便淋漓、涩痛生疮。虽然制成水剂饮用,但都应当优先用茅草房的屋檐雨水,如果是向东流的水和露水,要沉淀一百天,淘去其中的泥土砂石,才能够饮用。中山的卫叔卿服食云母,时间长了能够乘云行走。他还把秘方封藏在玉制匣子中,他成仙离去以后,他的儿子名叫度世,以及汉朝使者梁伯,得到秘方并按方调制服用,都成仙飞去。

"又雄黄当得武都山所出者,①纯而无杂,其赤如鸡冠,光明晔晔者,乃可用耳。其但纯黄似雄黄色,无赤光者,不任以作仙药,可以合理病药耳。饵服之法,或以蒸煮之,或以酒饵,或先以硝石化为水乃凝之,或以玄胴肠裹蒸之于赤土下,②或以松脂和之,或以三物炼之,引之如布,白如冰,服之皆令人长生,百病除,三尸下,瘢痕灭,白发黑,堕齿生,千日则玉女来侍,可得役使,以致行厨。又玉女常以黄玉为志,③大如黍米,在鼻上,是真玉女也,无此者,鬼试人耳。

"玉亦仙药,但难得耳。《玉经》曰,服金者寿如金,服玉者寿如玉也。又曰,服玄真者,其命不极。④玄真者,玉之别名也。令人身飞轻举,不但地仙而已。然其道迟成,服一二百斤,乃可知耳。玉可以乌米酒及地榆酒化之为水,⑤亦可以葱浆消之为饴,亦可饵以为丸,亦可烧以为粉,服之一年已上,入水不沾,入火不灼,刃之不伤,百毒不犯也。不可用已成之器,伤人无益,当得璞玉,乃可用也,得于阗国白玉尤善。⑥其次有南阳徐善亭部界中玉及日南卢容水中玉亦佳。⑦赤松子以玄虫血渍玉为水而服之,⑧故能乘烟上下也。玉屑服之与水饵之,俱令人不死。所以为不及金者,令人数数发热,似寒食散状也。⑨若服玉屑者,宜十日辄一服雄黄、丹砂各一刀圭,散发洗沐寒水,迎风而行,则不发热也。董君异尝以玉醴与盲人服之,⑩目旬日而愈。有吴延稚者,志欲服玉,得《玉经》方不具,了不知其节度禁忌,乃招合得珪、璋、环、璧,及校剑所用甚多,⑪欲饵治服之,后余为说此不中用,乃叹息曰,事不可不精,不但无益,乃几作祸也。

[注释]

①武都山:山名。在今四川绵竹。②玄胴(dòng)肠:猪大肠。③志:通"痣"。④不极:无限。⑤地榆:植物名。又叫玉札。根可酿酒。⑥于阗:汉代西域国名。在今新疆和田一带。⑦徐善亭:地名。在今河南南阳一带。日南:郡名。辖境约当今越南中部北起横山南抵大岭地区。卢容水:河名。在日南境内。⑧玄虫:虫名。⑨寒食散:道教炼制的一种石质粉末状药物,

又叫"五石散"。服食后身体发热,宜吃冷食。⑩董君异:董奉,字君异。汉代名医,传说后来成仙。⑪校剑:剑柄。这里指剑柄上的玉饰。

[译文]

"另外,雄黄应当得到武都山所出产的,纯粹没有杂质,那些红得像鸡冠、晶莹明澈的,才可以服用。那些只是纯黄好像雄黄一样颜色的,如果没有红光,不能用作仙药,只能用来配制治病的药。服食的方法,或者蒸煮,或者用酒送服,或者先用硝石把雄黄化为水,再凝固起来,或者用猪大肠裹着放在红土下面蒸煮,或者用松脂调和,或者用硝石、猪大肠、松脂掺和雄黄一起熔炼,炼制到能拉伸得像布帛,色白如冰,服食后能使人长生不老,百病消除,三尸虫被打下,瘢痕消失,白发转黑,落牙再生。服食一千天后就有神女来服侍,可以使唤她们,能够使想要的食物自动送来。另外,神女经常长有黄玉痣,大小如同黍米,长在鼻子上,这才是真正的神女,没有这颗黄痣的,是鬼怪为了试探人假扮的。

"玉石也是仙药,只是难以获得罢了。《玉经》说,服食黄金的人年寿如黄金,服食白玉的人寿命如同白玉。还说,服食玄真的人,生命无限。所谓玄真,就是玉石的别名。服食玉石能使人身轻飞举,不只是做地仙而已。然而服食玉石效果很慢,要服食一两百斤,才能知道效果。玉石可以用黑米酒和地榆酒化成水,也可以用葱汁消融成为饴糖,也可以像糕饼一样做成丸子,也可以烧炼成粉末,服食一年以上,进入水中不湿,进入火中不燃,刀刃不能伤害,各种毒药不能侵犯。但不能用已经加工成器物的玉石,那样只会伤害人而不会有益处,应当寻找未加工的璞玉,才可以使用。如果得到于阗国的白玉最好,其次有南阳徐善亭区域里的玉石,以及日南郡卢容河水中的玉石也好。赤松子用玄虫的血浸泡玉石化成水再服用,所以能乘坐云烟上下天地。玉屑吃下去和用水吞服，都能使人长生不死。之所以赶不上服食黄金，是因为它常常使人发烧，像服食寒食散的症状一样。如果服食玉屑，应每十天就服食一次雄黄、丹砂，各一刀圭，披散着头发，在冷水中洗头，迎风行走，就不会发烧了。董君异曾经用玉制甜酒给盲人服食，那人眼睛十天后就痊愈了。有个叫吴延稚的，想要服食玉石，得到的《玉经》方剂并不完备，全然不懂得节制和禁忌，就收集了很多珪、璋、环、璧，以及装饰剑柄的玉石，想要炼制服食。后来，我给他解释说这些东西不适合服食，他才叹息说，事理不能不精通，不然不仅没有收益，反而差点带来祸患了。

"又，银但不及金玉耳，可以地仙也。服之法，以麦浆化之，亦可以朱草酒饵之，①亦可以龙膏炼之，②然三服，辄大如弹丸者，又非清贫道士所能得也。又，真珠径一寸以上可服，服之可以长久，酪浆渍之皆化如水银，③亦可以浮石水、蜂窠化，包彤蛇黄合之，可引长三四尺，丸服之，绝谷服之，则不死而长生也。淳漆不沾者，服之令人通神长生，饵之法，或以大无肠公子，④或云大蟹，十枚投其中，或以云母水，或以玉水合服之，九虫悉下，恶血从鼻去，一年，六甲、行厨至也。桂可以葱涕合蒸作水，可以竹沥合饵之，亦可以先知君脑，⑤或云龟，和服之，七年，能步行水上，长生不死也。巨胜一名胡麻，饵服之不老，耐风湿，补衰老也。桃胶以桑灰汁渍，服之百病愈，久服之身轻有光明，在晦夜之地如月出也，多服之则可以断谷。柠木实之赤者，⑥饵之一年，老者还少，令人彻视见鬼。昔道士梁须年七十乃服之，转更少，至年百四十岁，能夜书，行及奔马，后入青龙山去。槐子以新瓮合泥封之，二十余日，其表皮皆烂，乃洗之如大豆，日服之，此物主补脑，久服之，令人发不白而长生。玄中、蔓方、楚飞廉、泽泻、地黄、黄连之属⑦，凡三百余种，皆能延年，可单服也。灵飞散、未央丸、制命丸、羊血丸⑧皆令人驻年却老也。南阳郦县山中有甘谷水，⑨谷水所以甘者，谷上左右皆生甘菊，菊花堕其中，历世弥久，故水味为变。其临此谷中居民，皆不穿井，悉食甘谷水，食者无不老寿，高者百四五十岁，下者不失八九十，无夭年人，得此菊力也。故司空王畅、太尉刘宽、太傅袁隗，⑩皆为南阳太守，每到官，常使郦县月送甘谷水四十斛以为饮食。此诸公多患风痹及眩冒，皆得愈，但不能大得其益，如甘谷上居民，生小便饮食此水者耳。又菊花与薏花相似，⑪直以甘苦别之耳，菊甘而薏苦，谚言所谓苦如薏者也。今所在有真菊，但为少耳，率多生于水侧，緱氏山与郦县最多，⑫仙方所谓日精、更生、周盈皆一菊，⑬而根、茎、花、实异名，其说甚美，而近来服之者略无效，正由不得真菊也。夫甘谷水得菊之气味，亦何足言？而其上居民，皆以延年，况将复好药，安得无益乎？

[注释]

①朱草：植物名。②龙膏：即覆盆子。③酪浆：牲畜的乳汁。④无肠公子：螃蟹的别称。⑤先知君：龟的别称。⑥柠（chǔ）木：树名。落叶乔木，皮可制纸。也称"楮"或"榖"。⑦玄中、蔓方：药名。飞廉、泽泻：植物名。可入药。⑧灵飞散、未央丸、制命丸、羊血丸：都是道教炼制的药丸名。⑨郦县：地名。在今河南南阳内乡。⑩司空、太尉、太傅：官名。王畅、刘宽、袁隗：人名。⑪薏：薏苡，可以食用，也可入药。⑫緱（gōu）氏山：山名。在今河南偃师。⑬日精：指菊根。更生：指菊花的叶片。周盈：指菊茎。

[译文]

"另外,服食白银只是比不上服食黄金、玉石,但可以成为地仙。服食银子的方法是,用麦子浆液把白银化开,也可以用朱草酒送服,还可以用龙膏烧炼,但每天要服用三次,每次要服食大小如同弹丸的银子,这又不是清贫的道士所能具备的。另外,直径一寸以上的珍珠也可服用,可以长久服用。用牲畜的乳汁浸泡,可以化成水银状的液体,也可以用浮石水、蜂巢溶化,包裹红色的蛇黄调和,就可以拉长到三四尺,捼成丸子服食,断绝谷物服食,就不会死亡而长生不老。不沾黏的纯漆,服食后能使人与神明沟通、长生不老,服食的办法是,或者用大的无肠公子,也叫大螃蟹,十只投放在漆中,或者用云母水汁,或者用玉石水汁与纯漆混合服食,各种虫子都会被打下,污血从鼻腔中流出,服食一年,就能使六甲神、各种食物自动到来。桂可以用葱的汁液混合着蒸制成水,还可以用竹子上滴下的水混合食用,也可以用先知君,也叫龟的大脑,混合着食用,服食七年,能够在水面上步行,而且长生不死。巨胜的另一个名称叫胡麻,服食后不会衰老,可以抵御风湿,滋补防老。桃胶可以用桑树灰搅拌的水浸泡,服食下去百病痊愈,长久服用身体轻捷而且发光,在黑暗的夜晚,就好像月亮出来一样,多多服用就可以断绝谷物。柠树有红色的果实,服食这些果实一年,能使人返老还童,使人能透视物体、看到鬼怪。从前有个道士名叫梁须,七十岁才服食柠树的红色果实,变得越来越年轻,到了一百四十岁,能够在夜间写字,行走速度可以赶上奔跑的马儿,后来进入青龙山隐居。槐树的种子,要用新坛子装着,调和稀泥来封存,二十多天以后,它们的表皮都腐烂了,再洗干净,一颗颗如同大豆,每天服食,这种东西的主要功能是补脑。长期服用,能使人头发不白而长生不老。玄中、蔓方、楚地的飞廉、泽泻、地黄、黄连之类,一共有三百多种，都能益寿延年，可以单独服用。灵飞散、未央丸、制命丸、羊血丸都能使人年华长驻，不再衰老。南阳郡郦县山中有甘谷水，甘谷水之所以甘甜，是因为甘谷上游两岸都生长着甘菊，菊花落在水中，经历的时间久了，水的滋味因此而改变。那些临近这个山谷的居民，都不挖井，而饮用甘谷水，饮用的人没有不活到老年而长寿的，年高的人可以活到一百四五十岁，寿命短的也不少于八九十岁，没有夭折的人，是因为获得了这菊花的效力。因此司空王畅、太尉刘宽、太傅袁隗，都当过南阳太守，每每到任，常派人每个月从郦县送四十斛甘谷水来饮食。这几位先生多曾患风湿麻痹和头晕之症，都得以痊愈，但没有得到大的收益，因为他们不像甘谷的居民从小就饮用这种水。另外，菊花和薏花相似，只能用甘甜和苦涩的味道去辨别它们，菊花甘甜而薏花苦涩，正如谚语所说的苦如薏花。现在到处都有真正的甘菊，只是数量少罢了，大都生长在水边，缑氏山和郦县最多。仙方中所谓日精、更生、周盈都同样是指菊，而根、茎、花、实名称不同。服用甘菊的效果很好，但近来服用的人大都没有效用，就是由于得不到真正的甘菊。甘谷的水得到菊花的气味，又哪里值得一提呢？而谷两岸的居民，都得以延年益寿，何况还有更好的药物，怎么会没有益处呢？

"余亡祖鸿胪少卿曾为临沅令，①云此县有廖氏家，世世寿考，或出百岁，或八九十，后徙去，子孙转多夭折。他人居其故宅，复如旧，后累世寿考。由此乃觉是宅之所为，而不知其何故，疑其井水殊赤，乃试掘井左右，得古人埋丹砂数十斛，去井数尺，此丹砂汁因泉渐入井，是以饮其水而得寿，况乃饵炼丹砂而服之乎？

"余又闻上党有赵瞿者，②病癞历年，③众治之不愈，垂死。或云不如及活流弃之,后子孙转相注易,④其家乃赍粮将之,⑤送置山穴中。瞿在穴中,自怨不幸,昼夜悲叹,涕泣经月。有仙人行经过穴,见而哀之,具问讯之。瞿知其异人,乃叩头自陈乞哀,于是仙人以一囊药赐之,教其服法。瞿服之百许日,疮都愈,颜色丰悦,肌肤玉泽。仙人又过视之,瞿谢受更生活之恩,乞丐其方。仙人告之曰,此是松脂耳,此山中更多此物,汝炼之服,可以长生不死。瞿乃归家,家人初谓之鬼也,甚惊愕。瞿遂长服松脂,身体转轻,气力百倍,登危越险,终日不极,年百七十岁,齿不堕,发不白。夜卧,忽见屋间有光大如镜者,以问左右,皆云不见,久而渐大,一室尽明如昼日。又夜见面上有彩女二人,⑥长二三寸,面体皆具,但为小耳,游戏其口鼻之间,如是且一年,此女渐长大,出在其侧。又常闻琴瑟之音,欣然独笑,在人间三百许年,色如小童,乃入抱犊山去,⑦必地仙也。于时闻瞿服松脂如此,于是竞服。其多役力者,乃车运驴负,积之盈室,服之远者,不过一月,未觉大有益辄止,有志者难得如是也。

[注释]

①鸿胪少卿:官名。临沅:地名。在今湖南常德。②上党:地名。在今山西长治。③癞:即麻风病。④注易:流动迁徙。⑤赍(jī):携带。⑥彩女:这里指神女。⑦抱犊山:山名。在今山西境内。

[译文]

"我故去的祖父鸿胪少卿曾经当过临沅县令,他说这个县里有户廖姓人家,世代长寿,有活一百多岁的,有活八九十岁的。后来迁移离去,子孙们变得很多夭折。其他人住进了他的老房屋,仍然像从前一样,后人世代长寿。因此才觉得长寿是因为这个住宅,但不知道是什么缘故,怀疑是这里井水太红的缘故,就试着挖掘井的左右,得到古人埋藏的几十斛丹砂,丹砂离井好几尺,这些丹砂的汁水顺着泉水渐渐地渗入井中,所以饮用这种水而得以长寿,何况直接炼制丹砂并服食它们呢?

"我还听说上党有个叫赵瞿的,得了癞病好多年,众多医生都无法治好,就要死了。有人说不如趁他活着时就把他抛弃了。后来子孙们要流动迁徙,他的家人就带着粮食,扶着他,把他送到了山洞里。赵瞿在洞中,抱怨自己的不幸,昼夜悲叹,哭了好几个月。有个仙人经过山洞,看到他很可怜,详细询问他。赵瞿知道他是个非同寻常的人,就叩头自我陈述,乞求怜悯。于是仙人拿一袋药送给他,教给他服食的方法。赵瞿服用药一百多天,疮疤都长好了,面容丰满、神色愉悦、肌肤润泽如玉。仙人经过再次看望他,赵瞿感谢仙人再生之恩,并乞求这种药方。仙人告诉他说,这不过是松脂而已,这座山中有很多这种东西,你炼制后服用,可以长生不死。赵瞿回到家中,家里人开始认为他是个鬼,非常惊愕。赵瞿从此就长期服食松脂,身体变得轻便,力气百倍增加,翻越危岭险峰,整日不累,到一百七十岁时,牙齿不落,头发不白。他夜间躺卧时,突然看见屋里有一片大小如同镜子的光亮,他询问身边的人,他们都说看不到,时间长了光亮渐渐变大,一个屋子都光亮如同白天。他还在夜里看见脸上有两位神女,高两三寸,面貌身体都齐备,只是小而已,在自己嘴巴鼻子之间游戏,像这样将近一年,这两位神女渐渐长大,在他的旁边出现。他经常听到琴瑟的声音,独自欣然微笑。他在人间活了三百多年,脸色像个儿童,后来进入抱犊山,一定成了地仙。当时的人听说赵瞿服食松脂的效果如此好,于是竞相服食。那些财力大的人,竟然用车拉用驴驮,堆满了整个屋子。然而服食时间长久的也不超过一个月,并没觉得有大的效果,就不再服食,有志向求仙的竟然如此难得啊!

"又汉成帝时,①猎者于终南山中,见一人无衣服,身生黑毛,猎人见之,欲逐取之,而其人逾坑越谷,有如飞腾,不可逮及。于是乃密伺候其所在,合围得之,定是妇人。问之,言:'我本是秦之宫人也,闻关东贼至,②秦王出降,③宫室烧燔,惊走入山,饥无所食,垂饿死,有一老翁教我食松叶松实,当时苦涩,后稍便之,遂使不饥不渴,冬不寒,夏不热。'计此女定是秦王子婴宫人,至成帝之世,二百许岁。乃将归,以谷食之,初闻谷臭呕吐,④累日乃安。如是二年许,身毛乃脱落,转老而死。向使不为人所得,便成仙人矣。

"南阳文氏,说其先祖,汉末大乱,逃去山中,饥困欲死。有一人教之食术,遂不能饥,数十年乃来还乡里,颜色更少,气力胜故。自说在山中时,身轻欲跳,登高履险,历日不极,行冰雪中,了不知寒。常见一高岩上,有数人对坐博戏者,有读书者,俯而视文氏,因闻其相问,言此子中呼上否。其一人答言未可也。术一名山蓟,一名山精。故《神药经》曰,必欲长生,常服山精。

"昔仙人八公,⑤各服一物,以得陆仙,各数百年,乃合神丹金液,而升太清耳。人若合八物,炼而服之,不得其力,是其药力有转相胜畏故也。⑥韩终服菖蒲十三年,身生毛,日视书万言,皆诵之,冬袒不寒。又菖蒲生须得石上,一寸九节已上,紫花者尤善也。赵他子服桂二十年,足下生毛,日行五百里,力举千斤。移门子服五味子十六年,⑦色如玉女,入水不沾,入火不灼也。楚文子服地黄八年,夜视有光,手上车弩也。⑧林子明服术十一年,耳长五寸,身轻如飞,能超逾渊谷二丈许。杜子微服天门冬,御八十妾,有子百三十人,日行三百里。任子季服茯苓十八年,仙人玉女往从之,能隐能彰,不复食谷,灸瘢皆灭,面体玉光。陵阳子仲服远志二十年,⑨有子三十七人,开书所视不忘,坐在立亡。仙经曰:虽服草木之叶,已得数百岁,忽怠于神丹,终不能仙。以此论之,草木延年而已,非长生之药可知也。未得作丹,且可服之,以自榰持耳。"⑩

[注释]

①汉成帝:西汉的一位皇帝,公元前32年至前8年在位。②关东贼:指秦朝末年函谷关以东的农民起义军,包括刘邦、项羽等人的军队。③秦王:指秦二世的侄子子婴,子婴降于刘邦。④谷臭:粮食的气味。⑤八公:道教传说中八位修道成仙的人。⑥转相胜畏:相互抵消。⑦五味子:中药名。⑧上:应为"止"。《太平御览》卷九百八十九引此文作"手止车弩"。车弩:一种用绞车发射箭的机械。⑨远志:中药名。⑩榰(zhī):支撑。

[译文]

"另外,汉成帝时,打猎的人在终南山中,看见一个人没穿衣服,身体上长着黑毛。猎人看见后,想追赶并抓获此人。但此人跨越深坑宽谷,像腾飞一样,无法追赶上。于是就秘密侦察此人的栖身之处,包围后捕获,竟然是个女人。人们问她,她说:'我本来是秦王宫中的人,听说关东的乱贼打来,秦王投降了,宫室被烧毁了,我因为害怕避入深山,饥饿没有食物,快要饿死时,有一个老翁教我吃松叶和松果。开始感到苦涩,后来渐渐适应,于是不饥不渴,冬天不寒冷,夏日不炎热。'算来这个女人一定是秦王子婴的宫女,到汉成帝时，已有二百来岁。于是猎人就带她回家，用谷物食品给她吃，开始闻到谷物的味道呕吐，几天后才适应。像这样过了两年多，身上的黑毛才脱落，变得衰老而死去。假如她不被人抓住，就成为仙人了。

"南阳有个姓文的，说他有个祖先，在汉末大乱时，逃到山中，饥饿困乏快要死去。有一个人教他吃术，于是就不再饥饿，几十年后才回到故乡，容颜变得更加年轻，气力也胜过往日。他自己说在山中的时候，身体轻快得想跳跃，登高峰走险路，好几天不会疲倦，行走在冰雪中，也完全不知道寒冷。他曾看到一个高岩上，有几个人相对坐着下棋游戏，有一个读书的，低头看见了文氏，文氏还听到那几个人相互问话，讨论是否把他招呼上去，其中一个人笑着说还不行。术的另一个名字叫山蓟，还有一个名字叫山精。所以《神药经》说，要想长生不老，经常服食山精。

"从前的八位老仙翁，各自服食一种药物，都成了地仙，活了几百岁，才炼制九转神丹和黄金液汁，从而飞入太清仙境。人们如果把八种药物混合起来炼制服食，就会没有效力，这是因为药物相互抵消了药效。韩终服食菖蒲十三年，身上长出羽毛，每天看书上万字，全能背诵，冬日裸露身体不感到寒冷。另外，服用的菖蒲应该生长在石头上，一寸大小且有九个节以上，紫色花的最好。赵他子服食桂二十年，脚下长出羽毛，日行五百里，力气大得能举千斤。移门子服食五味子十六年，面色如同玉女，入水不沾湿，入火不烫伤。楚文子服食地黄八年，夜间看东西有光亮，能徒手止住用车弩发出的箭。林子明服食术十一年，耳朵长五寸，身体轻捷如飞，能跨越两丈多宽的深渊。杜子微服食天门冬，与八十位妻妾同房，有孩子一百三十人，日行三百里。任子季服食茯苓十八年，仙人神女前去跟随他，能隐身能显形，不再吃谷物，瘢痕全部消失，面容身体像白玉一样光洁。陵阳子仲服食远志二十年，有孩子三十七人，看书过目不忘，坐在那里会突然消失得无影无踪。仙经说:虽然服食草木的叶子,也能活到几百岁,但忽略服食仙丹,最终也无法成仙。由此看来,可知草木类药物只能延年益寿而已,并不是长生不死的药物。还不能炼制金丹的人,可以姑且服食这类药物,以便自我保养。"

或问:"服食药物,有前后之宜乎?"抱朴子答曰:"按《中黄子服食节度》云,服治病之药,以食前服之;养性之药,以食后服之。吾以咨郑君,①何以如此。郑君言,此易知耳,欲以药攻病,既宜及未食,内虚,令药力势易行,若以食后服之,则药但攻谷而力尽矣;若欲养性,而以食前服药,则力未行,而被谷驱之下去不得止,无益也。"

或问曰:"人服药以养性,云有所宜,有诸乎?"抱朴子答曰:"按《玉策记》及《开明经》,皆以五音六属,②知人年命之所在。子午属庚,卯酉属己,寅申属戊,丑未属辛,辰戌属丙,巳亥属丁。一言得之者,宫与土也;三言得之者,徵与火也;五言得之者,羽与水也;七言得之者,商与金也;九言得之者,角与木也。③若本命属土,不宜服青色药;属金,不宜服赤色药;属木,不宜服白色药;属水,不宜服黄色药;属火,不宜服黑色药。以五行之义,木克土,土克水,水克火,火克金,金克木故也。若金丹大药,不复论宜与不宜也。"

一言宫。庚子庚午,辛未辛丑,丙辰丙戌,丁亥丁巳,戊寅戊申,己卯己酉。

三言徵。甲辰甲戌,乙亥乙巳,丙寅丙申,丁酉丁卯,戊午戊子,己未己丑。

五言羽。甲寅甲申,乙卯乙酉,丙子丙午,丁未丁丑,壬辰壬戌,癸巳癸亥。

七言商。甲子甲午,乙丑乙未,庚辰庚戌,辛巳辛亥,壬申壬寅,癸卯癸酉。

九言角。戊辰戊戌,己巳己亥,庚寅庚申,辛卯辛酉,壬午壬子,癸丑癸未。

禹步法:前举左,右过左,左就右。次举右,左过右,右就左。次举右,④右过左,左就右。如此三步,当满二丈一尺,后有九迹。

小神方:用真丹三斤,白蜜一斤,合和日曝煎之,令可丸。旦服如麻子十丸,未一年,发白更黑,齿堕更生,身体润泽,长服之,老翁还成少年,常服长生不死也。

小饵黄金方:火销金纳清酒中,二百出,二百入,即沸矣。握之出指间,令如泥,若不沸及握之不出指间,即复销之内酒中无数也。成服如弹丸一枚,亦可汁一丸分为小丸,⑤服三十日,无寒温,神人玉女下之。又银亦可饵,与金同法。服此二物,可居名山石室中,一年即轻举矣。人间服之,名地仙,勿妄传也。

两仪子饵销黄金法:猪负革肪三斤,⑥醇苦酒一斗,⑦取黄金五两,置器中煎之,出炉,以金置肪中,百入百出,苦酒亦尔。餐一斤金,寿弊天地;食半斤金,寿二千岁;五两,千二百岁。无多少,便可饵之。当以王相之日,作之神良,勿传人,传人,药不成不神也。欲食去尸药,当服丹砂。

饵丹砂法:丹砂一斤,捣、筛,⑧下醇苦酒三升,淳漆二升,凡三物合,令相得,微火上煎之,令可丸,服如麻子三丸,日再。四十日,腹中百病愈,三尸去;服之百日,肌骨坚强;服之千日,司命削死籍,与天地相保,日月相望,改形易容,变化无常,日中无影,乃别有光矣。

[注释]

①郑君：指葛洪的老师郑隐。②五音：指宫、商、角、徵、羽五个音阶。这里把五音运用于算命。也就是把五音与五行(木火土金水)、五色(青赤黄白黑)相对应，用来占卜命运吉凶，也可推知服药禁忌。六属：即下文"子午属庚，卯酉属己，寅申属戊，丑未属辛，辰戌属丙，巳亥属丁"。"子午属庚"即下文"一言宫"的"庚子庚午"；"卯酉属己"即"己卯己酉"，其余可类推。③"一言得之者，宫与土也"等句：一言宫，六卦律五音起始于宫音，"宫"与"土"相对应，即所谓的"一言得之者，宫与土也"；三言徵与火与本宫天干隔三位；五言羽与水与本宫天干隔五位；七言商与金与本宫天干隔七位；九言角与木与本宫天干隔九位。④右：当为"左"字之误。⑤汁：疑误，应为"将"。⑥猪负革肪：猪皮下的脂肪。⑦醇苦酒：味道醇厚的醋。⑧簁(shāi)：筛子。这里用作动词。

[译文]

有人问："服食药物，有饭前饭后的要求吗？"抱朴子回答道："依据《中黄子服食节度》的说法，服治病的药，应在饭前服用；养生药物，应在饭后服用。这个问题我请教过郑先生，为什么要这样。郑先生说，这容易理解，想要用药去攻治疾病，就适宜饭前服用，此时腹内空虚，药效容易发挥，如果饭后服用，那么药物只是攻治食物而药力就用完了；如果想养生，却在饭前服用药物，药力还没有发挥，就被食物驱赶下去而不能停留，从而没有益处。"

有人问："人们服药养生，据说有所讲究，有这回事吗？"抱朴子回答说："按《玉策记》和《开明经》的说法，都依据五音和六属来了解人的本命属性。

子午属于庚,卯酉属于己,寅申属于戊,丑未属于辛,辰戌属于丙,巳亥属于丁。只要一个字就能确定的,属于宫和土;三个字能确定的,属于徵和火;五个字能确定的,属于羽和水;七个字能确定的,属于商与金;九个字能确定的,属于角与木。如果一个人的本命属土,就不适宜服食青色药物;属金,不适宜服食红色药物;属木,不适宜服食白色药物;属水,不适宜服食黄色药物;属火,不适宜服食黑色药物。依照五行原理,是因为木克土,土克水,水克火,火克金,金克木的原因。至于服食金丹大药,就不用考虑适宜和不适宜了。"

属于一言宫的有庚子庚午,辛未辛丑,丙辰丙戌,丁亥丁巳,戊寅戊申,己卯己酉。

属于三言徵的有甲辰甲戌,乙亥乙巳,丙寅丙申,丁酉丁卯,戊午戊子,己未己丑。

属于五言羽的有甲寅甲申,乙卯乙酉,丙子丙午,丁未丁丑,壬辰壬戌,癸巳癸亥。

属于七言商的有甲子甲午,乙丑乙未,庚辰庚戌,辛巳辛亥,壬申壬寅,癸卯癸酉。

属于九言角的有戊辰戊戌,己巳己亥,庚寅庚申,辛卯辛酉,壬午壬子,癸丑癸未。

禹步的行走方法是:向前迈出左脚,右脚超过左脚,左脚靠向右脚;再向前迈出右脚,左脚超过右脚,右脚靠向左脚;再向前迈出左脚,右脚超过左脚,左脚靠向右脚。像这样走出三步,应当走满两丈一尺,后面留下九个脚印。

小神方:用真丹三斤,白色蜜糖一斤,混合后在太阳下暴晒、煎烤,使它可以搓成丸子。早上服食像麻籽大小的十粒,不到一年,白发变黑,掉落的牙齿再生，身体润泽，长期服食，老年人变成少年，长久服用可以长生不死。

小饵黄金方：黄金用火烧炼后放入清酒中，两百次拿出，两百次放入，酒就沸腾了。紧握住黄金就会涌出手指缝，如同稀泥。如果酒不沸腾，或手握黄金不涌出手指缝，就再烧炼黄金放入酒中无数次。制成后，服食弹丸大小的一粒，也可将一大丸分为小丸，服食三十天，就感觉不到寒冷和炎热了，神仙神女会从天上降下。另外，白银也可以服食，与黄金方法相同。服食这两种东西，要居住在名山石洞中，一年就可以轻身飞举了。在世间服食它们，可以成为地仙，这种方法不能随便传出。

两仪子饵销黄金法：用猪皮下脂肪三斤，醇苦酒一斗，取黄金五两，放在器皿中煎煮，出炉后，把黄金放入脂肪中，放入取出各一百次，也同样在醇苦酒中放入取出一百次。服食一斤黄金，寿命超过天地；服食半斤黄金，可以活两千岁；服食五两黄金，可以活一千二百岁。无论多少，都可食用。应当在吉利的日子炼制，效果神奇良好。不能传授别人，如果传授给别人，药物炼制不成，也没有神奇效果。想要服食驱除三尸虫的药物，应当服食丹砂。

饵丹砂法：用丹砂一斤，捣碎、筛过，放入醇苦酒三升，纯漆二升，这三种药物混合，搅拌均匀，在小火上煎煮，使它们可以抟成丸子，服食如同麻籽大小的三粒，每天两次。四十天后，腹内百病皆除，三尸虫离去；服食一百天后，肌肉骨骼强壮；服食一千天，司命神就把他从死亡名单中删除，可与天地共存，与日月同在，可以改变形体容貌，变化无常，在阳光下没影子，还可另外发出光芒。

卷十二　辨问

[题解]

辨问，即辨析疑问。本卷针对儒家圣人为何没有成仙，以及何为圣人的问题进行了论述，认为只要在各自的领域中做出突出贡献的人，都可以称为圣人，因此修道成仙的人也可以称为成仙的圣人。儒家的圣人并不是无所不通，他们不求仙道，不能证明天下无仙。

或问曰："若仙必可得，圣人已修之矣，而周孔不为之者，是无此道可知也。"抱朴子答曰："夫圣人不必仙，仙人不必圣。圣人受命，不值长生之道，但自欲除残去贼，夷险平暴，制礼作乐，著法垂教，移不正之风，易流遁之俗，匡将危之主，扶亡征之国，刊《诗》《书》，撰《河》《洛》，著经诰，①和《雅》《颂》，训童蒙，应聘诸国，突无凝烟，②席不暇暖。其事则鞅掌罔极，穷年无已，亦焉能闭聪掩明，内视反听，呼吸导引，长斋久洁，入室炼形，登山采药，数息思神，断谷清肠哉？至于仙者，唯须笃志至信，勤而不怠，能恬能静，便可得之，不待多才也。有入俗之高真，乃为道者之重累也。得合一大药，知守一养神之要，则长生久视，岂若圣人所修为者云云之无限乎？③且夫俗所谓圣人者，皆治世之圣人，非得道之圣人，得道之圣人，则黄老是也。治世之圣人，则周孔是也。黄帝先治世而后登仙,此是偶有能兼之才者也。古之帝王,刻于泰山,可省读者七十二家,其余磨灭者,不可胜数,而独记黄帝仙者,其审然可知也。

[注释]

①诰:训诫勉励的文告。②突:烟囱。③云云:通"芸芸",众多的样子。

[译文]

有人问道:"如果通过修炼一定能得道成仙,那么圣人早已修炼了,但周公、孔子却不去修炼,这说明没有神仙之道是显而易见的。"抱朴子回答说:"圣人不一定成仙,仙人也不一定成圣。圣人禀受命运时,并没有碰到长寿的时机,他们只想自己革除残暴,消灭乱贼,平定暴乱,制定礼乐,拟定法规以推行教化,改易不正风气,纠正堕落的习俗,匡扶即将危亡的君主,扶助败象已现的国家,刊定《诗经》《尚书》,撰修《河图》《洛书》,创作经书、文诰,修正《雅》《颂》,教育蒙昧的人,受聘于各个国君。他们家中的烟囱没有凝聚的烟灰,室内的竹席没有片刻的温暖。他们的事务繁复无边,一年到头无休无止,又怎么能做到闭目塞听,内视反听,调整呼吸、导引躯体,长期斋戒以清静身心,在室内修炼形体,登山采摘仙药,暗数气息反思精神,断绝谷物以清洁肠胃呢?至于修仙的人,只需要信念坚定,勤奋不怠,能够恬静,就可以成功,并不需要很多才华。从事世俗事务的高尚真诚,却是求道之士的沉重累赘。只要能够炼制一种好药,懂得持守真一养神的要点,就能够长生久视了,哪里需要像世俗圣人那样去做无休止的众多事务呢?而且世俗所说的圣人,都是指治理国家的圣人,而不是求得仙道的圣人。修仙得道的圣人,是黄帝、老子这样的人。治理国家的圣人,则是周公、孔子这样的人。黄帝先治理国家然后登天成仙，这是偶尔出现的兼能治世与成仙的大才。古代的帝王，名字刻在泰山，可以辨认读出的，也只有七十二家，其余被磨灭的数不胜数，但有关黄帝的记载，还是明确可知的。

"世人以人所尤长，众所不及者，便谓之圣。故善围棋之无比者，则谓之棋圣，故严子卿、马绥明于今有棋圣之名焉。①善史书之绝时者，则谓之书圣，故皇象、胡昭于今有书圣之名焉。②善图画之过人者，则谓之画圣，故卫协、张墨于今有画圣之名焉。③善刻削之尤巧者，则谓之木圣，故张衡、马钧于今有木圣之名焉。④故孟子谓伯夷，清之圣者也；⑤柳下惠，和之圣者也；⑥伊尹，任之圣者也。⑦吾试演而论之，则圣非一事。夫班输、倕、狄，机械之圣也；⑧附、扁、和、缓，治疾之圣也；⑨子韦、甘均、⑩占候之圣也；史苏、辛廖、⑪卜筮之圣也；夏育、杜回、⑫筋力之圣也；荆轲、聂政、⑬勇敢之圣也，飞廉、夸父、⑭轻速之圣也；子野、延州、⑮知音之圣也；孙、吴、韩、白、⑯用兵之圣也。圣者，人事之极号也，不独于文学而已矣。庄周云：盗有圣人之道五焉。妄意而知人之藏者，明也；先入而不疑者，勇也；后出而不惧者，义也；知可否之宜者，知也；分财均同者，仁也。不得此道而成天下大盗者，未之有也。"

[注释]

①严子卿：严武，字子卿。三国吴人，善围棋。马绥明：疑即晋人马朗，著有《围棋势》一书，见《隋书·经籍志》。②皇象：三国吴人，善书法。胡昭：三国魏人，善书法。③卫协、张墨：晋人，工绘画。张墨，卫协的弟子。

④张衡:东汉人,长于机巧,造浑天仪、地动仪等。马钧:三国时人,造指南车等。⑤清之圣:清高的圣人。伯夷是商代孤竹国君的儿子,为推让君位于兄弟而逃到周国,后因反对周武王灭商,坚决不食周粟而饿死于首阳山,所以说他清高。⑥柳下惠:鲁大夫,名展禽,因封于柳下,谥惠,故称柳下惠,为人随和。或曰:"圣人之道,不得枝分叶散,必总而兼之,然后为圣。"⑦伊尹:商朝名臣,以天下为己任,所以说他是"任之圣"。⑧班输:即公输班,战国时鲁国人,又称鲁班。倕:即工倕。相传是尧时的能工巧匠。狄:通"翟",即墨子,据说他能够制造会飞的木鸢和守城的器械。⑨跗、扁、和、缓:分别指古代名医俞跗、扁鹊、医和、医缓。⑩子韦、甘均:先秦的星占家。⑪史苏、辛廖:先秦善于卜筮者。⑫夏育、杜回:古代著名的力士。夏育,周朝时卫国人。杜回,战国时秦人。⑬荆轲、聂政:先秦的两名刺客。⑭飞廉:传说中善于行走的人。一说即风神。夸父:尧时人。传说曾与太阳赛跑。⑮子野:即师旷。春秋晋国人,擅长音乐。延州:春秋时吴国贵族季札。⑯孙、吴、韩、白:分别指孙武、吴起、韩信、白起,都是古代著名的军事家。

[译文]

"世人把具有众人无法企及的才能的人,称为圣人。因此善于下围棋而无与伦比的就被称为棋圣,所以严子卿、马绥明到今天仍有棋圣的美名;善于书法而名显一时的人,就被称为书圣,所以皇象、胡昭到今天仍有书圣的美名;善于绘画并超过别人的,就被称为画圣,所以卫协、张墨到今天仍有画圣的美名;善于刻木加工而特别机巧的人,就被称为木圣,所以张衡、马钧到今天仍有木圣的美名。因此,孟子称道伯夷是清高的圣人;柳下惠是随和的圣人;伊尹是以天下为己任的圣人。我尝试着进一步推论,那么圣人就不局限于某一种事业上了。像公输班、工倕、墨翟,是制作机械的圣人;俞跗、扁鹊、医和、医缓,是治疗疾病的圣人;子韦、甘均,是占卜星象的圣人;史苏、辛廖,是卜卦占筮的圣人;夏育、杜回,是强劲有力的圣人;荆轲、聂政,是勇敢无畏的圣人;飞廉、夸父,是轻捷迅疾的圣人;子野、延州,是懂得音乐的圣人;孙武、吴起、韩信、白起,是善于用兵的圣人。圣人,是人间各行各业的最高称号,不仅仅局限于文章经术而已。庄子说过,盗贼中的圣人拥有五种品质。凭空能推测出别人收藏的财物,是圣明;率先进入别人家中而不迟疑,是勇敢;最后出来却不会害怕,是义气;能够恰当地判断是否可以下手,是智慧;分赃时公平无私,是仁爱。不具备这些品质而能成为天下大盗的,还没出现过呢。"

或曰:"圣人之道,不得枝分叶散,必总而兼之,然后为圣。"余答之曰:"孔子门徒,达者七十二,而各得圣人之一体,是圣事有剖判也。又云:颜渊具体而微,是圣事有厚薄也。又《易》曰:有圣人之道四焉,以言者尚其辞,以动者尚其变,以制器者尚其象,①以卜筮者尚其占。此则圣道可分之明证也。何为善于道德以致神仙者,独不可谓之为得道之圣?苟不有得道之圣,则周孔不得为治世之圣乎?既非一矣,何以当责使相兼乎?按仙经以为诸得仙者,皆其受命偶值神仙之气,自然所禀。故胞胎之中,已含信道之性,及其有识,则心好其事,必遭明师而得其法,不然,则不信不求,求亦不得也。《玉钤经·主命原》曰:②人之吉凶,制在结胎受气之日,皆上得列宿之精。其值圣宿则圣,值贤宿则贤,值文宿则文,值武宿则武,值贵宿则贵,值富宿则富,值贱宿则贱,值贫宿则贫,值寿宿则寿,值仙宿则仙。又有神仙圣人之宿,有治世圣人之宿,有兼二圣之宿,有贵而不富之宿,有富而不贵之宿,有兼富贵之宿,有先富后贫之宿,有先贵后贱之宿,有兼贫贱之宿,有富贵不终之宿,有忠孝之宿,有凶恶之宿。如此不可具载,其较略如此。为人生本有定命,张车子之说是也。③苟不受神仙之命,则必无好仙之心,未有心不好之而求其事者也,未有不求而得之者也。自古至今,有高才明达,而不信有仙者,有平平许人学而得仙者,甲虽多所鉴识而或蔽于仙,乙则多所不通而偏达其理,此岂非天命之所使然乎?

[注释]

①象:卦象。②《玉钤经·主命原》:《玉钤经》中的一章,内容是探讨主宰人们命运的原因。③张车子:传说中一个命中注定富有的人。见《搜神记》卷十。

[译文]

有人说:"圣人之道不能像枝叶那样各自分散,一定要兼具各种才能,这样才算是圣人。"我回答道:"孔子的门徒,通达的有七十二人,而各自也只学到了圣人的一部分才能,这说明圣人之道可以分散开来。还听说:颜渊具备了老师的各种才能,只是深度厚度不够,这说明圣人之道有深厚浅薄之分。另外《易经》说:圣人之道有四种,用来指导言辞的人崇尚它的文辞,用来指导行动的人崇尚它的变化规律,用来指导制造器具的人崇尚它的卦象,用来指导卜筮的人崇尚它的占卦原理。这就是圣人之道可以分解的明证。为什么善于修道成仙的人,偏偏就不能称之为得道的圣人呢?如果没有得道的圣人,那么周公、孔子也不能算是治世的圣人吧?既然两者并非同一类圣人，那又怎么能苛求圣人必须兼具所有的才能呢？依据仙经，所有修道成仙的人，都是获得生命时偶尔遇到了神仙的仙气，是天然的禀性。因此他们还在胚胎之中时，就已经具备了相信仙道的天性，等到他们有了意识，就会自然喜好仙道，但也一定要遇到圣明的老师才能学得道法，如果不是这样，就不会相信和追求仙道，就是追求也追求不到。《玉钤经·主命原》说：人的吉凶，取决于结成胚胎、接受元气那一天，从天上得到众星宿的精气。他们中碰到圣明星宿的，就成为圣人；碰到贤良星宿的，就成为贤人；碰到文才星宿的，就成为文人；碰到武才星宿的，就成为武将；碰到显贵星宿的，就成为贵人；碰到富有星宿的，就成为富翁；碰到低贱星宿的，就成为贱人；碰到贫穷星宿的，就成为穷人；碰到长寿星宿的，就成为寿星；碰到神仙星宿的，就成为神仙。还有神仙类圣人的星宿，有治世类圣人的星宿，有兼具两类圣人的星宿，有显贵但不富有的星宿，有富有但不显贵的星宿，有兼具富有显贵的星宿，有先富有后贫穷的星宿，有先显贵后低贱的星宿，有兼有贫寒低贱的星宿，有富有显贵却不能终身富贵的星宿，有忠孝的星宿，有凶恶的星宿。诸如此类，无法一一详细写出，其内容大略如此。人生本来就有注定的命运，张车子的传说就是这个道理。如果没有接受神仙的星命，那就一定没有爱好仙道的心，也没有内心不爱好却追求神仙之事的人，更没有不追求就获得仙道的人。从古到今，有的人才能高又通达事理，但不相信有神仙，也有平庸的人却修得仙道的，甲虽然见多识广却在仙道方面蒙昧，乙虽然有许多事情不懂却偏偏通达神仙之道，这难道不是天生的命运导致他们如此吗？

"夫道家宝秘仙术，弟子之中，尤尚简择，至精弥久，然后告之以要诀，况于世人，幸自不信不求，何为当强以语之邪？既不能化令信之，又将招嗤速谤。故得道之士，所以与世人异路而行，异处而止，言不欲与之交,身不欲与之杂。隔千里,犹恐不足以远烦劳之攻;绝轨迹,犹恐不足以免毁辱之丑。贵不足以诱之,富不足以移之,何肯当自炫于俗士,言我有仙法乎?此盖周、孔所以无缘而知仙道也。且夫周、孔,盖是高才大学之深远者耳,小小之伎,犹多不闲。①使之跳丸弄剑,②逾锋投狭,③履絚登幢,④摘盘缘案,⑤跟挂万仞之峻峭,游泳吕梁之不测,手扛千钧,足蹑惊飚,暴虎槛豹,⑥揽飞捷矢,⑦凡人为之,而周孔不能,况过于此者乎?他人之所念虑,蚤虱之所首向,隔墙之朱紫,⑧林下之草芥,匣匮之书籍,地中之宝藏,丰林邃薮之鸟兽,重渊洪潭之鱼鳖,令周、孔委曲其采色,⑨分别其物名,经列其多少,审实其有无,未必能尽知,况于远此者乎?圣人不食则饥,不饮则渴,灼之则热,冻之则寒,挞之则痛,刃之则伤,岁久则老矣,损伤则病矣,气绝则死矣。此是其所与凡人无异者甚多,而其所以不同者至少矣。所以过绝人者,唯在于才长思远,口给笔高,德全行洁,强训博闻之事耳,亦安能无事不兼邪?既已著作典谟,⑩安上治民,复欲使之两知仙道,长生不死,以此责圣人,何其多乎?吾闻至言逆俗耳,真语必违众,儒士卒览吾此书者,必谓吾非毁圣人。吾岂然哉?但欲尽物理耳,理尽事穷,则似于谤讪周、孔矣。世人谓圣人从天而坠,神灵之物,无所不知,无所不能。甚于服畏其名,不敢复料之以事,谓为圣人所不为,则人无复能之者也;圣人所不知,则人无复知之者也,不可笑哉?今具以近事校之,想可以悟也。完山之鸟,卖生送死之声,孔子不知之,便可复谓颜回只可偏解之乎?⑪闻太山妇人之哭,问之,乃知虎食其家三人,又不知此妇人何以不徙去之意,须答乃悟。见罗雀者纯得黄口,不辨其意,问之乃觉。⑫及欲葬母,不知父墓所在,须人语之,既定墓崩,又不知之,弟子诰之,乃泫然流涕。⑬又疑颜渊之盗食,乃假言欲祭先人,卜掇尘之虚伪。⑭厩焚,又不知伤人马否。⑮颜渊后,便谓之已死。⑯又周流七十余国,而不能逆知人之必不用之也,而栖栖遑遑,席不暇温。又不知匡人当围之,⑰而由其途。问老子以古礼,礼有所不解也。问郯子以鸟官,⑱官有所不识也。行不知津,⑲而使人问之,又不知所问之人,必讥之而不告其路,若尔可知不问也。下车逐歌凤者,而不知彼之不住也。⑳见南子而不知其无益也。㉑诸若此类,不可具举,但不知仙法,何足怪哉?又俗儒云:圣人所不能,则余人皆不能。则宕人水居,㉒梁母火化,㉓伯子耐至热,㉔仲都堪酷寒,㉕左慈兵解而不死,㉖甘始休粮以经岁,范轶见斫而不入,㉗鳖令流尸而更生,㉘少千执百鬼,㉙长房缩地脉,㉚仲甫假形于晨凫,㉛张楷吹嘘起云雾,㉜未闻周、孔能为斯事也。"

[注释]

①闲:通"娴"。②跳丸:用双手接弹丸。弄剑:耍剑。③逾锋:跳越刀剑。投狭:卷竹席以矛插其中,人从中投穿而过。④履絙:走绳技艺。登橦:类似于爬竿。⑤擿(zhì):投掷。缘案:叠起桌椅再攀爬上去。⑥暴:徒手搏斗。槛:兽笼。⑦揽:抓住。矢:箭。⑧朱紫:红紫。⑨委曲:事情的经过细节。⑩典谟:经典谋略。⑪"完山"四句:见于《说苑·辨物》,大意是:孔子晨立堂上,闻哭者声甚悲。孔子出,颜回曰:今有哭者其音甚悲,非独哭死,又哭生离者。孔子曰:何以知之?回曰:似完山之鸟。孔子曰:何如?回曰:完山之鸟生四子,羽翼已成,乃离四海,哀鸣送之。孔子使人问哭者。哭者果为父死家贫卖子以葬,将与其长别也。⑫"见罗雀"三句:见于《说苑·敬

慎》,大意是:孔子见罗雀者所得皆黄口,问其故。罗者对曰:黄口从大爵者不得,大爵从黄口者可得。黄口,幼鸟。⑬"既定"四句:《礼记·檀弓上》记载说:孔子少孤,不知父墓。母亡,问于邹曼父之母,然后得合葬于防。防墓又崩,门人后至,孔子问来何迟。门人实对。孔子泫然流涕曰:古不修墓。⑭"又疑颜渊"三句:见于《吕氏春秋·任数》:"孔子穷乎陈、蔡之间,藜羹不斟,七日不尝粒。昼寝。颜回索米,得而爨之,几熟。孔子望见回攫其甑中而食之。选间食熟,谒孔子而进食。孔子佯为不见之。孔子起曰:'今者梦见先君,食洁而后馈。'颜回对曰:'不可,向者煤室入甑中,弃食不祥,回攫而饭之。'"⑮"厩焚"二句:见于《论语·乡党》:"厩焚。子退朝,曰:'伤人乎?'不问马。"⑯"颜渊"二句:见于《论语·先进》:"子畏于匡,颜渊后。子曰:'吾以女为死矣。'"⑰匡:地名。在今河南长垣。⑱郯(tán)子:郯国的君主。郯国在今山东郯城。鸟官:用鸟来命名的官职。⑲津:渡口。⑳"下车"二句:见于《论语·微子》:"楚狂接舆歌而过孔子曰:'凤兮凤兮!何德之衰!……'孔子下,欲与之言。趋而避之,不得与之言。"㉑南子:卫灵公的夫人。㉒宕人水居:《博物志》卷二:"南海外有鲛人,水居如鱼,不废织绩。"不知为何称为宕人。㉓梁母火化:《列仙传》:梁母得其作火法,"上与梁母别,列数十火而升,西邑多奉祀之"。㉔伯子:神仙名。即幼伯子。《列仙传》:"幼伯子者,周苏氏客也。冬常著单衣,盛暑著襦袴。"㉕仲都:王仲都。汉朝人。㉖左慈兵解而不死:《神仙传》记,曹操多次想杀左慈而杀不死。㉗范轶:《晋书·四夷列传》作"范逸",林邑国君主。㉘鳖令:又作鳖灵。扬雄《蜀王本纪》载,荆人鳖灵死,其尸漂流至蜀后复活。㉙少千:人名。其捉鬼之事见于本书《释滞》。㉚长房:东汉术士费长房。缩地脉:化远为近的法术。㉛仲甫:李仲甫。传说中的仙人。凫:鸟名。即野鸭。㉜张楷:东汉人。性好道术。

[译文]

"道家珍视秘藏神仙道术,即使对于弟子,也特别重视选择,只有那些精心修炼并能持之以恒的人,老师才告诉他们要领秘诀,何况世俗的人,他们自己就不相信、不追求仙道,为什么要勉强告诉他们呢?既不能教化他们使之相信,还会招致耻笑和诽谤。因此得道之人,不与世人在相同的道路行走,不在相同的地方停留,不想同世人有言语上的交流,不想有身体上的接触。远隔千里,还唯恐不足以远离烦恼的攻击;断绝交往,还担心不足以躲开被诋毁、侮辱的丑行。显贵不足以引诱他们,财富不足以打动他们,又哪里肯自己向庸俗之士炫耀,而自称拥有成仙的法术呢?这大概是周公、孔子之所以没有缘分了解仙道的原因吧。再说周公、孔子,大概应算是有才能而且博学的深思远见之人了,但是小小的技艺他们尚且不多娴熟,如果让他们跳弹丸耍长剑,过刀山钻刀圈,走绳索爬旗杆,掷盘子攀桌案,足跟倒挂在万仞的高峰上,到深不可测的吕梁水中游泳,双手举起千斤之物,脚踏狂风飞跑,徒手搏虎,驱豹入笼,手接飞箭,这些平常人能做到的事,周公、孔子都不能做到,何况比这些更困难的事情呢?别人思虑的事情,跳蚤虱子头的朝向,隔墙那边是红是紫,森林中的小草,箱子柜子里的书籍,地下的宝藏,茂林深泽中的鸟兽,幽渊大潭内的鱼鳖,如果让周公、孔子说清楚它们的色彩,分辨它们的名称,数清楚它们的多少,审查核实它们的有无,也未必能完全知晓,何况比这些更深远的事物呢?圣人不吃饭就会饥饿,不喝水就会口渴,烧他们会感到灼热,冻他们会感到寒冷,打他们会感到痛,刺他们会受到伤害,年岁久了他们会衰老,受到损伤会患上疾病,气息断绝会死亡。这是因为他们与凡人无差别之处很多,而不同之处太少了。他们超过凡人之处,只是在于才华横溢,思虑长远,口才敏捷,文笔高妙,道德完美而品质高洁,长于教诲而见识广博等方面而已,又怎么能无所不懂呢?他们既然已经撰写了经典著作,安定了君主,治理了民众,还想让他们兼而懂得仙道,长生不死,用这样的标准苛求圣人,岂不是太过分了吗?我听说,至理名言难以进入俗人的耳朵,真话必然违背众人的意愿。儒生们如果突然读到我这本书,必定认为我责难诋毁圣人。我哪里敢这样呢?只不过想弄清事理罢了,弄清了事理,就好像在讥讽诽谤周公、孔子了。世人以为圣人是从天而降的神奇之人,无所不知,无所不能。世人非常敬畏圣人的名字,不敢用具体事实来评论圣人,认为圣人所不能做到的,别人也不可能做到;圣人所不知道的,别人也不可能知道,这岂不是很可笑吗?现在我用一些浅近的事情来考查,想来能够使世人醒悟。完山鸟儿的叫声,卖掉自己的儿子以埋葬父亲的哭声,孔子并不知道,这能够说颜回独具这方面的偏才而能单独听明白吗?孔子听到泰山有个妇人在哭,问了后,才知道老虎吃掉了她家三个亲人,而且不明白她为何不搬走,必须别人回答后才醒悟。孔子看见捉鸟的人捕到的尽是幼鸟,不了解其中的原因,打听了才知道。孔子想埋葬母亲时,却不知道父亲坟墓的位置,需要别人告诉他。父母合葬而坟墓崩塌,他又不知道这事,等学生们告诉他,他才潸然泪下。孔子还怀疑颜渊偷东西吃,就找借口说想要祭祀祖先,以此弄清颜渊抓起来吃掉沾尘食物的事是真是假。马棚失火,孔子又不知道是否伤了人和马。颜渊落在后边,孔子就认为他已经死去。另外,孔子周游七十多个国家,却不能预知别人任不任用他,从而奔波劳碌,以至连席子都没有暖热过。还不知道匡地的民众会包围自己,偏偏从那条道上走。又向老子请教古礼,说明他对礼仪有所不知。还向郯子打听用鸟名来命名官职的事,说明他对官名有所不晓。半道上不知道渡口在哪儿,就派人打听,并不知道所问的人会讥讽自己,而且还不告诉他所问的路,如果早知道,他就不去打听了。孔子下车去追赶那高歌'凤凰啊,凤凰啊'

的人，却不知道那人不会停下来。去见南子时并不知道这次见面没有任何益处。诸如此类，不能一一列举，那么孔子不懂得神仙之道，又有什么可奇怪的呢？世俗的儒生还说：圣人不能做到的，其他人也都做不到。那么宕人在水中居住，梁母变化出火焰，伯子能忍耐酷热，仲都能忍受严寒，左慈被兵器所杀却成仙不死，甘始不吃粮食可达一年以上，范轶被刀砍却砍不进，鳖令的尸体漂流后却复活，少千能抓住各种鬼怪，长房能缩短两地距离，仲甫的形体变化为早晨的飞鸟，张楷能够吹起云雾，并没有听说周公、孔子能做这样的事啊。"

俗人或曰："周、孔皆能为此，但不为耳。"吾答之曰："必不求之于明文，而指之以空言者，吾便可谓周、孔能振翮翻飞，翱翔八极，兴云致雨，移山拔井，但不为耳。一不以记籍见事为据者，复何限哉？必若所云者，吾亦可以言周、孔皆已升仙，但以此法不可以训世，恐人皆知不死之可得，皆必悉委供养，①废进宦而登危浮深，②以修斯道，是为家无复子孙，国无复臣吏，忠孝并丧，大伦必乱，故周、孔密自为之，而秘不告人，外托终亡之形，内有上仙之实。如此，则子亦将何以难吾乎？亦又未必不然也。《灵宝经》有《正机》《平衡》《飞龟授袟》凡三篇，皆仙术也。吴王伐石以治宫室，而于合石之中，得紫文金简之书，不能读之，使使者持以问仲尼，而欺仲尼曰：'吴王闲居，有赤雀衔书以置殿上，不知其义，故远咨呈。'仲尼以视之，曰：'此乃《灵宝》之方，长生之法，禹之所服，隐在水邦，③年齐天地，朝于紫庭者也。④禹将仙化，封之名山石函之中，乃今赤雀衔之，殆天授也。'以此论之，是夏禹不死也，而仲尼又知之；安知仲尼不皆密修其道乎？正复使圣人不为此事,未可谓无其效也。人所好恶,各各不同,谕之以面,岂不信哉?诚合其意,虽小必为也;不合其神,虽大不学也。好苦憎甘,既皆有矣,嗜利弃义,亦无数焉。'圣人之大宝曰位,何以聚人曰财。'又曰:'富与贵,是人之所欲。'而昔已有禅之以帝王之位而不用,委之以四海之富而不愿,蔑三九之官,背玉帛之聘,遂山林之高洁,甘鱼钓之陋业者,盖不可胜数耳。又曰:'男女饮食,人之大欲存焉。'是以好色不可谏,甘旨可忘忧。昔有绝谷弃美,不畜妻妾,超然独往,浩然得意,顾影含欢,漱流忘味者,又难胜记也。人情莫不爱红颜艳姿,轻体柔身,而黄帝逑笃丑之嫫母,⑤陈侯怜可憎之敦洽。⑥人鼻无不乐香,故流黄、郁金、芝、兰、苏合、玄胆、素胶、江离、揭车、春蕙、秋兰⑦,价同琼瑶,而海上之女,逐酷臭之夫,⑧随之不止。周文嗜不美之菹,⑨不以易太牢之滋味。魏明好椎凿之声,⑩不以易丝竹之和音。人各有意,安可求此以同彼乎?周、孔自偶,不信仙道,日月有所不照,圣人有所不知,岂可以圣人所不为,便云天下无仙?是责三光不照覆盆之内也。"

[注释]

①委:放弃。供养:指供养父母。②深:指深水,大河。③水邦:多水的邦国。④紫庭:仙人居住的地方。⑤逑:配偶。这里用作动词,以……为配偶。嫫母:传说中极丑但有美德的女子。⑥陈侯:陈国的君主。敦洽:春秋时期陈国的女子,极丑。⑦流黄、郁金:两种香料名,指流黄香和郁金香。芝、兰:两种香草名。苏合:香料名,苏合香。玄胆、素胶:两种香料名,疑为麝香和白胶香。江离、揭车:两种香草名。蕙:香草名。⑧逐酷臭之夫:《吕

氏春秋·遇合》："人有大臭者，其亲戚、兄弟、妻妾、知识无能与居者，自苦而居海上。海上人有说其臭者，昼夜随之而弗能去。"⑨周文：即周文王。菹(zū)：酸菜，腌菜。⑩魏明：三国时魏明帝。

[释文]

有的世人说："周公、孔子都能做到修仙之事，只是不屑于做而已。"我回答道："如果完全不按照明文记载，只是用空话来论定事实的话，我还可以说周公、孔子能够振翅翻飞，翱翔于四面八方，兴云起雨，移动高山，拔走深井，只是他们不屑于做罢了。如果完全不凭典籍的记载或亲见的事实为依据的话，那讨论起来又有什么边际呢？如果一定如您所说，我也可以说周公、孔子都已经升天成仙，只是因为这种法术不能够用来教育世人，担心人们都知道不死可以修得，都将会放弃供养父母，不去做官而登高山渡大河，修炼仙道去了，这就造成家中没有了子孙，国家没有了官吏，忠孝沦丧，伦理混乱，所以周公、孔子才自己秘密修炼，保密法术不告诉别人，对外假托有死后的尸体，对己却有升天成仙的事实。如果我这样说，那您又将如何来反驳我呢？事实上也未必不是这样。《灵宝经》共有《正机》《平衡》《飞龟授帙》三篇文章，讲的都是神仙法术。吴王采石修建宫室时，在石头中获得了写有紫色文字的金简，无法读懂，就派使者拿着去请教孔子。使者欺骗孔子说：'吴王闲暇无事时，有一只红鸟雀衔着这些书放在殿堂上，我们不懂得它的含义，所以远道而来向您咨询。'孔子看了书说：'这是《灵宝》仙方，长生不死的法术，大禹服食以后，隐居在多水的国家，与天同寿，后来朝拜天庭成神仙了。大禹成仙之前，把它封藏在名山石函之中，而今红雀把它衔来、大概是天意授受的吧。'根据这些分析，说明夏禹没有死亡，而孔子又知道这事，又怎么能知道孔子没有秘密修习过仙道呢？即使圣人没有做过求仙的事，也不能因此断定修仙没有效果。人们的好恶，各有不同，就好像人们的面貌各不相同，难道不是事实吗？真正合乎自己意愿的事，虽然小也一定要干；如果不符合自己想法的事，即使大也不会去学习。喜欢苦涩而憎恶甘甜，这都是有的；追求利益而抛弃道义的也无法计数。'圣人最为宝贵的就是权位；用来聚集百姓的就是钱财。'《论语》也说：'富裕和显贵，这是人们所想得到的。'然而从前有过把帝王的权位禅让给他、把四海的财富交付给他而他却不愿意接受的人，他们蔑视三公九卿的高位，放弃玉石绢帛的重礼聘请，满足于山林中的高洁生活，甘心于钓鱼的低贱职业，这种人也多得无法计数。《礼记》又说：'男女饮食，是人最根本的欲望。'因此好色是不可劝谏的，美味可以使人忘却忧患。然而从前却有过断绝谷物、抛弃美色，不畜养妻妾，超脱独自来往，心胸浩然自得，看着身影而自我陶醉，喝着山间清流而忘却美味的人，这种人也多得难以数尽。人之常情没有不爱好红润的面庞、艳丽的风姿，轻盈柔软的身段的，但是黄帝却娶了相貌奇丑的嫫母，陈侯却爱慕面目可憎的敦洽。人的鼻子没有不喜欢香味的，所以流黄香、郁金香、芝兰香、苏合香、玄胆、素胶、江离、揭车、春日的蕙草、秋天的兰花，价值同于美玉，然而海边的女子，却追逐体味极臭的男子，紧随不去。周文王喜欢吃味道不美的腌菜，不愿用它来换丰盛美味。魏明帝喜欢椎子敲击凿子的声音，不愿用它取代丝竹管弦乐的和谐之音。人各有志，怎么能要求人们彼此相同呢？周公、孔子自身偶然不相信仙道，日月也有照不到的地方，圣人也有不懂的东西，怎么能因为圣人没有求仙，就断定天下没有神仙呢？这样做好比责备日、月、星没有照亮倒扣着的盆子里面一样。"

卷十三　极言

[题解]

　　极言,即极力主张的言论。本卷介绍了修炼仙道应该坚持的各种观点,指出修仙必须在明师的指导下刻苦修炼,强调了服食金丹的重要性,还介绍了一些日常养生保健的方法。

　　或问曰:"古之仙人者,皆由学以得之,将特禀异气耶?"抱朴子答曰:"是何言欤?彼莫不负笈随师,积其功勤,蒙霜冒险,栉风沐雨,而躬亲洒扫,契阔劳艺,①始见之以信行,终被试以危困,性笃行贞,心无怨贰,乃得升堂以入于室。或有怠厌而中止,或有怨恚而造退,或有诱于荣利,而还修流俗之事,或有败于邪说,而失其淡泊之志,或朝为而夕欲其成,或坐修而立望其效。若夫睹财色而心不战,闻俗言而志不沮者,万夫之中,有一人为多矣。故为者如牛毛,获者如麟角也。夫穀劲弩者,②效力于发箭;涉大川者,保全于既济;③井不达泉,则犹不掘也;一步未至,则犹不往也。修涂之累,非移晷所臻,④凌霄之高,非一篑之积。然升峻者患于垂上而力不足,为道者病于方成而志不遂。千仓万箱,非一耕所得;干天之木,非旬日所长;不测之渊,起于汀滢;⑤陶朱之资,⑥必积百千。若乃人退己进,阴子所以穷至道也。⑦

敬卒若始,羡门所以致云龙也。⑧我志诚坚,彼何人哉?"

[注释]

①契阔:本指离散、聚合。这里指辛劳。②彀(gòu):拉满弓弩。③既济:已经渡河。④晷(guǐ):日影。⑤汀滢:小水流。⑥陶朱:即范蠡。范蠡助越王勾践灭吴后,乘船到齐国,后定居于陶,改名"朱公",治产业成为巨富。⑦阴子:阴长生。后汉人。《神仙传》说他向马鸣生学道十几年,马鸣生只谈论世俗之事,不教度世仙术,其他弟子纷纷离去,唯有阴长生毫不懈怠,最终得道成仙。⑧羡门:羡门子高,得道成仙之人。

[译文]

有人问道:"古代的仙人,是通过学习而成仙的呢?还是因为独自禀受奇异的精气而成仙的呢?"抱朴子回答道:"这是什么话呢?他们中没有谁不是身背书箱追随着老师,不断勤奋学习,踏着寒霜,冒着危险,顶着风雨,亲自洒水扫地,艰苦劳作,首先表现出诚信的品行,最终受到危险困苦的考验,只有性格笃实而行为坚贞,心中没有抱怨也无二心,才能够升堂入室。其中有的人懈怠厌烦而中途停止;有的人埋怨忿恨而退缩不进;有的人被荣誉利益诱惑,从而又退回到世俗事务中去;有的人受到异端邪说的诱惑,从而失去恬淡旷达的志向;有的人早上才修炼,晚上就希望成功;有的人刚坐下修炼却马上希望有成效。至于那些看到钱财美色而没有任何心理矛盾,听到世俗流言而不感到沮丧的人,一万个男子中间,有一个就算是多的了。所以修道的人多如牛毛,得道的人却凤毛麟角。拉开硬弓的人,力量要用在发出的利箭上;横渡大江的人,到达彼岸后才能保全自身;挖井而没挖到泉源,就等于没挖;差一步没到,就如同没有出发。长途的劳顿,不是片刻所能导致的;直插云霄的高度,并非一筐土所能积累。然而登高之人最担心的就是将要登顶却力气不足,修道之人最大的忧虑就是将要成功而意志不够。千仓万箱的粮食,并不是一次耕作所获;高耸入云的树木,绝不是十天半月所能长成;深不可测的深渊,积累于小小的水流;陶朱公的资财,一定要积累千百次。别人都退缩而自己继续前进,是阴长生所以得道的原因。自始至终都严肃认真,才使羡门子高能招致云雾蛟龙。如果自己的志向明确坚定,就能够像成仙的人一样成功!"

抱朴子曰:"俗民既不能生生,①而务所以煞生。夫有尽之物,不能给无已之耗;江河之流,不能盈无底之器也。凡人利入少而费用多者,犹不供也,况无锱铢之来,而有千百之往乎?人无少长,莫不有疾,但轻重言之耳。而受气各有多少,多者其尽迟,少者其竭速。其知道者补而救之,必先复故,然后方求量表之益。②若令服食终日,则肉飞骨腾,导引改朔,③则羽翮参差,则世闲无不信道之民也。患乎升、勺之利未坚,④而钟、石之费相寻,⑤根柢之据未极,而冰霜之毒交攻。不知过之在己,而反云道之无益,故捐丸散而罢吐纳矣。故曰非长生难也,闻道难也;非闻道难也,行之难也;非行之难也,终之难也。良匠能与人规、矩,⑥不能使人必巧也。明师能授人方书,不能使人必为也。夫修道犹如播谷也,成之犹收积也。厥田虽沃,水泽虽美,而为之失天时,耕锄又不至,登稼被垄,不获不刈,顷亩虽多,犹无获也。凡夫不徒不知益之为益也,又不知损之为损也,夫损易知而速焉,益难知而迟焉,人尚不悟其易,安能识其难哉?夫损之者如灯火之消脂,莫之见也,而忽尽矣。益之者如苗禾之播殖,莫之觉也,而忽茂矣。故治身养性,务谨其细,不可以小益为不平而不修,不可以小损为无伤而不防。凡聚小所以就大,积一所以至亿也。若能爱之于微,成之于著,则几乎知道矣。"

[注释]

①生生:保养生命。②量:量器。表:古代用来测量日影以计时的表竿。③改朔:一两个月。朔,农历每月初一。④升、勺:古代计量单位。一斗的十分之一为一升,约一升的百分之一为一勺。形容数量少。⑤钟、石:古代计量单位。六石四斗为一钟,十斗为一石。形容数量多。⑥规、矩:两种木工工具。用来画圆的叫"规",用来画方的叫"矩"。这里指代木工技术。

[译文]

抱朴子又说:"凡俗百姓本来就不能保养生命,却专门做伤害生命的事情。有限的事物,不能供给无限的消耗;江河的流水,无法装满无底的器皿。凡是进利少而花费多的人,尚且不能支撑供应,何况没有丝毫的收入,却有成百上千的支出呢?人们无论长幼,没有谁没有疾病,只是病有轻重而已。人们禀受元气各有多少,禀受多的消耗得较慢,禀受少的很快会消耗完。那些懂得道术的人要补救元气,一定要先行恢复身体中元气的原状,这样才能追求某种程度的益处。如果让人整天服食药物,就能肉体飞升成仙,一两个月导气引体,就能长出参差的羽翼,那么世间就没有不信道术的人了。令人担心的少量益处还未真正得到,而巨大的耗费便接踵而来,根基还没扎牢固,而冰雪霜冻的灾害就交相攻击。不知道过错在自己身上,却反倒说学习道术没有好处,因而抛弃仙丹药物而中止导引吐纳。所以说,并不是长生困难,是懂得修仙道术困难;并不是懂得修仙道术困难,是施行道术困难;并不是施行道术困难,是坚持到底困难。优秀的工匠能教给人木工技艺,却不一定能让人技艺高超;圣明的老师能传授给人方术的书籍,却不一定能让人实践。修炼道术好比种庄稼,成功好比收获粮食。田地虽然肥沃,灌溉条件虽好,但不在合适的季节耕作,又不耕地锄草;成熟的庄稼覆盖地垄,却不去收割,那么即使田地很多,仍然一无所获。凡夫不仅不知道收益会带来好处,也不知道损害会带来害处。损害容易感知而且来得快,好处难以明白而且来得慢,人们对容易感觉的尚且不明白,又怎么能认识难以感觉到的呢?损害身体的行为如同灯火消耗油脂一样,没有谁看清,却突然用光了灯油;对身体有益的措施如同播种禾苗,在不知不觉中禾苗忽然茂盛了。因此修身养性,务必注意细小的事情,不能认为益处小就不值得重视而不修养,也不能认为小的损害不会带来大伤害而不提防。不断聚集小的事物才能成就大业,积一才能到亿。如果能在细微处爱惜生命,就能取得显著的成效,就接近于懂得道术了。"

或问曰:"古者岂有无所施行,而偶自长生者乎?"抱朴子答曰:"无也。或随明师,积功累勤,便得赐以合成之药。或受秘方,自行治作,事不接于世,言不累于俗,而记著者止存其姓名,而不能具知其所以得仙者,故阙如也。昔黄帝生而能言,役使百灵,可谓天授自然之体者也,犹复不能端坐而得道。故陟王屋而受丹经,[①]到鼎湖而飞流珠,[②]登崆峒而问广成,[③]之具茨而事大隗,[④]适东岱而奉中黄,[⑤]入金谷而咨涓子,[⑥]论道养则资玄素二女,[⑦]精推步则访山稽、力牧,[⑧]讲占候则询风后,[⑨]著体诊则受雷、岐,[⑩]审攻战则纳五音之策,[⑪]穷神奸则记白泽之辞,[⑫]相地理则书青乌之说,[⑬]救伤残则缀金冶之术。[⑭]故能毕该秘要,穷道尽真,遂升龙以高跻,与天地乎罔极也。然按神仙经,皆云黄帝及老子奉事太乙元君以受要诀,况乎不逮彼二君者,安有自得仙度世者乎？未之闻也。"

[注释]

①陟:登上。王屋:山名。在今河南境内。②鼎湖:地名。古代传说黄帝曾铸鼎于荆山下,鼎成,有龙垂胡须迎黄帝上天。后人因此称此地为"鼎湖"。飞流珠:炼制金丹。③崆峒:山名。今河南、甘肃境内有几处崆峒山,传说黄帝都登过这些山。④具茨:山名。在今河南境内。大隗(wěi):得道的高士。⑤东岱:即东岳泰山。中黄:仙人名。又叫中黄真人。⑥金谷:地名。在今河南洛阳。涓子:仙人名。⑦道养:指房中术。玄素二女:两个仙女名。⑧推步:推算天文历法。山稽、力牧:黄帝的两位大臣。⑨占候:观天地变化以测吉凶。风后:黄帝的大臣。⑩体诊:对身体的诊断。雷、岐:雷公和岐伯。黄帝的大臣,善医学。⑪审攻战则纳五音之策:《云笈七签》卷一百记载:黄帝与蚩尤战,"玄女教黄帝三宫秘略、五音权谋、阴阳之术"。⑫白泽:神兽名。《云笈七签·轩辕本纪》载,黄帝巡视诸侯至东海边,得白泽神兽,能说话。黄帝向它询问天下鬼神等事一万一千五百二十种,并记下它的回答,绘成图以示天下。⑬青乌:又叫青乌子,懂得地理风水,因此后人又称风水学为青乌学。⑭缀:连接,综合。金冶:当为人名,未详。此句话见于《云笈七签·轩辕本纪》。

[译文]

有人问道:"古代的人是否有不修炼道术,却偶然得以长生不死的呢？"抱朴子回答道:"没有。有的人追随着圣明的老师,勤奋积累着功德,才得以被赐予已炼成的仙药。有的人接受的是秘方，自己钻研炼制，不与世人接触，不受世人言语拖累，但记载他们成仙的人只记下了他们的姓名，却不能详细知道他们成仙的方法，所以缺而不论。过去黄帝一出生就能说话，使唤各种神灵，可算是上天传授了自然成仙的身体了，尚且还不能端坐在那里就能得到仙术。因此他登上王屋山接受丹经，来到鼎湖炼制仙丹，爬上崆峒山去请教广成子，前往具茨侍奉大隗，到了东岳泰山拜望中黄真人，进入金谷去咨询涓子，谈到房中术时要咨询玄女、素女，精确推算天文历法要访求山稽、力牧，讲求占候术要请教风后，写作医书要受教于雷公、岐伯，分析战术要采纳五音的策略，穷究神怪之事要记述白泽的言辞，勘测地理要记录青乌子的学说，救治伤残要综合金冶子的医术。所以黄帝才能完全掌握奥秘要诀，穷尽真正的道术，于是才能乘龙升天，寿命与天地一样无限。而且依据神仙经典，都说黄帝和老子奉太乙元君为师才接受了主要秘诀，何况那些远远比不上这两位先生的人，又怎么可能靠自己所得就度世成仙呢？从没听说过这样的事情。"

或曰："黄帝审仙者，桥山之冢，又何为乎？"抱朴子答曰："按《荆山经》及《龙首记》，皆云黄帝服神丹之后，龙来迎之，群臣追慕，靡所措思，或取其几杖，①立庙而祭之；或取其衣冠，葬而守之。《列仙传》云：'黄帝自择亡日，七十日去，七十日还，葬于桥山，山陵忽崩，墓空无尸，但剑舄在焉。②'此诸说虽异，要于为仙也。言黄帝仙者，见于道书及百家之说者甚多，而儒家不肯长奇怪，开异涂，务于礼教，而神仙之事，不可以训俗，故云其死，以杜民心耳。朱邑、栾巴、于公，③有功惠于民，百姓皆生为之立庙祠。又古者盛德之人，身没之后，臣子刊其勋绩于不朽之器。而今世君长迁转，吏民思恋，而树德颂之碑者，往往有焉，此亦黄帝有庙墓之类也，岂足以证其必死哉？"

[注释]

①几杖：坐几和手杖。②舄（xì）：鞋子。③朱邑：西汉人。《汉书·循吏传》说其官至大司农，为人淳厚，死后百姓为之立祠。栾巴：东汉人。《神仙传》说他能劾鬼治病，乡里人为他立生祠。于公：《汉书·于定国传》说，于定国的父亲称"于公"，执法严明，百姓为之立生祠。

[译文]

有人说："如果黄帝确实是成仙了，那么桥山的坟墓，又是怎么一回事呢？"抱朴子回答说："按照《荆山经》和《龙首记》的记载，都说黄帝在服食仙丹之后，龙来迎接他，而大臣们追念他，无法排遣情思，有的人找来他的坐几和手杖，建立庙宇来祭祀他；有的人取来他的衣服帽子，埋葬后守护着。《列仙传》说：'黄帝自己选择了死亡的时日，七十天后离去，七十天后又回来，埋葬在桥山，山陵忽然崩塌，墓中空空没有尸体，只有刀剑和鞋子在里面。'这些说法虽然不同，但主要内容都说黄帝成了仙。有关黄帝成仙的记载，很多散见于道教典籍和百家论说中，而儒家不愿意助长奇谈怪论，开启异端之说，只致力于礼教，而神仙的事迹，不能够用来教育世人，所以就说黄帝死了，以杜绝百姓求仙的想法。像朱邑、栾巴、于公等人，对百姓有功德恩惠，百姓就在他们活着时为他们立庙祭祀。另外古代品德高尚之人，去世之后，臣下、子孙都把他们的功勋业绩刻在不朽的器皿上。当今一些地方长官升迁或转任他地，下属和百姓思念爱戴他们，而树立歌功颂德纪念碑的，比比皆是。这与黄帝有庙宇、坟墓是同类的情况，又怎么证明黄帝一定死亡了呢？"

或人问曰："彭祖八百，安期三千，斯寿之过人矣。若果有不死之道，彼何不遂仙乎？岂非禀命受气，自有修短，而彼偶得其多，理不可延，故不免于雕陨哉？"抱朴子答曰："按《彭祖经》云，其自帝喾佐尧，历夏至殷为大夫，殷王遣采女从受房中之术，行之有效，欲杀彭祖，以绝其道，彭祖觉焉而逃去。去时年七八百余，非为死也。《黄石公记》云，彭祖去后七十余年，门人于流沙之西见之，①非死明矣。又彭祖之弟子，青衣乌公、黑穴公、秀眉公、白兔公子、离娄公、太足君、高丘子、不肯来七八人，皆历数百岁，在殷而各仙去，况彭祖何肯死哉？又刘向所记《列仙传》亦言彭祖是仙人也。又安期先生者，卖药于海边，琅琊人传世见之，计已千年。秦始皇请与语，三日三夜。其言高，其旨远，博而有证，始皇异之，乃赐之金璧，可直数千万，安期受而置之于阜乡亭，以赤玉舄一量为报，②留书曰，复数千载，求我于蓬莱山。如此，是为见始皇时已千岁矣，非为死也。又始皇刚暴而骜很，③最是天下之不应信神仙者，又不中以不然之言答对之者也。至于问安期以长生之事，安期答之允当，始皇惺悟，信世间之必有仙道，既厚惠遗，又甘心欲学不死之事，但自无明师也，而为卢敖、徐福辈所欺弄，④故不能得耳。向使安期先生言无符据，三日三夜之中，足以穷屈，则始皇必将烹煮屠戮，不免鼎俎之祸，其厚惠安可得乎？"

[注释]

①流沙：沙漠。一说国名。②量：量词，双。③骜很：亦作"骜狠"。傲

慢任性。④卢敖、徐福：秦朝的术士。

[译文]

　　有人问道："彭祖活了八百岁，安期活了三千岁，他们的寿命超过常人的了，如果真有不死之道，他们为什么不接着成仙呢？难道不是因为禀受的命运和元气不同，寿命自然有长短，而他们偶然得以多寿，按照道理不能再延长了，所以也不免一死吗？"抱朴子回答说："依据《彭祖经》所说，彭祖自从帝喾辅佐帝尧，经历夏代直至殷商一直做大夫。殷王派宫女跟他学习房中术，行之有效，就想杀掉彭祖来断绝这种法术，彭祖发觉后逃去。彭祖离去时年龄已有七八百岁，并没有死去。《黄石公记》说，彭祖逃走后七十多年，弟子在流沙国的西边看见过他，彭祖没有死亡是显而易见的。另外，彭祖的弟子青衣乌公、黑穴公、秀眉公、白兔公子、离娄公、太足君、高丘子、不肯来等七八人，都活了几百岁，在商代各自成仙而去，彭祖又怎么会死呢？另外，刘向所著的《列仙传》也说彭祖是仙人。还有安期先生这个人，在海边卖药，琅琊人世代相传都说看到过他，算来也有一千年了。秦始皇请他来交谈了三天三夜。他的言辞高妙，意旨清远，见识广博而且言之有据，秦始皇很惊奇，就赏赐给他黄金玉璧，价值好几千万，安期先生接受后把它们放在阜乡亭，用一双红色玉鞋作为回报，并留下书信说，再过几千年，到蓬莱山找我。由此看来，他会见秦始皇时已经上千岁了，没有死亡。另外秦始皇刚强残暴而且傲慢任性，是天下最不应该相信神仙的人，又是不能用不妥当的言辞来回答的人。当他询问安期先生长生不死的事情时，安期先生回答得恰当，秦始皇醒悟了，相信世间一定有神仙之道，于是赠送安期先生厚礼，又心甘情愿地想学习不死的方术，只是没有圣明的老师，反而被卢敖、徐福之流欺骗戏弄，因此不能学到仙术而已。假如安期先生言辞无所根据，三天三夜之中,足以理屈词穷,那么秦始皇必将烹杀他,安期先生将不免招来鼎煮刀劈的灾难,那又怎么可能获得厚重的礼物呢?"

或问曰:"世有服食药物,行气导引,不免死者,何也?"抱朴子答曰:"不得金丹,但服草木之药及修小术者,可以延年迟死耳,不得仙也。或但知服草药,而不知还年之要术,则终无久生之理也。或不晓带神符,行禁戒,思身神,守真一,则止可令内疾不起,风湿不犯耳。若卒有恶鬼强邪,山精水毒害之,则便死也。或不得入山之法,令山神为之作祸,则妖鬼试之,猛兽伤之,溪毒击之,①蛇蝮螫之,致多死事,非一条也。或修道晚暮,而先自损伤已深,难可补复。补复之益,未得根据,②而疾随复作,所以克伐之事,亦何缘得长生哉?或年老为道而得仙者,或年少为道而不成者,何哉?彼虽年老而受气本多,受气本多则伤损薄,伤损薄则易养,易养故得仙也。此虽年少而受气本少,受气本少则伤深,伤深则难救,难救故不成仙也。夫木槿、杨柳,断殖之更生,倒之亦生,横之亦生。生之易者,莫过斯木也。然埋之既浅,又未得久,乍刻乍剥,或摇或拔,虽壅以膏壤,浸以春泽,犹不脱于枯瘁者,以其根荄不固,③不暇吐其萌芽,津液不得遂结其生气也。人生之为体,易伤难养,方之二木,不及远矣。而所以攻毁之者,过于刻剥,剧乎摇拔也。济之者鲜,坏之者众,死其宜也。夫吐故纳新者,因气以长气,而气大衰者则难长也。服食药物者,因血以益血,而血垂竭者则难益也。夫奔驰而喘逆,或咳或满,④用力役体,汲汲短乏者,气损之候也。面无光色,皮肤枯腊,唇焦脉白,腠理萎瘁者,血减之证也。二证既衰于外,则灵根亦凋于中矣。如此,则不得上药,不能救也。凡为道而不成,营生而得死者,其人非不有气血也。然身中之所以为气为血者,根源已丧,但余其枝流也。譬犹入水之烬,火灭而烟不即息;既断之木,柯叶犹生。二者非不有烟,非不有叶,而其所以为烟为叶者,已先亡矣。世人以觉病之日,始作为疾,犹以气绝之日,为身丧之候也。唯怨风冷与暑湿,不知风冷暑湿,不能伤壮实之人也,徒患体虚气少者,不能堪之,故为所中耳。何以较之,设有数人,年纪老壮既同,服食厚薄又等,俱造沙漠之地,并冒严寒之夜,素雪堕于上,玄冰结于下,寒风摧条而宵骇,咳唾凝沍于唇吻,⑤则其中将有独中冷者,而不必尽病也。非冷气之有偏,盖人体有不耐者耳。故俱食一物,或独以结病者,非此物之有偏毒也。钧器齐饮,而或醒或醉者,非酒势之有彼此也。同冒炎暑,而或独以暍死者,⑥非天热之有公私也。齐服一药,而或昏瞑烦闷者,非毒烈之有爱憎也。是以冲风赴林,而枯柯先摧;洪涛凌崖,而拆隙首颓;⑦烈火燎原,而燥卉前焚;龙碗坠地,而脆者独破。由兹以观,则人之无道,体已素病,因风寒暑湿者以发之耳。苟能令正气不衰,形神相卫,莫能伤也。凡为道者,常患于晚,不患于早也。恃年纪之少壮,体力之方刚者,自役过差,百病兼结,命危朝露,不得大药,但服草木,可以差于常人,⑧不能延其大限也。故仙经曰:养生以不伤为本。此要言也。神农曰:百病不愈,安得长生?信哉斯言也。"

[注释]

①溪毒:溪流上的毒气。②根据:巩固根基。③荄(gāi):根部。④满:通"懑",烦闷。⑤沍(hù):冰冻。⑥暍(yē):中暑。⑦拆隙:缝隙。⑧差

(chài):同"瘥",疾病痊愈。这里指稍好一些。

[译文]

　　有人问道:"世上有些人虽然服食药物,行气导引,却不能免于死亡,这是为什么呢?"抱朴子回答说:"得不到金丹,只是服用草木类药物和修炼小道术的人,只能够延续年寿,推迟死亡而已,是不能成仙的。有的人只知道服食草药,却不知道返老还童的主要方法,那最终也无法长久生存。有的人不知道佩带神符,遵守禁戒,反思身体内的神灵,坚守大道,就只能使体内不生疾病,风寒湿气不侵犯而已。如果突然有恶鬼强妖,山精水怪来侵害,他们就会马上死亡。有的人没有学到进入深山的法术,山神因此祸害他们,还有妖魔鬼怪来试探,凶猛野兽来伤害,溪中毒气来攻击,毒虫蝮蛇叮咬等等,能够导致死亡的因素,不止一种。有的人很晚才修炼道术,以前的损伤已很严重,难以修补恢复。修补恢复的好处还没巩固,而疾病随即又复发了。这些都是伤身害体的事情,又怎么能长生不老呢?有的人年龄老迈才修道而且学得了道术,有的人年纪轻轻就求道却不成功,这是为什么呢?那些老人虽然年龄老迈但自然禀受的元气本来就多,禀受元气多而受到伤害就少,伤害少就容易养护,容易养护就能得道成仙。而那些年轻人虽年富力强,但禀受的元气本来就很少,禀受的元气少而受到的伤害就大,伤害大就难以补救,难以补救就不能成仙。木槿和杨柳折断后插种,能马上重新获得生命,倒着种也生长,横着种也生长。容易生存的,没有能超过这两种树木的了,但如果埋得浅,种的时间又不长,就时而砍削,时而敲打,时而摇动,时而拔起,那么即使用肥沃的土壤培植它们,用春天的雨露去滋润它们,它们依然不能摆脱枯萎憔悴的命运,这是因为它们的根柢还不牢固,没有时间长出萌芽,体内的津液还不能凝聚生命元气。人的生命作为一种实体,容易受伤而难以保养，与这两种树木相比差远了。而攻击毁坏的各种因素超过了砍削、敲打，也比摇动、拔起厉害得多。补益得少，损害得多，死亡是理所当然的。吐出旧气、吸进新气的人，用新气来助长元气，而元气大伤的话就难以助长了。服食药物的人，用气血来补充气血，而气血将要枯竭时就难以补充了。有人奔跑就气喘而呼吸不畅，或者咳嗽，或者胸闷，使用体力时，呼吸急促、乏力气短，这就是元气耗损的症状。面部没有光彩，皮肤干枯蜡黄，嘴唇枯焦，脉象无力，腠理萎缩憔悴，这就是气血衰减的症状。这两种衰弱的症状表现在外，那么元气在体内已经衰败了。这样的话，如果得不到上等的药物，就无法救治了。凡是修炼道术却不成功，养护生命却死亡的人，并非没有气血，只是身体内那些制造气血的根源已经丧失，只剩下一些支流而已。比如把燃烧的余柴放入水中，火焰熄灭了而烟不会马上消失；已折断的树木，枝叶还会生长。这两种东西并非没有烟气，并非没有叶子，但是它们生烟长叶的根源已经消失了。世人认为发觉疾病的那一天，才算是有病的开始，就好像把断气的那天当成死亡的症候一样。人们总抱怨风、冷、暑、湿，却不知风、冷、暑、湿并不能伤害壮实的人，只是体质虚弱、气血缺乏的人无法抵御，所以就会受到伤害。用什么来知道这个道理呢？假设有几个人，年纪大小情况一样，服装和食物都相同，都到了沙漠中，夜间一起冒着严寒，白雪从天上飘落，深厚的冰在地下凝结，夜里寒风折断枝条令人惊恐，咳出的口水在嘴边凝结成冰，那么其中必然有人冻坏，然而不一定每个人都会生病。并非冷气有偏向，只能说是有的人体质不能抵抗寒气。所以大家吃同一种食物，有的人却偏偏因此生病，并非这些食物有偏向某人的毒素。用同样的酒杯一齐饮酒，有人清醒，有人沉醉，并非酒的力量对他们有彼此之分。同样冒着炎热酷暑，有人独自中暑死亡，并非上天的炎热有公私之别。大家服用同一类药物，有的人昏迷烦闷，这并非强烈的药性有爱憎之情。因此大风冲向树林,枯朽的枝条先被折断;洪大的波涛冲向河岸,有裂缝的堤岸先被冲垮;烈火扑向原野,干燥的花草先被烧掉;绘有龙纹的碗掉在地上,只有质地脆的破裂。由此看来,如果人没有道术,身体本来有病,风、寒、暑、湿就会因此引发疾病了。如果能使体内正气不衰,肉体和精神相互养护,就不会受到伤害了。凡是修道的人,令人担心的是他们修得太晚,而不是修得太早。如果自恃年轻体壮,身体强健,就使自己过度劳累,结果百病交集,性命就会像朝露一样岌岌可危,如没有金丹大药,只是服食草木药,可以因此比常人稍好一些,但也不能使最终的生命有所延长。因此仙经说:养生以不伤害身体为根本。这是最重要的格言啊。神农说:各种疾病不痊愈,如何能够长生?这话说得非常确切。"

或问曰:"所谓伤之者,岂非淫欲之间乎?"抱朴子曰:"亦何独斯哉?然长生之要,在乎还年之道。上士知之,可以延年除病;其次不以自伐者也。若年尚少壮而知还年,服阴丹以补脑,[①]采玉液于长谷者,[②]不服药物,亦不失三百岁也,但不得仙耳。不得其术者,古人方之于冰杯之盛汤,羽苞之蓄火也。且又才所不逮,而困思之,伤也;力所不胜,而强举之,伤也;悲哀憔悴,伤也;喜乐过差,伤也;汲汲所欲,伤也;久谈言笑,伤也;寝息失时,伤也;挽弓引弩,伤也;沉醉呕吐,伤也;饱食即卧,伤也;跳走喘乏,伤也;欢呼哭泣,伤也;阴阳不交,伤也。积伤至尽则早亡,早亡非道也。是以养生之方,唾不及远,行不疾步,耳不极听,目不久视,坐不至久,卧不及疲,先寒而衣,先热而解,不欲极饥而食,食不过饱,不欲极渴而饮,饮不过多。凡食过则结积聚,饮过则成痰癖。不欲甚劳甚逸,不欲起晚,不欲汗流,不欲多睡,不欲奔车走马,不欲极目远望,不欲多啖生冷,不欲饮酒当风,不欲数数沐浴,不欲广志远愿,不欲规造异巧。冬不欲极温,夏不欲穷凉,不露卧星下,不眠中见肩,③大寒大热,大风大雾,皆不欲冒之。五味入口,不欲偏多,故酸多伤脾,苦多伤肺,辛多伤肝,咸多则伤心,甘多则伤肾,此五行自然之理也。凡言伤者,亦不便觉也,谓久则寿损耳。是以善摄生者,卧起有四时之早晚,兴居有至和之常制;调利筋骨,有偃仰之方;杜疾闲邪,④有吞吐之术;流行荣卫,有补泻之法;节宣劳逸,有与夺之要。忍怒以全阴气,抑喜以养阳气。然后先将服草木以救亏缺,后服金丹以定无穷,长生之理,尽于此矣。若有欲决意任怀,自谓达识知命,不泥异端,极情肆力,不营久生者,闻此言也,虽风之过耳,电之经目,不足谕也。虽身枯于流连之中,气绝于纨、绮之间,而甘心焉,亦安可告之以养生之事哉?不惟不纳,乃谓妖讹也。而望彼信之,所谓以明鉴给蒙瞽,以丝竹娱聋夫也。"

[注释]

①阴丹:道教房中术的一种,又叫还精之术。即男女性交时,男子精液不泄,同时从女子处采集阴气的方式。②玉液:精液的隐语。长谷:女子阴部的隐语。③见:通"现"。④闲:防止。

[译文]

有人问道:"所谓伤害身体的事情,难道不是男女之间的淫欲吗?"抱朴子说:"又何止这一件事呢?长生的关键在于返老还童的道术。高明的道士懂得这点,就可以除去疾病而延年益寿;次一等的道士也不会因淫欲而伤害自己身体。如果年轻时就知道返老还童之道,采阴丹以补益大脑,使精液不泄,即使不服食药物,寿命也不会少于三百岁,只是不能成仙罢了。不懂得这种方术的人,古人把他们比作在冰杯子里盛开水,在羽毛做的包裹中存放烈火。另外,才华达不到却还要苦苦思索会伤害身体;力气达不到却勉强扛举会伤害身体;面容悲哀、神情憔悴会伤害身体;过分高兴和快乐会伤害身体;急切地追求满足自己的欲望会伤害身体;长久地言谈说笑会伤害身体;不能按时就寝休息会伤害身体;拉强弓硬弩会伤害身体;大醉呕吐会伤害身体;吃饱了立即就睡会伤害身体;跳跃快跑得乏力喘气会伤害身体;欢呼哭泣会伤害身体;男女不交媾会伤害身体。各种伤害不断积累达到极限,人就会早死,早死就不合于道。因此养生的方法是,吐唾沫不要吐远,走路时不要步子太快,耳朵不要听得太累,眼睛不要看得太久,坐的时间不要太长,感到疲倦之前就要躺下休息,感到冷之前就加衣服,感到热之前就要解开衣裳。不要感到饿时再吃饭,吃饭不要吃得过饱;不要感到太渴时才去喝水,喝水不要喝得过多。吃得过多会造成积食,喝得过多会引起痰症。不要过度劳累、过度安逸,不要很晚起床,不要大汗淋漓,不要睡眠过多,不要乘着车马狂奔,不要极目远望,不要多吃生冷食物,不要对着风口饮酒,不要频繁洗澡沐浴,不要志愿过于远大,不要制造精巧奇异的器具。冬天不宜太温暖,夏天不宜太凉快,不要露天卧在星空下,不要在睡眠时露出肩头,大寒大热,大风大雾,都不要去承受。进食五味,不宜偏好某一种口味,因为酸味太重会伤脾脏,苦味太重会伤肺,辣味太重会伤肝,咸味太重会伤心,甜味太重会伤肾,这是五行相克的自然原理。上述种种伤害,并不是会立即就感觉到,时间长了就会损害寿命。因此善于养生的人,睡觉起床的早晚依照四季而不同,起居生活都要遵守最为中和的常规;调养保护筋骨,有俯仰的健身方法;杜绝疾病、防止邪气,有吐故纳新的道术;使气血畅通,有补充已泄气血的技巧；节制宣泄，劳作逸乐，有允许和禁止的规则。忍住怒气来保全体内的阴气，抑制喜悦去养护体内的阳气。然后先服食草木药来补救亏损，再服食金丹大药来巩固无穷的寿命，长生的道理，全部都在这里了。如果有人坚决要一意孤行，自认为通达命运，不愿拘泥于道教的异端之说，放纵情欲竭尽力气，不在意长生不死，他们听到这些话，即使用疾风吹过耳朵，闪电掠过眼睛，也不足以比喻他们的轻视态度。即使身体在玩乐的流连忘返中枯死，气息在华丽的服饰里断绝，也心甘情愿，又怎么能告诫他们养生的事理呢？他们不仅不采纳这些建议，还会说是妖言谎话啊。如果想让他们相信养生之道，那就好比拿明镜给瞎子使用，用丝竹音乐让聋子欣赏一样。"

卷十四　勤求

[题解]

　　勤求,即辛勤追求。葛洪认为学道修仙,必须寻求明师指点。本卷论述了明师的可贵,以及寻求明师的困难,提倡不仅要善于鉴别明师,还要尊重明师。最后,葛洪再次强调仙道可学,长生可度。

　　抱朴子曰:"天地之大德曰生,生,好物者也。① 是以道家之所至秘而重者,莫过乎长生之方也。故血盟乃传,传非其人,戒在天罚。先师不敢以轻行授人,须人求之至勤者,犹当拣选至精者乃教之,况乎不好不求,求之不笃者,安可炫其沽以告之哉?其受命不应仙者,虽日见仙人成群在世,犹必谓彼自异种人,天下别有此物,或呼为鬼魅之变化,或云偶值于自然,岂有肯谓修为之所得哉?苟心所不信,虽令赤松、王乔言提其耳,亦当同以为妖讹。然时颇有识信者,复患于不能勤求明师。夫晓至要得真道者,诚自甚稀,非仓卒可值也。然知之者,但当少耳,亦未尝绝于世也。由求之者不广不笃,有仙命者,要自当与之相值也。然求而不得者有矣,未有不求而得者也。世间自有奸伪图钱之子,而窃道士之号者,不可胜数也。然此等复不谓挺无所知也,② 皆复粗开头角,③ 或妄沽名,加之以伏邪饰伪,而好事之徒,不识其真伪者,徒多之进问,自取诳惑,而拘制之,不令得行,广寻奇士异人,而告之曰,道尽于此矣。以误于有志者之不少,可叹可恚也。或闻有晓消五云、飞八石、转九丹、冶黄白、水琼瑶、化朱碧、凝霜雪于神炉,采灵芝于嵩岳者,④则多而毁之曰:此法独有赤松、王乔知之,今世之人而云知之者,皆虚妄耳。则浅见之家,不觉此言有诈伪而作,便息远求之意。悲夫,可为慨叹者也!凌晷飙飞,⑤暂少忽老,迅速之甚,谕之无物,百年之寿,三万余日耳。幼弱则未有所知,衰迈则欢乐并废,童蒙昏耄,除数十年,而险隘忧病,相寻代有,⑥居世之年,略消其半,计定得百年者,喜笑平和,则不过五六十年,咄嗟灭尽,⑦哀忧昏耄,六七千日耳,顾眄已尽矣,⑧况于全百年者,万未有一乎?谛而念之,亦无以笑彼夏虫朝菌也。盖不知道者之所至悲矣。里语有之:人在世间,日失一日,如牵牛羊以诣屠所,每进一步,而去死转近。此譬虽丑,而实理也。达人所以不愁死者,非不欲求,亦固不知所以免死之术,而空自焦愁,无益于事。故云乐天知命,故不忧耳,非不欲久生也。姬公请代武王,⑨仲尼曳杖悲怀,⑩是知圣人亦不乐速死矣。俗人见庄周有大梦之喻,因复竞共张齐死生之论。盖诡道强达,阳作违抑之言,⑪皆仲尼所为破律应煞者也。⑫今察诸有此谈者,被疾病则遽针灸,冒危险则甚畏死。然末俗通弊,不崇真信,背典诰而治子书,若不吐反理之巧辨者,则谓之朴野,非老庄之学。故无骨殖而取偶俗之徒,遂流漂于不然之说,而不能自返也。老子以长生久视为业,而庄周贵于摇尾涂中,⑬不为被网之龟、被绣之牛,⑭饿而求粟于河侯,⑮以此知其不能齐死生也。晚学不能考校虚实,偏据一句,不亦谬乎?且夫深入九泉之下,长夜罔极,始为蝼、蚁之粮,终与尘壤合体，令人怛然心热，⑯不觉咄嗟。若心有求生之志，何可不弃置不急之事，以修玄妙之业哉？其不信则已矣。其信之者，复患于俗情之不荡尽，而不能专以养生为意，而营世务之余暇而为之，所以或有为之者，恒病晚而多不成也。凡人之所汲汲者，势利嗜欲也。苟我身之不全，虽高官重权，金玉成山，妍艳万计，非我有也。是以上士先营长生之事，长生定可以任意。若未升玄去世，可且地仙人间。若彭祖、老子，止人中数百岁，不失人理之欢，然后徐徐登遐，亦盛事也。

[注释]

①好物：好事情。"天地之大德曰生"见于《周易·系辞下》，"生，好物者也"见于《左传·昭公二十五年》。②挺：究竟。这里指完全。③粗开头角：崭露头角。④五云：五种云母。飞：炼制。八石：炼丹的八种矿石原料。转九丹：炼制九种金丹。冶黄白：炼制黄金、白银。水琼瑶：将美玉化为水。朱碧：朱砂、碧玉。⑤晷（guǐ）：日影。飙（biāo）：狂风。⑥代：交替，轮流。⑦咄嗟（duōjiē）：呼吸之间。形容时间极短。⑧顾眄（miǎn）：回头看，转眼。⑨姬公请代武王：《史记·周本纪》记载，周公姬旦在其弟周武王生病时，祭天祈祷，愿代武王而死。⑩仲尼曳杖悲怀：《史记·孔子世家》说，孔子病，子贡请见，孔子负杖逍遥于门，叹曰："太山坏乎！梁柱摧乎！哲人萎乎！"因以涕下，后七日卒。⑪阳：通"佯"，假装。⑫仲尼所为破律应煞者也：孔子所说的应该处以死刑的破坏律令的人。《礼记·王制》："析言破律，杀。"⑬庄周贵于摇尾涂中：《庄子·秋水》说，庄子在濮水边垂钓，楚王派人请他出仕。庄子持竿不回头说，我宁愿像乌龟一样生活在污泥里。⑭被绣之牛：《庄子·列御寇》："或聘于庄子，庄子应其使曰：'子见夫牺牛

乎?衣以文绣,食以刍叔,及其牵而入于大庙,虽欲为孤犊,其可得乎?'"⑮饿而求粟于河侯:《庄子·外物》:"庄周家贫,故往贷粟于监河侯。"⑯怛(dá)然:忧伤的样子。

[译文]

　　抱朴子说:"天地最大的恩德是使万物生长,生存,是好事儿啊!因此道家所最保密、最重视的东西,没有什么能超过长生不死的方术了。所以要歃血盟誓才肯传授,如果传授的对象不合适,依据戒律要受上天的惩罚。从前的道师们不敢轻易地把道术传给别人,必须选择那些非常勤奋的求道者,而且还是最精干的人才传授,何况那些不喜好不追求,追求起来又不真诚的人,怎么会因为炫耀自我就告诉他们道术呢?那些命中注定不应成仙的人,即使每天都看到仙人成群地在人间,还是会认为那些仙人本来就属于另一类人,天下本来就有这种人,有的人甚至认为他们是鬼怪的变化,有的人又说他们是偶然碰到了自然的仙道,又怎么肯相信这些仙人是修炼而得道的呢?如果心中不信,那么即使是让赤松子、王子乔提着他们的耳朵来传授仙术,也会被当作妖言鬼话。然而有时也有一些有见识又肯相信的人,但又失误于不能辛勤地追寻明师。至于那懂得关键道术得道的人,确实很少,很难在短期内遇到。然而懂得道术的人,只是很少而已,却并没有绝迹于世间,只是寻求的范围不大、态度不真诚而已,有成仙命运的人,最重要的是要遇到明师。当然寻师却没有找到的人是有的,但却没有不寻师就遇到老师的人。世上有一些奸诈贪财的人,窃用道士的名号,这些人数不胜数。然而此等人也不能说全然不知晓道术,只是仅知道些皮毛而已,有的人妄自沽名钓誉,并用一些降伏妖邪的事情来装扮自己,而好事的人,不能辨识真假,白白地上前请教,自找欺骗并被拘束制约,不让他们去广泛寻访奇士异人,还告诉他们,仙道都在这儿啦。因此耽误了不少有志之士,这真是让人叹息愤慨。有的人听说有溶化五种云母、炼制八种药石、炼成九转还丹、冶炼黄金白银、将琼瑶化为水、把朱砂碧玉化为丹药、在神炉里凝结霜雪、到嵩山采集灵芝的方法,就认为是夸诞,并且诋毁说:这些方法只有赤松子、王子乔知道,当今世人还说懂得的不过是撒谎骗人而已。见识短浅的人,不觉得这话是为了欺骗他们而编造的,就打消了到远方求明师的志向。可悲啊,这真是让人感慨的事啊!时光好似狂风飞逝,少年转眼间就成了老人,快得无与伦比。一百年的寿命,也不过三万多天。幼小的时候什么都不懂,衰老年迈时欢乐的事情统统消失,童年的蒙昧和老年的昏聩,除去了几十年,而坎坷、困苦、疾病,又相互交替出现,活在世上的岁月,大致又被消磨了一半,就算是活到一百岁的人,欢乐平安的日子也不过五六十年,瞬息之间就已过完,再除去哀愁昏病,也不过是六七千天而已,转眼之间就过去了,更何况能活到一百岁的人,一万个人中还没有一个呢!仔细想想,人类也没有资格嘲笑夏虫、朝菌了。这大概就是不懂仙术的人最为可悲的了!俗语说:人活在世上,过一天少一天,好像牛羊将被牵到屠宰场一样,每前进一步,离死就近一步。这譬喻虽然难听,却是实在的道理。通达的人之所以不为死亡发愁,并非他们不想追求长生,而是他们确实不知道避免死亡的方法,结果只是白白地心焦忧愁,也于事无补。于是他们说乐于接受天命就没有忧愁,并非不想长生。周公想代替武王去死,孔子拄着拐杖发愁,由此可知圣人也不愿意很快死去。世人见庄子有人生如同大梦的比喻,就争相宣扬生死相同的论调。大概都是些诡辩之理,强做旷达,假装着说些违心话,都是孔子所说的那种破坏条律应该处死的人。如果观察那些有这种论调的人,就会发现他们得了疾病就马上用针灸,遇到危险也非常怕死。但衰世之俗的通病就是不崇尚真理,只背诵经典文诰和研究诸子的著作,如果不能说出颠倒黑白的花言巧语,就被认为是朴鄙粗野,不是老子、庄周的学问。因此没有骨气而讨好迎合世俗的人,就在不正确的学说里随波逐流而不能自拔。老子以长生久视为事业,庄周看重像乌龟那样在污泥中拖着尾巴的自由生活,而不愿当网中的乌龟和披着文绣做祭品的牛,挨饿时却到监河侯那儿借粮,从这件事就知道他并不能把生死看作一样。后来的学子不能够考察核实真假,片面地抓住只言片语,岂不是很荒谬的吗?再说死人深深地埋在九泉之下,长夜漫漫无际,开始成为蝼蚁的食物,最终与泥土化为一体,真令人忧伤,心中发热,不知不觉感叹不已。如果心中存有追求长生的志向,怎么能不放弃不急切的事情,而去修炼玄妙的神仙之事呢?不相信的人就罢了。那些相信的人,令人担心的是他们的世俗情怀还没有完全除去,因而不能专心以养生为志向,只在经营世俗事务的闲暇里偶然养护一下身体,因此间或有追求仙道的人,常遗憾他们养生太晚而大多不成功。世人所急切追求的,是权势利益及嗜好欲念。如果自己的身体还不能保全,那么即使是高官重权,金玉成山,美女数以万计,也不是自己所能拥有的。因此上等的道士先经营长生的事业,确定长生不老后再随意所为。如果还没有升天离开人间,也可以暂且在人间当地仙。像彭祖、老子,生活在人间几百年,没有失去世俗人情的欢乐,然后才缓缓登天,这也是盛事啊!

"然决须好师,师不足奉,亦无由成也。昔汉太后从夏侯胜受《尚书》,①赐胜黄金百斤,他物不可胜数。及胜死,又赐胜家钱二百万,为胜素服一百日。成帝在东宫时,从张禹受《论语》。②及即尊位,赐禹爵关内侯,食邑千户,拜光禄大夫,赐黄金百斤。又迁丞相,进爵安昌侯。年老乞骸骨,赐安车驷马,③黄金百斤,钱数万。及禹疾,天子自临省之,亲拜禹床下。章帝在东宫时,从桓荣以受《孝经》。④及帝即位,以荣为太常上卿。天子幸荣第,令荣东面坐,设几杖。会百官及荣门生、生徒数百人,帝亲自持业讲说。赐荣爵关内侯,食邑五千户。及荣病,天子幸其家,入巷下车,抱卷而趋,如弟子之礼。及荣薨,天子为荣素服。凡此诸君,非能攻城野战,折冲拓境,悬旌效节,⑤祈连方,⑥转元功,⑦骋锐绝域也。徒以一经之业,宣传章句,而见尊重,巍巍如此,此但能说死人之余言耳。帝王之贵,犹自卑降以敬事之。世间或有欲试修长生之道者,而不肯谦下于堪师者,直尔蹴迮,⑧从求至要,宁可得乎?夫学者之恭逊驱走,何益于师之分寸乎?然不尔,则是彼心不尽;彼心不尽,则令人告之不力;告之不力,则秘诀何可悉得邪?不得已当以浮浅示之,岂足以成不死之功哉?亦有人皮肤好喜,而信道之诚,不根心神,有所索欲,阳为曲恭,累日之间,怠慢已出。若值明智之师,且欲详观来者变态,试以淹久,故不告之,以测其志。则若此之人,情伪行露,亦终不得而教之,教之亦不得尽言吐实,言不了则为之无益也。陈安世者,年十三岁,盖灌叔本之客子耳,⑨先得仙道。叔本年七十皓首,朝夕拜安世曰:'道尊德贵,先得道者则为师矣,吾不敢倦执弟子之礼也。'由是安世告之要方,遂复仙去矣。夫人生先受精神于天地,后禀气血于父母,然不得明师,告之以度世之道,则无由免死,凿石有余焰,年命已凋颓矣。由此论之,明师之恩,诚为过于天地,重于父母多矣,可不崇之乎?可不求之乎?"

[注释]

①汉太后:指西汉昭帝的上官皇后。夏侯胜:西汉大臣。②张禹:西汉

大臣。③安车:可供乘坐的车。驷马:四匹马拉一辆车。④桓荣:东汉大臣。⑤悬旌:悬挂旌旗。效节:尽忠。⑥祈连方:祈求连帅、方伯。连帅,古代十国诸侯之长。方伯,一方诸侯之长。⑦转元功:迁升官职,评名首功。⑧直尔:只是发此。蹴迮(cùzé):仓促之间。⑨客子:住在自家的外姓小孩。据《神仙传》说,陈安世是灌叔本雇用的小童仆,在神仙的指导下学道成仙。

[译文]

"然而一定要有好的老师,如果跟着不值得师从的老师,那也无法成功。从前汉太后跟夏侯胜学习《尚书》,赏赐给夏侯胜黄金一百斤,其他的物品不计其数。夏侯胜死时,又赏赐他家二百万钱,还为他穿一百天白色丧服。汉成帝在东宫当太子时,跟张禹学《论语》。等到即位当了皇帝,赏赐张禹关内侯的爵位,以及一千户的封地,并授予光禄大夫之职,赏赐一百斤黄金。后来又升迁为丞相,进而授予安昌侯的爵位。张禹年纪大要求退休时,皇帝又赏赐他由四匹马拉的安车,黄金一百斤,金钱好几万。张禹生病时,皇帝亲自去看望,在张禹床下行拜礼。汉章帝当太子时,跟桓荣学习《孝经》。章帝即位后,让桓荣当太常上卿。天子亲临他的府第,让桓荣面向东而坐,设置几案手杖。召集百官和桓荣的学生弟子好几百人,皇帝亲自主持教业进行演讲,还赏赐给他关内侯的爵位,五千户的封地。桓荣生病时,天子亲临他家,进入街巷就急忙下车,抱着书卷,小步快跑,像弟子一样行礼。桓荣死时,皇帝为他穿白色丧服。上述几位先生,并非能攻克城池,打退敌人,开拓国家的疆域,悬挂旌旗尽忠朝廷,也不能拜为一方诸侯,建立首功而不断升迁,驰骋于遥远的疆域发挥才能。只是凭着一部经典的传授,宣讲章节句读,就被如此尊崇,显赫如此。这几个人只不过是解说一下死人留下来的言论而已,尊贵的帝王尚且如此谦恭地尊敬、侍奉他们,那么,世上偶尔有想尝试修炼长生之术的人,却不肯对能为老师的人表示谦恭,只是希望在极短的时间,求得最重要的长生之术,难道可能吗?学道者的谦恭和奔忙,对老师哪里有丝毫的好处?但如果不这样,他们就不够尽心;不尽心,老师传授时不尽力;老师传授不尽力,长生的秘诀又怎么能都获得呢?迫不得已时老师只是告诉他们浮浅的知识,这又怎能足以成就长生不死的事业呢?也有些人表面上很喜好道术,而信道的诚心,不是发自内心,只是出于心中的欲望,便假装出谦恭的样子,几天之间,懈怠轻慢就表现出来了。如果碰到明智的老师,就会详细观察学道者的神态变化,用长久的时间来考验他们,故意不告诉他们仙术,来考察他们的志向。那么这类人的虚伪态度和品行就会暴露,也最终不会被传授道术,即使教也不会吐尽实情。传授得不明白,即使修炼也没有收益。陈安世,十三岁时,只是灌叔本雇来的小童仆而已,先获得了仙道。灌叔本当时已七十岁了,而且白了头,早晚都拜谒陈安世说:'道术最为尊贵,先得道的人就是老师,我不敢在执行学生的礼仪上有所懈怠。'因此陈安世告诉了他关键的秘方,于是就成仙而去了。人出生先从天地那里接受精神灵魂,然后从父母那里禀受气血,然而如果遇不到明师,告诉他度世成仙的方术,就无法免除死亡,就好像开凿石头的火星还没熄灭,人的寿命在片刻间就已凋零丧失了。由此而论,明师的恩德的确超过天地,比父母重得多了,能不尊重他们吗?能不寻求他们吗?"

抱朴子曰:"古人质正,贵行贱言,故为政者不尚文辨,修道者不崇辞说。风俗衰薄,外饰弥繁,方策既山积于儒门,而内书亦鞅掌于术家。①初学之徒,即未便可授以大要。又亦人情以本末殷富者为快。②故后之知道者,干吉、容嵩、桂帛诸家,③各著千所篇,然率多教诫之言,不肯善为人开显大向之指归也。其至真之诀,或但口传,或不过寻尺之素,在领带之中,非随师经久,累勤历试者,不能得也。杂猥弟子,皆各随其用心之疏密,履苦之久远,察其聪明之所逮,及志力之所能辨,各有所授,千百岁中,时有尽其囊枕之中,肘腋之下,秘要之旨耳。或但将之合药,药成分之,足以使之不死而已,而终年不以其方文传之。故世间道士,知金丹之事者,万无一也。而管见之属,④谓仙法当具在于纷若之书,及于祭祀拜伏之间而已矣。夫长生制在大药耳,非祠醮之所得也。昔秦汉二代,大兴祈祷,所祭太乙、五神、陈宝、八神之属,⑤动用牛羊谷帛,钱费亿万,了无所益。况于匹夫,德之不备,体之不养,而欲以三牲酒肴,祝愿鬼神,以索延年,惑亦甚矣。或颇有好事者,诚欲为道,而不能勤求明师,合作异药,而但昼夜诵讲不要之书,数千百卷,诣老无益,便谓天下果无仙法。或举门扣头,以向空坐,烹宰牺牲,烧香请福,而病者不愈,死丧相袭,破产竭财,一无奇异,终不悔悟,自谓未笃。若以此之勤,求知方之师,以此之费,给买药之直者,亦必得神仙长生度世也。何异诣老空耕石田,而望千仓之收?用力虽尽,不得其所也。所谓适楚而道燕,马虽良而不到,非行之不疾,然失其道也。或有性信而喜信人,其聪明不足以校练真伪,揣测深浅;所博涉素狭,不能赏物。后世顽浅,趣得一人,⑥自誉之子,云我有秘书,便守事之。而庸人小儿,多有外托有道之名,名过其实,由于夸诞,内抱贪浊,惟利是图,有所请为,辄强喑呜,⑦俯仰抑扬,若所知宝秘乃深而不可得之状。其有所请,从其所求,俯仰含笑,或许以顷后,故使不觉者,欲罢而不能,自谓事之未勤,而礼币之尚轻也。于是笃信之心,尤加恭肃,赂以殊玩,为之执奴仆之役,不辞负重涉远,不避经险履危,欲以积劳自效,服苦求哀,庶有异闻。而虚引岁月，空委二亲之供养，捐妻子而不恤，戴霜蹈冰，连年随之，而妨资弃力，卒无所成。彼初诚欺之，末或惭之，懵然体中，实自空罄短乏，无能法以相教，将何法以成人乎？余目见此辈不少，可以有十余人。或自号高名，久居于世，世或谓之已三四百岁，但易名字，诈称圣人，托于人间，而多有承事之者，余但不喜书其人之姓名耳。颇游俗间，凡夫不识妍蚩，为共吹扬，增长妖妄，为彼巧伪之人，虚生华誉，歙习遂广，⑧莫能甄别。故或令高人偶不留意澄察，而但任两耳者，误于学者，常由此辈，莫不使人叹息也。每见此曹，欺诳天下，以规势利者，迟速皆受殃罚，天网虽疏，终不漏也，但误有志者可念耳。世人多逐空声，鲜能校实。闻甲乙多弟子，至以百许，必当有异，便载驰竞逐，赴为相聚守之徒，妨工夫以崇重彼愚陋之人也，而不复寻精。彼得门人之力，或以致富。辨逐之虽久，⑨犹无成人之道，愚夫故不知此人不足可事，何能都不与悟，自可悲哉！夫搜寻仞之垄，⑩求干天之木；漉牛迹之中，⑪索吞舟之鳞。用日虽久，安能得乎？嗟乎！将来之学者，虽当以求师为务，亦不可以不详择为急也。陋狭之夫，行浅德薄，功微缘少，不足成人之道，亦无功课以塞人重恩也。深思其趣，勿令徒劳也。"

[注释]

①鞅掌：繁多。②本末：从头到尾，比喻很详细。殷富：丰富，数量多。③干吉：当作"于吉"，东汉人。容嵩：即宫崇。桂帛：疑指帛和。④管见之属：见识狭隘的人。⑤太乙：指太乙神。五神：白、青、黄、赤、黑五位天帝。陈宝：汉代人尊崇的一位神仙。八神：指天、地、兵、阴、阳、月、日、四时。

⑥趣:小步快跑。形容匆忙的样子。⑦喑呜(yīnwū):发怒的样子。⑧歙习:又作"翕习"。习惯,习以为常。⑨辨逐:侍奉追随。辨,通"办",做事。⑩寻仞:长度单位。八尺为一寻,七尺或八尺为一仞。垄:田埂,高地。⑪漉(lù):淘干。牛迹:牛踩出的小坑。

[译文]

抱朴子说:"古代的人质朴纯正,重行为而轻言辞,所以执政者不崇尚文辞巧辩,而修道者不推崇辞说。后来世风衰微刻薄,外表的修饰越来越繁多,治国方略的典籍像山一样堆积在儒生的门下,内修的书籍也纷繁地堆放在术士的家中。初学的人,不便被传授最重要的道术。再加上人之常情以书籍越多、内容越详细为快乐。所以后来明白道术的人,像于吉、容嵩、桂帛等人,各自写了一千来篇文章,然而大都是些教训告诫的语言,不肯好好为人们公示大道的主旨。至于那些真正的要诀,有的只是口耳相传,有的写在不过几尺长的白布上,藏在衣领衣带之中,如果不是长期追随老师、不断勤奋学习、历经考察的人,不能得到。那些杂多而平庸的门徒,则根据他们各自用心的多少,勤学劳苦的长短,考察他们的聪明程度,以及能力所达到的地步,各自有所传授。千百年来,不时有老师始终把秘诀藏在袋子或枕头之中,肘部或腋窝之下,秘藏着把它看得极重要。有的老师只是用要诀来炼制药物,药成后分给弟子,足以让他们不死就算了,而一年到头也不把秘方传给弟子。因此人间的道士,懂得金丹的,一万个人中没有一个。然而见识短浅的人,认为神仙法术完全记载在繁多的书中,以及存在于祭祀的跪拜里而已。长生不死的道术关键在于仙丹大药而已,并不是在祭祀斋醮中能得到的。从前秦、汉两代,大肆地举办祈祷,所祭祀的是太乙、五神、陈宝、八神之类,使用牛羊、谷物、丝帛,浪费了亿万金钱,却没有任何益处。何况普通百姓,他们道德不具备,身体不保养,却想用牛、羊、猪和美酒佳肴去祈求鬼神,以此追求益寿延年,也太糊涂了!而有些好事的人,的确也想学习道术,却又不能辛勤地追求明师,炼制奇效的药物,而只是昼夜诵读不重要的书,读了几千几百卷,到老也没有用处,于是就说天下的确没有成仙的法术。有的全家叩头,并面壁空自端坐,屠宰牛羊牲畜,烧香求福,然而生病的人并没痊愈,死亡却接着来到,倾尽财物,却没有任何奇异的事发生,然而他们始终没有醒悟后悔,还自以为不够虔诚。如果以这样的辛勤,去追求懂大道的老师,把这些费用用来购买炼丹的药物,也一定能成仙长生不老了。这与一直到老都白白地在石田里耕作,却希望有一千粮仓的收获有什么差别呢?他们虽然用尽全力,也无法得到所想要的东西。正所谓要到南方的楚国去却朝北方的燕国走,马匹虽然很好却达不到目的地,并非走得不快,只是因为失去了正确的道路方向。有的人有信道的天性却容易轻信别人,他们的智慧不足以用来识别真假,推度测量世事的深浅;他们平时所涉猎的知识很狭隘,不能鉴别事物。衰世的人顽固肤浅,急急忙忙地找到一人,这人自我吹嘘说有秘密藏书,就守着侍奉他。而才能平庸的小人,很多对外声称拥有道术,外在名声超过了他们的实际才能,任意自夸胡吹,内心贪婪污浊,唯利是图。如果别人有所请求,就故意装腔作势摇头晃脑以敷衍应付,好像他们懂得的宝贵秘密艰深得一般人无法求得一样。如果他们对别人有所请求,别人满足了他们的请求,就摇头晃脑面含笑容,有的还答应以后传授仙术,于是使得不觉悟的人欲罢不能,自以为侍奉得还不够勤苦,或礼物太轻,于是那颗虔诚的心,更加恭敬严肃,用奇异的玩物去贿赂老师,为老师干些奴仆般的苦活儿,不辞劳苦背着重物长途跋涉,不畏艰险,想以此积劳来表现自我,服役辛苦,请求哀切,希望学到些奇妙的仙术。然而只是虚度岁月,白白放弃了对父母双亲的供养,抛弃了对妻子儿女的抚育,头顶寒霜而脚踏坚冰，年年追随，却耗费资产，白费力气，最终一无所成。那些假老师开始的确是想骗人，到后来有的也自感惭愧，可是心中糊涂，实在没有一点仙术，没有能力去传授仙术，又能有什么方法使人成仙呢？我亲眼见到不少这类人，大约有十几个人。有人自称有很高的名声，说自己在世上活了很久，有些俗人也宣扬他已经三四百岁了，只不过是改名换姓，假称圣人托名于人间，却有很多人侍奉追随他们。我只是不愿意写出这些人名字罢了。他们在社会上到处游荡，凡俗之人不能辨别美丑好坏，都为他们吹嘘传扬，助长他们的妖孽虚妄，为那些狡猾虚假的人，凭空增添了美誉，对此人们越来越习以为常，没有人能够甄别。因此有时就是一些高明的人也偶然不留意明察，而相信了两只耳朵听到的传闻。耽误了学道的通常就是这种人了，无法不令人叹息啊！每次见到这些人，欺骗天下去追逐权势财物，或迟或早总会受到惩罚，天网恢恢，疏而不漏，只是耽误了有志之人实在令人可惜。世人很多去追逐空名，很少能考察真实情况。听说某人有很多弟子，以至上百人，就认为肯定有奇妙之处，于是驾着马车争相追随，赶来聚集在一起成为他的弟子，耽误工夫去崇拜那愚笨浅薄的人，却不再寻求精通大道的老师了。而那人得到弟子们的帮助，由此致富。侍奉追随他已经很久，尚且没有得到使人成仙的道术，愚笨的人本来就没有能力明白此人不值得侍奉，为什么所有的人都不明白呢？这真是太可悲了！搜索几尺高的田埂，想去找到冲天的大树；淘干牛蹄印中的积水，想去找寻吞舟的大鱼。花费的时间虽然长，难道能得到吗？哎！以后学道的人虽然要努力寻求，但也不能不把仔细选择作为当务之急啊！那些浅陋的人，行为低贱而道德浅薄，功德小而仙缘少，不足以帮助别人成仙，也没有功德去报答别人的大恩。深入思索其中的道理，不要让自己徒劳无益啊！"

抱朴子曰："诸虚名之道士，既善为谄诈，以欺学者；又多护短匿愚，耻于不知，阳若以博涉已足，终不肯行求请问于胜己者，蠢尔守穷，面墙而立；又不但拱默而已，乃复憎忌于实有道者而谤毁之，恐彼声名之过己也。此等岂有意于长生之法哉？为欲以合致弟子，图其财力，以快其情欲而已耳。而不知天高听卑，其后必受斯殃也。夫贫者不可妄云我富也，贱者不可虚云我贵也，况道德之事实无，而空养门生弟子乎？凡俗之人，犹不宜怀妒善之心，况于道士，尤应以忠信快意为生者也，云何当以此之徽然函胸臆间乎？①人自不能闻见神明，而神明之闻见己之甚易也。此何异乎在纱幌之外，不能察轩房之内，②而肆其倨慢，谓人之不见己？此亦如窃钟棖物，③铿然有声，恶他人闻之，因自掩其耳者之类也。而聋瞽之存乎精神者，唯欲专擅华名，独聚徒众，外求声价，内规财力，患疾胜己，乃剧于俗人之争权势也。遂以唇吻为刃锋，以毁誉为朋党，口亲心疏，貌合行离，阳敦同志之言，阴挟蜂虿之毒，④此乃天人所共恶，招祸之符檄也。⑤夫读五经，犹宜不耻下问，以进德修业，日有缉熙。⑥至于射御之粗伎，书数之浅功，农桑之露事，规、矩之小术，尚须师授以尽其理，况营长生之法，欲以延年度世，斯与救恤死事无异也。何可务惜请受之名，而永守无知之困？至老不改，临死不悔，此亦天民之笃暗者也。令人代之惭悚，为之者独不顾形影也。为儒生尚当兀然守朴，⑦外托质素，知而如否，有而如无，令庸儿不得尽其称，称而不问不对，对必辞让而后言。何其道士之人，强以不知为知，以无有为有，虚自炫耀，以图奸利者乎？迷而不知返者，愈以遂往，若有以行此者，想不耻改也。吾非苟为此言，诚有为而兴，所谓疾之而不能默然也。徒愍念愚人，不忍见婴儿之投井耳。若览之而悟者,亦仙药之一草也,吾何为哉!不御苦口,其危至矣,不俟脉诊而可知者也。"

[注释]

①㶿(bié)然:飘动的样子。②轩房:房屋。③枨(chéng):碰撞。④虿(chài):毒虫。⑤符檄:文书。⑥缉熙:光明。⑦兀然:茫然无知的样子。

[译文]

抱朴子说:"很多徒有虚名的道士,既善于编造谎言来欺骗学生,又经常遮盖自己的短处,隐藏愚笨,对自己的无知感到羞耻,却又假装博学多才、知识充足,始终不肯去请教比自己强的人。他们愚蠢地坚守着无知,面壁而立,又不肯恭敬地拱手缄默,还憎恶、嫉妒真正懂道术的人并诋毁他们,担心别人的名声超过自己。这些人难道还会用心于长生不死的道术吗?不过是想以此召集弟子,贪图弟子们的财力,以满足自身情欲、获取快乐而已。但是他们不懂上天虽然高高在上,但能听闻人事,他们以后一定会遭受祸殃的。贫穷的人不能吹嘘自己富有,低贱的人不能空说自己显贵,何况本来没有求仙的道术,却白白地接受弟子们的供养呢?一般的世俗人,尚且不应该怀有嫉妒善人之心,何况求仙的道士,更应该凭忠信和愉悦的心态来修炼长生之道,为什么要让这种作假、嫉妒的心情在心中翻腾呢?人本来不能听到和看见神仙,但神仙很容易能听到和看见人。这与在纱幕之外看不清室内,就倨傲轻慢,还认为别人看不见自己有什么两样呢?这也像偷钟时撞上了东西,发出铿锵之声,怕别人听到了,因而捂着自己耳朵之类一样。精神上的聋子、瞎子,只想占尽好的名声,独自聚集门徒,对外追求名气身价,内心图谋财物利益,担心嫉恨超过自己的人,比俗人争权夺势还厉害。于是就用嘴唇作为刀锋，依据诋毁和赞美的情况结成私党，口中亲热而内心疏远，外表团结而行为分离，假装说着敦厚合道的言辞，私下却怀着毒蜂蛇蝎的狠毒之心，这些人是上天和人们所共同厌恶的，是招致灾祸的目标。阅读五经，尚且应该不耻下问，以提高道德，修习学业，每天都有进步。至于射箭、驾车之类的粗笨技艺，书法、计数之类的浅显学问，种地、养蚕之类的浅显事情，木匠规矩之类的小小技术，尚且需要老师的传授才能掌握其中的道理，何况学习长生不老的方术，力图以此延年益寿，安度人世，与拯救死亡的事没有区别，又怎么能不愿有向人求教的弟子之名，而永久地固守着无知的困境呢？到老不改，至死不悔悟，这就是天下百姓中最愚昧的人了。真令人为他们惭愧不安，而这样做的人竟然不愿反省自己。作为儒生，尚且应该茫然无知地持守着淳朴，外表质朴，懂得了而好像不懂，拥有了却好像没有，使平庸的人无法称赞他们完美，即使称赞，如果不求教就不回答，回答时一定要先谦让后才开口。为什么那些修道的人，却勉强地不懂装懂，把无当有，虚假地炫耀自己，来图谋奸利呢？那些迷途不知返的人，将会越走越远。如果有已经这样做的人，想来应该不以改正为羞耻吧。我并非随便地编造这些话，的确是有感而发，正所谓因为厌恶这些事而无法保持沉默。只是怜悯愚笨的人，就像不忍心看见婴儿掉进水井一样而已。如果有人看了这些话而有所醒悟，这也算是仙药中的一棵治病小草了，我又有何求呢？如果还不接受逆耳忠告，那么危险就会降临，不用诊脉预测就可以知道了。"

抱朴子曰："设有死罪，而人能救之者，必不为之吝劳辱而惮卑辞也，必获生生之功也。今杂猥道士之辈，不得金丹大法，必不得长生可知也。虽治病有起死之效，绝谷则积年不饥，役使鬼神，坐在立亡，瞻视千里，知人盛衰，发沉祟于幽翳，①知祸福于未萌，犹无益于年命也,尚羞行请求,耻事先达,是惜一日之屈,而甘罔极之痛,是不见事类者也。古人有言曰,生之于我,利亦大焉。论其贵贱,虽爵为帝王,不足以此法比焉;论其轻重,虽富有天下,不足以此术易焉。故有死王乐为生鼠之喻也。夫治国而国平,治身而身生,非自至也,皆有以致之也。惜短乏之虚名,耻师授之暂劳,虽曰不愚,吾不信也。今使人免必死而就戮刑者,②犹欣然喜于去重而即轻,脱炙烂而保视息,甘其苦痛,过于更生矣。人但莫知当死之日,故不暂忧耳。若诚知之,而刖、劓之事,③可得延期者,必将为之。况但躬亲洒扫,执巾竭力于胜己者,可以见教之不死之道,亦何足为苦?而蔽者惮焉。假令有人,耻迅走而待野火之烧爇,④羞逃风而致沉溺于重渊者,世必呼之为不晓事也,而咸知笑其不避灾危,而莫怪其不畏实祸,何哉?"

[注释]

①沉祟:重大的灾祸。幽翳:隐蔽。②戮:侮辱,羞辱。③刖(yuè)、劓(yì):两种刑罚。砍掉脚叫"刖",割去鼻子叫"劓"。④爇(ruò):燃烧。

[译文]

抱朴子说:"假如有人被判了死罪,而别人又能够救他的话,那他一定不会为活命而吝惜劳苦屈辱、不愿使用卑下的言辞,一定会努力获得再次生存的机会。现在那些杂乱平庸的道士,没掌握金丹大法,一定不能长生,这是可以肯定的。即使他们治病救人有起死回生之效,断绝谷物能长年不饿,或者能使役鬼神,坐在那里突然消失,以及看清千里之外的事物,预知人事的兴盛与衰败,在幽暗隐蔽中发现重大的灾难,能在没有任何征兆时就发现祸福，而这些对寿命仍没有益处。可他们却羞于请教学习，耻于侍奉先得道者，这是舍不得受一天的委屈，却甘愿忍受无边的痛苦，属于不懂事理的人。古人有这样的话，生命对于自己，好处太大了。从贵贱的角度看，虽然有帝王的高位，也不足以与长生法术相提并论；从轻重的角度看，即使拥有天下所有的财富，也不足以与长生法术相交换。所以有'死去的国君甘愿当活老鼠'的比喻。至于治理国家而国家太平，修身而长生不死，这并不是自然而然形成的，都是有方法而达成的。有的人担心落下没有知识的名声，把拜师的短暂辛劳看成屈辱，即使有人说他们不愚笨，我也不会相信。假如让人免去必死之刑而去接受其他重罚，尚且会高兴地放弃重刑而接受轻罚，避免火烧肉绽的死罪而保住生命，甘愿忍受痛苦，感到胜过重生了。人们只是不知道死亡的日期，所以才暂时没有忧患。如果他们真的知道了死期，即使忍受砍脚和割鼻子的刑罚，只要可以延缓死期，也一定愿意接受。何况只需要亲自洒水扫地，拿着手巾去尽力服侍比自己强的人，就可以向他请教长生不死的道术，又哪里算得上是痛苦呢？然而愚昧的人却害怕这样做。假如有人耻于快速跑开而等待野火烧灼，耻于逃避狂风而葬身深渊，世人一定认为他不懂事，然而都知道去嘲笑不会避开灾祸危险的人，却没有人怪罪他们不害怕实际的祸害，这是为什么呢？"

抱朴子曰："昔者之著道书多矣，莫不务广浮巧之言，以崇玄虚之旨，未有究论长生之阶径，箴砭为道之病痛，①如吾之勤勤者也。实欲令迷者知反，失之东隅，收之桑榆，坠井引绠，②愈于遂没。但惜美疢而距恶石者，③不可如何耳。人谁无过，过而能改，日月之蚀，睎颜氏之子也。④又欲使将来之好生道者，审于所托，故竭其忠告之良谋，而不饰淫丽之言，言发则指切，笔下则辞痛，惜在于长生而折抑邪耳，何所索哉？"

抱朴子曰："深念学道艺养生者，随师不得其人，竟无所成，而使后之有志者，见彼之不得长生，因云天下之果无仙法也。凡自度生，⑤必不能苦身约己以修玄妙者，亦徒进失干禄之业，退无难老之功，内误其身，外沮将来也。仙之可学致，如黍稷之可播种得，甚炳然耳。然未有不耕而获嘉禾，未有不勤而获长生度世也。"

[注释]

①箴：同"针"。砭：古代治病用的石针。②绳：绳子。③疢（chèn）：热病。距：通"拒"，拒绝。④睎：希望。颜氏之子：颜家的年轻人。指颜回。代指未来有志于学习仙道的人。⑤凡自度生：当依宝颜堂本作"凡欲度生"。

[译文]

抱朴子说："过去写道书的人多了，他们都尽力增加浮华机巧的言论，推崇虚无玄妙的思想，并没有谁深入研究长生不死的方法途径，去批评纠正修道的错误，像我这样勤勤恳恳的了。我实在是想让迷途的人知道返回正道，使他们开始时虽有失误，但最终可以获得成功，用井绳把他们拉出来，总比直接沉入井中要强。只可惜那些美化热病而拒绝针石的人，是不可救药的。哪个人没有过错呢？有错误能改正就好，就连日月也有蚀损的时候，我寄希望于颜回那样的年轻人。还想让将来喜好长生之道的人，明白自己应该学习的内容，所以竭尽我的忠告，告诉他们最好的方法，而不使用过分华丽的言辞,言辞中包含深切的旨意,写作时语言十分痛切,我所痛惜的是追求长生的人却受到邪说的损害,除此我又能追求什么呢?"

抱朴子说:"我深深地念惜学道术养生的人,追随老师却找不到合适的人,最终一事无成,反而使得后来的有志者,看见他们没有长生,便认为天下根本没有仙术。凡是想要长生的人,如果不能艰苦勤奋,约束自己去学习高深的道术,进入社会白白地失去了做官拿俸禄的机遇;退隐山林也没有获得长生不死的功业。对己耽误了自身,对外则妨碍了未来有志学道者的信心。仙道可以学到,就如同黍、稷可以靠播种而收获,这是很明确的。然而没有不耕作就收获好庄稼的,也没有不辛勤就获得长生不老、脱离人世的。"

卷十五　杂应

[题解]

杂应,指各种旁杂的道术。本卷汇集了各种养生避难的道术。

或曰:"敢问断谷人可以长生乎？凡有几法,何者最善与？"抱朴子答曰:"断谷人止可息肴粮之费,不能独令人长生也。问诸曾断谷积久者云,差少病痛,胜于食谷时。其服术及饵黄精,①又禹余粮丸,②日再服,三日,令人多气力,堪负担远行,身轻不极。其服诸石药,一服,守中十年五年者,③及吞气、服符、饮神水辈,但为不饥耳,体力不任劳也。道书虽言欲得长生,肠中当清;欲得不死,肠中无滓。又云,食草者善走而愚,食肉者多力而悍,食谷者智而不寿,食气者神明不死。此乃行气者一家之偏说耳,不可便孤用也。若欲服金丹大药,先不食百许日为快。若不能者,正尔服之,但得仙小迟耳,无大妨也。若遭世荒,隐窜山林,知此法者,则可以不饿死。其不然也,则无急断,急既无可大益。又止人中断肉,闻肥鲜之气,皆不能不有欲于中心。若未便绝俗委家、岩栖岫处者,固不成遂休五味,无致自苦,不如莫断谷而节量饥饱。近有一百许法,或服守中石药数十丸,④便辟四五十日不饥,练松柏及术,亦可以守中,但不及大药,久不过十年以还。或辟一百二百日，或须日日服之，乃不饥者。或先作美食极饱，乃服药以养所食之物，令不消化，可辟三年。欲还食谷，当以葵子猪膏下之，则所作美食皆下，不坏如故也。洛阳有道士董威辇，常止白社中，⑤了不食，陈子叙共守事之，从学道积久，乃得其方，云以甘草、防风、苋实之属十许种捣为散，先服方寸匕，乃吞石子大如雀卵十二枚，足辟百日，辄更服散，气力颜色如故也。欲还食谷者，当服葵子汤下石子，乃可食耳。又赤龙血、青龙膏作之，⑥用丹砂、曾青水，以石内其中，⑦复须臾，石柔而可食也。若不即取，便消烂尽也。食此石以口取饱，令人丁壮。又有引石散，以方寸匕投一斗白石子中，以水合煮之，亦立熟如芋子，⑧可食以当谷也。张太元举家及弟子数十人，隐居林虑山中，⑨以此法食石十余年，皆肥健。但为须得白石，不如赤龙血、青龙膏，取得石便可用，又当煮之，有薪火之烦耳。或用符，或用水，或符水兼用。或用干枣，日九枚，酒一二升者。或食十二时气，⑩从夜半始，从九九至八八、七七、六六、五五而止。⑪或春向东食岁星青气，使入肝；夏服荧惑赤气，⑫使入心；四季之月食镇星黄气，⑬使入脾；秋食太白白气，⑭使入肺；冬服辰星黑气，⑮使入肾。又中岳道士郗元节食六戊之精，⑯亦大有效。假令甲子之旬，⑰有戊辰之精，⑱则竟其旬十日，常向辰地而吞气，⑲到后甲复向其旬之戊也。⑳

[注释]

①术(zhú)：中药名。黄精：中药名。②禹余粮：矿物名。可入药。③守中：内丹术术语。指意守丹田或守静。这里指维持腹中不饥饿。④守中石药：一种矿物合成的药物。⑤白社：地名。在今河南偃师。⑥赤龙血、

青龙膏:即丹砂水和曾青水。丹砂红,故称"赤龙血";曾青色青,故称"青龙膏"。⑦内:通"纳",放入。⑧芋子:芋头。⑨林虑山:山名。在今河南林州。⑩十二时:即十二时辰。⑪九九至八八、七七、六六、五五:本书《释滞》篇:"一日一夜有十二时,其从半夜以至日中六时为生炁,从日中至夜半六时为死炁。死炁之时,行炁无益也。"这里用"九九"至"五五"指代夜半后的丑、寅、卯、辰、巳五个时辰,至于为何代指的原因则不详。⑫荧惑:星名。⑬四季之月:全年。镇星:星名。黄气:四季与土相配,因此其气为黄色。⑭太白:星名。⑮辰星:星名。⑯六戊:内丹术术语,即真阴。元气入丹田所化。⑰甲子之旬:以甲子日开始的十天,即从甲子到癸酉这十天。古代以天干、地支相配以纪日,故有甲子日、乙丑日等。⑱戊辰:甲子日后的第四天。⑲辰地:东方。⑳后甲:指从甲戌开始到癸未这十日。戊:指带有"戊"的这一天,这里指"戊寅"。

[译文]

有人说:"请问辟谷断粮的人可以长生不死吗?总共有几种辟谷的方法,哪一种最好呢?"抱朴子回答道:"辟谷断粮的人只能够节省菜肴粮食的消费,不能靠这种方法长生不老。我问过许多曾辟谷时间很长的人,他们说辟谷可以少些病痛,比吃谷物时强一些。他们中服食术、黄精和禹余粮丸的人,每天服两次,三天后,力气增加,可以担负重物远行,身体轻便而不会疲乏。他们有的服食各类矿物药,一次服用就能维持五年到十年而不饿,还有服气、食符箓、喝神水的人,也只能做到不饥饿,使身体不劳累。道书中虽说,想长生,肠胃应当清洁;想不死,肠胃中应当没有渣滓。还说,吃草的善于奔跑但愚蠢,吃肉的力气大而强悍,食谷物的明智但不长寿,食气的神智聪明且不会死亡。这只不过是行气者的一面之词而已,不能单独使用行气成仙。如果想要服食金丹大药，先不吃东西一百来天最好。如果不能断食，只要直接服食大药就行，只是成仙时间稍微迟些而已，没有大的妨碍。如果遭遇大的灾荒，隐居逃匿在深山老林里，懂得辟谷，就可以凭着它而不会饿死。如果不是这样，就不要急切断谷，急切断谷是没有益处的。另外，如果生活在世间要断绝肉类，闻到肥美鲜嫩的香气，就不可能不在心中产生吃肉的愿望。如果不能立即与世隔绝，离开家庭到深山中生活，本来就不可能成功地断绝各种美味，也不要自寻苦恼，不如不断谷绝食，只是根据饥饱适量节食。有将近一百来种辟谷方法，有的服食守中石药数十粒，就能辟谷四五十天不会饿，如果炼制、服用松柏和白术，也可以保持不饿，但效果不如金丹大药，坚持不过十年。有的能辟谷一百或两百天，有的则必须天天服食，才不会饥饿。有的先制作美食吃得很饱，才服食药物用以护养所吃的食物，使它们不消化，可以辟谷三年。如果又要吃谷物，应当用葵籽和猪油让它们泻下来，这些食物就如同吃进时一样没有腐烂。洛阳有个道士叫董威辇，经常停住在白社，完全不进食，陈子叙追随侍奉他，跟着学道很久，才学得他的道术，说是用甘草、防风、苋实之类的十几种药物捣碎成散末，先服食方寸大小的一勺，再吞服大小如同鸟雀蛋的石子十二粒，能够断食一百天，接着再服食这些药物，气力脸色像过去一样。如果还想吃谷物的话，服食葵菜籽汤泻下石头，就可以进食了。还有赤龙血和青龙膏，制作的方法是用丹砂和曾青的水，把石头放在中间，只需一会儿工夫，石头就柔软可以食用了。如果不马上取出，石头就会很快消融完。吃这种石头凭口感吃个饱，能使人强壮。又有引石散，把方寸大小的一勺药物投放在一斗白石子里，用水混合煮，也能马上煮熟如同芋头，可以当作谷物食用。张太元一家和弟子几十个人，都隐居在林虑山里，用这种方法吃石头十几年，个个都很肥硕健壮。这种方法必须得到白石子，不如赤龙血和青龙膏那样，找到任何石头就可食用，还需要煮，有打柴生火的麻烦。有的人服用符箓，有的人服用水，有的人符箓和水都服用。有的人用干枣子，每天九颗，混合着一二升酒一起服用。有的人服食十二个时辰的真气，从夜半的子时开始，历经九九丑时、八八寅时、七七卯时、六六辰时、五五巳时停止。有的人春天面向东方服食岁星的青色气，让它进入肝脏；夏天服食荧惑星的红色气，让它进入心脏；四季服食镇星的黄色气，让它进入脾脏；秋天服食太白星的白色气，让它进入肺部；冬天服食辰星的黑色气，让它进入肾脏。另外中岳嵩山的道士郗元节服食六戊的精华，也大有效用。比如在甲子日的后十天，有戊辰的精华之气，那么在这十天里，都要经常地向着东方吸精华之气，到甲戌日至癸未日的十天里，又要面向戊寅的方位吸气了。

"甘始法，①召六甲、六丁、玉女，各有名字，因以祝水而饮之，亦可令牛马皆不饥也。或思脾中神名，名黄裳子，②但合口食内气，此皆有真效。余数见断谷人三年二年者多，皆身轻色好，堪风寒暑湿，大都无肥者耳。虽未见数十岁不食者，然人绝谷不过十许日皆死，而此等已积载而自若，亦何疑于不可大久乎？若令诸绝谷者转羸极，常虑之，恐不可久耳。而问诸为之者，无不初时少气力，而后稍丁健，月胜一月，岁胜一岁，正尔，可久无嫌也。夫长生得道者，莫不皆由服药吞气，而达之者而不妄也。夫服药断谷者，略无不先极也。但用符水及单服气者，皆作四十日中疲瘦，过此乃健耳。郑君云：本性饮酒不多，昔在铜山中，绝谷二年许，饮酒数斗不醉。以此推之，是为不食更令人耐毒，耐毒则是难病之候也。余因此问山中那得酒？郑君言，先酿好云液勿压漉，③因以桂、附子、甘草五六种末合丸之，曝干，以一丸如鸡子许,投一斗水中,立成美酒。又有黄帝云液泉法,以蘖米及七八种药合之,④取一升,辄内一升水投中,如千岁苦酒之内水也。无知尽时,而味常好不变,饮之大益人。又,符水断谷,虽先令人羸,然宜兼知者,倘卒遇荒年,不及合作药物,则符水为上矣。有冯生者,但单吞炁,断谷已三年,观其步陟登山,担一斛许重,终日不倦。又时时引弓,而略不言语,言语又不肯大声。问之云,断谷亡精费气,最大忌也。余亦屡见浅薄道士辈,为欲虚曜奇怪,招不食之名,而实不知其道,但虚为不啖羹饭耳。至于饮酒,日中斗余,脯腊、饴餔、枣、栗、鸡子之属,不绝其口。或大食肉而咽其汁,吐其滓,终日经口者数十斤,此直是更作美食矣。凡酒客但饮酒食脯而不食谷,皆自堪半岁一岁而不蹙顿矣,⑤未名绝谷耳。吴有道士石春,每行气为人治病,辄不食,以须病者之愈,或百日,或一月乃食。吴景帝闻之曰,⑥此但不久,必当饥死也。乃召取锁闭,令人备守之。春但求三二升水,如此一年余,春颜色更鲜悦,气力如故。景帝问之,可复堪几时?春言无限,可数十年,但恐老死耳,不忧饥也。乃罢遣之。按如春言,是为断谷不能延年可知也。今时亦有得春之法者。"

[注释]

①甘始法:三国时方士甘始创立的辟谷之法。②黄裳子:脾脏神名。③云液:矿物名。压漉:压榨过滤。④蘖(niè):酒曲。⑤蹙顿:困顿。⑥吴景帝:三国时吴国君主孙休。

[译文]

甘始辟谷的方法,召来六甲、六丁和神女,他们各有自己的名字,把祝祷过的水喝下去,可以使牛和马都不饥饿。有人存思着脾脏神的名字,名叫黄裳子,只要闭上嘴服食内气就行,这些都有真实效用。我多次见到很多辟谷已有两三年的人,他们都身体轻盈、气色好,经得起风寒暑湿,大都不肥胖。虽然还没有见过几十年不进食的人,但一般人断绝谷物超过十天半月都会死,而这些人已经辟谷几年仍然和以前一样健康,怎能怀疑他们不能坚持更久呢?如果诸多辟谷的人都变得瘦弱不堪,那我就常担心,怕他们不会活得太久。询问那些绝谷之人,他们都是开始时少气无力,以后才渐渐健壮,而且一个月胜过一个月,一年胜过一年,只要如此,就不用怀疑他们可以长久生存的问题了。那些得道长生的人没有不是由服食药物、吞咽真气而成功的,聪明的人知道这不是虚妄的。服食药物、辟谷的人,没有不在开始时非常疲惫的。而只服用符箓水以及只服食元气的人,都有四十天的疲倦瘦弱期,过了四十天才健壮起来。郑先生说:他生性饮酒不多,但过去在铜山辟谷两年多,饮几斗酒也不会醉倒。以此推论,说明不食谷物使人更能抵御毒性,而抵御毒性就是难以得病的征兆。我趁机问他,山中哪儿来的酒呢?郑先生说,先酿好云液酒不要压榨过滤,再将桂、附子、甘草等五六种药末配合制成丸粒,晒干,用一粒鸡蛋大小的药丸,投入一斗水中,立刻就制成美酒。还有黄帝云液泉法,用酒曲、稻米和七八种药配合,制取一升药物,放入一升水中,就好像把千年醋液放入水中一样。无论时间多久,酒味一直不变,饮用这种酒对人很有益。另外,饮用符箓水来断谷,虽然开始时使人瘦弱,但也应该兼而知道,是因为倘若突然遇到荒年,来不及制作药物,那么符水就是最好的了。有一位冯先生,只是服食元气,辟谷已经三年,观察他徒步登山,担负一斛来重的东西,整天不会疲倦。他还不时拉弓,但不太说话,说话声音也不大。问他为什么,他说辟谷期间浪费精力,是最大的忌讳。我也曾多次见到浅薄的道士之流,为了想炫耀自己虚假的奇异,获取能断食的虚名,但实际根本不懂这种道术,只是假装不喝汤不吃饭而已。至于喝酒,每天就喝一斗多,干肉、麦芽糖、枣子、栗子、鸡蛋之类,不绝于口。有的人大口嚼肉,咽下肉汁而吐出肉渣,一天经嘴嚼过的肉就有几十斤,这简直就在享用美食。所有的酒徒,只喝酒吃肉而不吃粮食,都能坚持一年半载而身体不会有问题,这不能叫辟谷。吴国有个道士叫石春,每当他行气为人治病时,总是不吃东西,一直等生病的人痊愈,有时一百天,有时要一个月才进食。吴景帝听到这事后说,这只因为时间还不长,时间长了一定会饿死的。于是就命人召来石春把他锁起来,还派人看守着。石春只要了两三升水,就这样过了一年多,石春面色更加鲜润愉悦,力气也和过去一样。吴景帝问他,还能坚持多久呢?石春说没有期限,可以坚持几十年,只担心老死,不担心饥饿。吴景帝这才放了他。照石春的说法,辟谷不能延年益寿是明确的。现在也有人学到了石春法术。"

或问不寒之道。抱朴子曰:"或以立冬之日,服六丙六丁之符,或闭口行五火之炁千二百遍,①则十二月中不寒也。或服太阳酒,②或服紫石英、朱漆散,③或服雄丸一,后服雌丸二,亦可堪一日一夕不寒也。雌丸用雌黄、曾青、矾石、磁石也。雄丸用雄黄、丹砂、石胆也。然此无益于延年之事也。"

或问不热之道。抱朴子曰:"或以立夏日,服六壬、六癸之符,或行六癸之炁,④或服玄冰之丸,⑤或服飞霜之散。⑥然此用萧丘上木皮,⑦及五月五日中时北行黑蛇血,故少有得合之者也。唯幼伯子、王仲都，⑧此二人衣以重裘，曝之于夏日之中，周以十炉之火，口不称热，身不流汗，盖用此方者也。"

或问辟五兵之道。抱朴子答曰："吾闻吴大皇帝曾从介先生受要道⑨，云，但知书北斗字及日月字，便不畏白刃。帝以试左右数十人，常为先登锋陷阵，皆终身不伤也。郑君云，但诵五兵名亦有验。刀名大房，虚星主之；弓名曲张，氐星主之；矢名彷徨，荧惑星主之；剑名失伤，角星主之；弩名远望，张星主之；戟名大将，参星主之也。临战时，常细祝之。或以五月五日作赤灵符，著心前；或丙午日日中时，作燕君、龙、虎三囊符。⑩岁符岁易之，月符月易之，日符日易之。或佩西王母兵信之符，或佩荧惑、朱雀之符，或佩南极铄金之符，或戴却刃之符、祝融之符。或傅玉札散，⑪或浴禁葱汤，或取牡荆以作六阴神将符，⑫符指敌人。或以月蚀时刻，三岁蟾蜍喉下有八字者血，以书所持之刀剑。或带武威符、荧火丸。或交锋刃之际，乘魁履罡，呼四方之长，亦有明效。今世之人，亦有得禁辟五兵之道，往往有之。"

或问隐沦之道。抱朴子曰："神道有五，坐在立亡其数焉。然无益于年命之事，但在人间无故而为此，则致诡怪之声，不足妄行也。可以备兵乱危急，不得已而用之，可以免难也。郑君云，服大隐符十日，欲隐则左转，欲见则右回也。或以玉饴丸涂人身中；或以蛇足散，或怀离母之草，或折青龙之草，以伏六丁之下；或入竹田之中，而执天枢之壤；⑬或造河龙石室，而隐云盖之阴；或伏清泠之渊，以过幽阙之径；或乘天一马以游紫房，⑭或登天一之明堂；或入玉女之金匮；或背辅向官，⑮立三盖之下；或投巾解履、胆煎及儿衣符、子居蒙人、青液桂梗、⑯六甲父母、僻侧之胶、驳马泥丸、⑰木鬼之子、金商之艾。⑱或可为小儿,或可为老翁,或可为鸟,或可为兽,或可为草,或可为木,或可为六畜,或依木成木,或依石成石,依水成水,依火成火。此所谓移形易貌,不能都隐者也。"

[注释]

①五火之炁:未详。疑指五脏的火气。②太阳酒:药酒名。用太阳石浸泡而成。③紫石英:矿物质名。朱漆散:用红色的漆制成的药物。④行六癸之炁:一种行气术。⑤玄冰之丸:一种用来抵御炎热的药物。⑥飞霜之散:一种用来抵御炎热的药物。⑦萧丘:传说中的海岛名。⑧幼伯子、王仲都:得道后不怕热的道士。⑨吴大皇帝:即三国时期吴国君主孙权。介先生:指介象。⑩燕君:疑为燕昭王。⑪傅:通"敷",涂抹。玉札散:玉片制成的粉末。⑫牡荆:植物名。六阴神将:即六丁神。⑬天枢之壤:土壤名。《山海经·大荒西经》:"大荒之中,有山名日月山,天枢也。"⑭天一马:神马名。紫房:又叫紫府,神仙居住的地方。⑮辅:星名。北斗第四星旁边的一颗小星。⑯青液桂梗:药物名。桂梗,桂树枝。⑰驳马泥丸:药物名。驳马,树名。即梓、榆的别名。⑱金商之艾:疑为"金商之芝"。指楸木耳。

[译文]

有人询问不怕冷的道术。抱朴子回答:"可以在立冬那天,服食六丙六丁的符水,或者闭着嘴运行五脏的火气一千二百遍,这样就能在十二个月内不觉寒冷。或者服食太阳酒,或者服食紫石英、朱漆散,或者服食雄丸一枚,然后再服食雌丸两枚,也可以坚持一天一夜不寒冷。雌丸用雌黄、曾青、矾石、磁石制成;雄丸用雄黄、丹砂、石胆制作。然而这些对延年益寿没有什么帮助。"

有人询问不怕热的道术。抱朴子回答："可以在立夏那天服食六壬六癸的符水，或者运行六癸的水气，或者服食玄冰丸，或者服食飞霜散。只是这些药物要用萧丘上的树皮，以及五月五日中午向北爬行的黑蛇的血，所以很少能炼制成功。只有幼伯子、王仲都，这两人穿着几层皮衣，在夏天的烈日下暴晒，四周还环绕着十炉烈火，但嘴上不说热，身上不流汗。大概是用了这种方法吧。"

有人询问躲避各种兵器的道术。抱朴子回答："我听说吴皇帝孙权曾向介象先生学习过这种重要道术，据说只要能书写北斗星和日月名号，就不用害怕刀剑。孙权用这种方法测试过身边的几十人，他们经常为他率先登城、冲锋陷阵，都终生没有受伤。郑先生说，只念诵各种兵器的名字也有效验。刀的名字叫大房，由虚星主管；弓的名字叫曲张，由氐星主管；箭的名字叫彷徨，由荧惑星主管；剑的名字叫失伤，由角星主管；弩的名字叫远望，由张星主管；戟的名字叫大将，由参星主管。作战之前，要经常仔细祝祷这些神灵。或者在五月五日制作赤灵符，放在胸前；或者在丙午日中午，制作燕君、龙、虎三袋符图。年符每年换一次，月符每月换一次，日符每天换一次。或者佩带西王母兵信符，或者佩带荧惑、朱雀符，或者佩带南极铄金符，或者佩带却刃之符和祝融符。或者在身上涂抹玉札散，或者沐浴禁葱汤，或者用牡荆来制作六阴神将符，用此符来指向敌人。或者在月食时，用活了三年、喉咙下有八字纹的蟾蜍血，来书写所持的刀剑。或者携带武威符、荧火丸。或者在和敌人交锋时用乘魁罡术，呼唤着四方的神灵，也有明显的效用。当今世人中，也有懂得避开各种兵器伤害法术的人，这样的人还很常见。"

有人询问隐身的道术。抱朴子回答："神仙的法术有五种，而坐着突然隐身不见就是其中之一。但这种法术对延长年寿没有什么帮助，如果在人间无缘无故地施行这种法术，就会招致怪异的名声，不应胡乱施行。但可以用它来防备战乱危急,万不得已时使用,能够免于灾难。郑先生说,服食大隐符十天,想要隐形就向左转,想要现身就朝右转。有的人用玉饴丸涂身;有的人服用蛇足散,有的人怀揣离母草,有的人攀折青龙草,埋伏在六丁神位下;有的人进入竹林,手里握着天枢壤;有的人藏身于河龙的洞穴,隐身在云层的暗处;有的人藏在清冷的深渊里,通过幽阙小路;有的人能够乘坐天一神马遨游于紫房宫;有的人登上天一的明堂;有的人藏匿于神女的金匣子;有的人背对辅星,面向官吏,站在三重车盖的下面隐身;有的人丢弃佩巾,脱掉鞋子,使用胆汁汤和儿衣符图、子居蒙人、青液桂梗、六甲父母、桃胶、驳马泥丸、木鬼之子、金商之艾。这些人有的可以变成小孩,有的可以变成老头,有的可以变为禽鸟,有的可以变为野兽,有的可以变成草,有的可以变成树木,有的可以变成六畜,有的依傍树木变成树木,有的依靠石头变成石头,临近水变成水,临近火变成火。这些是所谓变易形貌,不能完全隐身的人。"

或问:"魏武帝曾收左元放而桎梏之,①而得自然解脱,以何法乎?"抱朴子曰:"吾不能正知左君所施用之事。然历览诸方书,有月三服薏苡子,②和用三五阴丹,或以偶牙阳胞,③或以七月七日东行跳脱虫,④或以五月五日石上龙子单衣,⑤或以夏至日霹雳楔,⑥或以天文二十一字符,或以自解去父血,⑦或以玉子余粮,⑧或合山君目、河伯余粮、浮云滓⑨以涂之,皆自解。然左君之变化无方,未必由此也。自用六甲变化,其真形不可得执也。"

或问曰:"为道者可以不病乎?"抱朴子曰:"养生之尽理者,既将服神药,又行气不懈,朝夕导引,以宣动荣卫,使无辍阂,加之以房中之术,节量饮食,不犯风湿,不患所不能,如此可以不病。但患居人间者,志不得专,所修无恒,又苦懈怠不勤,故不得不有疹疾耳。若徒有信道之心,而无益己之业,年命在孤虚之下,⑩体有损伤之危,则三尸因其衰月危日,入绝命病乡之时,招呼邪气,妄延鬼魅,来作殃害。其六厄并会、三刑同方者,⑪其灾必大。其尚盛者,则生诸疾病,先有疹患者,则令发动。是故古之初为道者,莫不兼修医术,以救近祸焉。凡庸道士,不识此理,恃其所闻者,大至不关治病之方。又不能绝俗幽居,专行内事,⑫以却病痛,病痛及己,无以攻疗,乃更不如凡人之专汤药者。所谓进不得邯郸之步、退又失寿陵之义者也。⑬余见戴霸、华佗所集《金匮绿囊》、《崔中书黄素方》及《百家杂方》五百许卷。甘胡、吕傅、周始、甘唐通、阮南河等,⑭各撰集《暴卒备急方》,或一百十,或九十四,或八十五,或四十六,世人皆为精悉不可加也。余究而观之,殊多不备,诸急病甚尚未尽,又浑漫杂错,无其条贯,有所寻按,不即可得。而治卒暴之候,皆用贵药,动数十种,自非富室而居京都者,不能素储,不可卒办也。又多令人以针治病,其灸法又不明处所分寸,而但说身中孔穴荣输之名。⑮自非旧医备览《明堂流注偃侧图》者,安能晓之哉?余所撰百卷,名曰《玉函方》,皆分别病名,以类相续,不相杂错,其《救卒》三卷,皆单行径易,约而易验,篱陌之间,顾眄皆药,众急之病,无不毕备,家有此方,可不用医。医多承袭世业,有名无实,但养虚声,以图财利。寒白退士,⑯所不得使,使之者乃多误人,未若自闲其要,胜于所迎无知之医。医又不可卒得,得又不肯即为人使,使腠理之微疾,成膏肓之深祸,乃至不救。且暴急之病,而远行借问,率多枉死矣。"

[注释]

①魏武帝：即曹操。②薏苡子：即薏苡米。③偶牙阳胞：药物名。具体所指不详。④跳脱虫：虫名。⑤龙子单衣：药物名。即蛇蜕的皮。⑥霹雳楔：一种矿物质药物。一说是指雷电击中过的树木。⑦自解去父：动物名。疑指蜥蜴类在危险时能够自断其尾以自救的动物。⑧玉子余粮：矿物质名。可入药。⑨山君目：指虎的眼睛。河伯余粮：矿物质名。可入药。浮云滓：矿物质名。可入药。⑩孤虚：时辰不好，命运不佳。⑪六厄：泛指各种灾难。三刑：泛指各种刑罚。⑫内事：指修道成仙之事。⑬邯郸：地名。赵国的都城。在今河北邯郸。寿陵：地名。燕国的城邑。《庄子·秋水》："且子独不闻夫寿陵余子之学行于邯郸与？未得国能，又失其故行矣，直匍匐而归耳。"⑭甘胡、吕傅、周始、甘唐通、阮南河：皆为人名。古代医生。阮南河，当为"阮河南"。⑮孔穴荣输：泛指针灸穴位。⑯寒白退士：贫穷隐居的人。

[译文]

有人问："魏武帝曹操曾经逮捕并捆缚了左元放，他却能自然地逃脱，他用的是什么法术呢？"抱朴子说："我不能确切地知道左先生所施用的法术。但是我阅读浏览各类道术书籍，有的人每月服食三次薏苡子，服食时掺和三五阴丹，有的人服用偶牙阳胞，有的人服用七月七日向东爬行的跳脱虫，有的人服用五月五日石头上的蛇皮，有的人服用夏至那天的霹雳楔，有的人服用天文二十一字符，有的人服用自解去父的血，有的人服用玉子余粮，有的人混合山君目、河伯余粮和浮云滓来涂抹身体，这些方法都能使人自己逃脱。但左先生变化无常，也不一定是用了这些方法。如果他自己用六甲变化的方法，他的真实形体是不可能被抓住的。"

有人问:"修道的人能够不生病吗?"抱朴子回答说:"能完全懂得养生道理的人,既服用仙药,又坚持呼吸吐纳,早晚导引锻炼身体,使血气流畅疏通,不至阻隔不通,再加上使用房中术,节制饮食,不犯风湿,不为做不到的事担心,这样就可以不生病了。只是担心居住世间,志向不能专一,修炼又没有恒心,又苦于懈怠而不辛勤,因此不能不患病。如果空有相信道术的心意,却不去做利己的修行,命运到了不吉利的时候,身体就有损伤的危险,三尸神就会乘他处于凶险的时日,和到了生命危险、疾病缠身的时刻,召唤邪气,随便请鬼怪来制造祸害。各种灾害一齐产生,各类刑罚共同袭来,祸害就一定很大。身体还算强健的人,就会生各种疾病,而先前有病的人,就会大病发作。所以古代刚开始学道的人,没有不兼习医术的,以此来解救眼前的病祸。平庸的道士不懂得这个道理,又依仗自己学到的一点知识,大都不关注治病的方法。又不能避开世俗幽静地隐居,专心地修行道术来抵御疾病。等到病痛缠身的时候,就毫无办法治疗了,反而不如专用汤药治病的凡人。正所谓向前没有学会邯郸人的步态,向后又忘记了寿陵故乡人的走路方法。我看到戴霸、华佗所辑录的《金匮绿囊》、《崔中书黄素方》和《百家杂方》五百来卷,甘胡、吕傅、周始、甘唐通、阮河南等人,各自撰集《暴卒备急方》,有的一百一十卷,有的九十四卷,有的八十五卷,有的四十六卷,世人都以为这些医书精通完备得无以复加了。我深入研读,觉得有很多不完善的地方,很多急病收得不全面,又混乱杂错,缺乏条理,如果想找某种疾病的治疗方法,不能马上找到。而且治疗急病的时候,用的都是昂贵的药物,动辄几十种,如果不是居住在京城里的富有之家,就不可能平时有所储备,也不可能立即办妥。书中还有很多教人用针灸治病的,而介绍针灸的方法却不标明所治穴位和分寸,只是说说穴位的名字。如若不是全面阅读《明堂流注偃侧图》的老医生,又怎么能明白呢?我所撰写的一百卷书,名叫《玉函方》,将疾病名目都分开,按类别相互排列,彼此不错杂。另外有《救卒》三卷,都可以单独使用,直接简易,简约有效。篱笆阡陌之间,随意看去都是药材,各种紧急疾病,没有不完备的,家中有了这些医书,就可以不用请医生了。医生很多是世代相传的,有名无实,只是用虚假的名声来牟取财物而已。贫寒隐逸的人,是请不动这些医生的,即使请来医生又大多耽误了病人,还不如自己熟习医学要旨,比请来的无知庸医要强得多。医生不能很快找到,找到了又不肯马上为人尽心治病,使得皮肤间的小病,拖延成身体内的大病灾,以至于无法救活。何况如果患上突然暴发的大病,还要到远处去求医,这些病人大多数是冤死的。"

或问:"将来吉凶,安危去就,知之可全身,为有道乎?"抱朴子曰:"仰观天文,俯察地理,占风气、布筹算、推三棋、步九宫、检八卦,①考飞伏之所集,②诊訞讹于物类,③占休咎于龟策,④皆下术常伎,疲劳而难恃。若乃不出帷幕而见天下,乃为入神矣。或以三皇天文,召司命、司危、五岳之君,⑤阡陌、亭长、六丁之灵,⑥皆使人见之,而对问以诸事,则吉凶昭然,若存诸掌,无远近幽深,咸可先知也。或召六阴玉女,⑦其法六十日而成,成则长可役使。或祭致八史,八史者,八卦之精也,亦足以预识未形矣。或服葛花及秋芒、麻勃刀圭方寸匕,⑧忽然如欲卧,而闻人语之以所不决之事,吉凶立定也。或用明镜九寸以上自照,有所思存,七日七夕则见神仙,或男或女,或老或少,一示之后,心中自知千里之外,方来之事也。明镜或用一,或用二,谓之日月镜。或用四,谓之四规镜。四规者,照之时,前后左右各施一也。用四规所见来神甚多。或纵目,或乘龙驾虎,冠服彩色,不与世同,皆有经图。欲修其道,当先暗诵所当致见诸神姓名位号,识其衣冠。不尔,则卒至而忘其神,或能惊惧,则害人也。为之,率欲得静漠幽闲林麓之中,外形不经目,外声不入耳,其道必成也。三童、九女、节寿君,⑨九首蛇躯百二十官,⑩虽来勿得熟视也。或有问之者,或有诃怒之者,亦勿答也。或有侍从晖晔,⑪力士甲卒,乘龙驾虎,箫鼓嘈嘈,勿举目与言也。但谛念老君真形,老君真形见,则起再拜也。老君真形者,思之,姓李名聃,字伯阳,身长九尺,黄色,鸟喙,隆鼻,秀眉长五寸,耳长七寸,额有三理上下彻,足有八卦,以神龟为床,金楼玉堂,白银为阶,五色云为衣,重叠之冠,锋鋋之剑,⑫从黄童百二十人,左有十二青龙,右有二十六白虎,前有二十四朱雀,后有七十二玄武,前道十二穷奇,后从三十六辟邪,雷电在上,晃晃昱昱,此事出于仙经中也。见老君则年命延长,心如日月,无事不知也。"

[注释]

①占风气、布筹算、推三棋、步九宫、检八卦:指各种占卜方法。②飞伏:指天上的飞鸟和地上的走兽。③祅(yāo)讹:各种反常的现象。④龟:指龟甲。策:用来占卜的蓍草。⑤司命:主管生死的神。司危:主管吉凶的神。五岳之君:五岳的神灵。⑥阡陌:指路神。亭长:秦汉时每十里设一亭,每亭设一亭长,负责本地治安。这里指各地的土地神。⑦六阴玉女:即六丁神。⑧葛花及秋芒、麻勃:都是中草药名。⑨童:仙童。九女:九天玄女。节寿君:神仙名。⑩百二十官:泛指众多的神灵。⑪晖晔(wěiyè):光彩照人的样子。⑫鋋(chán):铁柄短矛。这里指矛形的剑。

[译文]

有人问:"未来的吉凶安危,何去何从,预先知道了就可以保全自身,有这样的道术吗?"抱朴子说:"抬头观察天上的星象,俯身考察大地的脉理,用风气占算,用筹算预测,用三棋术推理,用九宫术计算,用八卦占卜,考察出飞禽走兽聚集的地方,关注各种事物的反常现象,用龟甲、蓍草来占卜吉凶,这些都是常用的低级方式,使人疲乏劳苦又难以信靠。如果不走出帷幕就能洞察天下,才算是出神入化。有人用三皇天文,召来司命、司危和五岳的神仙,还有路神、土地神及六丁神灵,让人们都能看见他们,当面向他们打听各种事情,这样吉凶祸福就清清楚楚了,清楚得好像存在于手掌之中,无论远近幽深的事,都可以预先知道。有的人召来六阴神女,这种方法需要六十天才能成功,成功后就可以长期役使六阴神女了。有的人祭祀并招来八史,八史是八卦的精灵,也能用来预测还没有发生的事情。有人服食方寸大小的葛花、秋芒、麻勃一勺,服后很快就像要睡觉一样,此时能够听到有人说出你无法决断的事,吉凶马上就能断定。有人用九寸以上的明镜自我映照,并有所存思,到七月七日晚上就能看见神仙,神仙有男有女,有老有少,一旦他们明示,心中自然知道千里以外和将来出现的事情。明镜有的用一面,有的用两面,叫日月镜。有的用四面,叫四规镜。所谓四规镜,就是映照的时候,前后左右各放一面。用四规镜看见的神灵很多,有的眼睛竖立,有的乘龙驾虎,他们帽子、衣服的色彩艳丽,与世人不同,仙经里有他们的图像。如果想要修炼这种道术,应该先默默诵读想要召来现形的众神姓名、地位,认识他们的衣服帽子。不然的话,当他们突然来到时,就会忘了这些神是谁。有人可能还会受惊吓,这就伤害人了。修炼这种道术一般应该处于安静、幽深的山林之中,不让外在的形象进入眼睛,不让外面的声音进入耳朵,这种道术才一定能成功。三童、九女及节寿君、九头蛇身的神,以及一百二十个仙官,虽然把他们召来了,但不可盯着对方细看。有的神责问你,有的神怒叱你,都不要应答。有的神带有服饰华丽的侍从,还有力士和披甲的士卒,乘坐着飞龙,驾驭着猛虎,箫声鼓声震耳,但不要抬眼与他们说话,只需虔诚地想着太上老君的真实形象。只要太上老君的真实形貌显现,就起身连拜两次。老君的真形应该思念不忘,他姓李名聃,字伯阳,身长九尺,黄色面容,鸟一样的嘴巴,高鼻梁,眉毛长五寸,耳长七寸,额头上有三条纹理上下相通,脚上有八卦。他用神龟作床,住的是黄金楼、白玉堂、白银作台阶。用五色云彩做衣裳,戴着重叠的帽子,佩带着锋利的矛形宝剑,后面跟着黄衣童子一百二十人,左边有十二条青龙,右边有二十六只白虎,前面有二十四只朱雀,后面有七十二只玄武,前面由十二只穷奇开道,后面有三十六只辟邪殿后,雷电在上面闪耀,光彩夺目,这些事情记载于仙经。能看见太上老君就能延长寿命,心中如同太阳月亮一样,没有什么事是不知道的了。"

或问坚齿之道。抱朴子曰:"能养以华池,[①]浸以醴液,[②]清晨建齿三百过者,永不摇动。其次则含地黄煎,或含玄胆汤,[③]及蛇脂丸、矾石丸、九棘散,[④]则已动者更牢,有虫者即愈。又服灵飞散者,[⑤]则可令既脱者更生也。"

或问聪耳之道。抱朴子曰:"能龙导、虎引、熊经、龟咽、燕飞、蛇屈、鸟伸,天俯地仰,令赤黄之景,[⑥]不去洞房,[⑦]猿据、兔惊,千二百至,则聪不损也。其既聋者,以玄龟熏之;[⑧]或以棘头、羊粪、桂毛、雀桂成裹塞之;[⑨]或以狼毒、冶葛,[⑩]或以附子、葱涕,[⑪]合内耳中;或以蒸鲤鱼脑灌之,皆愈也。"

或问明目之道。抱朴子曰:"能引三焦之升景,召大火于南离,[⑫]

洗之以明石，慰之以阳光，及烧丙丁洞视符，以酒和洗之，古人曾以夜书也。或以苦酒煮芜菁子令熟，⑬曝干，末服方寸匕，日三，尽一斗，能夜视有所见矣。或以犬胆煎、青羊、班鸠、石决明、充蔚百华散，⑭或以鸡舌香、黄连、乳汁煎注之。⑮诸有百疾之在目者皆愈，而更加精明倍常也。"

[注释]

①华池：指口。②醴液：指口中津液。③玄胆：中药名。④蛇脂丸：用蛇油炼制成的中药。矾石：矿物名。九棘散：中药名。棘，带刺的植物。⑤灵飞散：中药名。⑥景：象。⑦洞房：指耳朵内部。《云笈七签》卷五十三："存两目中各有紫、赤、黄三色云炁各下入两耳中。"⑧玄龟：即水龟。⑨棘头、羊粪、桂毛、雀桂：都为药物名。⑩狼毒：药物名，有剧毒。冶葛：即野葛。⑪附子：药物名。葱涕：即葱汁。⑫召大火于南离：道教的存思法之一。离，卦名。八卦之一，卦象为火，指南方。⑬芜菁子：植物名。可入药。⑭犬胆煎：用犬胆熬制的汤药。青羊：黑色的羊。石决明：一种贝类动物的甲壳。充蔚百华散：中药名。充蔚，植物名。⑮鸡舌香：植物名。又叫丁香。

[译文]

有人询问使牙齿坚固的方法。抱朴子说："可以用口腔来养护牙齿，用唾液来滋润牙齿，清早叩齿三百下，牙齿就永远不会动摇。其次就是口含地黄煎，或者玄胆汤，以及蛇脂丸、矾石丸、九棘散。那么已活动的牙齿就会变坚固，生了牙虫的马上痊愈。另外，服食灵飞散的人，还可以使已经脱落的牙齿再次生出来。"

有人询问使耳朵听力好的方法。抱朴子说："如果能做到像龙一样舒筋活络,像虎一样伸展身体,像熊一样攀缘直立,像龟一样呼吸吐纳,像燕子一样飞舞,像蛇一样弯曲,像鸟一样舒展,像天一样俯视地,像地一样仰望天,并使得赤黄二气进入耳朵不离开,像猿一样抓取,像兔一样惊跳,做到一千二百次,听力就不会受损了。那已经聋了的人,用玄龟熏烤;或用棘头、羊粪、桂毛、雀桂裹成团塞进耳朵;或用狼毒、野葛,或用附子、葱汁,调和后放入耳朵;或用熟鲤鱼脑子灌进耳朵,都能治愈耳聋。"

有人询问使眼睛明亮的方法。抱朴子说:"如果能使三焦之气向上引导,能够在想象中把大火从南方召来,用明石水来洗眼睛,用阳光来熨晒,以及焚烧丙丁洞视符,用酒掺和洗眼睛,古人曾凭此法能在夜间写字。有人用醋液把芜菁子煮熟、晒干,碾成粉末后服食方寸大小的一勺,每天三次,服完一斗后,就能在夜晚看清一些东西。或用犬胆煎、青羊、斑鸠、石决明、充蔚百华散,或用鸡舌香、黄连、乳汁煎熬后注入眼睛,各类眼疾都能痊愈,而且更加明亮,胜过平常。"

或问登峻涉险、远行不极之道。抱朴子曰:"惟服食大药,则身轻力劲,劳而不疲矣。若初入山林,体未全实者,宜以云珠粉、百华醴、玄子汤洗脚,①及虎胆丸、朱明酒、天雄鹤脂丸、飞廉煎、秋芒、车前、泽泻散,②用之旬日,不但涉远不极,乃更令人行疾,可三倍于常也。若能乘蹻者,③可以周流天下,不拘山河。凡乘蹻道有三法:一曰龙蹻,二曰虎蹻,三曰鹿卢蹻。或服符精思,若欲行千里,则以一时思之。若昼夜十二时思之,则可以一日一夕行万二千里,亦不能过此,过此当更思之,如前法。或用枣心木为飞车,以牛革结环剑以引其机,或存念作五蛇六龙三牛交罡而乘之,④上升四十里,名为太清。太清之中,其气甚罡,⑤能胜人也。⑥师言鸢飞转高,则但直舒两翅,了不复扇摇之而自进者,渐乘罡炁故也。龙初升阶云,其上行至四十里,则自行矣。此言出于仙人,而留传于世俗耳,实非凡人所知也。又乘跷须长斋,绝荤菜,断血食,一年之后,乃可乘此三跷耳。虽复服符,思五龙跷行最远,其余者不过千里也。其高下去留,皆自有法,勿得任意耳。若不奉其禁,则不可妄乘跷,有倾坠之祸也。"

[注释]

①云珠粉:即云母粉。百华醴:用各种花酿成的酒。玄子汤:中药名。②虎胆丸:用虎胆炼制的药丸。朱明酒:一种药酒名。天雄鹤脂丸:用天雄与鹤油炼制的药丸。飞廉:草药名。车前、泽泻:草药名。③乘跷:道教的一种飞行术。④交罡:与罡星相交。⑤罡:同"刚"。⑥胜:承受得住。

[译文]

有人问起攀登高山、跋涉险境,远行不疲倦的方法。抱朴子说:"只有服食金丹大药,才能身轻力大,辛劳而不疲倦。如果是初次进入山林,身体还没有完全壮实的人,应该用云珠粉、百花醴、玄子汤洗脚,以及服用虎胆丸、朱明酒、天雄鹤脂丸、飞廉煎、秋芒、车前、泽泻散,服用十天后,不但长途远行不会疲倦,还能使人走得更快,可以达到平常速度的三倍。如果能够乘跷飞行的话,就可以周游天下,不受山河拘束。乘跷飞行法共有三种:第一种叫龙跷,第二种叫虎跷,第三种叫鹿卢跷。或者服食仙符、存思神灵,如果想行走一千里,就存思一个时辰;如果存思昼夜十二个时辰,就可以凭此在一天一夜行走一万二千里路。也不能超过这个极限了,要想超过这个极限就应再存思,方法同前面一样。有的人用枣心木制作飞车,用牛皮穿结的宝剑来牵引飞车的机关,有的人存思五条蛇、六条龙、三头牛连接着罡星,然后乘坐在上面,向上升四十里,就是太清天。太清天上,风力非常大,能够承受住人。我的老师说,鸢鸟飞上高空时,就只需舒展翅膀,完全不用再扇动摇摆就能自己前进,这就是因为乘着刚劲风力的缘故。龙开始时飞升云层,当它上升到四十里高空时,就可以自动飞行了。这些话出自仙人,而流传到世间,确实不是世俗所能知道的。另外,乘跷的人必须长期坚持斋戒,断绝荤菜,不吃肉食,一年之后,才可以使用这三种乘跷飞行法。服食符图、存思五龙跷的人飞行得最远,其余的不过一千里罢了。然而飞行高低去留,都自有方法,不能随意而为。如果不遵守这些禁忌,就不能随便乘跷飞行,不然有掉下来的灾祸。"

或曰:"《老子篇中记》及《龟文经》,皆言药兵之后,①金木之年,②必有大疫,万人余一,敢问辟之道。"抱朴子曰:"仙人入瘟疫秘禁法,思其身为五玉。五玉者,随四时之色,春色青,夏赤,四季月黄,③秋白,冬黑。又思冠金巾,思心如炎火,大如斗,则无所畏也。又一法,思其发散以被身,一发端,辄有一大星缀之。又思作七星北斗,以魁覆其头,④以罡指前。⑤又思五脏之气,从两目出,周身如云雾,肝青气,肺白气,脾黄气,肾黑气,心赤气,五色纷错,则可与疫病者同床也。或禹步呼直日玉女,⑥或闭气思力士,操千斤金锤,百二十人以自卫。或用射鬼丸、赤车使者丸、冠军丸、徐长卿散、玉函精粉、青年道士熏身丸、崔文黄散、草玉酒、黄庭丸、皇符、老子领中符、赤须子桃花符,⑦皆有良效者也。"

[注释]

①药兵之后:当依宋浙本作"大兵之后"。②金木之年:依五行生克的原理,金克木,金象征战火。金木之年,应为战争之年。③四季月:春、夏、秋、冬四季中的第三个月为季月,称为"四季月"。④魁:北斗星中形成斗形的四颗星。⑤罡:北斗星的斗柄。又叫天罡星。⑥直:通"值"。⑦射鬼丸、赤车使者丸、冠军丸、徐长卿散、玉函精粉、青年道士熏身丸、崔文黄散、草玉酒、黄庭丸:皆为道士炼制的药名。皇符、老子领中符、赤须子桃花符:皆为道士绘制的符箓。

[译文]

有人说:"《老子篇中记》和《龟文经》,都说大兵灾之后,以及战乱的岁月,一定有大瘟疫的流行,万人之中才能幸存一个。能谈谈躲避瘟疫的方法吗?"抱朴子说:"仙人进入瘟疫区的防御秘法,是存思自己的身体变为五玉。所谓五玉就是顺应四季的颜色而变化,春天为青色,夏天为红色,四季月为黄色,秋天为白色,冬天为黑色。还可以想象自己戴上了黄金头巾,想着自己的心如同炎热的火焰,大小如斗一样,就无所畏惧了。另一种方法是想象自己的头发披散着覆盖了全身,每一根头发尖上都系着一颗大星星。还可以想象着北斗七星,用魁星覆盖着头部,用罡星指向前方。还可以存想五脏的元气,从双眼发出,如同云雾一般环绕身体,肝气青色,肺气白色,脾气黄色,肾气黑色,心气红色,五色缤纷交错,这样就可以同得传染病的人同床而卧了。或者迈着禹步呼唤着值日的仙女,或者想象大力士手持千斤重的金锤,共有一百二十位大力士来保护自己。或者用射鬼丸、赤车使者丸、冠军丸、徐长卿散、玉函精粉、青年道士熏身丸、崔文黄散、草玉酒、黄庭丸、皇符、老子领中符、赤须子桃花符，都有很好的效果。"

卷十六　黄白

[题解]

黄白,即黄金和白银。服食金丹成仙,是道教炼制黄金、白银的主要目的。葛洪认为炼制金银的原理在于事物之间的相互转化。本卷介绍了炼制金银的成功范例,以及炼制金银的各种方法。

抱朴子曰:"《神仙经·黄白之方》二十五卷,千有余首。黄者,金也。白者,银也。古人秘重其道,不欲指斥,故隐之云尔。或题篇云庚辛,庚辛亦金也。然率多深微难知,其可解分明者少许尔。世人多疑此事为虚诞,与不信神仙者正同也。余昔从郑公受九丹及《金银液经》,因复求受《黄白中经》五卷。郑君言,曾与左君于庐江铜山中试作,①皆成也。然而斋洁禁忌之勤苦,与金丹神仙药无异也。俗人多讥余好攻异端,谓予为趣欲强通天下之不可通者。余亦何为然哉?余若欲以此辈事,骋辞章于来世,则余所著《外篇》及杂文二百余卷,足以寄意于后代,不复须此。且此《内篇》,皆直语耳,无藻饰也。余又知论此曹事,世人莫不呼为迂阔不急,未若论俗间切近之理,可以合众心也。然余所以不能已于斯事,知其不入世人之听,而犹论著之者,诚见其效验,又所承授之师非妄言者。而余贫苦无财力,又遭多难之运,有不已之无赖,②兼以道路梗塞,药物不可得,竟不遑合作之。余今告人言,我晓作金银,而躬自饥寒,何异自不能行,而卖治躄之药,③求人信之,诚不可得。然理有不如意,亦不可以一概断也。所以勤勤缀之于翰墨者,欲令将来好奇赏真之士,见余书而具论道之意耳。夫变化之术,何所不为?盖人身本见,而有隐之之法;鬼神本隐,而有见之之方。能为之者往往多焉。水火在天,而取之以诸燧。④铅性白也,而赤之以为丹。丹性赤也,而白之而为铅。云雨霜雪,皆天地之气也,而以药作之,与真无异也。至于飞走之属、蠕动之类,禀形造化,既有定矣。及其倏忽而易旧体,改更而为异物者,千端万品,不可胜论。人之为物,贵性最灵,而男女易形,为鹤为石,为虎为猿,为沙为鼋,又不少焉。至于高山为渊,深谷为陵,此亦大物之变化。变化者,乃天地之自然,何为嫌金银之不可以异物作乎?譬诸阳燧所得之火,方诸所得之水,与常水火,岂有别哉?蛇之成龙,茅糁为膏,⑤亦与自生者无异也。然其根源之所缘由,皆自然之感致,非穷理尽性者,不能知其指归;非原始见终者,不能得其情状也。狭观近识,桎梏巢穴,揣渊妙于不测,推神化于虚诞,以周孔不说,坟籍不载,⑥一切谓为不然,不亦陋哉?又俗人以刘向作金不成,便云天下果无此道,是见田家或遭水旱不收,便谓五谷不可播殖得也。成都内史吴大文,博达多知,亦自说昔事道士李根,⑦见根煎铅锡,以少许药如大豆者投鼎中,以铁匙搅之,冷即成银。大文得其秘方,但欲自作,百日斋便为之,而留连在官,竟不能得,恒叹息言,人间不足处也。又桓君山言,汉黄门郎程伟,⑧好黄白术,娶妻,得知方家女。⑨伟常从驾出而无时衣,甚忧。妻曰:'请致两端缣。'⑩缣即无故而至前。伟按《枕中鸿宝》,⑪作金不成。妻乃往视伟,伟方扇炭烧筒,筒中有水银。妻曰:'吾欲试相视一事。'⑫乃出其囊中药,少少投之,食顷发之,已成银。伟大惊曰:'道近在汝处,而不早告我,何也?'妻曰:'得之须有命者。'于是伟日夜说诱之,卖田宅以供美食衣服,犹不肯告伟。伟乃与伴谋挝笞伏之。⑬妻辄知之,告伟言,道必当传其人,得其人,道路相遇辄教之;如非其人,口是而心非者,虽寸断支解,而道犹不出也。伟逼之不止,妻乃发狂,裸而走,以泥自涂,遂卒。近者前庐江太守华令思,高才达学,洽闻之士也,而事之不经者,多所不信。后有道士说黄白之方,乃试令作之,云以铁器销铅,以散药投中,即成银。又销此银,以他药投之,乃作黄金。又从此道士学彻视之方,行之未百日,夜卧即便见天文及四邻了了,不觉复有屋舍篱障。又妾名瑶华者已死,乃见形,与之言语如平生。又祭庙,闻庙神答其拜,床似动有声。令思乃叹曰,世间乃定无所不有,五经虽不载,不可便以意断也。然不闻方伎者,卒闻此,亦焉能不惊怪邪?

[注释]

①庐江:地名。在今安徽合肥一带。铜山:山名。②无赖:无所依赖。③躄(bì):腿瘸。④诸燧:方诸和阳燧。⑤茅糁(sǎn):茅草的果实。⑥坟籍:典籍。⑦李根:神仙名。⑧黄门郎:官名。秦、汉设置,当时郎官给事于黄闼(宫门)之内者,称"黄门侍郎"或"黄门郎"。⑨方家:知方术之家。⑩缣(jiān):细绢。⑪《枕中鸿宝》:书名。西汉淮南王刘安组织门客所著。⑫相视:未详。疑为道教法术之一。⑬挝笞(zhuāchī):殴打。

[译文]

抱朴子说:"《神仙经·黄白之方》共二十五卷,一千多个条目。黄指的是金子,白指的是银子。古人重视而秘藏这些方法,不愿指名直呼,所以隐藏了金银的名称。有的文章篇名叫庚辛,庚辛也指黄金。然而这些方术大多深奥微妙而难以理解,能够弄清楚的人只有少数。世人大多怀疑此事虚假荒诞,与不相信神仙正好相同。我过去跟郑先生学习了九转仙丹和《金银液经》,于是又请求传授《黄白中经》五卷。郑先生说,他曾经和左元放先生在庐江铜山中试制,全都成功。然而斋戒洁身、禁忌的辛勤劳苦,和炼制金丹仙药没有差别。很多世人讥讽我喜好异端邪说,说我想要勉强弄懂天下弄不明白的东西。我又为何要这样呢?我如果想用这类事情,向后世炫耀文辞,我所写的《抱朴子外篇》和杂文二百多卷,足以流传自己的思想于后世,不需要再做此书了。而且这本《内篇》,都是直言直语,并没有文采修饰。我也知道谈论这些,世人都会认为是些迂远辽阔、不紧要的事,不如讨论世俗切近人情的道理,更能够迎合众人的心意。但我之所以不能中止它,知道这虽然不入世人之耳,却仍然研究、论著的原因,确实是因为看到了它的效用,而且传授这些道术的老师并不是胡言乱语的人。然而因为我贫苦没有财力,又遭遇多灾多难的命运,有无穷无尽、无可依恃的难处,再加上道路阻塞,药物不能求得,所以始终没有机会炼制丹药。我现在告诉别人,我懂得炼制金银,自身却饥寒交迫,这与自己不能行走,却卖着治疗瘸子的药有什么不同呢?要求别人相信,确实是不可能的。然而即使道理有不近人情的地方,也不能一概否定。所以我才勤勤恳恳地用笔墨记述下来,是想让将来喜欢奇术、欣赏真道的人,看见我的书可以详细了解道的内容。至于说到那变化的道术,又有什么做不到的呢?人的身体本来可见,但却有隐去它的方法;鬼神本来是隐形的,但却有使它们显现的手段。能够做到这些的人很多。水和火是天生的,却能用方诸、阳燧获取。铅的本性是白色的,却能使它变成红色的丹。丹的本性是红的,却能使它变成白色的铅。云雨霜雪,都是天地之气形成的,但用药物制作出来,却和真的没有区别。至于飞禽走兽、蠕动的虫子之类,禀赋于自然,已经有一定的形体,而它们突然间改变原来的形体,变成其他物类,千般万种,不能说尽。人在生物中具有高贵的灵性,但是男女形体可以相互改变,还可以变为仙鹤、石头,变为老虎、猿猴,变为沙土、鼋鳖,这种情况也不少见。至于高山变为渊潭,深谷变为山陵,这是大事物的变化。变化是天地间的自然规律,为什么要怀疑金银不能用其他东西炼制呢?譬如阳燧所取的火,方诸所获得的水,与平常的水火有什么区别呢?蛇变成龙,茅穄化为油膏,也与自然生成的没有什么区别。然而其根本缘由,也都是自然规律所导致的,如果不是穷尽事理的人,就不可能懂得其中的道理;如果不是追根溯源的人,就不可能明白它们的情况。见识狭窄而目光短浅,被狭隘的小圈子拘束,揣摩精深的道理以为不可测度,推算神秘的变化以为是虚妄荒诞,认为周公、孔子没说过的,典籍没有记载的,统统都是不真实的,岂不是太浅陋了吗?另外,世人认为刘向炼黄金没成功,就断定天下一定没有这种方法,这好比看见农家遭到水灾旱灾而没有收成,就认为五谷不能靠耕种而获得一样。成都内史吴大文,博学通达,知识丰富,自己说过去曾师从道士李根,看见李根煎煮铅锡,把大豆大小的药物投入鼎中,用铁匙搅拌,冷却就凝成银子。吴大文得到这个秘方,想要自己制作,斋戒一百天后就开始炼制,而因为流连官场,最终也没有成功。他经常叹息说人间不值得居住。再者,桓君山说过,汉代黄门郎程伟喜好炼黄金白银的法术,娶了懂得道术人家的女儿为妻子。程伟曾经要随皇帝出行却没有合适的衣服,很发愁。妻子说:'请让我招来两匹绢布。'绢布就无缘无故地到了面前。程伟按照《枕中鸿宝》的方法,炼制黄金没有成功。妻子去看望他,见他正扇着炭火烧筒子，筒子中有水银。妻子说：'我想试试相视这种方术。'就掏出口袋里的药，稍微投入一点，一顿饭的工夫打开看，已经变成了银子。程伟大吃一惊说：'道术近在眼前，你却不早点告诉我，为什么呢？'妻子说：'获得道术必须有一定的命运。'于是程伟白天黑夜地劝说和诱导她，卖掉田地房屋，提供给她美好的食物和衣服，但她还是不肯告诉程伟。程伟就纠合同伴准备痛打让她屈服。妻子总是预先知道，并告诉他说，道术一定得传给适当的人，如果是合适的人，即便是半道上相逢认识的，也应该传授给他；如果不是合适的人，口是心非，即使自己被一寸寸地肢解，仍然不能说出道术来。程伟不停地逼迫她，妻子就发疯了，裸体逃跑，用泥涂抹自己的身体，接着死了。近来前任庐江太守华令思，才华高超，学识通达，是个见多识广的人，凡是没经历过的事情，往往不轻信。后来有个道士谈到炼制黄金、白银的方法，就试着让他炼制。说是把铅放在铁器中烧炼，再拿药物投入其中，就成为银子。再熔炼这种银子，用其他药物投进去，就炼制成黄金。他还跟着这位道士学习透视的方术，修炼不到一百天，夜间躺卧着就能清清楚楚看到天象和四邻的情况，感觉不到有房屋篱笆等屏障。另外，他有个名叫瑶华的妾已死去，却能让她显形，像生前一样与她交谈。另外，他在庙中祭祀，听到庙中的神回应他的祭拜，摆放供品的架子似乎摇动且发出声响。华令思于是叹息说，世间确是无奇不有，即使五经没有记载，也不能主观臆断。然而没有听说过方术的人，突然听到这些，又怎会不吃惊、奇怪呢？

"又黄白术亦如合神丹，皆须斋洁百日已上，又当得闲解方书，意合者乃可为之，非浊秽之人，及不聪明人，希涉术数者所辨作也。其中或有须口诀者，皆宜师授。又宜入于深山之中，清洁之地，不欲令凡俗愚人知之。而刘向止宫中作之，使宫人供给其事，必非斋洁者，又不能断绝人事,使不来往也,如此安可得成哉?桓谭《新论》曰,史子心见署为丞相史,①官架屋,发吏卒及官奴婢以给之,作金不成。丞相自以力不足,又白傅太后。②太后不复利于金也,闻金成可以作延年药,又甘心焉,乃除之为郎,③舍之北宫中,使者待遇。宁有作此神方可于宫中,而令凡人杂错共为之者哉?俗间染缯练,④尚不欲使杂人见之,见之即坏,况黄白之变化乎?凡事无巨细,皆宜得要。若不得其法,妄作酒、酱、醋、羹、臛犹不成,⑤况大事乎?余曾咨于郑君曰:'老君云,不贵难得之货。而至治之世,皆投金于山,捐玉于谷,不审古人何用金银为贵而遗其方也?'郑君答余曰:'老君所云,谓夫披沙剖石,倾山漉渊,不远万里,不虑压溺,以求珍玩,以妨民时,不知止足,以饰无用。及欲为道,志求长生者,复兼商贾,不敦信让,浮深越险,干没逐利,不吝躯命,不修寡欲者耳。至于真人作金,自欲饵服之致神仙,不以致富也。故经曰,金可作也,世可度也,银亦可饵服,但不及金耳。'余难曰:'何不饵世间金银而化作之,作之则非真,非真则诈伪也。'郑君答余曰:'世间金银皆善,然道士率皆贫。故谚云,无有肥仙人富道士也。师徒或十人或五人,亦安得金银以供之乎?又不能远行采取,故宜作也。又化作之金,乃是诸药之精,胜于自然者也。仙经云,丹精生金。此是以丹作金之说也。故山中有丹砂,其下多有金。且夫作金成则为真物,中表如一,百炼不减。故其方曰,可以为钉。⑥明其坚劲也。此则得夫自然之道也。故其能之,何谓诈乎?诈者谓以曾青涂铁,铁赤色如铜;以鸡子白化银,银黄如金,而皆外变而内不化也。夫芝菌者,自然而生,而仙经有以五石、五木种芝,⑦芝生,取而服之,亦与自然芝无异,俱令人长生,此亦作金之类也。雉化为蜃,雀化为蛤,与自然者正同。故仙经曰,流珠九转,⑧父不语子,化为黄白,自然相使。又曰,朱砂为金,服之升仙者,上士也;茹芝导引,咽气长生者,中士也;餐食草木,千岁以还者,下士也。又曰,金银可自作,自然之性也,长生可学得者也。《玉牒记》云,天下悠悠,皆可长生也,患于犹豫,故不成耳。凝水银为金,可中钉也。《铜柱经》曰,丹沙可为金,河车可作银,⑨立则可成,成则为真,子得其道,可以仙身。《黄山子》曰,天地有金,我能作之,二黄一赤,立成不疑。《龟甲文》曰,我命在我不在天,还丹成金亿万年。古人岂欺我哉？但患知此道者多贫,而药或至贱而生远方,非乱世所得也。若戎盐、卤咸皆贱物,⑩清平时了不直钱,今时不限价直而买之无也。羌里石胆,⑪千万求一斤,亦不可得。徒知其方,而与不知者正同,可为长叹者也。有其法者,则或饥寒无以合之,而富贵者复不知其法也。就令知之,亦无一信者。假令颇信之,亦已自多金银,岂肯费见财以市其药物,恐有弃系逐飞之悔,故莫肯为也。又计买药之价,以成所得之物,尤有大利,而更当斋戒辛苦,故莫克为也。且夫不得明师口诀,诚不可轻作也。'

[注释]

①丞相史:官名。丞相的助理官员。②傅太后:西汉哀帝的祖母。③郎:官名。皇帝侍从官侍郎、中郎、郎中的总称。④缯练:丝绸。⑤朧:带汁的肉。⑥钉:钉子。另外,炼成的黄金饼也叫"钉"。《说文·金部》:"钉,炼饼黄金。"⑦五石:指丹砂、雄黄、白礜、曾青、磁石五种矿物。五木:指桑、槐、桃、楮、柳五种树木。⑧流珠:指水银。九转:九次转化。⑨河车:植物

名。又叫"紫河车"。可入药。或指人类的胎盘。⑩戎盐：即岩盐。因产于西部戎族地区而得名。卤咸：又叫卤盐。因产于卤城（今山西繁峙）一带而得名。⑪羌里：地名。在今甘肃一带。石胆：矿物名。可入药。

[译文]

"另外，炼制黄金白银的方术也如同炼制神仙丹药一样，都必须斋戒洁身一百天以上，还应该完全理解道术之书，只有意趣相投的人才能制作。并不是污浊淫秽的人以及不聪明的人、很少涉足道术的人所能炼制的。其中需要有口诀的，都要由老师传授。还应该进入深山之中清洁的地方，不应该让凡夫俗子和愚昧的人知道。而刘向却在宫室内炼制，让宫中的人参与其事，这些宫人未必是斋戒洁身的人，又不能断绝人情琐事，让人们不与自己来往，这样又怎么能成功呢？桓谭的《新论》说，史子心被任命做丞相史，由官方修建房屋，派官吏、士兵和官家奴婢供给所需，而炼制黄金却没成功。丞相自认为力量不够，又禀告了傅太后。太后并不重视黄金的利益，只是听说黄金炼成可以用来作延年益寿的药物，才甘心制作，就任命他为郎官，让他居住在北宫里，享受使者待遇。难道有在宫廷中炼制仙方，又让凡人掺杂共同制作的吗？世间染织丝织品，尚且不想让杂人看见，看见了就染不好，何况是黄金白银的变化呢？凡事无论大小，都应该掌握要旨，如果不得要领，随便制作酒、酱、醋、羹、臐尚且制不成，何况大事呢？我曾咨询郑先生：'太上老君说，不要把难以获得的财物看得很贵重。而最太平的世道，都将黄金投到山中，捐弃美玉于幽谷。不知古人为什么要认为金银贵重而且要遗留它的配方呢？'郑先生回答我说：'太上老君所说的，是指那种淘沙剖石，推倒山峰、淘干深渊，不远万里，不怕山压水溺，去追求珍宝玩物，从而妨害百姓的农时，又不知满足，去装饰无用的东西，以及那些想修道、立志追求长生,却兼经商,不讲信义谦让,浮游深水、攀越险阻,侥幸地追求利益,不惜生命,不修养清心寡欲的人。至于真人炼制黄金,是自己想服食它成仙,并不是想依此致富的。所以仙经说,黄金可以炼制,人世可以超脱。白银也可以服食,只是赶不上黄金罢了。'我责难说:'为什么不服食世上现成的金银,却要去炼制呢?炼制的并不是真实的金银,不真实就是欺诈虚伪了。'郑先生回答我说:'世上的金银都很好,但道士一般都贫穷。因此谚语说,没有肥仙人和富道士。老师与弟子或十来人,或四五人,又如何能获取金银来供给服食呢?不能到远方采取,因此应该炼制。另外炼制的黄金,乃是各种药物的精华,比自然形成的要好。仙经说,丹砂的精华生黄金。这是说用丹砂可以炼制黄金。因此山中有丹砂的,山下大多有黄金。而且炼制的黄金就是真正的黄金,内外如一,百炼也不减损。因此仙方说,可以做成钉子,这说明它坚硬刚劲。这就是来自天然的道术,因此能够炼制出来,怎么会是欺诈呢?欺诈指的是用曾青涂抹铁器,铁的红色像铜;或者用鸡蛋白染白银,白银就黄得像黄金,这些都是外部变化而内部没有变化的。灵芝是自然生成的,但仙经中记载有用五种石料、五种木料种植灵芝的,灵芝生成后,用来服食,也和天然灵芝没有区别,都能使人长生不老,这与人工炼制黄金类似。野鸡化为大蚌,鸟雀变成蛤蜊,也都与天然的完全一样。所以仙经说,水银九次熔炼仙丹的方法,父子不相传,炼制黄金白银的道术,是大自然使然。还说,炼朱砂为黄金,服食后升天成仙的,是上等的道士;服食灵芝进行导引,呼吸元气长生的,是中等的道士;服用草木之药,活一千年以内的,是下等的道士。还说,金银可以自己炼制,是自然的道理,长生不死是可以学习而得到的。《玉牒记》说,天下的一般民众,都可以长生不死,怕的是犹豫不决,所以修炼不成。炼制水银成为黄金,可以制成钉子。《铜柱经》说,丹砂可以炼制黄金,河车可以炼制白银,很快就能成功,炼成就是真正的金银。

您如果得此法术,就可以成仙。《黄山子》说,天地间有黄金,我也能炼制,两种黄色加一种红色原料,即刻就成功不用怀疑。《龟甲文》说,我的生命取决于我不靠上天,九转还丹炼制黄金可以延长寿命亿万年。古人难道会欺骗我们吗?可惜的是懂得这种道术的人大都贫穷,而药物也许很不值钱却出产在远方,不是乱世中能得到的。如戎盐、卤盐都是便宜的药物,清明太平时完全不值钱,但现在无论多高的价也买不到。羌里石胆,千万钱去求购一斤也无法买到。仅仅知道这种方术,与完全不知道一样,真让人为此长叹。拥有炼制金银方术的人,却因为饥寒交迫而无法炼制,而富贵的人却不知道炼制的方法。即使让他们知道,也没有一个人相信。即使有比较相信的,他们自己已拥有很多金银,哪里肯用现成的财物去买那些药物,他们担心像放飞已经系牢的鸟儿,而去追逐天上的飞禽一样会后悔,因此不肯炼制。还有人计算买药的价钱,和炼成的金银相比,尤其有大利益,但必须斋戒、辛勤劳苦,因而不去实施。况且如果得不到明师的口传,确实是不能轻易炼制的。'

"夫医家之药,浅露之甚,而其常用效方,便复秘之。故方有用后宫游女、僻侧之胶、封君泥丸、木鬼子、金商芝、飞君根、伏龙肝、白马汗、浮云滓、龙子丹衣、夜光骨、百花醴、冬邹斋之属,①皆近物耳,而不得口诀,犹不可知,况于黄白之术乎?今能为之者,非徒以其价贵而秘之矣,此道一成,则可以长生。长生之道,道之至也,故古人重之也。凡方书所名药物,又或与常药物同而实非者,如河上姹女,②非妇人也;陵阳子明,③非男子也;禹余粮,非米也;尧浆,非水也。而俗人见方用龙胆、虎掌、鸡头、鸭跖、马蹄、犬血、鼠尾、牛膝,④皆谓之血气之物也；见用缺盆、覆盆、釜镐、大戟、鬼箭、天钩，⑤则谓之铁瓦之器也；见用胡王使者、倚姑新妇、野丈人、守田公、戴文浴、徐长卿，⑥则谓人之姓名也。近易之草，或有不知，玄秘之方，孰能悉解？刘向作金不成，无可怪之也。及得其要，则复不烦圣贤大才而后作也，凡人可为耳。刘向岂顽人哉？直坐不得口诀耳。今将载其约而效之者，以贻将来之同志焉。当先取武都雄黄，⑦丹色如鸡冠，而光明无夹石者，多少任意，不可令减五斤也。捣之如粉，以牛胆和之，煮之令燥。以赤土釜容一斗者，先以戎盐、石胆末荐釜中，令厚三分，乃内雄黄末，令厚五分，复加戎盐于上。如此，相似至尽。又加碎炭火如枣核者，令厚二寸。以蚓蝼土及戎盐为泥，泥釜外，以一釜覆之，皆泥令厚三寸，勿泄。阴干一月，乃以马粪火煴之，三日三夜，寒，发出，鼓下其铜，⑧铜流如冶铜铁也。乃令铸此铜以为筒，筒成以盛丹砂水。又以马屎火煴之，三十日发炉，鼓之得其金，即以为筒，又以盛丹砂水。又以马通火煴三十日，⑨发取捣治之。取其二分，生丹砂一分并汞，汞者，水银也，立凝成黄金矣。光明美色，可中钉也。"

[注释]

①后宫游女：即萤火虫。见于《石药尔雅》。封君泥丸：药物名。具体所指不详。飞君根：药物名。具体所指不详。伏龙肝：灶下长期烧烤的土，又名"灶心土"。白马汗：覆盆子的别名为"白马汁"，疑"汗"为"汁"之误。夜光骨：蜡烛灰烬的别名。百花醴：蜂蜜的别名。见于《石药尔雅》。冬邹斋：药物名。具体所指不详。②河上蛇女：水银的别名。③陵阳子明：水银的别名。④龙胆、虎掌、鸡头、鸭跖、马蹄、犬血、鼠尾、牛膝：皆为中草药名。

⑤缺盆、覆盆、大戟、鬼箭：皆为中草药名。釜䥶、天钩：药物名。具体所指未详。⑥胡王使者、野丈人：草药名，又名"白头翁"。倚姑新妇：药物名。具体所指未详。守田公：草药名。即半夏。戴文浴、徐长卿：草药名。⑦武都：山名。⑧鼓：鼓风冶炼。⑨马通：即马粪、马屎。

[译文]

　　"医生用的药物，非常浅显易懂，而其常用的有效药方，常秘藏不示人。所以药方有用后宫游女、僻侧之胶、封君泥丸、木鬼子、金商芝、飞君根、伏龙肝、白马汗、浮云滓、龙子丹衣、夜光骨、百花醴、冬邹斋之类，都是些身边的药物，但如果得不到口诀，尚且不能知道，何况炼制黄金白银的方术呢？现在能够炼制的人，不只是因为它们的价值高就秘而不宣，这种道术一旦成功，就可以长生不死。长生的道术，是最高的道术，所以古人特别重视它。道术书中所记载的药物，还有些名称与常用药物一样却不是同一种药物，如河上姹女，并不指妇女；陵阳子明，并不指男人；禹余粮，并不是米；尧浆，并不是水浆。然而世人看见药方用龙胆、虎掌、鸡头、鸭跖、马蹄、犬血、鼠尾、牛膝，就认为都是含血气的生物；看见用缺盆、覆盆、釜䥶、大戟、鬼箭、天钩，就认为是铁器瓦器之类；看见用胡王使者、倚姑新妇、野丈人、守田公、戴文浴、徐长卿，就认为是人名。浅近易辨的草药，有些还不知晓，玄妙隐秘的方术，又怎能全部了解？刘向制作黄金不成功，也就不奇怪了。如果能掌握要旨，那就不必麻烦圣贤和才能大的人炼制，一般人就可以炼制了。刘向难道是愚钝的人吗？只是因为没学到口诀罢了。我现在记载一些简约有效的法术，送给未来志同道合的人。应当先用武都出产的雄黄，要红得像鸡冠，光亮明洁没有夹杂石块，多少随意，但不能少于五斤。捣碎成粉末，用牛胆汁掺和，煮后使它们干燥，再用红土制成的能容纳一斗的锅，先将戎盐、石胆粉末放入锅中,放三分厚,再放入雄黄粉,放五分厚,再加戎盐在上面。像这样层层地加放上去直到原料用完。再加上像枣核大小的碎炭,放两寸厚。然后用蚓蝼土和戎盐制成泥,涂抹在锅外面,用另一口锅覆盖着,都涂上三寸厚的泥,不让它泄漏。阴干一个月,再用马粪火烘烤三天三夜,冷却后取出,鼓风冶炼让炼成的铜流出来,流出的铜就如同熔化的真正铜铁一样。然后熔铸这种铜制成筒,筒制成后盛放丹砂水,再用马屎火烘烤三十天,打开筒,鼓风冶炼出里面的金属,再用它来制成筒,还用来盛放丹砂水,再用马粪火烘烤三十天,开炉取出。冶炼后得到药物,取来两份,用生丹砂一份掺和汞,汞就是水银,马上就凝成黄金了。这黄金光彩明亮,色泽美观,可以制成钉子。"

作丹砂水法:治丹砂一斤,内生竹筒中,加石胆、消石各二两,覆荐上下,闭塞筒口,以漆骨丸封之,①须干,以内醇苦酒中,埋之地中,深三尺,三十日成水,色赤味苦也。

金楼先生所从青林子受作黄金法:先锻锡,方广六寸,厚一寸二分,以赤盐和灰汁,令如泥,以涂锡上,令通厚一分,累置于赤土釜中。率锡十斤,用赤盐四斤,合封固其际,以马通火煴之,三十日,发火视之,锡中悉如灰状,中有累累如豆者,即黄金也。合治内土瓯中,以炭鼓之,十炼之并成也。率十斤锡,得金二十两。唯长沙、桂阳、豫章、南海土釜可用耳。②彼乡土之人,作土釜以炊食,自多也。

治作赤盐法:用寒盐一斤,③又作寒水石一斤,④又作寒羽涅一斤,⑤又作白矾一斤,合内铁器中,以炭火火之,皆消而色赤,乃出之可用也。

角里先生从稷丘子所授化黄金法：⑥先以矾水石二分，内铁器中，加炭火令沸，乃内汞多少自在，搅令相得，六七沸，注地上成白银。乃取丹砂水、曾青水各一分，雄黄水二分，于锅中，加微火上令沸，数搅之，令相得，复加炭火上令沸，以此白银内其中，多少自在，可六七沸，注地上凝，则成上色紫磨金也。

治作雄黄水法：治雄黄内生竹筒中一斤，辄加消石二两，覆荐上下，封以漆骨丸，内醇大醋中，埋之深三尺，二十日即化为水也。作曾青水方，及矾石水同法，但各异筒中耳。

小儿作黄金法：作大铁筒成，中一尺二寸，高一尺二寸。作小铁筒成，中六寸，莹磨之。赤石脂一斤，⑦消石一斤，云母一斤，代赭一斤，⑧流黄半斤，⑨空青四两，⑩凝水石一斤，⑪皆合捣细筛，以醯和，⑫涂之小筒中，厚二分。汞一斤，丹砂半斤，良非半斤。⑬取良非法用铅十斤内铁釜中，居炉上露灼之，铅销，内汞三两，早出者以铁匙抄取之，名曰良非也。搅令相得，以汞不见为候，置小筒中，云母覆其上，铁盖镇之。取大筒居炉上，销铅注大筒中，没小筒中，去上半寸，取销铅为候，猛火炊之，三日三夜成，名曰紫粉。取铅十斤于铁器中销之，二十日上下，更内铜器中，须铅销，内紫粉七方寸匕，搅之，即成黄金也。欲作白银者，取汞置铁器中，内紫粉三寸已上，火令相得，注水中，即成银也。

[注释]

①漆骨丸：药物名。《本草纲目》卷十六有"漆姑草"，漆骨丸可能是漆姑草所制。②桂阳、豫章、南海：地名。桂阳在今湖南境内。豫章在今江西

南昌。南海在今广东广州市番禺区。③寒盐:即卤盐。卤盐又名"寒石"。④寒水石:矿物名。又叫白水石、凝水石。⑤寒羽涅:矿物名。即涅石。⑥角(lù)里先生:西汉初年商山四皓之一。角,又写作"甪"。⑦赤石脂:风化石的一种。⑧代赭:矿物名。又名代赭石。⑨流黄:即硫黄。⑩空青:矿物名。又名杨梅青。⑪凝水石:即寒水石。见《本草纲目》卷十一。⑫醯(xī):醋。⑬良非:铅与汞的混合物。

[译文]

　　制作丹砂水的方法:研制一斤丹砂,放进竹筒里,加入石胆、消石各二两,覆盖上下,堵塞筒口,用漆骨丸封住,等到干燥后,放在浓醋中,埋在地下,深度三尺,三十天后就化成水,颜色红而味道苦。

　　金楼先生向青林先生学习的制作黄金的方法:先锻炼锡块,方形宽六寸,厚度为一寸二分,用赤盐掺和灰汁,成为泥状,涂抹在锡块上,涂抹一分厚,再把锡块叠放在红土制成的锅里。一般十斤锡,用四斤赤盐,把锡块之间的缝隙牢固地封住,然后用马粪火烧烤,三十天后,打开火看,锡完全变得像灰一样,其中有很多像豆粒的东西,就是黄金了。把这样豆粒状的东西收集起来放在土盆里,用炭火鼓风冶炼,炼制十次就成功了。一般用十斤锡,可以获得黄金二十两。只有长沙、桂阳、豫章、南海的土锅才能使用。那些地方的人,制作土锅来烹煮食物,土锅自然很多。

　　制作赤盐的方法:用寒盐一斤,再制作寒水石一斤,再制作寒羽涅一斤,再制作白矾一斤,混合后放入铁器中,用炭火烧炼,都会熔化而颜色变红,取出后就可以使用了。

　　角里先生向稷丘子学习的制作黄金的方法:先用矾石水两份,放入铁器中,放在炭火上把它烧开,再放入汞,多少随意,搅拌均匀,烧沸六七次后,倒在地上就凝成白银。再取丹砂水、曾青水各一份,雄黄水两份,倒入锅中,小火煮沸,多次搅拌,让它们混合均匀,再放在炭火上烧开,把制成的白银放进去,数量多少随意,大约烧开六七次后,倒在地上,凝结后就可以成为上等的紫磨金了。

制作雄黄水的方法:研制雄黄,放入生竹筒中一斤,就加入消石二两,覆盖上下,用漆骨丸封住,放入浓醋中,埋入地下三尺深,二十天就能化成水。制作曾青水以及矾石水的方法与此相同,只是各自放入不同的竹筒中而已。

小儿制作黄金的方法:制成一个大铁筒,内部直径为一尺二寸,高一尺二寸。再制成一个小铁筒,内部直径六寸,进行打磨。用赤石脂一斤,消石一斤,云母一斤,代赭一斤,硫黄半斤,空青四两,凝水石一斤,放在一起捣细、筛过,用醋调和,涂抹在小铁筒内,厚两分。放入一斤汞,半斤丹砂,半斤良非。良非的制作方法是把十斤铅放入铁锅里,放在火炉上暴露着烧炼,铅熔化后,放入三两汞,用铁匙子舀出最先冒出来的东西,这种东西就叫良非。把汞、丹砂、良非搅拌均匀,以看不见汞为标准,然后放入小铁筒里,用云母覆盖在上面,再用铁盖压住。把大铁筒放在火炉上,把熔化的铅注入大铁筒中,把小铁筒淹没在铅液中,使铅液高出半寸,以铅液的多少为标准,大火烧炼三天三夜,就炼成紫粉。再把十斤铅放入铁器中熔化,二十天左右,改放入铜器中,等到铅熔化,放入方寸大小的七勺紫粉,搅拌后就成黄金。想炼制白银的,就把汞放在铁器中,放入三寸以上厚的紫粉,烧制使它们熔化均匀,倒入水中,立即就成了白银。

务成子法:作铁筒长九寸,径五寸,捣雄黄三斤,蚓蝼壤等分,[①]作合以为泥,涂裹使径三寸,匿口四寸,加丹砂水二合,[②]覆马通火上,令极干,内铜筒中,塞以铜合盖坚,以黄沙筑上,覆以蚓壤重泥,上无令泄，置炉炭中，令有三寸炭，筒口赤，可寒发之，雄黄皆入著铜筒，复出入如前法。三斤雄黄精，皆下入著筒中，下提取与黄沙等分，合作以为炉，炉大小自在也。欲用之，置炉于炭火中，炉赤，内水银，银动则内铅其中，黄从傍起交中央，注之于地，即成金。凡作一千五百斤，炉力即尽矣。此金取牡荆、赤黍酒渍之，③百日，即柔可和也。如小豆，服一丸，日三服，尽一斤，三虫伏尸，百病皆去，盲者视，聋者闻，老者即还年如三十时，入火不灼，百邪众毒、冷风暑湿不能侵入；尽三斤，则步行水上，山川百神，皆来侍卫，寿与天地相毕。以杼血、朱草煮一丸，④以拭目眦，⑤即见鬼及地中物，能夜书；以白羊血涂一丸，投水中，鱼龙立出，可以取也；以青羊血、丹鸡血涂一丸，悬都门上，一里不疫；以涂牛羊六畜额上，皆不疫病，虎豹不犯也；以虎胆、蛇肪涂一丸，从月建上以掷敌人之军，⑥军即便无故自乱，相伤杀而走矣；以牛血涂一丸以投井中，井中即沸，以投流水，流水则逆流百步；以白犬血涂一丸，投社庙舍中，其鬼神即见，可以役使；以兔血涂一丸，置六阴之地，行厨玉女立至，可供六七十人也；以鲤鱼胆涂一丸，持入水，水为之开一丈，可得气息水中以行，冒雨衣不沾也；以紫苋煮一丸，⑦含咽其汁，可百日不饥；以慈石煮一丸，⑧内髻中，以击贼，白刃、流矢不中之，有射之者，矢皆自向也；以六丁六壬上土并一丸，以蔽人中则隐形，含一丸，北向以喷火，火则灭；以庚辛日申酉时，向西地以一丸掷树，树木即日便枯；又以一丸，禹步掷虎狼蛇蝮，皆即死；研一丸以书石即入石，书金即入金，书木入木，所书皆彻其肌理，削治不可去也。卒死未经宿，以月建上水下一丸，令入咽喉，并含水喷死人面，即活。以狐血、鹤血涂一丸，内爪中，以指万物，随口变化，即山行木徙，人皆见之,然而实不动也。凡作黄白,皆立太乙、玄女、老子坐醮祭,如作九丹法,常烧五香,⑨香不绝。又金成,先以三斤投深水中,一斤投市中,然后方得恣其意用之耳。

[注释]

①蚓蝼壤:即蚯蚓泥和蚯蚓的粪便。②合(gě):容量单位。一升的十分之一。③赤黍:粮食名。黍的一种。④枵血:即椁树汁。朱草:植物名。⑤眦(zì):眼角。⑥月建:农历每月所置之辰为月建,如正月建寅,二月建卯。上:指方位。⑦紫苋:紫色的苋菜。⑧慈石:即磁石。⑨五香:五种香料。中药木香也叫"五香"。

[译文]

务成子法:制作一个长九寸、直径五寸的铁筒,捣碎三斤雄黄,加相同分量的蚓蝼壤,调和成泥,涂抹铁筒使筒内直径剩三寸,筒口为四寸,加入丹砂水两合,放在马粪火上,让它干透。然后放入铜筒里,用铜塞堵紧,再用黄沙压紧覆盖在上面,用蚯蚓泥重新涂抹在上面,不让它泄漏,放在炭火炉中,要用三寸厚的炭,等筒口烧红,可以在冷却后打开。此时雄黄都流入铜筒里,再像前面那样重新取出和放入。等到三斤雄黄精流下来附着在筒子上,接着要提取同等分量的黄沙,调和制作成炉子,炉子大小可随意,想要使用时,放置在炭火里,等炉子变红,放入水银。水银动荡就放入铅,看见黄色的物质从炉子旁边出现并交汇在炉子中间,然后把这些物质倒在地上,就变成了黄金。炼制一千五百斤后,炉子的药力就用完了。用牡荆、赤黍酒浸泡这种黄金一百天后,就柔软得可以揉搓了。服食像小豆般大小的一粒,每天三次,吃完一斤,各种寄生虫都会消失,各种疾病都痊愈,瞎子能看见,聋子能听清,老年人返变成三十岁左右的青年模样,进入烈火不会被烧伤,各种邪气、众多毒虫、寒冷暴风、暑热湿气都不能侵犯;吃完三斤,就能在水面上行走,而山川众神,都来护卫,寿命和天地相始终。如果用樗树汁、朱草煮一粒,用来擦拭眼角,就能看见鬼和地下的东西,还能在夜晚书写;如果用白羊血涂抹一粒,投入水中,鱼龙马上出现,可以捕取到;如果用青羊血、丹鸡血涂抹一粒,悬挂在城门上,一里之内不会出现病疫;把药丸涂抹在牛羊六畜的额头上,就都不会生病,虎豹也不敢侵害它们;如果用老虎胆和蛇的脂肪涂抹一粒,在月建的方位用它投掷敌人的军队,军队马上会无缘无故地自我混乱,自相残杀而逃走;如果用牛血涂抹一粒,拿来投入井中,井水马上沸腾,投入流水中,流水就会倒流一百步;如果用白狗血涂抹一粒,放在庙宇中,那里的鬼神就会马上现身,供人使唤;如果用兔血涂抹一粒,放置在六阴的方位,管行厨的仙女会马上到来,可以提供六七十人的饮食;如果用鲤鱼胆涂抹一粒,拿着进入水中,水因此会避开一丈,人能呼吸并在水中行走,淋着雨衣裳也不会湿;如果用紫苋菜煮一粒,含着咽下汁水,可以一百天不饿;如果用磁石煮一粒,放入发髻中,与敌人打仗时,刀刃和飞箭都不能击中自己,如果敌人射箭,箭都会回头向发射的方向射去;如果用六丁、六壬方位的泥土合制一粒药丸,能够在人群中隐形,口含一粒,向着北面喷吐火,火就会熄灭;在庚辛日的申酉时辰,向着西方用一粒投掷树木,树木当天就会枯萎;再拿一粒,走着禹步投掷虎狼蝮蛇,它们都立即死去;如果研碎一粒,在石头上书写就渗入石头,在金属上书写就渗入金属,在树木上书写就渗入树木,所写的内容都穿透进内部的纹理中,削也削不掉。如果有人突然死去但没有过夜的,就可以用月建方向的水服下一粒,让它进入死者咽喉,再含水喷吐在死人脸上,马上就能复活。如果用狐狸血和仙鹤血涂抹一粒,放在指甲中,用来指着万物,万物就会随口令变化,立即能使山峰移动、树木迁徙,人人都能看见，然而实际上并没有移动。凡是炼制黄金白银，都设立太乙、玄女、老子的神座祭祀，与炼制九转仙丹的方法一样，还要经常烧着五香，使香气不断。另外，当黄金炼制成功后，先要把三斤投入深水里，一斤投放在市场里，然后才能任意使用。

卷十七　登涉

[题解]

　　登涉，即登山涉水。葛洪认为，一定要进入深山修道成仙才能成功。本卷介绍了登山涉水的注意事项及防御危害的各种方法。

　　或问登山之道。抱朴子曰："凡为道合药，及避乱隐居者，莫不入山。然不知入山法者，多遇祸害。故谚有之曰，太华之下，①白骨狼藉。皆谓偏知一事，不能博备，虽有求生之志，而反强死也。山无大小，皆有神灵，山大则神大，山小即神小也。入山而无术，必有患害。或被疾病及伤刺，及惊怖不安；或见光影，或闻异声；或令大木不风而自摧折，岩石无故而自堕落，打击煞人；或令人迷惑狂走，堕落坑谷；或令人遭虎狼毒虫犯人，不可轻入山也。当以三月、九月，此是山开月，又当择其月中吉日佳时。若事久不得徐徐须此月者，但可选日时耳。凡人入山，皆当先斋洁七日，不经污秽，带升山符出门，作周身三五法。②又五岳有受殃之岁，如九州岛之地，更有衰盛，受飞符煞炁，则其地君长不可作也。按《周公城名录》，天下分野，灾之所及，可避不可禳，居宅亦然，山岳皆尔也。又大忌不可以甲乙、寅卯之岁，正月、二月入东岳；不以丙丁、巳午之岁，四月、五月入南岳；不以庚辛、申酉之岁,七月、八月入西岳;不以戊巳之岁,四季之月入中岳;不以壬癸、亥子之岁,十月、十一月入北岳。不须入太华、霍山、恒山、太山、嵩高山,乃忌此岁,其岳之方面,皆同禁也。又万物之老者,其精悉能假托人形,以眩惑人目而常试人,唯不能于镜中易其真形耳。是以古之入山道士,皆以明镜径九寸已上,悬于背后,则老魅不敢近人。或有来试人者,则当顾视镜中,其是仙人及山中好神者,顾镜中故如人形。若是鸟兽邪魅,则其形貌皆见镜中矣。又老魅若来,其去必却行,③行可转镜对之,其后而视之,若是老魅者,必无踵也,其有踵者,则山神也。昔张盖蹹及偶高成二人,并精思于蜀云台山石室中,忽有一人著黄练单衣、葛巾,④往到其前曰:'劳乎道士,乃辛苦幽隐!'于是二人顾视镜中,乃是鹿也。因问之曰:'汝是山中老鹿,何敢诈为人形?'言未绝,而来人即成鹿而走去。林虑山下有一亭,其中有鬼,每有宿者,或死或病,常夜有数十人,衣色或黄或白或黑,或男或女。后郅伯夷者过之宿,⑤明灯烛而坐诵经,夜半有十余人来,与伯夷对坐,自共樗蒲博戏,⑥伯夷密以镜照之,乃是群犬也。伯夷乃执烛起,佯误以烛烬爇其衣,⑦乃作燋毛气。伯夷怀小刀,因捉一人而刺之,初作人叫,死而成犬,余犬悉走,于是遂绝,乃镜之力也。上士入山,持《三皇内文》及《五岳真形图》,所在召山神,及按鬼录,召州社及山卿、宅尉问之,⑧则木石之怪,山川之精,不敢来试人。其次即立七十二精镇符,以制百邪之章,及朱官印、包元十二印,⑨封所住之四方,亦百邪不敢近之也。其次执八威之节,⑩佩老子玉策,⑪则山神可使,岂敢为害乎?余闻郑君之言如此,实复不能具知其事也。余师常告门人曰:'夫人求道,如忧家之贫,如愁位之卑者,岂有不得耶?但患志之不笃,务近忘远,闻之则悦,倔倔前席,未久,则忽然若遗,毫厘之益未固,而丘山之损不已,亦安得穷至言之微妙,成罔极之峻崇乎?'"

[注释]

①太华:即西岳华山。②周身三五法:道教的护身法术。③却行:倒着走。④练:泛指丝绸。⑤郅伯夷:东汉人。⑥樗蒲:古代的一种赌博游戏。⑦爇(ruò):焚烧。⑧州社及山卿、宅尉:即州土地神、山神、房宅神。⑨朱官印:红色的官印。包元十二印:道士用来镇邪的印章。⑩八威之节:道教的一种镇邪符节。⑪老子玉策:道教的一种符箓。

[译文]

有人询问登山的道术。抱朴子说:"但凡学习道术、配制丹药,以及躲避战乱而隐居的人,都要进入深山。如果不懂得进入深山的方术,大多会遇到祸害。因此有谚语说,太华山下,白骨纵横。这就是说只知道一件事,不具备全面的知识,即使有追求长生的志向,反而会死于非命。山无论大小,都有神灵,山大神就大,山小神就小。进山没有道术,一定会有祸患。或者患上疾病、被刺伤、惊恐不安;或者看见光亮阴影,听到奇异的声音;有的山神让大树无风而自己折断,岩石无故而自己坠落,撞人致死;有的山神使人迷惑颠狂乱跑,从而落入深坑山谷;有的山神使人遭遇虎狼、毒蛇侵犯,因此不能轻易入山。应当在三月和九月入山,这时是山门大开的月份,应当选择这些月份中的吉日良辰。如果有急事不能慢慢地等到这两个月,就只能选择吉日良辰了。但凡人们进入深山,都应该先斋戒洁身七天,不沾污秽,佩带升山符出门,还要做周身三五法。另外,五岳有不吉利的年份,就像九州大地,交替有盛衰,如果能得到镇住灾祸之气的飞符节,这块地盘的神灵就不能作祸了。按照《周公城名录》，天下分野，灾难所达之处，只能躲避却不能攘除，人的住宅也是如此，山岳也都是这样。还有大禁忌，就是不能在甲乙、寅卯的年份，正月、二月里进入东岳；不能在丙丁、已午的年份，四月、五月里进入南岳；不能在庚辛、申酉的年份，七月、八月里进入西岳；不能在戊巳的年份，四季月里进入中岳；不能在壬癸、亥子的年份，十月、十一月里进入北岳。不只是进入太华山、霍山、恒山、太山、嵩高山才忌讳这些年份，与这些山岳同一方向的山岳，也有相同的禁忌。另外，万物中年纪老的，它们的精灵都能假托人形来迷惑人，而且经常试探人，只是不能在镜子中改变它们的真形罢了。因此古代进入深山的道士，都用直径九寸以上的明镜悬挂在背后，老妖魅就不敢接近人了。如果有鬼怪来试探人，就应该回头看镜子里，如果是仙人或山中的好神，回头看镜子里仍然像人形；如果是鸟兽的邪恶鬼魅，它们的本来面目都会显现在镜子中。另外，如果老妖魅来了，它离去时一定倒着行走，它离开时可以回转镜子对着它，从后面来看它，如果真是老妖魅，就一定没有脚后眼，那些有脚后跟的，就是山神了。过去张盖蹹和偶高成二人都在蜀郡云台山石室中精修苦炼，突然有一个人穿着黄色丝绸单衣、戴着葛巾，来到他们跟前说：'道士们劳苦了，如此隐居真是辛苦。'于是两人回头看镜中，发现竟然是只野鹿。就问道：'你是山中的老鹿，怎么敢假扮成人的形状呢？'话还没说完，来的人就变成鹿逃走了。林虑山下有一个亭子，其中有鬼，每每有住宿的人，要么死亡，要么生病。经常在夜里出现几十人，衣服的颜色有黄色、有白色、有黑色；有男人，有女人。后来郄伯夷经过那里住宿，点亮灯烛后坐下读经，半夜里有十几个人来与伯夷对坐，他们自己一起玩樗蒲游戏。伯夷偷偷用镜子照，原来是一群狗。伯夷就端着灯烛站起来，假装失手使烛烧了他们的衣服，发出毛发烧焦的气味。伯夷怀揣着小刀，顺势抓住其中一个就刺过去，开始还发出人的叫声，死后就变成了狗，其余的狗都逃跑了，从此鬼怪断绝。这就是明镜的力量啊！高明的道士进入深山，手持《三皇内文》和《五岳真形图》，召唤所到之地的山神，还依照鬼的名谱，召来州郡的社神和山神、宅神询问，这样一来树木、怪石的妖精，山川的鬼怪，都不敢来试探人了。次一等的道士就书写立起七十二精怪的镇压符，用来镇压想害人的各种鬼怪，还用朱红官印、包元十二印，封住居住地的四方，各种邪怪也不敢近身。再次一等的道士就手持八威节符、佩带着老子玉策，就可以使唤山神了，山神哪里还敢为害呢？这些都是我从郑先生那里听到的，其实不能说完全了解这些事。我的老师经常告诫弟子说：'人们追求仙道，如果像担忧家中贫穷，忧愁地位低下一样，又怎么会学不到呢？需要担心的是志向不坚定，致力于眼前的目标却忘记了远大的志向，听见道术很高兴，就膝行向前，过不了多久，却忽视得好像丢失了一样，一丝一毫的收益还没有巩固，山丘般的损伤却无休无止，又怎能穷尽最高道理的细微精妙，成就无限崇高的事业呢？'"

抱朴子曰："入山之大忌，正月午、二月亥、三月申、四月戌、五月未、六月卯、七月甲子、八月申子、九月寅、十月辰未、十一月己丑、十二月寅。①入山良日：甲子、甲寅、乙亥、乙巳、乙卯、丙戌、丙午、丙辰，已上日大吉。"抱朴子曰："按《九天秘记》及《太乙遁甲》云，入山大月忌：三日、十一日、十五日、十八日、二十四日、二十六日、三十日；小月忌：一日、五日、十三日、十六日、二十六日、二十八日。以此日入山，必为山神所试。又所求不得，所作不成。不但道士，凡人以此日入山，皆凶害，与虎狼毒虫相遇也。"

[注释]

① "正月午"句:据清人孙星衍校勘,本段中"四月戌"当作"四月丑","五月未"当作"五月戌","七月甲子"当作"七月子","八月申子"当作"八月巳","十月辰未"当作"十月未","十一月己丑"当作"十一月辰","十二月寅"当作"十二月酉"。译文据此翻译。

[译文]

抱朴子说:"进山的大忌讳,是正月的午日、二月的亥日、三月的申日、四月的丑日、五月的戌日、六月的卯日、七月的子日、八月的巳日,九月的寅日,十月的未日,十一月的辰日和十二月的酉日。而进山的吉日是甲子、甲寅、乙亥、乙巳、乙卯、丙戌、丙午、丙辰,以上几天是大吉大利的日子。"抱朴子说:"依照《九天秘记》和《太乙遁甲》的说法,大月进山的忌日是三日、十一日、十五日、十八日、二十四日、二十六日、三十日;小月的忌日是一日、五日、十三日、十六日、二十六日、二十八日。在这些日子进山,一定会被山神试探。还会使所追求的得不到,所做的事情不成功。不仅是道士,平凡人在这些日子进山,都会遭遇凶险祸害,遭遇虎狼毒虫。"

抱朴子曰:"天地之情状,阴阳之吉凶,茫茫乎其亦难详也,吾亦不必谓之有,又亦不敢保其无也。然黄帝、太公皆所信仗,①近代达者严君平、司马迁皆所据用,而经传有治历明时刚柔之日。②古言曰,吉日惟戊。有自来矣。王者立太史之官,封拜置立,有事宗庙,郊祀天地,皆择良辰;而近才庸夫,自许脱俗,举动所为,耻拣善日,不亦戆愚哉?每伺今入山,不得其良时日交,下有其验,不可轻入也。按《玉铃经》云,欲入名山,不可不知遁甲之秘术,而不为人委曲说其事也。而《灵宝经》云,入山当以保日及义日,若专日者大吉,以制日、伐日必死,③又不一一道之也。余少有入山之志,由此乃行学遁甲书,乃有六十余卷,事不可卒精,故钞集其要,以为《囊中立成》,然不中以笔传。今论其较略,想好事者欲入山行,当访索知之者,亦终不乏于世也。《遁甲中经》曰,欲求道,以天内日天内时;④劾鬼魅,施符书,以天禽日天禽时入名山;⑤欲令百邪虎狼毒虫盗贼,不敢近人者,出天藏,入地户。凡六癸为天藏,六己为地户也。又曰,避乱世,绝迹于名山,令无忧患者,以上元丁卯日,⑥名曰阴德之时,一名天心,可以隐沦,所谓白日陆沉,⑦日月无光,人鬼不能见也。又曰,求仙道入名山者,以六癸之日六癸之时,一名天公日,必得度世也。又曰,往山林中,当以左手取青龙上草,折半置逢星下,历明堂入太阴中,禹步而行,三咒曰:'诺皋,⑧大阴将军⑨,独开曾孙王甲,⑩勿开外人;使人见甲者,以为束薪;不见甲者,以为非人。'则折所持之草置地上,左手取土以傅鼻人中,⑪右手持草自蔽,左手著前,禹步而行,到六癸下,闭气而住,人鬼不能见也。凡六甲为青龙,六乙为逢星,六丙为明堂,六丁为阴中也。坎卦、离卦比成既济卦,初一初二迹不任九迹数,⑫然相因仍一步七尺。又云,一尺合二丈一尺,顾视九迹。又禹步法:正立,右足在前,左足在后,次复前右足,以左足从右足并,是一步也。次复前右足,次前左足,以右足从左足并,是二步也。次复前右足,⑬以左足从右足并,是三步也。如此,禹步之道毕矣。凡作天下百术,皆宜知禹步,不独此事也。"

[注释]

①太公:指姜子牙。②刚柔之日:古人认为,十日之中有五刚五柔,甲、丙、戊、庚、壬为刚日,乙、丁、己、辛、癸为柔日。③保日、义日、专日、制日、伐日:依五行生克而选定的吉凶日子。《淮南子·天文训》:"甲乙寅卯,木也。丙丁巳午,火也。戊己四季,土也。庚辛申酉,金也。壬癸亥子,水也。水生木,木生火,火生土,土生金,金生水。子生母曰义,母生子曰保,子母相得曰专,母胜子曰制,子胜母曰困。"④天内日天内时:奇门遁甲术语。"天内"即天芮星。天芮主大凶。⑤天禽日天禽时:奇门遁甲术语。"天禽"即天禽星。天禽主上吉。⑥上元:即上旬。另外,农历正月十五也被称为上元节。⑦陆沉:比喻隐身。⑧诺皋:呼唤鬼神之词。旧传人死招魂,登高为"皋",下面有人代灵魂应声为"诺",故称"诺皋"。⑨大阴将军:神灵名。⑩曾孙王甲:当为呼喊者自称。曾孙,孙之子。泛指后代。王甲,类似于王某。⑪人中:穴位名。⑫初一初二迹:第一、第二步。不任九迹数:不足九步的数。这句话似与下文的禹步相关。⑬次复前右足:依孙星衍考证,当为"次复前左足,次前右足"。

[译文]

抱朴子说:"天地的情况,阴阳的吉凶,茫茫然难以详细了解。我也不能肯定说它们一定有,也不敢肯定说它们一定无。然而黄帝、姜太公都很相信,近代的严君平、司马迁都依据沿用这些,而经传中又有研究历法、明白季节时辰、刚日、柔日的说法。古话说,吉日就是戊日。这说明选择吉日良辰古来已久了。帝王设立太史这个官职,在封禅、拜祖、置祭、立祠,祭拜宗庙,郊外祭祀天地时,都选择最佳时辰;而才华浅近的凡夫俗子,自诩为超凡脱俗,有所行动时,认为选择好日子是耻辱,难道不是很愚蠢吗?现在每当伺探着进山,如果没有找到吉日良辰,马上会有征验,不可轻易入山啊。依照《玉钤经》的说法,想要进入名山,不能不懂得奇门遁甲的方术,却没有人详尽地说明这些方术。《灵宝经》说,进山应当在保日和义日,如果是专日就大吉大利,在制日、伐日就一定会死,但是也没有把这些事情一一说清。我从小就有进山的志向,因此就去学习奇门遁甲的书,曾学习了六十多卷。这种法术不能在短时间内精通,所以抄写收录其中的要点,编写了《囊中立成》一书。然而,其中的要旨不宜用笔墨来传述。现在只是论述奇门遁甲术的大致内容,想来喜好道术的人想要入山游历,还应寻访懂得奇门遁甲术的人,世间这样的人终究不会缺乏。《遁甲中经》说,想要学习遁术,应该在天内那天的天内时辰;想要制服鬼怪,使用符箓,应该在天禽那天的天禽时辰进入名山;想要让各种邪怪、虎狼、毒虫、盗贼不敢接近人,就要在天藏日出发,在地户日出山。凡是六癸之日就是天藏,而六己之日就是地户。还说,躲避乱世,到名山隐居,使自己免于忧患,应该在上元的丁卯那天,这天名叫阴德之时,也叫天心,这天可以隐身,是所谓的白天可以隐身,太阳月亮会失去光明,人和鬼都不能看见。还说,追求神仙道术而进入名山的人,应该在六癸的那天和六癸的时辰,这天的另一名称是天公日,这天进山一定能离世成仙。还说,到山林中去,应当用左手摘取青龙方向的草,折一半于逢星方向放下,经明堂方向而入太阴方向结束,用禹步行进,念三遍咒语说:‘诸皋,大阴将军,唯独为我曾孙王某开山门,不要对他人开放山门,让别人看见我王某的,认为是一捆柴;看不见我王某的,以为没有人。’然后把折断的草放在地上,左手抓起土来敷在鼻下人中穴上,右手拿草来掩蔽自己,左手放在前面,用禹步前行,到六癸日方位时,屏着呼吸停下,这样人和鬼就都不能看到了。六甲日就是青龙,六乙日就是逢星,六丙日就是明堂,六丁日就是阴中。坎卦、离卦排列成既济卦,行走第一、第二步的足迹不足禹步的九个足迹数目,然而可以继续走下去,每步仍是七尺。还说,一共是二丈一尺,回头看有九个足迹。另外,禹步的走法是:正身而立,右脚在前,左脚在后,然后再向前迈出右脚,用左脚跟右脚相并,这就是第一步;然后又把右脚迈在前,接着左脚向前,用右脚跟左脚相并,这是第二步;然后又把左脚迈在前,接着迈出右脚,用左脚跟右脚相并,这是第三步。像这样,禹步的走法就算完全掌握了。凡是施行天下各种法术,都应该懂得禹步,不仅仅是施行奇门遁甲之术。"

抱朴子曰:"《灵宝经》曰,所谓宝日者,①谓支干上生下之日也,②若用甲午、乙巳之日是也。甲者,木也。午者,火也。乙亦木也,巳亦火也,火生于木故也。又谓义日者,支干下生上之日也,若壬申、癸酉之日是也。壬者,水也。申者,金也。癸者,水也。酉者,金也,水生于金故也。所谓制日者,支干上克下之日也。若戊子己亥之日是也。戊者,土也。子者,水也。己亦土也,亥亦水也,五行之义,土克水也。所谓伐日者,支干下克上之日,若甲申、乙酉之日是也。甲者,木也。申者,金也。乙亦木也,酉亦金也,金克木故也。他皆仿此,引而长之,皆可知之也。"

抱朴子曰:"入名山,以甲子开、除日,③以五色缯各五寸,悬大石上,所求必得。又曰,入山宜知六甲秘祝。祝曰:'临兵斗者,皆阵列前行。'凡九字,常当密祝之,无所不辟。要道不烦,此之谓也。"

[注释]

①宝日:保日。"宝"字当为"保"之误。②支干:即天干、地支。上生

下:古人把天干、地支与五行相配,从而形成相生相克的关系。"上生下",即某个天干生某个地支。③甲子开、除日:古代建除家将日子分为"建"、"除"、"满"、"平"、"定"、"执"、"破"、"危"、"成"、"收"、"开"、"闭"十二类,称"十二直",又把这十二类与地支相配。有"除日不出财","开日不送丧"的说法,这里指甲子到甲戌之内的"开"、"除"二日。

[译文]

抱朴子说:"《灵宝经》说,所谓保日,是指干支的上位产生下位的日期。比如甲午、乙巳日就是这样的日子。甲属木,午属火,乙属木,巳属火,是因为火由木产生的缘故啊。还说,所谓义日,是指干支的下位产生上位的日期,比如壬申、癸酉就是这样的日子。壬属水,申属金,癸属水,酉属金,因为水是由金所产生的缘故啊。所谓制日,是指干支的上位克制下位的日期,比如戊子、已亥日就是这样的日子。戊属土,子属水,已属土,亥也属水,根据五行的规律,土克制水。所谓伐日,是指干支的下位克制上位的日期,如像甲申、乙酉日就是这样的日子。甲属木,申属金,乙也属木,酉也属金,是金克制木的缘故啊。其余的日子都与此相似,引申开去,就都可以明白了。"

抱朴子说:"进入名山,应当在甲子的开日和除日,用五色的丝织品五寸,悬挂在大石头上,就能使所求的愿望都实现。又说,进山应该知道六甲秘咒。咒语说:'临兵斗者,皆阵列前行。'一共九个字,应当经常秘密念诵,就能避开所有的灾祸了。重要的道旨不繁杂,说的就是这种咒语啊。"

抱朴子曰:"山中山精之形,如小儿而独足,走向后,喜来犯人。人入山,若夜闻人音声大语,其名曰蚑,知而呼之,即不敢犯人也。一名热内,亦可兼呼之。又有山精,如鼓赤色,亦一足,其名曰晖。又或如人,长九尺,衣裘戴笠,名曰金累。或如龙而五色赤角,名曰飞飞,见之皆以名呼之,即不敢为害也。"

抱朴子曰:"山中有大树,有能语者,非树能语也,其精名曰云阳,呼之则吉。山中夜见火光者,皆久枯木所作,勿怪也。山中夜见胡人者,铜铁之精。见秦者,百岁木之精。勿怪之,并不能为害。山水之间见吏人者,名曰四徼,呼之名即吉。山中见大蛇着冠帻者,①名曰升卿,呼之即吉。山中见吏,若但闻声不见形,呼人不止,以白石掷之则息矣;一法以苇为矛以刺之即吉。山中见鬼来唤人,求食不止者,以白茅投之即死也。山中鬼常迷惑使失道径者,以苇杖投之既死也。山中寅日,有自称虞吏者,虎也。称当路君者,狼也。称令长者,老狸也。卯日称丈人者,兔也。称东王父者,麋也。称西王母者,鹿也。辰日称雨师者,龙也。称河伯者,鱼也。称无肠公子者,蟹也。巳日称寡人者,社中蛇也。称时君者,龟也。午日称三公者,马也。称仙人者,老树也。未日称主人者,羊也。称吏者,獐也。申日称人君者,猴也。称九卿者,猿也。酉日称将军者,老鸡也。称捕贼者,雉也。戌日称人姓字者,犬也。称成阳公者,狐也。亥日称神君者,猪也。称妇人者,金玉也。子日称社君者,鼠也。称神人者,伏翼也。②丑日称书生者,牛也。但知其物名,则不能为害也。"

[注释]

①帻(zé):头巾。②伏翼:即蝙蝠。

[译文]

抱朴子说:"深山里山精的形状,像只有一只脚的小孩,走路朝着后面,喜欢侵犯人。人们进入深山,如果夜间听到有人大声说话,那它的名字叫蚑,知道了这名字并呼唤它,它就不敢来侵犯人了。它的另一个名字叫热内,也可以同时呼唤这个名字。还有的山精,形状像红色的鼓,也只有一只脚,它的名字叫晖。还有的山精像人一样,身高九尺,穿着皮衣,戴着斗笠,名字叫金累。有的山精像龙,五彩斑斓,长着红色的龙角,名字叫飞飞。看见了它们都要呼唤其名,它们就不敢来害人了。"

抱朴子说:"山里有大树,有些是能说话的,并非树本身能说话,它的精灵名叫云阳,如果呼唤它的名字就会吉利。在山里的夜晚,如果看见火光,那都是些长期干枯的树木造成的,不要感到奇怪。山里的夜晚看见了胡人,那是铜铁的精灵。看见了穿着秦朝服装的人,是百岁树木的精灵。都不要感到奇怪,并不会带来祸害。山水之间看见的小吏,名字叫四徼,呼唤它的姓名就吉利。山里看见戴着帽子和头巾的大蛇,名叫升卿,呼唤它的姓名就吉利。山中出现的小吏,如果只听到声音却看不见形貌,它不停地呼唤人,只要用白色石子投掷它就能平息;另一种方法是把苇当作矛,用来刺它就会吉利。山里看见鬼来呼唤人,不停地索要食物,用白色茅草投掷它就会立即死去。山里的鬼怪经常迷惑人,使人们迷路,用苇做的手杖投掷它们就会马上死亡。山里的寅日,如果有自称虞吏的,是老虎;自称路君的,是狼;自称令长的,是老狸。卯日自称丈人的,是兔子;自称东王父的,是麋;自称西王母的,是鹿。辰日自称雨师的,是龙;自称河伯的,是鱼;自称无肠公子的,是螃蟹。巳日自称寡人的,那是社庙中的老蛇;自称时君的,是乌龟。午日自称三公的,是马;自称仙人的,是老树。未日自称主人的,是羊;自称吏的,是獐子。申日自称人君的,是猴;自称九卿的,是猿。酉日自称将军的,是老鸡；自称捕贼的，是野鸡。戌日自称人的姓名字号的，是狗；自称成阳公的，是狐。亥日自称神君的，是猪；自称妇人的，是黄金、白玉。子日自称社君的，是老鼠；自称神人的，是蝙蝠。丑日自称书生的，是牛。只要知道它们是什么动物和它们的名字，它们就不能为害了。"

或问隐居山泽辟蛇蝮之道。抱朴子曰："昔圆丘多大蛇，又生好药，黄帝将登焉，广成子教之佩雄黄，而众蛇皆去。今带武都雄黄，色如鸡冠者五两以上，以入山林草木，则不畏蛇。蛇若中人，以少许雄黄末内疮中，亦登时愈也。蛇种虽多，唯有蝮蛇及青金蛇中人为至急，不治之，一日则煞人。人不晓治之方术者，而为此二蛇所中，即以刀割所伤疮肉以投地，其肉沸如火炙，须臾焦尽，而人得活。此蛇七八月毒盛之时，不得啮人，而其毒不泄，乃以牙啮大竹及小木，皆即燋枯。今为道士人入山，徒知大方，而不晓辟之之道，亦非小事也。未入山，当预止于家，先学作禁法，思日月及朱雀、玄武、青龙、白虎，以卫其身，乃行到山林草木中，左取三口炁闭之，以吹山草中，意思令此炁赤色如云雾，弥满数十里中。若有从人，无多少皆令罗列，以炁吹之，虽践蛇，蛇不敢动，亦略不逢见蛇也。若或见蛇，因向日左取三炁闭之，以舌柱天，以手捻都关，①又闭天门，塞地户，因以物抑蛇头而手紥之，画地作狱以盛之，亦可捉弄也。虽绕头颈，不敢啮人也。自不解禁，吐炁以吹之，亦终不得复出狱去也。若他人为蛇所中，左取三口炁以吹之，即愈不复痛。若相去十数里者，亦可遥为作炁，呼彼姓字，男祝我左手，女祝我右手，彼亦愈也。介先生法，到山中住，思作五色蛇各一头，乃闭炁以青竹及小木板屈刺之，②左徊禹步，思作吴蚣数千板，③以衣其身，乃去，终亦不逢蛇也。或以干姜、附子带之肘后，或烧牛羊鹿角薰身，或带王方平雄黄丸，④或以猪耳中垢及麝香丸著足爪甲中，皆有效也。又麝及野猪皆啖蛇，故以厌之也。又云日鸟及蠳龟，⑤亦皆啖蛇。故南人入山，皆带**蠳**龟之尾、云日之喙以辟蛇。蛇中人，刮此二物以涂其疮，亦登时愈也。云日，鸩鸟之别名也。又南人入山，皆以竹管盛活蜈蚣，蜈蚣知有蛇之地，便动作于管中，如此则详视草中，必见蛇也。大蛇丈余，身出一围者，蜈蚣见之，而能以炁禁之，蛇即死矣。蛇见蜈蚣在涯岸间，大蛇走入川谷深水底逃，其蜈蚣但浮水上禁，人见有物正青，大如线者，直下入水至蛇处，须臾蛇浮出而死。故南人因此末蜈蚣治蛇疮，皆登愈也。"

[注释]

①都关：未详。疑为鼻子的隐语。②板：当为"枝"字之误。③板：当为"枚"字之误。④王方平：王远，字方平。东汉的一名仙人。⑤蠳（yīng）龟：又名"摄龟"，能吃蛇。

[译文]

有人询问隐居深山大泽中如何躲避蝮蛇的方法。抱朴子说："从前圆丘有很多大蛇，又生长良好的药材，黄帝准备攀登这座山，广成子教他佩带雄黄，结果各种蛇都避开逃走了。如果佩带武都出产的雄黄，有颜色像鸡冠的五两以上，进入山林草莽，就不必害怕蛇了。蛇如果咬伤了人，就用少量雄黄末放入伤疤里，会马上痊愈。蛇的种类虽然多，但只有蝮蛇和青金蛇伤人最为危急，如果不及时抢救，一天就会死亡。人们如果不懂得防治它们的方法，又被这两种蛇咬伤，马上用刀割下受伤部位的肉扔在地上，那块肉就会沸腾得像火烤一样，片刻间烧焦殆尽，而人则能生存下来。这些蛇七、八两月毒性最大的时候，如果不咬人，它们的毒液不能发泄出来，就会用牙齿咬大竹子和小树木，被咬的竹子、树木马上就会枯焦。如今身为道士，进山只懂得一些大的修仙方法，而不知道躲避毒蛇的方术，也不算是小事啊。还没进山之前，应当预先在家中停留，先学禁咒的方法，存思着太阳、月亮和朱雀、玄武、青龙、白虎，用以保护自身，然后才走进山林草莽之中。向左吸取三口气，闭住，吹向山上草丛里，意念里想着让这些气化成红色的云雾一样，弥漫几十里。如果有随从的人，无论多少都让他们排列起来，用气来吹他们，如此即使脚踩到毒蛇，那蛇也不敢动，也几乎不会碰到毒蛇。如果看到了蛇，就朝太阳左方吸三口气，闭住，用舌头顶住口腔上部，用手指捏着鼻子，闭住嘴，收紧肛门，然后用东西压住蛇头，再用手围绕着蛇在地上画出一个圆圈作牢狱来囚禁它，还可捕捉玩弄蛇。即使把蛇绕在头颈上，它也不敢咬人。如果自己不解除禁咒，吐气来吹蛇，它始终不能爬出地上画的牢狱。如果是其他的人被蛇咬伤，就向左吸取三口气来吹他，马上就会痊愈不再疼痛。如果是相隔十几里的受伤者，也可以远远地吸气吹向他，呼唤他的姓名字号，如果受伤者是男的就祝咒自己的左手，是女的就祝咒自己的右手，他们也会痊愈的。介先生的方法，是到山中居住后，先想象有五色的蛇各一条，然后闭气用青竹和小树枝刺扎它们，并向左徘徊走禹步，再想象着有数千只蜈蚣，用来穿在自己身上，这才离家出发，也始终不会遇到毒蛇了。有的人用干姜和附子带在胳膊肘后，有的人焚烧牛角、羊角、鹿角熏烤自身，有的人佩带王方平雄黄丸，有的人用猪耳朵中的耳垢和麝香丸放在手、脚指甲里，这些也都有效。因为麝和野猪都吃蛇，所以用它们来镇压蛇。另外，云日鸟和蠳龟，也都吃蛇。因此南方人进山，都佩带蠳龟的尾巴、云日鸟的嘴巴来躲避蛇。蛇咬伤了人,刮这两种东西的粉末来涂抹伤口,也会马上痊愈。云日鸟是鸩鸟的别名。还有,南方人进山,都用竹管装着活蜈蚣,蜈蚣知道有蛇的地方,就会在竹管里蠕动,此时就要认真观察野草丛中,一定会发现蛇。大蛇有一丈多长、身粗超出一围的,蜈蚣见了,就能用气来禁咒它,蛇就会马上死亡。蛇如果看见蜈蚣在河岸边,大蛇就会逃进河流的深水底,而蜈蚣只是浮在水面上禁咒,人们能看见有正青色的东西,如同一根线,直接进入水中直至蛇在的地方,片刻间蛇就浮出水面而死。因此南方人把蜈蚣制成粉末治疗蛇伤,都能马上痊愈。"

或问曰:"江南山谷之间,多诸毒恶,辟之有道乎?"抱朴子答曰:"中州高原,土气清和,上国名山,了无此辈。今吴楚之野,暑湿郁蒸,虽衡、霍正岳,犹多毒蠚也。①又有短狐,一名蜮,一名射工,一名射影,其实水虫也,状如鸣蜩,状似三合杯,②有翼能飞,无目而利耳,口中有横物角弩,如闻人声,缘口中物如角弩,以气为矢,则因水而射人,中人身者即发疮,中影者亦病,而不即发疮,不晓治之者煞人。其病似大伤寒,不十日皆死。又有沙虱,水陆皆有,其新雨后及晨暮前,跋涉必著人,唯烈日草燥时,差稀耳。其大如毛发之端,初著人,便入其皮里,其所在如芒刺之状,小犯大痛,可以针挑取之,正赤如丹,著爪上行动也。若不挑之,虫钻至骨,便周行走入身,其与射工相似,皆煞人。人行有此虫之地,每还所住,辄当以火炙燎令遍身,则此虫堕地也。若带八物麝香丸,及度世丸,及护命丸,及玉壶丸、犀角丸,及七星丸,及荠苨,③皆辟沙虱、短狐也。若卒不能得此诸药者,但可带好生麝香亦佳。以雄黄大蒜等分合捣,带一丸如鸡子大者亦善。若已为所中者,可以此药涂疮亦愈。咀赤苋汁,饮之、涂之亦愈。五茄根及悬钩草、菖藤,④此三物皆可各单行,可以捣服其汁一二升。又射工虫冬天蛰于山谷间,大雪时索之,此虫所在,其雪不积留,气起如灼蒸,当掘之,不过入地一尺则得也,阴干末带之,夏天自辟射工也。若道士知一禁方及洞百禁、常存禁及守真一者,⑤则百毒不敢近之,不假用诸药也。"

[注释]

①蠚(hē):虫毒。②合(gě):容量单位。一升的十分之一。③荠苨:草药名。又名杏叶沙参。④五茄根:草药名。又名五加。悬钩草:草药名。又名山莓。菖(fú)藤:草药名。⑤一禁方、洞百禁、常存禁:均为道教禁咒方术。

[译文]

有人问道:"江南山谷之中,有多种毒物,有什么法术躲避它们吗?"抱朴子回答说:"中原地区地势高平,地气清明和融,中原的名山中,根本没有这种毒物。现在吴楚一带的荒野,暑热潮湿之气郁郁蒸腾,即使是衡山、霍山这样的正宗名山,尚且有很多毒虫。还有短狐,有一个名字叫蜮,另一个名字叫射工,或者叫射影,其实是一种水生虫子。它的形状像蝉,也像一个能盛三合的杯子,有翅膀能够飞。它没有眼睛而听力敏锐,嘴里有横的器物像牛角弓弩一样,如果听到人的声音,就会用嘴里那个像弓弩的东西,用气作箭,趁着水势来射人,射中人身人就会生疮,射中影子的也会生病,但不会马上生疮,如果不懂得医治就会死亡。这种疾病很像大伤寒病,不到十天伤者都会死。还有沙虱,水中、陆地都有,如果在刚刚下雨之后和早晨黄昏以前,跋山涉水时就一定会附着在人身上,只有在烈日下草干燥时,才稍微少些。它的大小如同毛发的尖端,一旦附着人体就会钻入皮肤,它所在的地方像芒刺一样,稍微碰到就非常疼痛,可以用针挑出来,这种虫红得像丹砂,放在指甲上会蠕动。如果不挑出来,就会钻到骨头里,到处游动而进入人的身体内,与射工很相似,都能杀死人。人们在有这种虫子的地方行走,每当回到住地,就应该用火烧烤全身,这种虫子就会掉落到地上。如果带着八物麝香丸,以及度世丸、护命丸、玉壶丸、犀角丸和七星丸、荠苨,就都能避开沙虱和短狐了。如果仓促间找不到这些药丸,只要能佩带上等的生麝香也行。用同等分量雄黄、大蒜混合捣碎,携带像鸡蛋大的一丸也很好。如果已经被咬伤的话,可以用这药物涂在伤口也能痊愈。捣碎红苋菜,挤出汁液,饮用和涂抹也能治愈。五加根和悬钩草、菖藤,这三种药物都可以单独运用,可以捣烂服用它们的汁液一至两升。另外,射工虫冬天要在山谷里冬眠,下大雪时可以找到它们,这种虫子在的地方雪不会积留,那里热气腾起像在蒸煮一样,应挖地找虫,不过掘地一尺就能找到。阴干后制成粉末携带,夏天自然能避开射工了。如果道士懂得一禁方、洞百禁和常存禁,以及持守真一的话,那么各种毒虫就不敢近身,就不必使用各种药物了。"

或问:"道士山居,栖岩庇岫,不必有绸缪之温,直使我不畏风湿,敢问其术也?"抱朴子曰:"金饼散、三阳液、昌辛丸、荤草耐冬煎、独摇膏、茵芋玄华散、秋地黄血丸,①皆不过五十日服之而止,可以十年不畏风湿。若服金丹大药,虽未升虚轻举,然体不受疾,虽当风卧湿。不能伤也。服此七药,皆谓始学道者耳。姚先生但服三阳液,便袒卧冰上,了不寒振。此皆介先生及梁有道卧石上,及秋冬当风寒,已试有验,秘法也。"

[注释]

①金饼散、三阳液、昌辛丸、荤草耐冬煎、独摇膏、茵芋玄华散、秋地黄血丸:皆为道教研制的药丸和药液。

[译文]

有人问:"道士居住在山里,栖身于山岩洞中,不用温暖的被褥,却能使自己不怕风寒潮湿,请问这样的道术是怎么回事?"抱朴子说:"金饼散、三阳液、昌辛丸、荤草耐冬煎、独摇膏、茵芋玄华散、秋地黄血丸,服食这些药物不超过五十天然后停药,就可以十年不怕风寒潮湿。如果服食金丹大药,虽然不能升上天空成仙,但身体不会受疾病侵扰,尽管是对着风口躺卧在湿地上,也不会受伤害。服食这七种药物,都是针对刚学道的人而言的,姚先生仅服食三阳液就能裸体躺卧在冰上,一点儿不会因寒冷而发抖。这些也是介先生和梁有道躺卧在石头上,以及秋冬两季能抵御风寒的原因,经过试验而有效果的,是一种秘术。"

或问涉江渡海辟蛇龙之道。抱朴子曰:"道士不得已而当游涉大川者,皆先当于水次,①破鸡子一枚,以少许粉杂香末,②合搅器水中,以自洗濯,则不畏风波蛟龙也。又佩东海小童符及制水符、蓬莱札,③皆却水中之百害也。又有六甲三金符、五木禁。④又法,临川先祝曰:'卷蓬卷蓬,⑤河伯导前辟蛟龙,万灾消灭天清明。'又《金简记》云,以五月丙午日日中,捣五石,下其铜。五石者,雄黄、丹砂、雌黄、矾石、曾青也。皆粉之,以金华池浴之,内六一神炉中鼓下之,⑥以桂木烧为之,铜成以刚炭炼之,令童男童女进火,取牡铜以为雄剑,取牝铜以为雌剑,各长五寸五分,取土之数,以厌水精也。带之以水行,则蛟龙巨鱼水神不敢近人也。欲知铜之牝牡,当令童男童女俱以水灌铜,灌铜当以在火中向赤时也,则铜自分为两段,有凸起者牡铜也,有凹陷者牝铜也,各刻名识之。欲入水,以雄者带左,以雌者带右。但乘船不身涉水者,其阳日带雄,阴日带雌。又天文大字,有北帝书,写帛而带之,亦辟风波蛟龙水虫也。"

[注释]

①水次:水滨,水边。②粉杂香:香料名。③东海小童符及制水符、蓬莱札:都是道教符箓。④六甲三金符:道教符箓。五木禁:道教气禁法术。⑤卷蓬:咒语。⑥六一神炉:用六一泥制成的炉子。六一泥,参见本书《金丹》卷注。

[译文]

有人询问渡江过海躲避蛟龙的方术。抱朴子说:"学道之士迫不得已而要横渡大河的时候,都应该先在水边敲碎一个鸡蛋,用少量粉杂香末,一起放在器皿中加水搅拌,用来洗濯自己,这样就不怕风波、蛟龙了。另外还可以佩带东海小童符、制水符和蓬莱札,就能除去水中的各种祸害了。还有六甲三金符、五木禁咒。另外一种方法是面对河水先念咒语:'卷蓬卷蓬,河伯导前辟蛟龙,万灾消灭天清明。'另外《金简记》说,在五月丙午日的中午,捣碎五种石料,放入铜液中。五种石料是雄黄、丹砂、雌黄、矾石和曾青。把它们都研制成粉末,在金华池里清洗,放进六一神炉中鼓风冶炼后倒出来,用桂木作柴来烧炼,铜炼成后,再用优质炭来烧炼,让童男童女加炭烧火。用公铜来锻造雄剑,用母铜来锻造雌剑,各自长五寸五分,合乎土的数目,用来压制水中的精怪。佩带着它们在水中行走,蛟龙、巨鱼、水神就不敢接近人了。想要知道铜的公母,应该让童男童女用水浇灌铜,浇灌应该在铜于火中将被烧红的时候,这样铜就自然地分为两段,有凸起的是公铜,有凹陷的是母铜,各自刻上字来识别。想要进入水中时,把雄剑佩带在左边,把雌剑佩带在右边。只是乘船而不用徒步涉水的,就在单日佩带雄剑,在双日佩带雌剑。还有好似天象的大字,有北帝书写的,抄写在帛上佩带着,也就能避开风波、蛟龙及水虫了。"

或问曰:辟山川庙堂百鬼之法。抱朴子曰:"道士常带天水符及上皇竹使符、老子左契及守真一思三部将军者,①鬼不敢近人也。其次则论《百鬼录》,知天下鬼之名字,及《白泽图》《九鼎记》,则众鬼自却。其次服鹑子赤石丸及曾青夜光散,及葱实乌眼丸,及吞白石英祇母散,②皆令人见鬼,即鬼畏之矣。"

抱朴子曰:"有老君黄庭中胎四十九真秘符,入山林,以甲寅日丹书白素,夜置案中,向北斗祭之,以酒脯各少少,自说姓名,再拜受取,内衣领中,辟山川百鬼万精、虎狼虫毒也。何必道士,乱世避难入山林,亦宜知此法也。"

[注释]

①天水符及上皇竹使符、老子左契：均为道教符箓。思三部将军者：道教的存思法。②鹑子赤石丸、曾青夜光散、葱实乌眼丸、白石英祇母散：皆为道教炼制的药物。

[译文]

有人询问躲避山川、庙堂里各种鬼怪的方法。抱朴子说："道士经常佩带天水符及上皇竹使符、老子左契，以及守真一、存思三部将军，鬼怪就不敢接近人了。其次要学习《百鬼录》，知道天下鬼的名字，以及《白泽图》《九鼎记》，众鬼就自己躲开了。再次可以服食鹑子赤石丸和曾青夜光散、葱实乌眼丸，还可以服食白石英祇母散，也都能使人看见鬼怪，而鬼怪就会害怕人了。"

抱朴子说："有老君黄庭中胎四十九真秘符，想进入山林，在甲寅那天用红色颜料把这个符画在白色的丝绸上，夜晚放在几案上，面向北斗星祭祀，放上少许酒和干肉，说出自己的姓名，拜两拜后拿起丝绸，放入衣领里，就能躲避山川的各种鬼怪妖精、虎狼、虫毒了。不只是道士，乱世里躲避灾难进入深山老林的人，也应该知道这些方法。"

入山符：

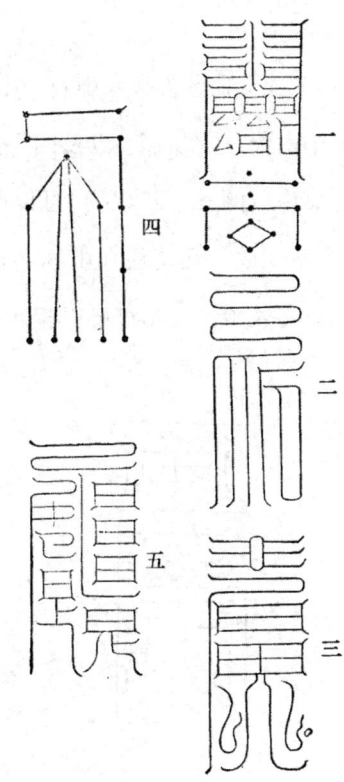

抱朴子曰："上五符，皆老君入山符也。以丹书桃板上，大书其文字，令弥满板上，以著门户上，及四方四隅，及所道侧要处，去所住处五十步内，辟山精鬼魅。户内梁柱，皆可施安。凡人居山林及暂入山，皆可用，即众物不敢害也。三符以相连著一板上。意谓尔非葛氏。"①

[注释]

①意谓尔非葛氏：据孙星衍考证，此六字当为附注之语而误入正文。

[译文]

入山符：

抱朴子说："以上五种符箓，都是老君入山符，用红色颜料写在桃木板上，要写得很大以布满整个木板，挂在门上，以及四个方向的角落，还有行走的路边和重要的地方，距离住所的五十步以内，可以避开山上的精灵鬼怪。大门内、梁柱上，都可以张贴安放。凡是住在山林和暂时入山的人，都可以使用，这样各种精怪就不敢害人了。三张符可以相连画在一块板子上。"

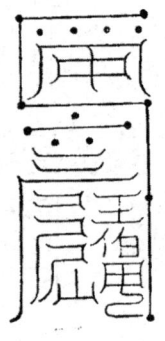

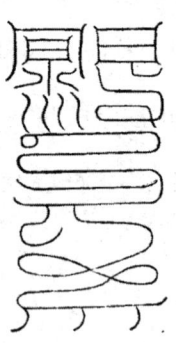

抱朴子曰："此符亦是老君入山符，户内梁柱皆可施。凡人居山林及暂入山，皆宜用之也。"

[译文]

抱朴子说:"这些符也是老君入山符,在门内、梁柱上都可以张贴。凡是在山林中居住和暂时进山的人,都适合使用。"

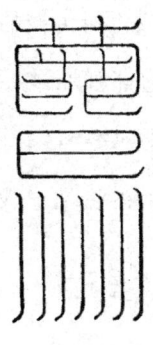

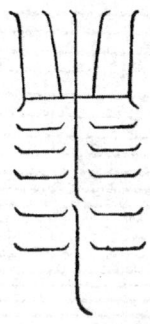

抱朴子曰:"此是仙人陈安世所授入山辟虎狼符,以丹书绢二符,各异之。常带著所住之处,各四枚。移涉当拔收之以去,大神秘也。开山符以千岁虆名山之门,①开宝书古文金玉,皆见秘之。右一法如此,大同小异。"

[注释]

① 藟(léi)：藤蔓。

[译文]

抱朴子说："这些是仙人陈安世所传授的入山避虎狼符，用红色颜料把这两个符写画在不同的绢上。经常佩带或贴在住处，各自需要四张。搬迁时应取下来带走，这是很神秘的符箓啊。开山符要用千年古藤系在名山的大门上，打开宝书，可以按照上面的古文记载找到金玉，看到的内容应该保密。上面的方法都如此，大同小异。"

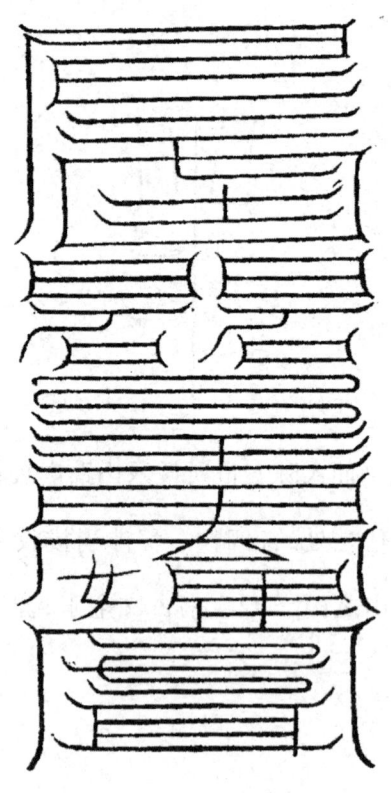

抱朴子曰："此符是老君所戴,百鬼及蛇蝮、虎狼神印也。以枣心木方二寸刻之,再拜而带之,甚有神效。仙人陈安世符也。"

[译文]

抱朴子说："这个符是太上老君所佩带的,是对付各种鬼怪和蝮蛇、虎狼的神印。用二寸见方的枣心木刻制而成,拜两拜后再佩带,非常有神效。这也是陈安世用过的符。"

入山佩带符:

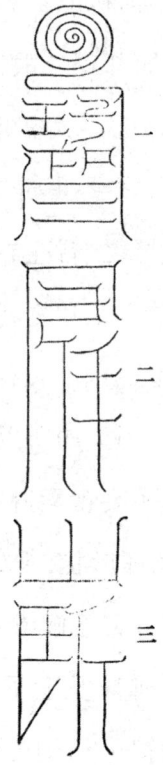

此三符,兼同著牛马屋左右前后及猪栏上,辟虎狼也。

[译文]

入山佩带符：

这三个符，同时张贴在牛马棚的左右前后以及猪圈上，能够避开虎狼。

或问曰："昔闻谈昌，①或步行水上，或久居水中，以何法乎？"抱朴子曰："以葱涕和桂，服如梧桐子大七丸，日三服，至三年，则能行水上也。郑君言但习闭气至千息，②久久则能居水中一日许。得真通天犀角三寸以上，刻以为鱼，而衔之以入水，水常为人开，方三尺，可得炁息水中。又通天犀角有一赤理如线，有自本彻末，以角盛米置群鸡中，鸡欲啄之，未至数寸，即惊却退。故南人或名通天犀为骇鸡犀。以此犀角著谷积上，百鸟不敢集。大雾重露之夜，以置中庭，终不沾濡也。此犀兽在深山中，晦冥之夕，其光正赫然如炬火也。以其角为叉导，③毒药为汤，以此叉导搅之，皆生白沫涌起，则了无复毒势也。以搅无毒物，则无沫起也。故以是知之者也。若行异域有蛊毒之乡，每于他家饮食，则常先以犀搅之也。人有为毒箭所中欲死，以此犀叉刺疮中，其疮即沫出而愈也。通天犀所以能煞毒者，其为兽专食百草之有毒者，及众木有刺棘者，不妄食柔滑之草木也。岁一解角于山中石间，人或得之，则须刻木色理形状，令如其角以代之，犀不能觉，后年辄更解角著其处也。他犀亦辟恶解毒耳，然不能如通天者之妙也。或食六戊符千日，或以赤班蜘蛛及七重水马，④以合冯夷水仙丸服之，⑤则亦可以居水中，只以涂跖下，则可以步行水上也。头垢犹足以使金铁浮水，⑥况妙于兹乎？"

[注释]

①谈昌:人名。②千息:一千次呼吸。③叉导:一种叉形器具。④赤班蜘蛛:蜘蛛的一种。七重水马:七种水马。水马,水虫名。⑤冯夷水仙丸:道教药丸名。⑥头垢犹足以使金铁浮水:《淮南万毕术》说:"首泽浮针。取头中垢以涂针,塞其孔,置水即浮。"

[译文]

有人问道:"听说从前有个叫谈昌的人,有时能在水面上步行,有时长期居住于水中,他用的是什么方法呢?"抱朴子说:"用葱液调和桂皮,服食如同梧桐子大小的七粒,每天三次,服食三年,就能在水上行走。郑先生说,只要练习闭住气息能够达到上千次呼吸的时间,长期练习就能在水里停留一天左右。如果能得到真正的三寸以上的通天犀牛角,刻削成鱼的模样,含在口中进入水里,水就常常为人让开方圆三尺的空间,可以在水里得到空气。另外,通天犀角上有一条像线一样的红色纹理,从根部一直到末端。用这种角装米放在鸡群中,鸡想啄米,距离米几寸时,就会受惊而退去。因此有的南方人把通天犀叫作骇鸡犀。把这种犀角放在谷堆上,各种鸟儿就不敢落下来。在雾大而露多的夜晚,把它放在庭院中间,始终不会沾湿。这种犀牛生活在深山里,在黑暗的夜晚,它的光芒像火炬一样。用它的角做成叉导,如果汤中有毒药,用这种叉导搅拌,就会有白沫涌出,而汤里的毒性就完全没有了。用它来搅没有毒的食物,就没有白沫涌出,因此就可以知道食物中是否有毒了。如果到了有用毒药害人的异地他乡,每次到别人家吃饭,可以用犀叉先搅拌食物。有人被毒箭射中,即将死亡,用这种犀叉刺入创伤处,伤口马上有白沫涌出,而后就痊愈。通天犀之所以能杀灭毒素,是因为这种野兽专门吃各种毒草，以及各种带刺的树木，而从不随便吃柔软嫩滑的草木。它每年在山间石头中脱一次角，如果有人找到了，就必须刻制颜色、纹理、形状都像犀角的木头，放在那里代替犀角，犀牛不能发觉，以后每年都到此处脱角。其他的犀牛也能避开邪恶，化解毒素，但不如通天犀效果神奇。有人服食六戊符一千天，有人用赤斑蜘蛛和七种水马调和冯夷水仙丸服食，也可以居住在水里。如果只用来涂脚掌，就可以在水面上行走了。头上的污垢尚且能使金属铁器浮在水面上，何况比这更奇妙的东西呢？"

或问："为道者多在山林，山林多虎狼之害也，何以辟之？"抱朴子曰："古之人入山者，皆佩黄神越章之印，①其广四寸，其字一百二十，以封泥著所住之四方各百步，则虎狼不敢近其内也。行见新虎迹，以印顺印之，虎即去；以印逆印之，虎即还。带此印以行山林，亦不畏虎狼也。不但只辟虎狼，若有山川社庙血食恶神能作福祸者，以印封泥，断其道路，则不复能神矣。昔石头水有大鼋，②常在一深潭中，人因名此潭为鼋潭。此物能作鬼魅，行病于人。吴有道士戴昺者，偶视之，以越章封泥作数百封，乘舟以此封泥遍掷潭中，良久，有大鼋径长丈余，浮出不敢动，乃格煞之，而病者并愈也。又有小鼋出，罗列死于渚上甚多。③山中卒逢虎，便作三五禁，虎亦即却去。三五禁法，当须口传，笔不能委曲矣。一法，直思吾身为朱鸟，令长三丈，而立来虎头上，因即闭气，虎即去。若暮宿山中者，密取头上钗，闭炁以刺白虎上，则亦无所畏。又法，以左手持刀闭炁，画地作方，祝曰，恒山之阴，太山之阳，盗贼不起，虎狼不行，城郭不完，闭以金关，因以刀横旬日中白虎上，亦无所畏也。或用大禁，吞三百六十气，左取右以叱虎，虎亦不敢起。以此法入山,亦不畏虎。或用七星虎步,④及玉神符、八威五胜符、李耳太平符、中黄华盖印文,及石流黄散,烧牛羊角,或立西岳公禁山符,皆有验也。阙此四符也。

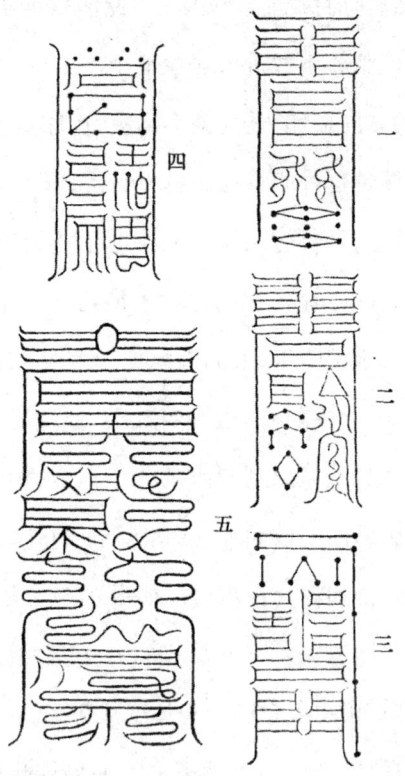

"此符是老君入山符,下说如文。又可户内梁柱皆施之。凡人居山林及暂入,皆可用之。"

[注释]

①黄神越章之印:道教用来镇邪的印章。②石头:地名。在今江西南昌北。③渚(zhǔ):水中的陆地。④七星虎步:道教方术之一。

[译文]

有人问:"修道的人大多住在深山老林中,山林中有很多虎狼的危害。用什么办法来避开呢?"抱朴子说:"古代的人进入深山时,都佩带黄神越章之印,印宽四寸,上面有一百二十个文字,用此印章加盖过的泥放在居住地的四方各一百步处,虎狼就不敢进入居住地了。出行发现新的老虎脚印时,用印章顺着老虎去的方向盖印,老虎就会离去;用印章逆着老虎去的方向盖印,老虎就会回来。佩带这种印章在山林里行走,就不必害怕虎狼了。这种印章不仅能使虎狼躲避,如果有山川社庙中吃血肉、作威作福的恶神,用印章盖的泥断掉它们出入的道路,它们也就不能再作祟了。从前石头那里的水中有大鼋,经常出没于深潭里,人们因此把这个潭叫鼋潭。这只大鼋能变成鬼魅,给人带来疾病。吴郡有个道士叫戴昞,偶然看见了它,就用越章盖泥数百枚,乘船把这些封泥抛掷到潭水的各个地方,很长时间后,有一只直径一丈多的大鼋,浮出水面不敢动弹,戴昞就打死了它,而病人也都痊愈了。接着有很多小鼋浮出,排列着死在水边。如果在山里突然碰到老虎,就发出三五禁咒,老虎就会立即退去。三五禁咒的方法,必须亲口传授,无法详尽写出。另一种方法是直接想象自己的身体变成朱雀,让它有三丈长,站立在老虎头上,随即屏住呼吸,老虎马上就离去。如果夜晚住在山里,就悄悄取下头上的钗子,屏住气想象着刺在白虎身上,就无所畏惧了。另一种方法是用左手握着刀,屏住气,在地上画个方形,念咒说,恒山的北面,太山的南面,盗贼不兴起,虎狼不横行,城郭如不完整,就用金关锁闭,并在想象中用刀横放在白虎的头上十天,也就无所畏惧了。有人用大禁咒,吞咽三百六十口气,从左边吸取,向右边呵斥老虎,老虎也就不敢起身了。使用这种法术进入深山,也就不害怕老虎了。或者用七星虎步,以及玉神符、八威五胜符、李耳太平符、中黄华盖印文,以及石硫黄散,烧牛、羊角,或者竖立西岳公禁山符，都有效验。只是这四种符箓失传了。"

"这些符是老君入山符，下面的说明如上文。还可在屋内梁柱上都张贴。凡是人们居住山林或者暂时进山，都可以应用它们。"

卷十八　地真

[题解]

地真，指生活在地上的真人。本卷主要介绍了修炼地真的方法，即"守一"。"一"为道教教义的重要概念，源于先秦道家。老子所说的"一"，就是"道"的另一种表达。本卷论述了"一"的重要性，探讨了"守一"的方法和效用。

抱朴子曰："余闻之师云，人能知一，万事毕。知一者，无一之不知也。不知一者，无一之能知也。道起于一，其贵无偶，各居一处，以象天地人，故曰三一也。天得一以清，地得一以宁，人得一以生，神得一以灵。①金沉羽浮，山峙川流，视之不见，听之不闻，存之则在，忽之则亡，向之则吉，背之则凶，保之则遐祚罔极，②失之则命雕气穷。老君曰，忽兮恍兮，其中有象；恍兮忽兮，其中有物。一之谓也。故仙经曰：'子欲长生，守一当明；思一至饥，一与之粮；思一至渴，一与之浆。'一有姓字服色，男长九分，女长六分，或在脐下二寸四分下丹田中，或在心下绛宫金阙中丹田也，或在人两眉间，却行一寸为明堂，二寸为洞房，三寸为上丹田也。此乃是道家所重，世世歃血口传其姓名耳。一能成阴生阳，推步寒暑。春得一以发，夏得一以长，秋得一以收,冬得一以藏。其大不可以六合阶,③其小不可以毫芒比也。昔黄帝东到青丘,④过风山,⑤见紫府先生,⑥受《三皇内文》,以劾召万神;南到圆陇阴建木,⑦观百灵之所登,采若乾之华、饮丹峦之水;⑧西见中黄子,⑨受《九加之方》,过崆峒,⑩从广成子受《自然之经》;北到洪堤,⑪上具茨,⑫见大隗君、黄盖童子,⑬受《神芝图》,还陟王屋,⑭得《神丹金诀记》。到峨眉山,见天真皇人于玉堂,请问真一之道。皇人曰,子既君四海,欲复求长生,不亦贪乎?其相覆不可具说,粗举一隅耳。夫长生仙方,则唯有金丹;守形却恶,则独有真一,故古人尤重也。仙经曰:'九转丹,金液经,守一诀,皆在昆仑五城之内,⑮藏以玉函,刻以金札,封以紫泥,印以中章焉。'吾闻之于先师曰,一在北极大渊之中,⑯前有明堂,⑰后有绛宫;⑱巍巍华盖,⑲金楼穹隆;⑳左罡右魁,㉑激波扬空;玄芝被崖,㉒朱草蒙珑;㉓白玉嵯峨,㉔日月垂光;㉕历火过水,㉖经玄涉黄,㉗城阙交错,㉘帷帐琳琅,㉙龙虎列卫,神人在傍;不施不与,一安其所;不迟不疾,一安其室;能暇能豫,一乃不去;守一存真,乃能通神;少欲约食,一乃留息;白刃临颈,思一得生;知一不难,难在于终;守之不失,可以无穷;陆辟恶兽,水却蛟龙;不畏魍魉,挟毒之虫;鬼不敢近,刃不敢中。此真一之大略也。"

[注释]

①"天得一以清"四句:出自《老子》三十九章。②遐:长久。祚:福分。罔极:无极。③六合:上下四方,指整个宇宙。阶:阶梯。④青丘:传说中神仙居住的地方。⑤风山:传说中的仙山。⑥紫府先生:神仙名。⑦圆陇:传说中的山名。建木:神树名。⑧若乾:植物名。丹峦:传说中的山名。⑨中

黄子：神仙名。又叫中黄真人。⑩崆峒：山名。在今甘肃境内。⑪洪堤：传说中的地名。⑫具茨：山名。在今河南境内。⑬大隗君、黄盖童子：得道的高士。⑭王屋：山名。在今河南境内。⑮昆仑：传说中的仙山名。⑯北极大渊：内丹术术语。指丹田。⑰明堂：内丹术术语。指两眉之间入内一寸的地方。⑱绛宫：内丹术术语。指心脏。⑲华盖：内丹术术语。指肺。⑳金楼：当即"重楼"。内丹术术语。指喉咙。㉑左罡右魁：罡、魁，本为北辰星名。在内丹术中，把肾比喻为"北辰"。㉒玄芝：喻指人的黑色头发。㉓朱草：喻指毛细血管。㉔白玉：内丹术中指牙齿。㉕日月：内丹术中指两眼。㉖火、水：内丹术中指人体内的精气神。㉗玄、黄：内丹术中指人的身体。㉘城阙：泛指内脏。㉙帷帐：泛指内脏。

[译文]

抱朴子说："我听老师说，人们如果了解一，万事就都了解了。如果了解了一，就没有一种事物不了解的。如果不了解一，那就没有一种事物能了解。大道起源于一，它高贵得无与伦比，万物之道各自居于一处，从而形成天、地、人各种形象，因此称为三一。上天得到一就清明，大地得到一就安宁，人类得到一就能生存，神明得到一才威灵。金属下沉、羽毛浮起，山岳耸峙、山河流淌，人们看不到一的形象，听不到一的声音。依附它就生存，忽略它就灭亡；顺应它就吉祥，违背它就凶险；持守它就有无尽的福分，失去它就会气尽神亡。太上老君说，惚惚恍恍，其中却有形象；恍恍惚惚，其中却有实物。说的就是一啊！所以仙经说：'您要想长生，应当明确守一；最饿时存思守一，一会给您粮食；最渴时存思守一，一会给您饮水。'一有姓名、字号、服饰、颜色，男的高九分，女的高六分，有时在肚脐下面两寸四分的下丹田穴中，有时在心脏下绛宫、金阙的中丹田中，有时在人的两眉之间，退进去一寸的地方叫明堂，两寸叫洞房，三寸叫上丹田。这些是道家特别看重的，一代一代地歃血为盟后，才能口耳相传它们的姓名。一能够生成阴阳，使寒暑交替运行。春天得到一能使万物生发，夏天得到一能使万物成长，秋天得到一能使万物得以收获，冬日得到一能使万物储藏。论其大，整个宇宙也比不上它的大；论其小，毫毛、麦芒也比不上它的小。从前黄帝往东到了青丘，经过风山，拜见了紫府先生，接受了《三皇内文》，用它来斥退和召唤众多神明；又往南到了圆陇，坐在建木树荫下，观察各种精灵登天的情况，还采集若干的花，饮用丹峦的水；又往西参见了中黄真人，接受了《九加之方》，经过崆峒山，从广成子那里接受了《自然之经》；再往北到了洪堤，登上了具茨山，拜见大隗君和黄盖童子，接受了《神芝图》；回来时登上了王屋山，获得了《神丹金诀记》。到峨眉山，在玉堂上见到了天真皇人，请教真一之道。皇人说，先生身为天下的君主，还想追求长生不死，岂不是太贪心了吗？当君主和求长生相互矛盾，不能详细说清，只能粗略谈谈罢了。关于长生不死的成仙方术，唯一的办法就是服食金丹；而保护身体、除去邪恶，就只有守一了，因此古人特别重视守一。仙经说：'九转仙丹、金液经典、守一的诀窍，都藏在昆仑五城之中，装在玉匣子中，刻在金简上，用紫色泥封存，上面加盖了中章印。'我听先师说，一就在北极大渊之中，前面有明堂，后面有绛宫；华盖巍峨，金楼高耸；左边有罡星，右边有魁星，还有激扬的波涛飞腾天空；黑色的灵芝覆盖山峰，鲜红的仙草葱葱茏茏；白玉高高峙立，日月向下发光；周游于水火之间，上下于天地之中；城墙宫阙交相错杂，重重帷帐美不胜收；龙虎排列守卫，神仙一旁护守。无欲无为，一就安守其所；不慢不快，一就安居其室；能娴静愉悦，一就不会离去；持守着一，保全真性，就能沟通神灵；寡欲节食，一就能在此停留；当利刃放在脖子上的危急时刻，存思一能获得生命；懂得一并不困难，难在始终坚持；保持着一而不要失去，生命可以无尽无穷；在陆地上能使猛兽躲避,在水里能使蛟龙退却;不用害怕魍魉和各种毒虫;鬼怪不敢接近,利刃不能伤害。这就是一的大概情况。"

抱朴子曰:"吾闻之于师云,道术诸经,所思存念作,可以却恶防身者,乃有数千法。如含影藏形,①及守形无生,②九变、十二化、二十四生等,思见身中诸神,而内视令见之法,不可胜计,亦各有效也。然或乃思作数千物以自卫,率多烦难,足以大劳人意。若知守一之道,则一切除弃此辈,故曰能知一则万事毕者也。受真一口诀,皆有明文,歃白牲之血,以王相之日受之,以白绢白银为约,克金契而分之,③轻说妄传,其神不行也。人能守一,一亦守人。所以白刃无所措其锐,百害无所容其凶,居败能成,在危独安也。若在鬼庙之中,山林之下,大疫之地,冢墓之间,虎狼之薮,蛇蝮之处,守一不怠,众恶远迸。若忽偶忘守一,而为百鬼所害,或卧而魇者,即出中庭视辅星,④握固守一,鬼即去矣。若夫阴雨者,但止室中,向北思见辅星而已。若为兵寇所围,无复生地,急入六甲阴中,⑤伏而守一,则五兵不能犯之也。能守一者,行万里,入军旅,涉大川,不须卜日择时;起工移徙,入新屋舍,皆不复按堪舆星历,而不避太岁、太阴将军、月建煞耗之神,年命之忌,终不复值殃咎也。先贤历试有验之道也。"

[注释]

①含影藏形:指隐身术。②守形无生:思守形体从而不生杂念。③分之:古代订立契约后,双方各执一半,作为凭证。④辅星:北斗第四颗星旁边的一颗小星。⑤六甲阴中:古人用天干、地支相配计算时日,其中甲子、甲

戌、甲申、甲午、甲辰、甲寅六天带有"甲"字的日子,叫作"六甲"。在用十二地支纪日时,其中的单数日为阳日,双数日为阴日。这里当指六甲日中的阴日所代表的方位。

[译文]

  抱朴子说:"我听老师说,介绍各种道术的众多经籍,介绍了存思、念咒、作法,能够用来避开邪恶、防卫自己的方法,就有数千种。如隐身术,以及守护形体而不生杂念,九种变化、十二类幻化、二十四般再生术等,以及存念并看见体内的各种神灵,或通过内视使这些神灵显现的方法,数不胜数,也都各有效果。但如果想学习几千种方法来自卫,也太麻烦困难了,足以使人精神疲倦。如果懂得持守一的方法,就可以抛弃不使用那些法术了,所以说能守一则万事大吉。学习守一的口诀,有明文记载,要用白色牲畜歃血为盟,在吉日传授,用纯洁的白帛、白银作为券约,刻写在黄金上,一分为二,双方各执一半。如果随便传授,就没有神奇的效力了。人如果能持守着一,一也就能守着人。这就是利刃无法施展它的锋利,各种害人之物无法施展它们的凶恶,处于败局却能成功,身在危险中却能独自安全的原因。如果在有鬼的庙宇中,在深山老林里,在瘟疫流行的地区,在坟墓之间,在虎狼横行的山泽,在毒蛇出没的地方,能持守一不懈怠,各种邪恶都会远远逃开。如果偶尔忽略,忘记了守一,而受到各种鬼怪的伤害,或者躺卧睡觉时被鬼迷住,就走出房间到庭院中仰视辅星,紧握拳头保持守一,鬼怪马上就会离去了。至于天阴下雨时,只需留在房间里,向北面存思辅星就可以了。如果被敌兵贼寇围困,没有活路,就赶快进入六甲阴中的方位,趴下守一,这样各种兵器就都不能伤害了。能够持守一的人,行走万里、进入军队、横渡大河,都不必占卜日期、选择时辰;动工修建、搬家迁徙、入住新房等,都不必依照堪舆、星历行事,也不用躲避太岁、太阴将军及月建煞耗等凶神,以及出生年月、命运等忌讳,最终也不会碰到灾祸。这是先哲们已经试验过、行之有效的法术。"

抱朴子曰:"玄一之道,亦要法也。无所不辟,与真一同功。吾《内篇》第一名之为《畅玄》者,正以此也。守玄一复易于守真一。① 真一有姓字长短服色,此玄一但自见之。初求之于日中,所谓知白守黑,② 欲死不得者也。然先当百日洁斋,乃可候求得之耳,亦不过三四日得之,得之守之,则不复去矣。守玄一,并思其身,分为三人,三人已见,又转益之,可至数十人,皆如己身,隐之显之,皆自有口诀,此所谓分形之道。左君及蓟子训、葛仙公所以能一日至数十处,及有客座上,有一主人与客语,门中又有一主人迎客,而水侧又有一主人投钓,宾不能别何者为真主人也。师言守一兼修明镜,③ 其镜道成则能分形为数十人,衣服面貌,皆如一也。"

抱朴子曰:"师言欲长生,当勤服大药;欲得通神,当金水分形。④ 形分则自见其身中之三魂七魄,而天灵地祇,皆可接见,山川之神,皆可使役也。"

[注释]

① 玄一、真一:都是"道"的代名词。葛洪认为守玄一,主要是存思自身,可以达到分身的效果;而"真一"则有自己的姓名、字号等,是被神化的、人格化的神灵。② 知白守黑:出自《老子》二十八章,"知其白,守其黑"。却不同于老子中的"黑"、"白"义。这里"白"指白天,把"黑"解释为"玄一"。

③明镜:即分身术。④金水分形:即分身术。

[译文]

抱朴子说:"玄一的方术,也是很重要的。它没有什么邪恶不能避开,与真一的功效相同。我把《抱朴子内篇》第一篇命名为《畅玄》,正是因为这个缘故。持守玄一比持守真一容易些。真一有自己的姓名、字号、高矮、服饰、颜色等,而玄一只有自己才能体会。开始要在中午修炼,所谓知道白天持守玄一,就是自己想死都不可能。然后要先洁身斋戒一百天才可以修习,不过三四天就能得到玄一。一旦得到玄一就要持守着它,不会再离去了。持守玄一时,要一起存思自身,将自身分为三个人,如果三人都已出现了,再进一步增加人数,可以达到几十个人,而且都与自己一样。要他们隐藏或显现,都有自己的口诀,这就是所谓的分身术。这就是左慈先生和蓟子训、葛仙公之所以能一天同时到几十个地方的原因。比如有客人在座位上,有一个主人同他谈话,门内又有一个主人在迎接别的客人,而水边又有一个主人在垂钓,客人们也弄不清到底哪一个是真正的主人。老师说持守玄一并且兼修明镜术,明镜术学成,就能分身为几十个人,但衣服、样貌却都一样。"

抱朴子说:"老师说想要长生不死,应当勤于服食金丹大药;想要沟通神灵,就要学会分身术。形体分离就能看见自己身体中的三魂七魄,而天上的神灵和地下的仙祇,都可以接触见面,山川的神灵,也都可役使了。"

抱朴子曰:"生可惜也,死可畏也。然长生养性辟死者,亦未有不始于勤,而终成于久视也。道成之后,略无所为也。未成之间,无不为也。采掘草木之药,劬劳山泽之中,①煎饵治作,皆用筋力,登危涉险,夙夜不怠,非有至志,不能久也。及欲金丹成而升天,然其大药物,皆用钱直,不可卒办。当复由于耕牧商贩以索资,累年积勤,然后可合。及于合作之日,当复斋洁清净,断绝人事。有诸不易,而当复加之以思神守一,却恶卫身,常如人君之治国,戎将之待敌,乃可为得长生之功也。以聪明大智,任经世济俗之器,而修此事,乃可必得耳。浅近庸人,虽有志好,不能克终矣。故一人之身,一国之象也。胸腹之位,犹宫室也。四肢之列,犹郊境也。骨节之分,犹百官也。神犹君也,血犹臣也,气犹民也。故知治身,则能治国也。夫爱其民所以安其国,养其气所以全其身。民散则国亡,气竭即身死,死者不可生也,亡者不可存也。是以至人消未起之患,治未病之疾,医之于无事之前,不追之于既逝之后。民难养而易危也,气难清而易浊也。故审威德所以保社稷,割嗜欲所以固血气。然后真一存焉,三七守焉,②百害却焉,年命延矣。"

抱朴子曰:"师言服金丹大药,虽未去世,③百邪不近也。若但服草木及小小饵八石,适可令疾除命益耳,不足以禳外来之祸也。或为鬼所冒犯,或为大山神之所轻凌,或为精魅所侵犯,唯有守真一,可以一切不畏此辈也。次则有带神符。若了不知此二事以求长生,危矣哉。四门而闭其三,盗犹得入,况尽开者邪?"

[注释]

①劬(qú):辛劳。②三七:指三魂七魄。③去世:离世成仙。

[译文]

抱朴子说:"生命是应该珍惜的,死亡是值得畏惧的。而追求长生不死、养护性命、避开死亡的人，无不是在开始时辛勤，而最终才成就长生的。修道成功后，就没有什么需要做了。但在修道没有成功之前，无论如何辛苦都要坚持。要采集挖掘草木药物，在深山大泽里辛劳，煎熬炼制药物，都要花费力气，攀登跋涉于危险的地方，早晚都不能懈怠。如果不是有坚定的志向，就不能长久坚持。要想炼成金丹而升天成仙，一些重要的药物都要花费钱财，不可能在短时间内备齐。应当通过种地、放牧、经商、贩卖去筹集资金，长年不断地勤于积累，然后才能够炼制金丹。到了炼制金丹的那天，还应洁身斋戒、清静恬淡，断绝人事往来。炼制金丹有诸多的困难，而且还要思神守一，以便退却邪恶而保护自身，就像国君治理国家，武将面临敌兵一样，才可以求得长生不死的功效。以聪明的大智慧承担治国济世大任的人才，如果修炼仙道，一定能够成功。而浅薄平庸的人，虽然有志向、爱好长生，也不能坚持到最后。每一个人的身体，就好比一个国家的情况。胸膛、腹部的位置好比宫室，四肢的排列好比四郊边境，不同的骨节好比各种官员，精神好比国君，血液好比大臣，精气好比百姓。因此懂得修养身体，就能治理好国家。爱护百姓用来安定国家，修养自己的精气以保全自身。百姓离散就会导致国家灭亡，精气枯竭就会使自己死亡。死去的人不能复生，败亡的国家不能复存。因此最明智的人能消除还没有发生的忧患，治疗还没有成大病的小疾，在身体没出大病之前就医治，而不在死亡之后追悔。百姓难以安抚却容易骚乱，精气难以清新却容易污浊。所以重视使用威严和恩德来保全国家，割舍嗜好贪欲来坚固血脉精气。然后持守真一，才能守护三魂七魄。避开各种危害，寿命就延长了。"

抱朴子说："老师说服食金丹大药，即使还没有离世升仙，却能使各种邪恶不敢近身。如果只是服食草木和很少的八种石药，只能使疾病痊愈，寿命延长而已，不足以攘除外来的灾祸。有时会被鬼怪冒犯，有时会被大山里的神灵轻慢欺凌，有时会被妖精侵犯。只有守真一，才能够不畏惧所有的灾祸。其次就是佩带符箓。如果完全不懂这两件事而去追求长生不死，就太危险了！四个门关闭了三个，盗贼还能进来，何况所有的门都敞开呢?"

卷十九　遐览

[题解]

遐览,即博览。本卷主要介绍道教典籍的情况。

或曰:"鄙人面墙,①拘系儒教,独知有五经、三史、百氏之言,②及浮华之诗赋,无益之短文,尽思守此,既有年矣。既生值多难之运,乱靡有定,干戈戚扬,③艺文不贵,④徒消工夫,苦意极思,攻微索隐,竟不能禄在其中,免此垄亩;又有损于精思,无益于年命,二毛告暮,⑤素志衰颓,正欲反迷,以寻生道,仓卒罔极,无所趋向,若涉大川,不知攸济。先生既穷观坟典,又兼综奇秘,不审道书,凡有几卷,愿告篇目。"

[注释]

①面墙:面向墙壁。比喻见识狭窄。②五经:指《易》《书》《诗》《礼》《春秋》。三史:指《史记》《汉书》《东观汉记》。③干戈戚扬:盾、戈、斧齐举。指战争兴起。④艺文:指学术。⑤二毛:指头发花白。

[译文]

有人说:"我就像面对着墙壁一样寡闻,拘泥于儒家学说,只知道有五经、三史和百家言论，以及浮华的诗赋，没有益处的短文，在这些书籍中用尽心思，已经有些年头了。而此生偏遇上多灾多难的命运，动乱不止，战争不断，文章学术不受重视，白白地浪费了工夫，苦苦思索，仔细地探究其中的微妙道理，却不能以此获得官位俸禄，免于耕田种地；而且损害了精神，对寿命没有补益，花白的头发预示着暮年的到来，以前的志向已经衰颓，正想迷途知返，去寻找长生之道，可仓促面对这无穷的世界，却不知道应该走向何方，就像要横渡大河，却不知渡河的办法一样。先生既然阅览了古代典籍，又综观奇文秘术，我不知道有关道术的书籍共有多少卷，希望您告诉我这些书籍的篇目。"

抱朴子曰："余亦与子同斯疾者也。昔者幸遇明师郑君，但恨弟子不慧，不足以钻至坚、极弥高耳。于时虽充门人之洒扫，既才识短浅，又年尚少壮，意思不专，俗情未尽，不能大有所得，以为巨恨耳。郑君时年出八十，先发鬓班白，数年间又黑，颜色丰悦，能引强弩射百步，步行日数百里，饮酒二斗不醉。每上山，体力轻便，登危越险，年少追之，多所不及。饮食与凡人不异，不见其绝谷。余问先随之弟子黄章，言郑君尝从豫章还，①于掘沟浦中，连值大风。又闻前多劫贼，同侣攀留郑君，以须后伴，人人皆以粮少，郑君推米以恤诸人，己不复食，五十日亦不饥。又不见其所施为，不知以何事也。火下细书，过少年人。性解音律，善鼓琴，闲坐，侍坐数人，口答咨问，言不辍响，而耳并料听左右操弦者，教遣长短，无毫厘差过也。余晚充郑君门人，请见方书，告余曰：'要道不过尺素上，足以度世，不用多也。然博涉之后，远胜于不见矣。既悟人意，又可得浅近之术，以防初学未成者诸患也。'乃先以道家训教戒书不要者近百卷,稍稍示余。余亦多所先见,先见者颇以其中疑事咨问之。郑君言:'君有甄事之才,[2]可教也。然君所知者,虽多未精,又意在于外学,不能专一,未中以经深涉远耳,今自当以佳书相示也。'又许渐得短书缣素所写者,积年之中,合集所见,当出二百许卷,终不可得也。他弟子皆亲仆使之役,采薪耕田,唯余尪羸,不堪他劳,然无以自效,常亲扫除,拂拭床几,磨墨执烛,及与郑君缮写故书而已。见待余同于先进者,语余曰:'杂道书卷卷有佳事,但当校其精粗,而择所施行,不事尽谙诵,以妨日月而劳意思耳。若金丹一成,则此辈一切不用也。亦或当有所教授,宜得本末,先从浅始,以劝进学者,无所希,准阶由也。'郑君亦不肯先令人写其书,皆当决其意,虽久借之,然莫有敢盗写一字者也。郑君本大儒士也,晚而好道,由以《礼记》《尚书》教授不绝。其体望高亮,风格方整,接见之者皆肃然。每有咨问,常待其温颜,不敢轻锐也。书在余处者,久之一月,足以大有所写,以不敢窃写者,政以郑君聪愍,[3]邂逅知之,失其意则更以小丧大也。然于求受之初,复所不敢,为斟酌时有所请耳。是以徒知饮河,而不得满腹。然弟子五十余人,唯余见受金丹之经及《三皇内文》《枕中五行记》,其余人乃有不得一观此书之首题者矣。他书虽不具得,皆疏其名,今将为子说之,后生好书者,可以广索也。

[注释]

①豫章:地名,在今江西南昌。②甄事:鉴别事物。③政:通"正"。愍(mǐn):聪明敏捷。

[译文]

抱朴子说:"我也与您有同样的毛病。从前我有幸遇到了明师郑隐先生,只是遗憾弟子我不够聪敏,没有能力钻研精深的学问,达到最高的境界。当时虽然得以充当一个为老师洒水扫地的弟子,然而才识短浅,年龄又还小,思想不够专一,没有完全断绝世俗之情,因此不能有大的收获,这是我最大的遗憾。郑先生当时八十多岁了,鬓发开始斑白,几年后却又变黑了,面容丰满愉悦,能够拉开硬弓,把箭射出一百多步远,每天能步行好几百里,喝两斗酒也不会醉。每当上山时,身体轻便,攀登险峻的山峰,年轻人追赶他,大多追不上。他的饮食与一般人没有什么不同,也没见过他断绝谷食。我问过先跟随先生的弟子黄章,他说郑先生曾经从豫章郡回来,在一条运河的河边,接连遇上了大风。又听说前面有很多打劫的盗贼,同伴们都挽留郑先生,等待后边的同路者。当时人人都认为带的粮食太少了,郑先生就把米让出来救济各位同伴,自己不再吃饭,五十天也不饿。也没有看见他施行什么法术,不知道他用了什么方法。他在灯下写小字,视力超过年轻人。他生性懂得音律,善于弹琴。平时闲坐着,陪他坐的有好几个人,他一边回答询问,不停地说话,一边还仔细听着身边的人弹琴,指出音律的长短,没有出过丝毫过错。我很晚才充当郑先生的弟子,请求见识道书。他告诉我:'重要的道旨写在不超过一尺见方的素帛上,就足以度世成仙,用不着很多道书。当然,广泛阅读道书,远远胜过不去博览的人。既能明白人情事故,又能学得一些浅近的道术,可以使初学还没得道的人防备各种隐患。'于是就把将近一百卷、不太重要的道教训戒书籍,陆续拿给我看。我先前也读过很多书,就先前看过的书中的疑问向他请教。郑先生说:'你有辨别事物的才能,可以传授,但你所知的虽然多却不够精通。另外你的注意力还在治世的学问上,不能专一,还不适合修习深奥的学问,今后我会把一些好书拿给你看。'先生还应许逐渐拿一些简短的、写在丝帛上的道书给我看,几年之中,我所看到的道书集中起来,应该超出了二百卷,却始终不能完全了解这些道书。其他弟子都要亲自从事仆役劳作,打柴种田,只有我身体瘦弱,承担不了其他劳作,这样没有什么办法效力,就经常从事扫除,擦拭床桌几案,研墨执烛,以及为郑先生抄写旧书而已。但先生对待我像先进师门的弟子一样,对我说:'旁杂的道书每卷都有好内容,只是要考校其中的精华和糟粕,从而有所选择地实施,不必全部熟谙背诵,以免浪费了时光又耗费精力。如果金丹一旦炼成,这类东西统统都可以不用了。如果要教授别人,应该懂得知识的本末,先从浅近的开始,以此鼓励求学的人不断进步,不要希望一步登天,要像上阶梯一样一步步提高。'郑先生起初也不肯让人抄写他的书,能否抄录取决于他的意愿,书虽然借阅了很久,却没有谁敢偷偷地抄一个字。郑先生本来是个大儒生,晚年才爱好道术,因此还是一直教授《礼记》《尚书》。他身体魁梧,威望极高,为人方正,接触和看见他的人都会肃然起敬。每当弟子们有所请教,常常要等到他脸色温和的时候,从不敢轻浮不敬。他在我那儿的书,时间长的有一个月,足以抄写下大部分内容,之所以不敢偷偷抄,正是因为郑先生聪明机敏,万一让他知道了,引起他的不快,就会因小失大。然而在最初向先生求教时,连借书都不敢,只是仔细斟酌选择时机向先生请教。因此只是知道在河里饮水,却不敢喝满肚子。尽管如此,五十多个弟子中,只有我看见和接受了金丹的经书和《三皇内文》《枕中五行记》,其他人有的连这些书的标题都没有见过。其他的道书我虽然没有全部得到,但也都记下书名,现在我将要为您说说,将来喜欢道书的人,可以广泛地寻找这些道书。

"道经有《三皇内文天地人》三卷、《元文》上中下三卷、《混成经》二卷、《玄录》二卷、《九生经》、《二十四生经》、《九仙经》、《灵卜仙经》、《十二化经》、《九变经》、《老君玉历真经》、《墨子枕中五行记》五卷、《温宝经》、《息民经》、《自然经》、《阴阳经》、《养生书》一百五卷、《太平经》五十卷、《九敬经》、《甲乙经》一百七十卷、《青龙经》、《中黄经》、《太清经》、《通明经》、《按摩经》、《道引经》十卷、《元阳子经》、《玄女经》、《素女经》、《彭祖经》、《陈赦经》、《子都经》、《张虚经》、《天门子经》、《容成经》、《入山经》、《内宝经》、《四规经》、《明镜经》、《日月临镜经》、《五言经》、《柱中经》、《灵宝皇子心经》、《龙跷经》、《正机经》、《平衡经》、《飞龟振经》、《鹿卢跷经》、《蹈形记》、《守形图》、《坐亡图》、《观卧引图》、《含景图》、《观天图》、《木芝图》、《菌芝图》、《肉芝图》、《石芝图》、《大魄杂芝图》、《五岳经》五卷、《隐守记》、《东井图》、《虚元经》、《牵牛中经》、《王弥记》、《腊成记》、《六安记》、《鹤鸣记》、《平都记》、《定心记》、《龟文经》、《山阳记》、《玉策记》、《八史图》、《入室经》、《左右契》、《玉历经》、《升天仪》、《九奇经》、《更生经》、《四衿经》十卷、《食日月精经》、《食六气经》、《丹一经》、《胎息经》、《行气治病经》、《胜中经》十卷、《百守摄提经》、《丹壶经》、《岷山经》、《魏伯阳内经》、《日月厨食经》、《步三罡六纪经》、《入军经》、《六阴玉女经》、《四君要用经》、《金雁经》、《三十六水经》、《白虎七变经》、《道家地行仙经》、《黄白要经》、《八公黄白经》、《天师神器经》、《枕中黄白经》五卷、《白子变化经》、《移灾经》、《厌祸经》、《中黄经》、《文人经》、《渭子天地人经》、《崔文子肘后经》、《神光占方来经》、《水仙经》、《尸解经》、《中遁经》、《李君包天经》、

《包元经》、《黄庭经》、《渊体经》、《太素经》、《华盖经》、《行厨经》、《微言》三卷、《内视经》、《文始先生经》、《历藏延年经》、《南阙记》、《协龙子记》七卷、《九宫》五卷、《三五中经》、《宣常经》、《节解经》、《邹阳子经》、《玄洞经》十卷、《玄示经》十卷、《箕山经》十卷、《鹿台经》、《小僮经》、《河洛内记》七卷、《举形道成经》五卷、《道机经》五卷、《见鬼记》、《无极经》、《宫氏经》、《真人玉胎经》、《道根经》、《候命图》、《反胎胞经》、《枕中清记》、《幻化经》、《询化经》、《金华山经》、《凤网经》、《召命经》、《保神记》、《鬼谷经》、《凌霄子安神记》、《去丘子黄山公记》、《王子五行要真经》、《小饵经》、《鸿宝经》、《邹生延命经》、《安魂记》、《皇道经》、《九阴经》、《杂集书录》、《银函玉匮记》、《金板经》、《黄老仙录》、《原都经》、《玄元经》、《日精经》、《浑成经》、《三尸集》、《呼身神治百病经》、《收山鬼老魅治邪精经》三卷、《入五毒中记》、《休粮经》三卷、《采神药治作秘法》三卷、《登名山渡江海敕地神法》三卷、《赵太白囊中要》五卷、《入温气疫病大禁》七卷、《收治百鬼召五岳丞太山主者记》三卷、《兴利宫宅官舍法》五卷、《断虎狼禁山林记》、《召百里虫蛇记》、《万毕高丘先生法》三卷、《王乔养性治身经》三卷、《服食禁忌经》、《立功益算经》、《道士夺算律》三卷、《移门子记》、《鬼兵法》、《立亡术》、《练形记》五卷、《郄公道要》、《角里先生长生集》、《少君道意》十卷、《樊英石壁文》三卷、《思灵经》三卷、《龙首经》、《荆山记》、《孔安仙渊赤斧子大览》七卷、《董君地仙却老要记》、《李先生口诀肘后》二卷。凡有不言卷数者，皆一卷也。

[译文]

"道教的经典有《三皇内文天地人》三卷、《元文》上中下三卷、《混成经》二卷、《玄录》二卷、《九生经》、《二十四生经》、《九仙经》、《灵卜仙经》、《十二化经》、《九变经》、《老君玉历真经》、《墨子枕中五行记》五卷、《温宝经》、《息民经》、《自然经》、《阴阳经》、《养生书》一百零五卷、《太平经》五十卷、《九敬经》、《甲乙经》一百七十卷、《青龙经》、《中黄经》、《太清经》、《通明经》、《按摩经》、《道引经》十卷、《元阳子经》、《玄女经》、《素女经》、《彭祖经》、《陈赦经》、《子都经》、《张虚经》、《天门子经》、《容成经》、《入山经》、《内宝经》、《四规经》、《明镜经》、《日月临镜经》、《五言经》、《柱中经》、《灵宝皇子心经》、《龙跷经》、《正机经》、《平衡经》、《飞龟振经》、《鹿卢跷经》、《蹈形记》、《守形图》、《坐亡图》、《观卧引图》、《含景图》、《观天图》、《木芝图》、《菌芝图》、《肉芝图》、《石芝图》、《大魄杂芝图》、《五岳经》五卷、《隐守记》、《东井图》、《虚元经》、《牵牛中经》、《王弥记》、《腊成记》、《六安记》、《鹤鸣记》、《平都记》、《定心记》、《龟文经》、《山阳记》、《玉策记》、《八史图》、《入室经》、《左右契》、《玉历经》、《升天仪》、《九奇经》、《更生经》、《四衿经》十卷、《食日月精经》、《食六气经》、《丹一经》、《胎息经》、《行气治病经》、《胜中经》十卷、《百守摄提经》、《丹壶经》、《岷山经》、《魏伯阳内经》、《日月厨食经》、《步三罡六纪经》、《入军经》、《六阴玉女经》、《四君要用经》、《金雁经》、《三十六水经》、《白虎七变经》、《道家地行仙经》、《黄白要经》、《八公黄白经》、《天师神器经》、《枕中黄白经》五卷、《白子变化经》、《移灾经》、《厌祸经》、《中黄经》、《文人经》、《涓子天地人经》、《崔文子肘后经》、《神光占方来经》、《水仙经》、《尸解经》、《中遁经》、《李君包天经》、《包元经》、《黄庭经》、《渊体经》、《太素经》、《华盖经》、《行厨经》、《微言》三卷、《内视经》、《文始先生经》、《历藏延年经》、《南阔记》、《协龙子记》七卷、《九宫》五卷、《三五中经》、《宣常经》、《节解经》、《邹阳子经》、《玄洞经》十卷、《玄示经》十卷、《箕山经》十卷、《鹿台经》、《小僮经》、《河洛内记》七卷、《举形道成经》五卷、《道机经》五卷、《见鬼记》、《无极经》、《宫氏经》、《真人玉胎经》、《道根经》、《候命图》、《反胎胞经》、《枕中清记》、《幻化经》、《询化经》、《金华山经》、《凤网经》、《召命经》、《保神记》、《鬼谷经》、《凌霄子安神记》、《去丘子黄山公记》、《王子五行要真经》、《小饵经》、《鸿宝经》、《邹生延命经》、《安魂记》、《皇道经》、《九阴经》、《杂集书录》、《银函玉匮记》、《金板经》、《黄老仙录》、《原都经》、《玄元经》、《日精经》、《浑成经》、《三尸集》、《呼身神治百病经》、《收山鬼老魅治邪精经》三卷、《入五毒中记》、《休粮经》三卷、《采神药治作秘法》三卷、《登名山渡江海敕地神法》三卷、《赵太白囊中要》五卷、《入温气疫病大禁》七卷、《收治百鬼召五岳丞太山主者记》三卷、《兴利宫宅官舍法》五卷、《断虎狼禁山林记》、《召百里虫蛇记》、《万毕高丘先生法》三卷、《王乔养性治身经》三卷、《服食禁忌经》、《立功益算经》、《道士夺算律》三卷、《移门子记》、《鬼兵法》、《立亡术》、《练形记》五卷、《郄公道要》、《角里先生长生集》、《少君道意》十卷、《樊英石壁文》三卷、《思灵经》三卷、《龙首经》、《荆山记》、《孔安仙渊赤斧子大览》七卷、《董君地仙却老要记》、《李先生口诀肘后》二卷。凡是没有说明卷数的，都只有一卷。

"其次有诸符，则有《自来符》、《金光符》、《太玄符》三卷、《通天符》、《五精符》、《石室符》、《玉策符》、《枕中符》、《小童符》、《九灵符》、《六君符》、《玄都符》、《黄帝符》、《少千三十六将军符》、《延命神符》、《天水神符》、《四十九真符》、《天水符》、《青龙符》、《白虎符》、《朱雀符》、《玄武符》、《朱胎符》、《七机符》、《九天发兵符》、《九天符》、《老经符》、《七符》、《大捍厄符》、《玄子符》、《武孝经燕君龙虎三囊辟兵符》、《包元符》、《沈羲符》、《禹跷符》、《消灾符》、《八卦符》、《监乾符》、《雷电符》、《万毕符》、《八威五胜符》、《威喜符》、《巨胜符》、《采女符》、《玄精符》、《玉历符》、《北台符》、《阴阳大镇符》、《枕中符》、《治百病符》十卷、《厌怪符》十卷、《壶公符》二十卷、《九台符》九卷、《六甲通灵符》十卷、《六阴行厨龙胎石室三金五木防终符》合五百卷、《军火召治符》、《玉斧符》十卷。此皆大符也。其余小小,不可具记。"

[译文]

"其次有众多的符箓,有《自来符》、《金光符》、《太玄符》三卷、《通天符》、《五精符》、《石室符》、《玉策符》、《枕中符》、《小童符》、《九灵符》、《六君符》、《玄都符》、《黄帝符》、《少千三十六将军符》、《延命神符》、《天水神符》、《四十九真符》、《天水符》、《青龙符》、《白虎符》、《朱雀符》、《玄武符》、《朱胎符》、《七机符》、《九天发兵符》、《九天符》、《老经符》、《七符》、《大捍厄符》、《玄子符》、《武孝经燕君龙虎三囊辟兵符》、《包元符》、《沈羲符》、《禹跷符》、《消灾符》、《八卦符》、《监乾符》、《雷电符》、《万毕符》、《八威五胜符》、《威喜符》、《巨胜符》、《采女符》、《玄精符》、《玉历符》、《北台符》、《阴阳大镇符》、《枕中符》、《治百病符》十卷、《厌怪符》十卷、《壶公符》二十卷、《九台符》九卷、《六甲通灵符》十卷、《六阴行厨龙胎石室三金五木防终符》合五百卷、《军火召治符》、《玉斧符》十卷。这些都是重要的大符。其他的小符箓,无法全部记载。"

抱朴子曰："郑君言符出于老君，皆天文也。老君能通于神明，符皆神明所授。今人用之少验者，由于出来历久，传写之多误故也。又信心不笃，施用之亦不行。又譬之于书字，则符误者，不但无益，将能有害也。书字人知之，犹尚写之多误。故谚曰，书三写，鱼成鲁，虚成虎，此之谓也。七与士，但以倨勾长短之间为异耳。然今符上字不可读，误不可觉，故莫知其不定也。①世间又有受体使术，②用符独效者，亦如人有使麝香便能芳者，自然不可得传也。虽尔，必得不误之符，正心用之。但当不及真体使之者速效耳，皆自有益也。凡为道士求长生，志在药中耳，符剑可以却鬼辟邪而已。诸大符乃云行用之可以得仙者，亦不可专据也。昔吴世有介象者，③能读符文，知误之与否。有人试取治百病杂符及诸厌劾符，去其签题以示象，皆一一据名之。其有误者，便为人定之。自是以来，莫有能知者也。"

[注释]

①定：同"订"。②受体：天生的禀赋。③介象：三国时吴国的方士。

[译文]

抱朴子说："郑先生说这些符箓出自于太上老君，都是天上的文字。太上老君能与神灵沟通，所以这些符箓都是神明传授。现在的人使用符箓很少应验，是由于这些符箓流传的时间太久，传抄出现了很多错误的原因。另外，使用者诚心不足，使用起来也没有效果。就好比写字出现了错误，抄写符箓出现的错误，不但没有益处，还会带来危害。写字的人书写认识的字，尚且会出现很多错误。因此谚语说，书经过三次抄写，鱼字变成了鲁字，虚字变成了虎字，说的就是这种情况。七字和士字，只是下面那一勾的长短有一点区别而已。但现在符箓上的字不能读懂，就是错了也不能发现，因此就没有人知道这些符箓是没有订正过的错误符箓。世上还有些人天生就有使用法术的禀赋，使用符箓有独特的效果，这就像有人使用麝香就能使自身也发出芳香一样，自然形成却不能传授。虽然如此，也一定要获得没有错误的符箓，虔诚地使用它们，只是比不上使用真正的原始符箓的效果神速而已，但也有一定的益处。凡是追求长生的道士，应致力于炼制金丹大药，符箓、剑器只能够祛鬼避邪而已。有人说使用各种重要的符箓就能成仙，这是不可以完全信赖的。从前吴国的介象能读懂符文，知道有没有错误。有人测试他，就拿来治疗各种疾病的杂符和各类祛鬼镇邪的符箓，去掉标题、说明给介象看，他都能一一指出它们的名字。对于错误的符箓，就为人们订正。从那以后，就没有能懂得符文的人了。"

或问："仙药之大者，莫先于金丹，既闻命矣，敢问符书之属，不审最神乎？"抱朴子曰："余闻郑君言，道书之重者，莫过于《三皇内文》《五岳真形图》也。古者仙官至人，尊秘此道，非有仙名者，不可授也。受之四十年一传，传之歃血而盟，委质为约。诸名山五岳，皆有此书，但藏之于石室幽隐之地，应得道者，入山精诚思之，则山神自开山，令人见之。如帛仲理者，[①]于山中得之，自立坛委绢，常画一本而去也。有此书，常置清洁之处。每有所为，必先白之，如奉君父。其经曰，家有《三皇文》，辟邪恶鬼、温疫气、横殃飞祸。若有困病垂死，其信道心至者，以此书与持之，必不死也。其乳妇难艰绝气者持之，儿即生矣。道士欲求长生，持此书入山，辟虎狼山精，五毒百邪，皆不敢近人。可以涉江海，却蛟龙，止风波。得其法，可以变化。起工不问地择日，② 家无殃咎。若欲立新宅及冢墓，即写《地皇文》数十通，以布著地，明日视之，有黄色所著者，便于其上起工，家必富昌。又因他人葬时，写《人皇文》，并书己姓名著纸里，窃内人冢中，勿令人知之，令人无飞祸盗贼也。有谋议己者，必反自中伤。又此文先洁斋百日，乃可以召天神司命及太岁，日游五岳四渎，社庙之神，皆见形如人，可问以吉凶安危，及病者之祸祟所由也。又有十八字以著衣中，远涉江海，终无风波之虑也。又家有《五岳真形图》，能辟兵凶逆，人欲害之者，皆还反受其殃。道士时有得之者，若不能行仁义慈心，而不精不正，即祸至灭家，不可轻也。

[注释]

①帛仲理：帛和，字仲理。②起工：施工。

[译文]

有人问："最重要的成仙药物，莫过于金丹，对此我已经明白了。请问符箓、道书之类，不知道哪一种最神通呢？"抱朴子说："我听郑先生说，道书中最重要的，没有超过《三皇内文》和《五岳真形图》的了。古代的仙官和最高明的人，尊奉并秘守这种道术，如果没有成仙的名分，就不传授。四十年才能传授一次，传授时要歃血为盟，还要送一些礼物作为约定。各名山和五岳之中都有这类书，只是隐藏在幽深隐秘的石室中，应该获得道术的人，进入深山虔诚地存思，那么山神就会自动打开山门，让人看见它。比如帛仲理这个人，在山中得到了道书，就自己设立了神坛放置丝帛，抄写了一本离去。

有了这些书后,要经常放在清洁的地方,每当要做什么事情,一定先要请示道书,就像侍奉君主和父亲一样。有经文说,家有《三皇内文》,能躲避邪恶鬼怪、瘟疫之气和飞来的横祸。如果有人遇到危难、病痛将要死去,那些坚信道术意志最坚定的人,就把这些道书拿来让他握住,他一定不会死了。因难产而要断气的产妇用手握住道书,孩子就能顺利出生了。道士要想追求长生不死,带着这些书进山,能使虎狼山精、各种毒虫邪鬼,都不敢接近人;可以渡过大江大海,使蛟龙退却,风平浪静。学到这种道术,可以变化无穷。施工动土不必考虑风水、选择日子,家庭不会遭殃。如果想建新住宅和坟墓,就抄写《地皇文》十份,拿来铺在地上,第二天查看,有黄色突出的地方,就在那个地方破土动工,如此家庭必然富裕昌盛。另外,在其他人下葬时,抄录《人皇文》,再在纸上写上自己的姓名,偷偷地放在那坟墓中,不要让别人知道,就会使自己没有飞来的横祸和盗贼侵害。如果有人图谋害自己,一定会反过来让那个人自己受到伤害。另外,抄写这种道书时,要先洁身斋戒一百天,就可以召来天神、司命神,在太岁日那天游览五岳四渎、神庙的神灵,都会现形为人的模样,可以向他们询问吉凶安危,以及生病者遇到灾祸的缘由。还可以用十八个字放在衣服里,远渡江海,始终不会有风波的忧患。另外,家中有《五岳真形图》,就能避开兵祸和凶贼,如果有人想要害他,都会反过来使自己遭殃。道士偶尔有得到这些书的,如果不能够施行仁义、心怀慈善,不真诚不正直,就会招来全家灭绝的灾祸,不可掉以轻心。

"其变化之术,大者唯有《墨子五行记》,本有五卷。昔刘君安未仙去时,①钞取其要,②以为一卷。其法用药用符,乃能令人飞行上下,隐沦无方,含笑即为妇人,蹙面即为老翁,踞地即为小儿,执杖即成林木,种物即生瓜果可食,画地为河,撮壤成山,坐致行厨,兴云起火,无所不作也。其次有《玉女隐微》一卷,亦化形为飞禽走兽,及金木玉石,兴云致雨方百里,雪亦如之,渡大水不用舟梁,分形为千人,因风高飞,出入无间,能吐气七色,坐见八极,及地下之物,放光万丈,冥室自明,亦大术也。然当步诸星数十,③曲折难识,少能谱之。其《淮南鸿宝万毕》,皆无及此书者也。又有《白虎七变法》,取三月三日所杀白虎头皮,生驼血、虎血、紫绶、履组、流萍,④以三月三日合种之。初生草似胡麻,有实,即取此实种之,一生辄一异。凡七种之,则用其实合之,亦可以移形易貌,飞沉在意,与《墨子》及《玉女隐微》略同,⑤过此不足论也。

[注释]

①刘君安:姓刘名根,字群安。传说中修道成仙的人。②钞:同"抄"。③步诸星数十:类似于"步罡踏斗",是道教礼拜星斗、召请神灵的一种行走方式。④紫绶:用来系印的紫色丝带。履组:鞋子上的丝带。流萍:即浮萍。⑤《墨子》:即上文提到的《墨子五行记》。

[译文]

"那些变化的法术,最重要的只有《墨子五行记》,本来有五卷。从前刘君安还没有成仙离开人世时,抄录过其中的要点,合为一卷。其方法是使用药物和符箓,就能使人天上地下飞行,自由隐身,含笑就变为妇女,皱眉就变为老头,蹲在地上就变为小孩,拿起拐杖就成为树林,种下植物就马上能结出瓜果,可供食用,划地就变成河流,抓起一撮土就形成山峰,坐着就能获取所需的食物,兴起云雾、引来烈火,没有什么做不到的。其次有《玉女隐微》

一卷,也能变形为飞禽走兽,以及金木玉石,能在方圆一百里内兴云致雨,也同样能兴起大雪。渡大河不用舟船桥梁,能够使自己分形成上千人,借着风高飞,出入于没有缝隙的物体中,能够吐出七色云气,坐着能看见八方极远之处,以及地下的东西,还能放出万丈光芒,使黑暗的居室自己明亮,这些也都是大的方术了。但是,在施行法术时应当步踏各种星斗数十遍,其中的细节很难理解,很少有人能记录下来。至于《淮南鸿宝万毕》等书,都无法和此书相比。还有《白虎七变法》,用三月三日所杀的白虎头皮,活的骆驼血、老虎血、紫绶、履组、流萍,在三月三日那天混合着种下。初始生长出来的苗好像胡麻,有果实,马上把这种果实种下去,每生长一次就发生一种变化。一共栽种七次,把这些果实混合起来服用,也可以改变形貌,任意地飞起落下,效果与《墨子五行记》、《玉女隐微》大致相同,除此以外的方法就不值得一提了。

"《遐览》者,欲令好道者知异书之名目也。郑君不徒明五经、知仙道而已,兼综九宫三棋,①推步天文,《河》《洛》谶记,②莫不精研。太安元年,③知季世之乱,江南将鼎沸,④乃负笈持仙药之扑,⑤将入室弟子,东投霍山,莫知所在。"

[注释]

①九宫三棋:古代的占卜方法。②《河》《洛》:《河图》和《洛书》的简称。③太安:晋惠帝的年号。公元302~303年。④鼎沸:比喻天下动乱。⑤扑:通"朴",这里指原料。

[译文]

　　"《遐览》这篇文章,是想让那些爱好道术的人知道奇异道书的书名。郑先生不仅精通五经、懂得仙道,还兼知九宫、三棋,能推测天象,对《河图》、《洛书》及谶纬图录,都有精心的研究。太安元年,他预知衰败的社会将要发生动乱,江南将会大乱,就背着书箱,带着仙药的原料和入室的弟子,向东去往霍山,没有人知道他到了什么地方。"

卷二十　祛惑

[题解]

　　祛惑，就是去掉心中的疑惑。葛洪认为，要想修道成仙，拜师学习非常重要，而世上的假道士很多，他们为了名利欺骗世人。因此，葛洪反复告诫学道者，寻师问道，一定要善于辨别老师的真假。

　　抱朴子曰："凡探明珠，不于合浦之渊①，不得骊龙之夜光也；②采美玉，不于荆山之岫，不得连城之尺璧也。承师问道，不得其人，委去则迟迟冀于有获，守之则终已竟无所成，虚费事妨功，后虽痛悔，亦不及已。世间浅近之事，犹不可坐知，况神仙之事乎？虽圣虽明，莫由自晓，非可以历思得也，非可以触类求也。诚须所师，必深必博，犹涉沧海而挹水，造长洲而伐木，③独以力劣为患，岂以物少为忧哉？夫虎豹之所余，乃狸鼠之所争也；陶朱之所弃，乃原、颜之所无也。④所从学者，不得远识渊潭之门，而值孤陋寡闻之人，彼所知素狭，源短流促，倒装与人，则靳靳不舍，⑤分损以授，则浅薄无奇能，其所宝宿已不精，若复料其粗者以教人，亦安能有所成乎？譬如假谷于夷齐之门，⑥告寒于黔娄之家，⑦所得者不过橡栗、缊褐，⑧必无太牢之膳、锦衣狐裘矣。或有守事庸师，终不觉悟；或有幸值知者，不能勤求。此失之于不觉,不可追者也。知人之浅深,实复未易。古人之难,⑨诚有以也。白石似玉,奸佞似贤。贤者愈自隐蔽,有而如无,奸人愈自炫沽,虚而类实,非至明者,何以分之?彼之守求庸师而不去者,非知其无知而故不止也,诚以为足事故也。见达人而不能奉之者,非知其实深而不能请之也,诚以为无异也。夫能知要道者,无欲于物也,不徇世誉也,⑩亦何肯自摽显于流俗哉?⑪而浅薄之徒,率多夸诞自称说,以厉色希声饰其虚妄,足以眩惑晚学,而敢为大言。乃云,已登名山,见仙人。仓卒闻之,不能清澄检校之者,鲜觉其伪也。余昔数见杂散道士辈,走贵人之门,专令从者作为空名,云其已四五百岁矣。人适问之年纪,佯不闻也,含笑俯仰,云八九十。须臾自言,我曾在华阴山断谷五十年,复于嵩山少室四十年,复在泰山六十年,复与某人在箕山五十年,⑫为同人遍说所历,正尔,欲令人计合之,已数百岁人也。于是彼好之家,莫不烟起雾合,辐辏其门矣。

[注释]

①合浦:地名。在今广东合浦,以出产珍珠闻名。②骊龙:传说中的一种黑龙。《庄子·列御寇》说,河边穷苦人家的儿子去深潭底部黑龙的下巴下面取珍珠。③长洲:传说中长满了大树的地方。④原、颜:原宪、颜回,都是孔子的弟子,生活都十分贫困。⑤靳(jīn)靳:吝啬的样子。⑥夷、齐:伯夷和叔齐。商朝孤竹国君的两个儿子。《史记·伯夷列传》说,周武王灭商后,两人不食周粟,饿死在首阳山。⑦黔娄:古代贫士。⑧橡栗:野果名。即栎树的果实。缊褐:粗衣。⑨古人之难:当依孙星衍校作"古人难之"。之,代指"知人"。⑩徇(xùn):追求,谋求。⑪摽(biāo):通"标"。标志。⑫箕

山：山名。在今河南省登封东南。

[译文]

  抱朴子说："凡是想探求明珠的人，如果不到合浦的深渊，就得不到黑龙下巴下面的夜光宝珠；想采美玉的人，如果不到荆山的山峰，就得不到价值连城的一尺玉璧。拜师学道，如果找不到合适的老师，犹豫着不想离开希望有所收获，而跟着他又最终一无所成，白白地浪费精力，耽误工夫，以后虽然痛惜后悔，也来不及了。世上浅显易近的事情，尚且不能坐着不动就了解，何况神仙的事理呢？即使圣明的人，也没有谁能自己懂得，并不是经过思考就能得到，也不是触类旁通就能求得。修仙确实需要老师，而且老师的知识一定要深邃渊博，就像下到沧海取水，来到长洲砍树，只担心力气不够，哪里用得着忧虑水、树不多呢？虎、豹吃剩下的东西，乃是狸、鼠抢夺的；陶朱公所丢弃的财宝，乃是原宪、颜回所没有的。求学的人投不到有远见卓识、学问渊博的老师门下，却碰上孤陋寡闻的人，他们的知识面平时就狭窄，学识基础不够广深，如果把全部知识教给弟子，又吝啬舍不得；教授一部分吧，又浅薄没有特别的才能。他们平素所具有的才能本来就不精当，如果拿出一些粗鄙的东西来教人，又怎么能使人有收获呢？譬如到伯夷、叔齐的门下去借粮，去黔娄的家里去诉说寒冷，所得到的不过是些野果、粗衣，一定没有美味的佳肴、锦绣衣服和狐皮大衣。有的人跟着平庸的老师，却始终不觉悟；有的人有幸遇到得道的老师，却又不能努力学习。这些失误在于不觉悟，是难以追悔的。要知道人的深浅，实在很不容易。古人认为这事很难，的确是有道理的。白色的石头像玉石，奸邪的人像贤人。越是贤良的人越是隐蔽，拥有的就像没有，越是奸邪的人就越喜欢炫耀，空虚却像是实在，如果不是最明智的人，又怎么能区分呢？那些跟着平庸老师而不离去的人，并不是知道老师无知却故意追随不止,实在是认为老师值得追随;而看见通达者却不追随的,并不是知道这些人思想深邃却不去请教,实在是认为他们并没有奇异之处。那些真正懂得大道的人,对外物没有什么欲求,不去追求世俗的声誉,又哪里肯在世俗社会中自我标榜呢?而浅薄之人,大多狂妄自夸、自吹自擂,用严厉的脸色和沉默来掩饰自己的空虚和狂妄,足以迷惑年轻的弟子,而且他们还敢于说大话,说什么已经攀登过名山,拜见了仙人。突然听到这样的话,如果不是头脑清晰、善于辨别的人,很少能发觉他的虚假。我过去多次见过一些闲杂道士,奔走于权贵门下,专门让追随者编造虚名,声称自己已经有四五百岁了。人们询问他的年龄,就假装没听到,只是含笑应付,说有八九十岁了。一会儿又自言自语,说:我曾在华阴的山中断谷五十年,又在嵩山少室山四十年,然后又在泰山过了六十年,还跟某人在箕山五十年,到处向同行的人说自己的经历,就这样,想让别人合计这些时间,以为他已经有几百岁了。于是那些喜欢长生道术的人,就如同风起云涌一般,像车辐凑集到车毂上一样聚到他的门下了。

"又术士或有偶受体自然,见鬼神,颇能内占,[①]知人将来及已过之事,而实不能有祸福之损益也。譬如蓍龟耳,凡人见其小验,便呼为神人,谓之必无所不知。不尔者,或长于符水禁祝之法,治邪有效,而未必晓于不死之道也。或修行杂术,能见鬼怪,无益于年命。问之以金丹之道,则率皆不知也。因此细验之,多行欺诳世人,以收财利,无所不为矣。此等与彼穿窬之盗,[②]异途而同归者也。夫托之于空言,不如著之于行事之有征也,将为晚觉后学,说其比故,可征之伪物焉。

[注释]

①内占:不凭借外界征兆的占卜。②穿窬(yú):穿壁越墙。

[译文]

"另外,有些方士偶然具有天然的禀赋,能看见鬼神,比较懂得占卜,知道人们将来和已经过去的事情,然而确实不能对人的实际祸福有什么影响。就如用蓍草和龟甲占卜一样,一般的人看到他们的法术有小小的效验,就认为他们是神仙,一定无所不知。其实不然,有的道人擅长于符水、禁咒的法术,对付邪物有效,却未必知道不死的方术。有的人修炼旁杂的方术,能看见鬼怪,对延续生命却没有好处。问他们金丹之道,则大多都不知道。因此仔细检验他们,就知道他们大多干些欺骗世人,以牟取财利的勾当,可以说是没什么坏事不干的了。这些人与那些穿壁越墙的盗贼,应该是殊途同归的。与其说一些空话,不如用一些事实作为验证,因此我将为晚学后生说一些类似的故事以及一些可以证伪的事情。

"昔有古强者,服草木之方,又颇行容成、玄、素之法,①年八十许,尚聪明不大羸老,时人便谓之为仙人,或谓之千载翁者。扬州稽使君闻而试迎之于宜都。②既至,而咽鸣掣缩,似若所知实远,而未皆吐尽者。于是好事者,因以听声而响集,望形而影附,云萃雾合,竞称叹之,馈饷相属,③常余金钱。虽栾、李之见重于往汉,④不足加也。常服天门冬不废,⑤则知其体中未尝有金丹大药也。而强曾略涉书记,颇识古事。自言已四千岁,敢为虚言,言之不怍。⑥云已见尧、舜、禹、汤,说之皆了了如实也。'世云尧眉八采,⑦不然也,直两眉头甚竖,似八字耳。尧为人长大,美髭髯,饮酒一日中二斛余,世人因加之云千钟,⑧实不能也,我自数见其大醉也。虽是圣人,然年老,治事转不及少壮时。及见去四凶,⑨举元凯,⑩赖用舜耳。舜是孤茕小家儿耳,⑪然有异才,隐耕历山,⑫渔于雷泽,⑬陶于海滨,时人未有能赏其奇者。我见之所在以德化民,其目又有重瞳子,知其大贵之相,常劝勉慰劳之。善崇高尚,莫忧不富贵,火德已终,黄精将起,⑭诞承历数,非子而谁?然其父至顽,其弟殊恶,恒以杀舜为事。⑮吾常谏谕曰,此儿当兴卿门宗,四海将受其赐,不但卿家,不可取次也。俄而受禅,尝忆吾言之有征也。'又云:'孔子母年十六七时,吾相之当生贵子,及生仲尼,真异人也,长九尺六寸,其颡似尧,⑯其项似皋陶,⑰其肩似子产,⑱自腰以下不及禹三寸。虽然,贫苦孤微,然为儿童便好俎、豆之事,⑲吾知之必当成就。及其长大,高谈惊人,远近从之受学者,著录数千人。我喜听其语,数往从之,但恨我不学,不能与之覆疏耳。⑳常劝我读《易》,云此良书也,丘窃好之,韦编三绝,㉑铁挝三折,㉒今乃大悟。鲁哀公十四年,西狩获麟,㉓麟死。孔子以问吾,吾语之,言此非善祥也。孔子乃怆然而泣。后得恶梦,乃欲得见吾。时四月中盛热,不能往,寻闻之病七日而没,于今仿佛记其颜色也。'又云:'秦始皇将我到彭城,㉔引出周时鼎。吾告秦始皇,言此鼎是神物也。有德则自出,无道则沦亡。君但修己,此必自来,不可以力致也。始皇当时大有怪吾之色,而牵之果不得出也。乃谢吾曰,君固是远见理人也。'又说汉高祖、项羽皆分明,如此事类,不可具记。时人各共识之,以为戏笑。然凡人闻之,皆信其言。又强转惛耄,㉕废忘事儿。稽使君曾以一玉卮与强,㉖后忽语稽曰,昔安期先生以此物相遗。强后病于寿春黄整家而死。㉗整疑其化去。一年许，试凿其棺视之，其尸宛在矣。此皆有名无实，使世间不信天下有仙，皆坐此辈以伪乱真也。

[注释]

①容成、玄、素：指容成公、玄女、素女，分别著有《容成阴道》《玄女经》《素女经》，阐述的都是房中术。②扬州：地名。在今江苏扬州。稽使君：姓稽的刺史。宜都：地名。在今湖北省。③相属：相互连接。④栾、李：指栾大和李少君。⑤天门冬：草药名。⑥怍(zuò)：惭愧。⑦八采：八种颜色。⑧钟：量器名。十斗为一石，六石四斗为一钟。⑨四凶：《左传·文公十八年》说尧时有四个凶恶的部落首领，即浑敦、穷奇、梼杌、饕餮。⑩元凯：《左传·文公十八年》说高辛氏有才子八人，谓之八元；高阳氏有才子八人，谓之八恺。后人因此称贤良的辅佐大臣为"元恺"。"凯"，亦作"恺"。⑪孤茕(qióng)：孤独。⑫历山：山名。⑬雷泽：古代大泽名。在今山东。⑭黄精：为土德，代表舜的时代。火生土，所以说"火德已终，黄精将起"。⑮恒以杀舜为事：《史记·五帝本纪》："舜父瞽叟盲，而舜母死。瞽叟更娶妻而生象，象傲。瞽叟爱后妻子，常欲杀舜。"⑯颡(sǎng)：额头。⑰皋陶：舜的贤臣。⑱子产：春秋时期的著名政治家，任郑国的宰相。⑲俎(zǔ)、豆：两种祭器。引申为祭祀。⑳覆疏：讨论。㉑韦编三绝：穿竹简的牛皮被翻断了三次。韦，熟牛皮。㉒挝(zhuā)：鼓槌。㉓麟：麒麟。㉔彭城：地名。在今江苏徐州。《史记·秦始皇本纪》："始皇还，过彭城，斋戒祷祠，欲出周鼎泗水。使千人没水求之，弗得。"㉕惛耄(hūnmào)：年老糊涂。㉖卮(zhī)：酒器，形同杯子。㉗寿春：地名。在今安徽寿县。

[译文]

"从前有个叫古强的人,服食草木方药,又修炼了一些容成公、玄女、素女的房中术,八十来岁时,还耳聪目明,显得不太瘦弱衰老,当时的人就认为他是仙人,还有人称他为千岁老人。扬州稽使君听说了,就把他迎接到了宜都。到了那儿后,他说话声音低沉含混、装模作样,似乎知道的东西实在太久远了,还没有全说完的样子。于是那些好事的人,听见他的声音就像回响那样去应和,看到他的身形就像影子一样去归附,像云雾一样汇聚在他身边,争相赞叹他,而馈赠东西的人也络绎不绝,他经常有花不完的钱。即使栾大、李少君被汉武帝看重的程度,也无法超过他。古强一直不停地服食天门冬,由此可知他体内从未有过金丹大药。古强稍稍读过一些古籍,还知道些古代的事情。他自称已经有四千岁了,说起假话,大言不惭。说是见过尧、舜、夏禹、商汤,说起来还都清楚得如同真事一样:'世人都说尧的眉毛有八种色彩,其实不然,只是两条眉头竖起,好像八字形而已。尧身材高大,胡须秀美,一天能喝两斛多酒,世人因此添油加醋说他酒量有一千钟,实际上他不能。我亲自多次看到他喝得酩酊大醉。虽说是圣人,但年龄大了,办事反而赶不上年轻力壮时。人们看见他驱逐四个凶人,推举贤才,那都是依靠舜了。舜本是个孤独的平民子弟而已,却有奇特的才能,在历山隐居躬耕,在雷泽打鱼,在海边制陶,当时并没有人欣赏他的奇才。我见他每到一个地方都用德行感化百姓,眼睛里又有两个瞳子,知道他有大富大贵的相貌,就经常鼓励慰问他:你善良高尚,不要担心不富贵。火德已经终结,土德即将兴起,起来承担天下大任的人,除了你还会有谁呢?然而他的父亲非常愚顽,他的弟弟又特别邪恶,一直把杀害舜作为目标。我经常劝说他们:这孩子必定会光宗耀祖,不仅仅你家,整个天下的百姓都将得到他的恩泽,你们不能随便乱来。不久他就接受尧的禅让,曾经回忆起我的话,认为非常应验。'他还说:'孔子的母亲在十六七岁时,我为她看相,说她将来必生贵子。等到生下了孔丘,真是个奇异的人。他身高九尺六寸,额头像尧,脖子像皋陶,肩膀像子产,从腰部以下与大禹相比短了三寸。虽然贫穷孤独,但在他还是儿童时,他就爱好祭祀礼仪的事情,我知道他将来一定会有成就。等他长大后,谈吐高雅惊人,远近跟他学习的人,记载在书上的就有几千人。我喜欢听他说话,多次向他学习,只遗憾我不学无术,不能与他一起讨论。他经常劝我读《易经》,说这是本好书,他个人很喜欢它,穿竹简册的牛皮就被他翻断了三次,钉竹简的铁锤也被他敲折了三次,到现在我才恍然大悟。鲁哀公十四年,有人在西部猎到一只麒麟,麒麟死了。孔子拿这事问我,我告诉他,这不是好兆头啊。孔子就伤心地哭了。后来他做了个不祥的梦,醒来后就想见见我。当时是四月中旬,特别热,我无法去看他,不久就听说他病了七天后去世了。到现在我还仿佛记得他的面容模样。'他还说:'秦始皇带我到彭城,要去打捞沉没在泗水中的周代的鼎。我告诉秦始皇说,这个鼎是个神奇的东西啊,国君有德行的话它自己就会出来,没有德行就会沉下去消失。您只管修养好自己的品德,它一定会自个儿出来的,不能用蛮力打捞出来。秦始皇当时大有些怪罪我的神情,去打捞鼎,果然没有打捞出来,这才向我道歉说:先生的确是位有远见明事理的人。'古强又谈起汉高祖刘邦和项羽的事,都说得清清楚楚。诸如此类,无法一一记述。当时的人大都知道这些史实,就把古强的表现当成笑谈。但一些凡夫俗子听了,都相信他的话。另外,古强后来渐渐变得衰老昏愦,遗忘事情。嵇使君曾赠送一只玉杯给他,后来他却突然对嵇使君说,从前安期先生把这个玉杯赠送给我了。古强后来在寿春黄整家生病死去,黄整怀疑他是羽化成仙而去。大约一年以后,试着凿开棺材查看,尸体依然存在。这都是些有名无实的人,世上的人不相信天下有神仙,都是因为这帮人以假乱真造成的。

"成都太守吴文,说五原有蔡诞者,①好道而不得佳师要事,废弃家业,但昼夜诵咏《黄庭》《太清中经》《观天节详》之属,诸家不急之书,口不辍诵,谓之道尽于此。然竟不知所施用者,徒美其浮华之说而愚人。又教之但读千遍,自得其意,为此积久,家中患苦之,坐消衣食,而不能有异,己亦惭忿,无以自解,于是弃家,言仙道成矣。因走之异界深山中,又不晓采掘诸草木药可以辟谷者,但行卖薪以易衣食,如是三年,饥冻辛苦,人或识之,而诡不知也。久不堪而还家,黑瘦而骨立,不似人。其家问之:'从何处来,竟不得仙邪?'因欺家云:'吾未能升天,但为地仙也。又初成位卑,应给诸仙先达者,②当以渐迁耳。向者为老君牧数头龙,一班龙五色最好,是老君常所乘者,令吾守视之,不勤,但与后进诸仙共博戏,忽失此龙,龙遂不知所在。为此罪见责,送吾付昆仑山下,芸锄草三四顷,并皆生细石中,多荒秽,治之勤苦不可论,法当十年乃得原。③会偓佺子、王乔诸仙来按行,④吾守请之,并为吾作力,且自放归,当更自修理求去。'于是遂老死矣。初诞还云,从昆仑来,诸亲故竞共问之,昆仑何似?答云:'天不问其高几里,要于仰视之,去天不过十数丈也。上有木禾,高四丈九尺,其穗盈车,有珠玉树、沙棠、琅玕、碧瑰之树,⑤玉李、玉瓜、玉桃,其实形如世间桃李,但为光明洞彻而坚,须以玉井水洗之,便软而可食。每风起,珠玉之树,枝条花叶,互相扣击,自成五音,清哀动心。吾见谪失志,⑥闻此莫不怆然含悲。又见昆仑山上,一面辄有四百四十门,门广四里,内有五城十二楼,楼下有青龙、白虎,蟋蛇长百余里,⑦其口中牙皆如三百斛船,大蜂一丈,其毒煞象。又有神兽,名狮子、辟邪、天鹿、焦羊、铜头、铁额、长牙、凿齿之属,三十六种,尽知其名,则天下恶鬼恶兽,不敢犯人也。其神则有无头子、倒景君、翕鹿公、中黄先生与六门大夫。张阳字子渊,浃备玉阙,⑧自不带《老君竹使符左右契》者,不得入也。五河皆出山隅,⑨弱水绕之,⑩鸿毛不浮,飞鸟不过,唯仙人乃得越之。其上神鸟、神马、幽昌、鹪明、腾黄、吉光之辈,⑪皆能人语而不死,真济济快仙府也,⑫恨吾不得善周旋其上耳。'于时闻诞此言了了,多信之者。

[注释]

①五原:地名。在今内蒙古五原。②应给:服侍,侍奉。③原:谅解。④偓佺子、王乔:仙人名。⑤珠玉树、沙棠、琅玕、碧瑰:传说中的神树。⑥见谪:被贬谪。⑦螴蛇:传说中的大蛇。⑧浃备:完备。玉阙:泛指神仙宫阙。⑨五河:神话传说中五种不同颜色的河流。⑩弱水:传说中的水名。《山海经·大荒西经》:"有大山名曰昆仑之丘……其下有弱水之渊环之。"⑪幽昌、鹪明:两种神鸟名。腾黄、吉光:两种神马名。⑫济济:美好的样子。

[译文]

"成都太守吴文说,五原有个叫蔡诞的人,喜好道术却得不到好的老师和主要的道术,抛弃家业,只管白天黑夜地诵读《黄庭经》《太清中经》《观天节详》之类的书,而这类书各家学派都认为不重要,他不停地背诵,认为道术全都在这些书里了。但他始终不知道他所诵读的,只是愚弄人的一些浮华之辞。书上又教他,只要诵读一千遍,就能自然地获得道旨。他这样读了很长时间,家里人为他发愁、苦恼,他整天只是白白消耗衣食,并没有表现出什么奇特之处。他自己也感到惭愧,没有什么办法解释,于是就离家出走,自称仙道已经修成了。于是跑到其他地方的深山里,可又不懂得采掘一些可以断粮辟谷的草木药物,只好去卖柴火来换衣食,这样过了三年,饥寒交迫,辛酸苦楚。有人认识他,而他却假装不认识别人。时间长了,实在受不了就回家了,又黑又瘦,瘦骨嶙峋,不成人形。家里人问他:'从哪里来,到底还是没能成仙吧?'他就欺骗家人说:'我还不能升天,只修成了地仙。另外初当地仙地位很卑贱,应该侍奉那些先修炼成功的仙人,只能慢慢地升迁。过去我曾为太上老君放牧几条龙,其中最好的一条五彩斑斓的花斑龙,是太上老君经常乘坐的一条,他让我看守,但我做事不勤快,只顾与那些后来的仙人们一同游戏,忽然丢失了这条龙,也不知道这龙跑哪儿去了。因为这个罪而被责罚,我被送到昆仑山下,锄三四顷地的草,而这些草都生在细石子里,荒芜污秽,锄起来苦不堪言,而依照法规应当锄十年才能得到谅解。恰逢偓佺子、王乔各位仙人来巡视,我缠着求情,他们都为我努力求情,才把我放回来,我需要重新开始修炼才能再次成仙。'结果后来他就衰老死去了。蔡诞刚回家时,说从昆仑山回来,所有的亲朋好友都争着问他,昆仑山是个什么样子?他回答说:'天空不知道高多少里,而站在昆仑山向上仰望,离天也不过十来丈远。山上有树一样的禾苗,高度有四丈九尺,它的谷穗可以装满一辆车。还有珠玉树、沙棠、琅玕、碧瑰等神树,有玉李、玉瓜、玉桃,它们的形状就像世间的桃子、李子,只是光亮透彻而且坚硬,必须用玉井水来冲洗,才会柔软,可以食用。每当风起,珠玉树的枝条、花、叶,相互撞击,自然形成各种音阶,清新哀婉,感动人心。我被贬斥后失意,听到这声音就感到凄然悲伤。又看见昆仑山上,一个方向上就有四百四十个门,门的宽度有四里,里面有五个城池、十二座楼。楼下有青龙、白虎,蜥蛇有一百多里长,它嘴里每颗牙齿都像能装三百斛的大船。还有一丈长的大黄蜂,可以毒死大象。还有些神兽,名叫狮子、辟邪、天鹿、焦羊、铜头、铁额、长牙、凿齿等,有三十六种。人如果都知道它们的名字,那么天下那些恶鬼凶兽,就不敢来侵犯人了。那里的神仙则有无头子、倒景君、翕鹿公、中黄先生和六门大夫。张阳字子渊,严密守护神仙宫阙,如果没有带《老君竹使符左右契》的话,就不能进去。五条色彩各异的河流都从山坳里流出,有弱水环绕,连鸿毛也漂浮不起来,飞鸟也飞不过去,只有仙人才能渡过。那上边的神鸟、神马、幽昌、鹧明、腾黄、吉光等动物,都能说人话而且不会死亡,真是美好而快乐的神仙府第,遗憾的是我不能很好地在那儿生活而已。'当时听到蔡诞这些话说得清清楚楚,有很多人就相信了。

"又河东蒲阪有项曼都者,①与一子入山学仙,十年而归家,家人问其故。曼都曰:'在山中三年精思,有仙人来迎我,共乘龙而升天。良久,低头视地,窈窈冥冥,上未有所至,而去地已绝远。龙行甚疾,头昂尾低,令人在其脊上,危怖岌嶫。②及到天上,先过紫府,金床玉几,晃晃昱昱,③真贵处也。仙人但以流霞一杯与我,④饮之辄不饥渴。忽然思家,到天帝前,谒拜失仪,见斥来还,令当更自修积,乃可得更复矣。昔淮南王刘安升天见上帝,而箕坐大言,⑤自称寡人,遂见谪守天厕三年,吾何人哉!'河东因号曼都为斥仙人。世多此辈,种类非一,不可不详也。此妄语乃尔,而人犹有不觉其虚者,况其微茫欺诳,颇因事类之象似者而加益之,非至明者,仓卒安能辨哉?乃复有假托作前世有名之道士者,如帛和者,传言已八千七百岁,时出俗间,忽然自去,不知其在。其洛中有道士,⑥已博涉众事,洽炼术数者,以诸疑难咨问和,和皆寻声为论释,皆无疑碍,故为远识。人但不知其年寿,信能近千年不啻耳。后忽去,不知所在。有一人于河北自称为帛和,于是远近竞往奉事之,大得致遗至富。而帛和子弟,闻和再出,大喜,故往见之,乃定非也。此人因亡走矣。

[注释]

①河东:地名。在今山西境内。蒲阪:地名。在今山西境内。②嵽巇(xī):险要高峻的样子。③晃晃昱昱:明亮的样子。④流霞:传说中的仙酒。⑤箕坐:一种坐姿。坐时将两腿伸开,古人认为是一种不礼貌的姿势。⑥洛中:地名。指洛阳一带。

[译文]

"另外,河东郡蒲阪有个叫项曼都的人,和一个孩子进山学习仙道,十年后回家。家人问他回家的原因。项曼都说:'在山里苦苦存思了三年,有个仙人来迎接我,和我一起乘龙升天。很久以后,低头看大地,迷迷茫茫,上边还没有到达天上,但离开地面已经很远了。龙飞行得很快,头高昂、尾巴低垂着,使人坐在龙背上,因高峻而感到危险恐怖。等到了天上,先经过紫府,里面有金床玉几,光辉明亮,真是高贵无比的地方。仙人只拿了一杯流霞酒给我,喝了就不再感到饥渴。突然想家,在天帝面前,拜见时礼仪不周,被斥退回来,命令我再次修炼积功,才能重新回到天上。从前淮南王刘安升天见到了天帝,却伸开两腿坐着说大话,自称寡人,于是被贬斥去守护天上的厕所三年。我又算什么人呢!'于是河东的人就称项曼都是被贬的仙人。世上此类人很多,表现各异,不能不详细地考察他们。这些人说的话如此虚妄,尚且还有人不能察觉,更何况欺骗别人而能不露痕迹的人,他们善于借着类似的事物来添油加醋,如果不是最明智的人,仓促间又怎么能明辨呢?

还有些假托为前代有名道士的人，比如帛和，传说此人已八千七百岁了，不时出现在世人中，突然自行离去，不知道到哪儿去了。洛阳一带有个道士，已经广博地涉猎了各类事情，全面地修炼了各种术数，他用各种疑难询问帛和，帛和都能应声答疑，一点也不迟疑、停顿，因此算是有远见卓识的人了。人们只是不知道他的寿命，相信他已不止一千岁了。后来突然离去，不知道到哪里去了。有一个人在河北自称帛和，于是远近的人都争着来供奉他，他因得到大量的赠送礼品而致富。而帛和的子弟们听说他重新出现，非常高兴，因此前去见他，才断定不是帛和。这人因而逃走了。

"五经四部,①并已陈之刍狗,②既往之糟粕。所谓'迹'者,足之自出而非足也;'书'者,圣人之所作而非圣也。而儒者万里负笈以寻其师,况长生之道,真人所重,可不勤求足问者哉? 然不可不精简其真伪也! 余恐古强、蔡诞、项曼都、帛和之不绝于世间,好事者省余此书,③可以少加沙汰其善否矣。又仙经云:仙人目瞳皆方。洛中见之白仲理者,为余说其瞳正方,如此果是异人也。"

[注释]

①四部：古代图书分类名称。一般称经、史、子、集为"四部"。②刍狗：用草扎成的狗，古代用于祭祀。③省(xǐng)：察看，考察。

[译文]

"五经及四部类的古籍，都像是祭祀陈列用过的草狗一样，是完全过时无用的糟粕。所谓足迹，出自于脚但并不是脚；古书，是圣人所写的但不是圣人。但儒生还要不远万里背着书箱去寻找老师,更何况长生不死的道术,是真人们所看重的,难道可以不辛勤求索、反复请教吗?但不能不精心地鉴别老师的真假啊!我担心古强、蔡诞、项曼都、帛和之类的人不在世上绝迹,喜好道术的人读了我这本书,可以对他们鉴别老师的真假稍微有所帮助。另外仙经说:'仙人的瞳子都是方形的。'洛阳一带看见过白仲理的人,对我说他的瞳子正是方形的,如此说来,他果真是个奇异的仙人了。"

家藏文库书目（持续更新中）

大学　中庸	阮籍诗选
三国志选注译（上、中、下）	嵇康诗文选
水经注	庾信选集
唐才子传	孟浩然诗选
商君书	李杜诗选（上、下）
孔子家语	韩愈诗选
法言	柳宗元诗选
随园食单	杜牧诗选
板桥杂记	苏轼诗文选
抱朴子内篇	黄庭坚诗选
文中子中说	陆游诗文选
大唐西域记（上、下）	王阳明诗文选（上、下）
洛阳伽蓝记	花间集（上、下）
地藏经　药师经	晏殊　晏几道词选
东坡志林	欧阳修词选
朱子读书法	苏轼词选
武林旧事　附《增补武林旧事》	秦观词
扬州画舫录（上、下）	周邦彦词
徐霞客游记（上、下）	姜夔词
老学庵笔记　入蜀记	豪放词
曾国藩家书	婉约词
梁启超家书	历代抒情小赋选
郑板桥家书	先秦散文选
王阳明家书家训	唐宋散文选
古诗十九首　乐府诗选	晚明散文选

古文辞类纂（上、下）　　　儒林外史

唐人小说选　　　　　　　　天工开物

太平广记选　　　　　　　　千家诗

牡丹亭　窦娥冤　　　　　　帝鉴图说

西厢记　桃花扇　　　　　　四字鉴略

喻世明言　　　　　　　　　声律启蒙　笠翁对韵

警世通言　　　　　　　　　重订增广贤文　名贤集

醒世恒言（上、下）　　　　历代修身格言集萃

聊斋志异　　　　　　　　　韩诗外传

镜花缘